Arnd Reitemeier (Hg.)

Landesgeschichte und public history

Landesgeschichte

Herausgegeben von Oliver Auge, Enno Bünz,
Werner Freitag, Martin Göllnitz, Sigrid Hirbodian,
Arnd Reitemeier, Christine Reinle und Sabine Ullmann

Band 3

Arnd Reitemeier (Hg.)

Landesgeschichte und public history

Jan Thorbecke Verlag

Gefördert aus Mitteln des Niedersächsischen Ministeriums für Wissenschaft und Kultur

Niedersächsisches Ministerium für Wissenschaft und Kultur

MIX
Papier aus verantwortungsvollen Quellen
FSC
www.fsc.org
FSC® C022176

Klimaneutral
Druckprodukt
ClimatePartner.com/14549-2003-1001

Für die Verlagsgruppe Patmos ist Nachhaltigkeit ein wichtiger Maßstab ihres Handelns. Wir achten daher auf den Einsatz umweltschonender Ressourcen und Materialien.

Bibliografische Information der Deutschen Nationalbibliothek
Die Deutsche Nationalbibliothek verzeichnet diese Publikation in der Deutschen Nationalbibliografie; detaillierte bibliografische Daten sind im Internet über http://dnb.d-nb.de abrufbar.

Verlagsgruppe Patmos in der Schwabenverlag AG, Ostfildern
www.thorbecke.de

Umschlaggestaltung: Finken & Bumiller, Stuttgart
Gestaltung, Satz und Repro: Schwabenverlag AG, Ostfildern
Druck: Memminger MedienCentrum, Memmingen
Hergestellt in Deutschland
ISBN 978-3-7995-1382-1

Inhalt

Einführung

Arnd Reitemeier

Eine gewisse Dichotomie zwischen dem forschungsimmanenten Fachdiskurs und der Vermittlung der Forschungsergebnisse an eine breite Öffentlichkeit gehört zum Wesen der Wissenschaft – ebenso die der Verwendung wissenschaftlicher Methoden zum Hinterfragen populärer Meinungen und Ansichten auf der einen und das Aufgreifen von nicht-wissenschaftsgestützten Fragen auf der anderen Seite. Hinzu treten die Anforderungen der universitären Lehre, denn Studierende werden auf eine wissenschaftliche Karriere vorbereitet, müssen und sollen aber auch die Möglichkeit erhalten, eine Tätigkeit jenseits der Wissenschaft anzustreben. Unter den Kultur- und Geschichtswissenschaften wird die Landes- und Regionalgeschichte von diesen Dichotomien in besonderem Maß geprägt, was seinen Grund auch in der engen Verknüpfung mit staatlichen Einrichtungen wie Schulen, Archiven, Bibliotheken und diversen Ämtern des jeweiligen (Bundes-)Landes findet.

Landesgeschichte wie Regionalgeschichte arbeiten raumgebunden, wobei die zu bearbeiteten Räume häufig auf wissenschaftsorganisatorischen Vorgaben und Einheiten beruhen, gerade auch weil die landesgeschichtlichen Abteilungen an den Universitäten und Forschungseinrichtungen auf politische Zuschnitte rekurrieren (müssen). In der Regel ist dies ein Bundesland (bspw. Niedersachsen) oder eine historische Region (bspw. Westfalen). Zu den ersten Aufgaben der nach dem Zweiten Weltkrieg gegründeten landeshistorischen Forschungsinstitute zählte oft die Identitätskonstruktion für neue Bundesländer, was zugleich hieß, dass sich diese neugegründeten Institute in die Reihe der bereits bestehenden einordneten.[1] In Folge maßen Landeshistoriker der Vermittlung von Forschungsparadigmen große Bedeutung zu. Zugleich wurden sie vielfach von staatlichen Institutionen insbesondere im Vorfeld von Jubiläen um Expertisen zur Historizität von Ereignissen oder Entwicklungen im jeweiligen „(Bundes-)Land“ gebeten. Dies ebenso wie die Ausweitung landesgeschichtlicher Konzeptionen führte zu einer gewissen Entfremdung von der in Westdeutschland in den siebziger und achtziger Jahren stark sozialwissenschaftlich geprägten Geschichtswissenschaften[2]. Heute ist die landeshistorische Forschungspraxis längst geprägt von einem produktiv-kritischen Umgang mit der Pluralität von Räumen;[3] denn neben die

---

1 Matthias WERNER: Zur Geschichte des Fachs, in: Werner FREITAG, Michael KISSENER, Christine REINLE u. a.: Einleitung, in: DIES. (Hgg.), Handbuch Landesgeschichte, Berlin u. a. 2018, S. 3–23, bes. S. 9–12; siehe auch Matthias MARTENS: Erfundene Traditionen? Die Gründung des Instituts für Historische Landesforschung an der Universität Göttingen (Göttinger Forschungen zur Landesgeschichte 15), Bielefeld 2008.

2 WERNER: Geschichte (wie Anm. 1), S. 12–13.

3 Werner FREITAG, Michael KISSENER, Christine REINLE u. a.: Einleitung, in: DIES. (Hgg.): Handbuch Landesgeschichte, Berlin u. a. 2018, S. IX. Ebenso: Martin OTT: Raumkonzepte in der Landesgeschichte nach dem Spatial Turn, in: Sigrid HIRBODIAN, Christian JÖRG, Sabine

administrativen Räume sind Wirtschafts- und Kommunikationsräume, soziale Räume, religiöse, ökonomische oder städtische „Landschaften", Personenverbünde und Netzwerke sowie „mental maps" getreten. Identitätsstiftend wirken darüber hinaus Erinnerungsorte in Raum und Zeit. Das Methodenset der Landesgeschichte erlaubt vor diesem Hintergrund sowohl die Makro- wie die Mikrostudie und die epochenübergreifende Analyse von Strukturen und ihrem Wandel auf lange Dauer und hat damit die Methoden beispielsweise der Wirtschafts- oder Sozialgeschichte produktiv integriert[4]. Zugleich wurde die Schaffung einer vermeintlichen Identität eines Bundeslandes oder einer Region von der Dekonstruktion entsprechender Wahrnehmungs- und Erklärungsmuster abgelöst und es trat die Analyse der Konstruktionsdiskurse samt ihrer Begründung in weit zurückliegenden Jahrzehnten oder gar Jahrhunderten in den Vordergrund, so dass Landes- und Regionalgeschichte als Synonyma zu verstehen sind[5]. Darüber hinaus versteht sich Landesgeschichte zunehmend als europäisch-vergleichend, weil die untersuchten Räume, Strukturen und Entwicklungen immer einer Kontextualisierung bedürfen, die über Deutschland hinausreicht und stets mindestens Europa, vielfach aber auch Räume weiterer Kontinente umfasst. Das beste Beispiel hierfür bieten die in den letzten Jahrzehnten überall durchgeführten Detailuntersuchungen zu den kulturellen Transferwirkungen infolge von Migrationsprozessen[6]. Hingegen blieben die dezidierte Raumgebundenheit bis hinab auf die lokale Ebene sowie die diachrone Perspektive einschließlich der umfassenden Kenntnis der zur Verfügung stehenden Quellen erhalten, was auch dazu führte, dass sich die Landesgeschichte weiterhin als Methodenlabor begreift.[7] Folglich besteht die Nachfrage außeruniversitärer Institutionen, Verbände und Vereine nach wissenschaftlicher Fachauskunft ungebrochen fort. Die Landesgeschichte war zugleich schon früh in der Wissenschaftskommunikation tätig, denn ihre Ergebnisse fanden und finden Niederschlag nicht nur in Fachjournalen, sondern eben auch in Tageszeitungen, in Interviews, Miszellen, Museumskatalogen und in Führungen, Exkursionen und Vorträgen. Aufgrund der regionalen und lokalen Verankerung ihrer Themen ist die universitäre Landesgeschichte in besonderem Maße in den öffentlichen Diskurs über Geschichte

KLAPP (Hgg.): Methoden und Wege der Landesgeschichte (Landesgeschichte, Bd. 1), Ostfildern 2015, S. 111–126.

4 Walter RUMMEL: Landes- und Regionalgeschichte – Komplementärdisziplinen im gesellschaftlichen Umfeld, in: Sigrid HIRBODIAN, Christian JÖRG, Sabine KLAPP (Hgg.): Methoden und Wege der Landesgeschichte (Landesgeschichte, Bd. 1), Ostfildern 2015, S. 29–40.

5 Volker RÖDEL: Von der Landesgeschichte zur Geschichtlichen Landeskunde. Herausbildung und Werdegang einer historischen Spezialdisziplin, in: Enno BÜNZ (Hg.): 100 Jahre Landesgeschichte (1906–2006), Schriften zur Sächsischen Geschichte und Volkskunde 38, Leipzig 2012, S. 439–461, hier: S. 456.

6 Arnd REITEMEIER: Zusammengesetzte Herrschaften als Forschungsaufgabe der Landesgeschichte : das Beispiel der Personalunion zwischen Großbritannien und Hannover 1714–1837, in: Sigrid HIRBODIAN, Christian JÖRG, Sabine KLAPP (Hgg.): Methoden und Wege der Landesgeschichte (Landesgeschichte, Bd. 1), Ostfildern 2015, S. 65–79.

7 Eindrücklich versammelt in: Werner FREITAG, Michael KISSENER, Christine REINLE u. a. (Hgg.): Handbuch Landesgeschichte, Berlin u. a. 2018.

eingebunden. Auch wird von ihr gefordert, dass sie sich einbringt, kontextualisiert und gelegentlich auch korrigiert.

Die sogenannte Public History wie die Angewandte Geschichtswissenschaft entstanden zum Teil in bewusster Abkehr von der institutionengebundenen Geschichtswissenschaft. Beide Wissenschaftszweige haben bislang kein eigenständiges Profil und keine eigene Methodik etablieren können und lassen sich zugleich eher schwierig voneinander abzugrenzen.[8] Die Angewandte Geschichte will „den Abkopplungsprozess des Historischen von der Praxis durch akademische Veranstaltungen kritisch [...] hinterfragen". Letztlich gehe es um den „Lebensweltbezug historischer Erkenntnis".[9] Sie ist in ihrer amerikanischen Tradition vornehmlich auf Akteure, v.a. Zeitzeugen, und Orte ausgerichtet, weil die sie tragenden Gruppen in der Regel regional verankert sind und diese ihre Themen aus dieser Verankerung beziehen. Daher spielen die regionale Kulturlandschaft und historische (Bau)substanz als Quellen eine zentrale Rolle.[10] Public History wird im deutschen Raum hingegen eher der Vermittlung von fachwissenschaftlichen Erkenntnissen zugeordnet und von I. Zürndorf definiert als: „jede wissenschaftlich fundierte Form öffentlicher Geschichtsdarstellung, die außerhalb von Schulen und wissenschaftlichen Institutionen stattfindet und unter anderem das Ziel hat, Geschichtskenntnisse zu vermitteln."[11]

Sowohl Angewandte Geschichte als auch Public History beziehen sich gleichermaßen auf ein Feld der öffentlichen Geschichtskultur, in welchem sich Akteure aus der professionellen Geschichtswissenschaft ebenso bewegen wie Personen, die historisches Interesse ohne wissenschaftliche Fachausbildung verfolgen, bis hin zu Zeitzeugen, deren Beschäftigung zusätzlich einer besonderen Dimension des „Bias" unterworfen ist.[12] Dieser Raum wird also von einem ständigen Diskurs teilweise heterogener

---

8 Irmgard ZÜRNDORF: Public History und Angewandte Geschichte. Konkurrenten oder Komplizen?, in: Jaqueline NIESSER, Juliane TOMANN (Hgg.): Angewandte Geschichte. Neue Perspektive auf Geschichte in der Öffentlichkeit, Paderborn u. a. 2014, S. 63.

9 So Jörn RÜSEN, sein Verständnis der Geschichtskultur erklärend: Geschichtskultur und Angewandte Geschichte. Professor Jörn Rüsen im Gespräch mit Juliane Tomann, in: Jaqueline NIESSER, Juliane TOMANN (Hgg.): Angewandte Geschichte. Neue Perspektive auf Geschichte in der Öffentlichkeit, Paderborn u. a. 2014, S. 61f.

10 Robert TRABA: Angewandte Geschichte. Gedächtnis und Landschaft als Träger historischer Forschung und Bildung, in: Magdalena KARDACH, Janusz PILECKI, Elzbieta TRABA (Hgg.): Groß Purden 1900–2006. Das Portrait eines Dorfes, Olsztyn, 2008, S. 6.

11 lrmgard ZÜNDORF: Zeitgeschichte und Public History, Version: 1.0, in: DocupediaZeitgeschichte, 11.02.2010, https:/docupedia.de/zg/Public_History. (zuletzt aufgerufen am 13.05.2020).

12 Insbesondere Fragen der Zeitgeschichte werden im öffentlichen Raum kontrovers diskutiert, hier ist möglicherweise vor allem die Genese der Public History zu suchen, wie Hochmuth und Zürndorf erläutern: Hanno HOCHMUTH, Irmgard ZÜNDORF: Kommentar: Public History als Zeitgeschichte, in: Docupedia-Zeitgeschichte, 21.05.2015 (zuletzt aufgerufen am 13.05.2020). http://docupedia.de/zg/hochmuth_zuendorf_public_history_zeitgeschichte_v1_de_kommentar_2015 DOI: http://dx.doi.org/10.14765/zzf.dok.2.1116.v1 (zuletzt aufgerufen am 20.12. 2019). Siehe auch Frauke GEYKEN, Michael SAUER: Einführung, in: DIES. (Hg.): Zugänge zur Public History, Frankfurt / Main 2019, S. 7–15.

Gruppen geprägt, der nicht immer reflektiert aufgearbeitet wird. Zweifelsfrei aber werden beständig Themen und Fragen an die Geschichtswissenschaft heran- und in sie hineingetragen.

Unterscheiden lassen sich zwei Ansätze des Umgangs mit Geschichtskultur und der ihr inhärenten Erinnerungskultur: Zum einen werden viele Diskussionen und Bearbeitungen aus einem aktuellen, meist lokal gebundenen gesellschaftlichen Interesse heraus zum Beispiel durch Geschichtsvereine und Geschichtswerkstätten getragen. Zum anderen werden geschichtswissenschaftliche Inhalte gewollt und in klassischen Formaten durch professionelle Historikerinnen und Historiker an Interessierte vermittelt. Auf diesem Weg werden in der Regel die institutionell verankerten Personen aus Universität, Archiv oder Museum aktiv.

Vor diesem Hintergrund gibt es diverse Schnittmengen zwischen der Landes- und Regionalgeschichte und der Public History. Beide beschäftigen sich vorwiegend, aber nicht ausschließlich mit Räumen nahe zum Betrachter, allerdings lassen sich die Forschungsfragen der Public History häufig in der Zeitgeschichte verorten, während der Landes- und Regionalgeschichte die Diachronie wichtig ist. Landesgeschichte wie Public History erachten die Vermittlung von Forschungsergebnissen an die interessierte Öffentlichkeit für wichtig und greifen Anregungen und Wünsche auf, die von Dritten jenseits der Forschungseinrichtungen gestellt werden. In der universitären Lehre legt die Public History einen Schwerpunkt auf eine praxis- oder projektbezogene Lehre, was sich bei der universitären Landes- und Regionalgeschichte eher aus den Themen und Quellen ergibt. Während die Landesgeschichte, ausgehend von der universitären Forschung, in aller Regel auf klassische Medienformen setzt, nutzt die Public History bereits seit längerem auch digitale Medien sowohl zum eigene Austausch als auch zur Vermittlung ihrer Inhalte. Die Unterschiede in den Zielgruppen sind dagegen eher gering, denn beide wenden sich an diejenigen, die sich jenseits der Universitäten und sonstigen Forschungseinrichtungen professionell oder semiprofessionell mit Geschichte auseinandersetzen und die aus persönlichen Gründen ein weitergehendes kulturell-historisches Interesse an ihrer Umgebung haben.

Ziel der Tagung war es nun, Gemeinsamkeiten und Unterschiede auszuloten sowie die Reihe der Standortbestimmungen der AG Landesgeschichte fortzuführen. Durchgeführt vom 25. bis 27. September 2019 im Tagungszentrum der Historischen Sternwarte in Göttingen nutzten diverse ReferentInnen die Möglichkeit, Aufgaben der Landesgeschichte zu benennen, Positionen zu bestimmen und Probleme zu definieren. In Ergänzung zu zwei Grundsatzreferaten bezogen sich die ReferentInnen auf vier inhaltliche Schwerpunkte von Landesgeschichte und Public History in ihrer Relation, nämlich auf die Rahmenbedingungen, auf die Kooperation mit außeruniversitären Akteuren, auf das Wirken in die Öffentlichkeit und schließlich auf die Nutzung von Medien.

Zum Auftakt definierte Grewe die Public History und umriss das Feld der Berührungspunkte und Schnittmengen mit der Landesgeschichte. Zugleich skizzierte er die verschiedenen Themenfelder der Tagung und reicherte diese mit zahlreichen Thesen an, die in den Vorträgen der folgenden zwei Tage nach und nach aufgegriffen und weiterentwickelt wurden.

Haas ging aus vom Nutzerkreis landeshistorischen Wissens, den er als sozial wie institutionell breit wie regional aufgestellt charakterisierte. Hiervon ausgehend konzentrierte er sich auf die Risiken und Chancen der Landesgeschichte im Verhältnis zur Geschichtswissenschaft und damit auch zur Public History. Er richtete seine Aufmerksamkeit zunächst auf die Digitalisierung und Globalisierung als Herausforderungen für die Landesgeschichte. Als Antwort forderte er von der Landesgeschichte die Öffnung zum Globalen, um die regionale und gleichsam provinzielle Perspektive zu überwinden. Als Konzept bezog sich Haas auf die „Provinzialisierung Europas". Hiervon ausgehend schlug er den Ansatz des „Worlding Knowledge" vor, also Forschungsergebnisse „zu „welten" und auf die Welt beziehbar zu machen", damit die Landesgeschichte langfristig in einer zunehmend globalen Welt anschlussfähig sein und bleiben kann.

Fünf Vorträge widmeten sich den Rahmenbedingungen der landeshistorischen Forschung und Lehre an den Universitäten und außeruniversitären Forschungseinrichtungen.

Laux untersuchte den Wandel der inhaltlichen Ausrichtungen der Landesgeschichte und Landeskunde vor dem Hintergrund der gesellschaftlichen und kulturellen Schwerpunkte des frühen 20. Jahrhunderts.

Fallbeispielhaft konzentrierte sich Gläser auf Sachsen und setzte sich mit dem Spannungsfeld von Forderungen und Erwartungen der Landespolitik an die Landesgeschichte auseinander. Ausgehend von der sächsischen Verfassung, die im Hinblick auf die Erziehung der Jugend ein politisches Verantwortungsbewusstsein, eine freiheitlich demokratische Haltung sowie ein Geschichts- und Heimatbewusstseins fordert, legte sie die gesellschaftlich heterogenen Deutungsmuster gerade des Begriffs der „Heimat" dar. Hiervon ausgehend fördert der Freistaat Sachsen diverse landeshistorische Einrichtungen, um die Zukunft der Gesellschaft zu gestalten, was nicht zuletzt auf die unterschiedlichen gesellschaftlichen Entwicklungen in Ost- und Westdeutschland zwischen 1945 und 1990 rekurriert.

Die Region und die Bereitstellung landeshistorischer Informationen und landeshistorischen Wissens für die Schule und im Rahmen der Lehrpläne rückte John in das Zentrum ihrer Betrachtungen. Anhand empirischer Untersuchungen konnte sie zeigen, dass SchülerInnen zwar den Nahraum auch als historische Bezugsgröße wahrnehmen, dass sie zugleich aber Mühe haben, dieses Wissen auf andere Räume zu transferieren. In unterschiedlichem Maß kann für die Bundesländer ein regional- oder landeshistorisches Bewusstsein konstatiert werden, dem die längst nicht überall in den Lehrplänen verankerte Forderung nach der Ausbildung landeshistorischen Bewusstseins gegenübersteht. Entsprechend groß ist die Herausforderung für die universitäre Landesgeschichte wie für Public History, Studierende für die Herausforderung der Vermittlung landeshistorischer Methoden und Zusammenhänge zu qualifizieren.

In seinem Abendvortrag umriss Wagner als Leiter der Stiftung Niedersächsische Gedenkstätten das Feld der Erinnerungskultur als Element von Landesgeschichte und Public History und zeigte die hiermit einhergehende Vielfalt der Diskurse, der gesellschaftlichen Widerstände und Notwendigkeit fortdauernder Vermittlungsbemühungen auf. Eine Qualitätssicherung für im öffentlichen Raum diskutierte historische Phänomene und Ereignisse können lediglich professionelle Forschungsinstitutionen, Museen und Archive leisten, die hierfür entsprechend ausgestattet sein müssen.

Einen Schwerpunkt auf die universitäre Forschung legten Reitemeier und Lammers, indem sie die Drittmittelnotwendigkeiten des heutigen Universitätsalltags darlegten. Lammers schilderte die verschiedenen Möglichkeiten der Drittmittelforschung im Rahmen der Fördermöglichkeiten der Deutschen Forschungsgemeinschaft und betonte die Möglichkeiten, Mittel für den Transfer in die Öffentlichkeit einzuwerben. Reitemeier zeigte die Möglichkeiten und Chancen der Verbundforschung der vergleichenden Landesgeschichte auf.

Ebenfalls fünf Vorträge galten der Kooperation der Landesgeschichte und Public History mit außeruniversitären Akteuren. Graf lenkte den Blick auf die Verknüpfung zwischen den staatlichen Archiven und der Landesgeschichte und stellte zunächst fest, dass die eigenständige Forschung der ArchivarInnen in ihrem Umfang in den letzten Jahren beschränkt wurde. Zugleich ordnen die Landesarchive in der Geschäftspraxis die Landesgeschichte häufig dem Bereich der Öffentlichkeitsarbeit zu. Tatsächlich sind viele der in den Landesarchiven tätigen ArchivarInnen des höheren Dienstes wie die AbteilungsleiterInnen weiterhin in zahlreiche landeshistorische Gremien und Tätigkeiten eingebunden, nehmen aber in wesentlich geringerem Umfang als noch vor Jahrzehnten aktiv an der Forschung teil.

Im Hinblick auf die Schnittstellen zwischen Museen und Landesgeschichte wies Köhne zunächst die im Titel des Vortrags vorgegebene These zurück, wonach der Personalabbau bei den diversen Museen zu einem verstärkten Rückgriff auf die an den universitär gebundenen Forschungseinrichtungen führe. Allerdings eröffnen Forschungsprojekte – häufig gemeinsam mit Universitäten beantragt und durchgeführt – KuratorInnen die Möglichkeit der Konzentration auf die wissenschaftliche Arbeit. Die ebenfalls immer stärker projektweise ausgerichtete Ausstellungserarbeitung verlange flache Hierarchien und Anwendungsorientiertheit, doch gäbe es hierbei keine Spezifika der Landesgeschichte.

Stieldorf konzentrierte sich auf die Geschichtsvereine und konstatierte eine Zweiteilung in der Zusammensetzung der Mitglieder, denn einer sehr großen Gruppe der Rezipierenden steht eine kleine Gruppe der selbst aktiv Forschenden gegenüber, denen damit Aspekte und Elemente beispielsweise der Quellenkritik oder der historischen Methodik vermittelt werden müssen. Dieses wie die Vermittlung fachwissenschaftlicher Forschungsergebnisse ordnete Stieldorf den Transferleistungen zu, die von den Universitäten und ihren Einrichtungen ebenso angeboten wie sie innerhalb der Vereine unter Rückgriff auf in den entsprechenden Forschungsinstitutionen tätigen Mitglieder organisiert werden. Die größte Bedeutung wies sie den zahlreichen Publikationsorganen zu – sowohl den Reihen mit Monographien und Editionen wie den Zeitschriften, die in substantiellem Maß die Forschungstätigkeit der Landesgeschichte tragen.

Mit den Genealogen und ihren Verbänden betrachtete Hecht eine zweite und ebenfalls nur teilweise geschichtswissenschaftlich geschulte Gruppe. Erstens wies er auf die wissenschaftlichen Potentiale der Zusammenarbeit mit genealogischen Vereinen hin, die durch die Auswertung serieller Quellen teilweise Informationen erschließen würden, welche für die Wissenschaft von Wert sei. Hier bietet sich nach Hecht auch eine nennenswerte Schnittstelle zur Public History. Zweitens knüpfte Hecht an die historische Herleitung landeshistorischer Schwerpunkte durch Laux an und benannte damit eine Reihe von Forschungsfeldern für die landeshistorische Historiographie. Drittens skizzierte er eine Reihe von Möglichkeiten der Zusammenarbeit und des Austauschs besonders mit Hilfe von online-Datenbanken und Medien.

Auf das Feld der Auftragsforschung konzentrierte sich sodann Kießner, der hierunter weniger Jubiläumsvorträge für Vereine verstand als vielmehr Forschungsvorhaben über Gemeinden, Städte und Unternehmen. In Folge der regionalen Expertise liegt die Zusammenarbeit mit der universitären Landesgeschichte nahe, doch sind die Wünsche und Ansprüche zwischen Auftraggeber und Wissenschaftler schwierig zu synchronisieren. Vor dem Hintergrund mehrerer selbst durchgeführter Vorhaben wies Kißener auf zahlreiche rechtliche Probleme hin und zog das Fazit, dass stets im Vorfeld und am besten vertraglich geregelt Ansprüche, Rechte und Freiheiten abzustimmen sind.

Zwei Vorträge widmeten sich dem Wirken in die Öffentlichkeit.

Auge konzentrierte sich auf die heute als „Third Mission“ bezeichneten Aufgaben der Universitäten zur Organisation von „Weiterbildungsangeboten, den Wissenstransfer und gesellschaftliches Engagement, wie etwa die Organisation von Kinder- und Senioren-Unis oder die Karriereberatung für Studenten“[13]. Bei dieser sah er wesentliche Schnittmengen zur Public History, hob jedoch hervor, dass die Landesgeschichte solche Ziele seit vielen Jahrzehnten in wesentlichem Maß verfolgt. Sie verfügt damit über einen wesentlichen Erfahrungsvorsprung gegenüber anderen Fächern und Disziplinen, von denen nicht zuletzt die landeshistorischen Institute und MitarbeiterInnen profitieren.

Krull betrachtete die Praxisanteile im Lehramtsstudium und ging von der Beobachtung aus, dass Studierende nicht nur für die Tätigkeit innerhalb der Wissenschaft oder Schule, sondern auch jenseits hiervon qualifiziert werden sollten. Zur „Employability“ tragen an den Universitäten diverse Akteure bei, denen auch die Landesgeschichte zugerechnet werden könne, die sich hiermit auch seit vielen Jahrzehnten auseinandersetze. Praktika und Lehrprojekte, um in das Studium Praxisbezüge zu integrieren. Hierfür ist die universitäre Landesgeschichte in Folge ihres breiten Netzwerks zu außeruniversitären Einrichtungen sehr gut in der Lage, wie Krull anhand von Beispielen zeigte.

Drei weitere Vorträge schlossen hieran an und konzentrierten sich auf die Nutzung von Medien.

Köster ging von der Medienproduktion des Landschaftsverbands Westfalen-Lippe aus und stellte zunächst ein wachsendes Interesse der Geschichtswissenschaft in Folge der „Visual History“ am Film und an der Nutzung dieses Mediums fest. Die Produktion von regional bezogenen Filmen leitete Köster vom Anfang des 20. Jahrhunderts

13 https://www.zeit.de/2018/47/gesellschaftliches-engagement-hochschulen-universitaeten-arbeitsfeld-akademiker (zuletzt aufgerufen am 10.03.2020).

ab und zeichnete die Entwicklung über die Landesbildstelle bis zum heutigen Medienzentrum nach. Die „landschaftsbezogene Kulturpflege" wurde vom geldgebenden Landschaftsverband als Ziel definiert und nachfolgend vom Medienzentrum in diversen Formen und mit vielfältigen Ansätzen – zuletzt immer stärker bei der online-Präsenz – verfolgt. Im Hinblick auf die Zusammenarbeit mit der Landesgeschichte warf Köster eine Reihe von Forschungsfragen auf, die sowohl die Aktualität als auch das Potential für die Landesgeschichte wie für die regional bezogene Public History unterstrichen.

Göllnitz machte die Frage nach einer möglichen Verweigerung der Landesgeschichte – im Unterschied zur Public History – gegenüber neuen Publikationsformen zum Ausgangspunkt seiner Ausführungen. Er analysierte zunächst die vielen landeshistorischen Fachzeitschriften mit dem Ergebnis, dass viele mittlerweile teilweise online verfügbar sind. Auch hält das Prinzip des peer-review zunehmend Einzug in die Redaktionen. Ausführlich widmete er sich sodann neuen Publikationsformen wie blogs und weiteren Formen sozialer Medien, deren AutorInnen zwar auf eine breite Öffentlichkeit zielen, tatsächlich häufig aber Fachpublikum erreichen, damit aber zur Vernetzung innerhalb der Wissenschaften beitragen. Ähnliches gilt nach Göllnitz für Medien wie Twitter, Instagram und Facebook, auf denen die Verantwortlichen Hinweise wiederholen und nur teilweise anreichern. Sie müssen also als wissenschaftliche Dienstleistungen qualifiziert werden, deren Reichweite und Nutzung in der Landesgeschichte gegeben und damit weniger umfassend ausgeprägt ist als möglich.

Engelen widmete sich den Regionalportalen als Plattformen landeshistorischer Forschung ebenso wie als Möglichkeiten der Vermittlung landeshistorischer Forschungsergebnisse. Chronologisch vorgehend Engelen erläuterte zunächst die Genese der verschiedenen häufig auf Bundesländer bezogenen Portale und arbeitete deren Intentionen heraus. Sie konstatierte sodann für das zweite Jahrzehnt des 21. Jahrhunderts eine zweite Phase, in der die neu eingerichteten Portale wesentlich stärker auf eine Vernetzung der verfügbaren Daten setzten, um einen Mehrwert zu erzeugen. Im Vergleich zeigte Engelen, dass die Portale in eher geringem Maß die universitäre Landesgeschichte einbeziehen, dass alle Unternehmungen aber auf die Informationsweitergabe an eine breite und historisch interessierte Öffentlichkeit zielen. Aufbereitete Informationen und Datenbanken beispielsweise zu Personen finden sich auf nahezu allen Portalen, während Karten oder materielle Objekte nur bei manchen eingebunden sind. Eine Interaktivität mit der Öffentlichkeit wird durch die finanziellen und personellen Ressourcen in den Redaktionen begrenzt, was auch für die regelmäßige Pflege und technische Weiterentwicklung gilt.

Insgesamt trug die Tagung sehr zur Standortbestimmung von Landesgeschichte und Public History bei, wobei wiederholt das Problem erkennbar wurde, dass es der Public History als potentieller Subdisziplin der Geschichtswissenschaften an einer klaren Definition mangelt. Ausgehend von den im Verlauf der Tagung vorgelegten und besonders von Grewe vertretenen Auffassungen wurde die fachliche Nähe ebenso bestätigt wie die teilweise unterschiedliche Ausrichtung. Betont wurde die Vielfalt der Ansätze und Methoden der Landesgeschichte, die in einem komplexen Spannungsfeld aus universitärer Wissenschaft, intensiver Zusammenarbeit in einem Netzwerk diverser staatlicher und nicht-staatlicher Einrichtungen besonders auf Bundeslandebene sowie Vermittlungstätigkeit in die Öffentlichkeit agiert. Vor diesem Hintergrund ist die Schaffung landesbezogener Identität nicht mit den wissenschaftlichen Zielen universitärer Forschung zu vereinbaren. Es gilt jedoch die Historizität von Räumen und Ereignissen zu hinterfragen und zu kontextualisieren, so dass die Einbettung der Landesgeschichte in die kulturellen Diskurse Europas und darüber hinaus diskutiert werden muss. Hierbei kommt dem Begriff der Heimat eine wesentliche Bedeutung zu, dessen Aufarbeitung sich die Landesgeschichte – gerade auch im Vergleich – stärker als bislang zuzuwenden habe. Grundsätzlich wurde die landeshistorische Forschung im Verbund als ebenso steigerungsfähig wie wünschenswert charakterisiert. Die Möglichkeit, ggf. gemeinsam mit der Public History, historisch Interessierte ohne fachwissenschaftliche Ausbildung zu qualifizieren, müsse unter Einbezug beispielsweise der partizipativen Strukturen der Geschichtsvereine und Geschichtswerkstätten erfolgen. Ebenso war Einigkeit gegeben, dass die Integration von Studierenden in Forschung und Lehre ebenso wichtig sei wie die Vermittlung von Praktika, denn es gälte seit langem, dass ein erheblicher Teil der AbsolventInnen in Tätigkeitsfeldern jenseits von Forschung und Schule unterkomme, so dass diese während des Studiums in einer breit ausgerichteten Qualifikation zu unterstützen seien. Das potentiell auszuweitende Betätigungsfeld der Nutzung sozialer Medien als erweiterte Form der Präsentation von Forschungsinhalten und als zusätzliche Möglichkeit der personellen Vernetzung ist ohne Zweifel wünschenswert, doch dürfen der technische wie zeitliche Aufwand nicht unterschätzt werden, so dass die Relation aus Nutzen und Aufwand schwierig zu beurteilen ist.

Insgesamt erfreute sich die Tagung eines außerordentlich guten Zuspruchs von mehr als 50 Personen einfanden, die sehr zum positiven Gesamtergebnis lebhafter wie konstruktiver Diskussionen beitrugen. Großer Dank galt dem Team des Instituts für Historische Landesforschung in Göttingen für die hervorragend organisierte Tagung – besonders Dr. Niels Petersen für seinen Input bei der inhaltlichen Planung und technischen Durchführung.

Verortete Geschichte: Public History und Landesgeschichte

Bernd-Stefan Grewe

Das Verhältnis der Geschichtswissenschaft zur Geschichtskultur außerhalb des akademischen Kontextes ist von einer grundlegenden Ambivalenz gekennzeichnet. Einerseits sind auch die Historiker*innen grundlegend daran interessiert, dass ihre Stimme und ihre Forschungsergebnisse auch außerhalb der Universitäten vernommen werden können. Andererseits werden die gesellschaftlich-politischen Aushandlungen um den richtigen Umgang mit der Vergangenheit mit großer Skepsis und oft nur aus der Distanz betrachtet, während Historiker wie Paul Nolte, Gregor Schöllgen oder Michael Wolffsohn (früher Arnulf Baring, Michael Stürmer oder Hans-Ulrich Wehler), die gerne in die Rolle eines kommentierenden *public intellectuals* schlüpfen, von vielen Fachkollegen in dieser Rolle eher missbilligend gesehen werden.

Wie schwer sich die Geschichtswissenschaft als Disziplin mit ihrem Verhältnis zur Öffentlichkeit tut, das wurde beim Historikertag 2018 in Münster deutlich, als der Mitgliederversammlung eine Resolution „zu gegenwärtigen Gefährdungen der Demokratie" zur Abstimmung vorgelegt wurde. Eine kontroverse Diskussion entbrannte, ob der Historikerverband sich zu politischen Fragen äußern dürfe oder ob er dadurch die politische Unabhängigkeit von Wissenschaft nicht gefährde.[1] Sollten Wissenschaftler*innen die akademische Komfortzone verlassen und sich politisch einmischen? Gestritten wurde auch darüber, „ob sie besser beim Ideal wissenschaftlicher Objektivität bleiben und die historische Erkenntnis sowie das kritische Handwerkszeug beisteuern, das man dann gegebenenfalls für die politische Debatte gebrauchen kann".[2] „Sollen und dürfen Historiker sich zum aktuellen Rechtspopulismus und -extremismus äußern?", fragten etwa Frank Bösch und Johannes Paulmann in

---

1 Die Resolution ist öffentlich zugänglich auf der Webseite des Historikerverbands: https://www.historikerverband.de/verband/stellungnahmen/resolution-zu-gegenwaertigen-gefaehrdungen-der-demokratie.html (zuletzt abgerufen am 20.09.2019); kritische Stimmen etwa: Patrick BAHNERS: Die Lehrer Deutschlands. Auf ihrem Treffen in Münster verabschieden die deutschen Historiker mit großer Mehrheit eine Resolution zur Lage des Landes. Unter Berufung auf ihre Fachkompetenz stellen sie sich der AfD in den Weg, in: FAZ, URL: https://www.faz.net/aktuell/feuilleton/debatten/deutsche-historiker-stellen-sich-gegen-die-afd-15812149.html?printPagedArticle=true#pageIndex_2 (zuletzt abgerufen am 26.01.2020) v. 29.9.2018; Klaus-Rüdiger MAI: Deutungshoheit statt Argumentation, in: Cicero Online, URL: https://www.cicero.de/kultur/deutscher-historikertag-historiker-rechts-antifa-demokratie (zuletzt abgerufen am 26.01.2020) v. 01.10.2018 (mit Kommentaren der Leser); Dominik GEPPERT, Peter HOERES: Gegen Gruppendruck und Bekenntniszwang, in: FAZ, URL: https://www.faz.net/aktuell/karriere-hochschule/zwei-historiker-wenden-sich-gegen-die-resolution-aus-muenster-15828216.html (zuletzt abgerufen am 26.01.2020). v. 12.10.2018.

2 Johan SCHLOEMANN: Der Duft der Anderen, in: Süddeutsche Zeitung, URL: https://www.sueddeutsche.de/kultur/gesellschaftsdebatte-der-duft-der-anderen-1.4149046 (zuletzt abgerufen am 26.01.2020) v. 28.10.2018.

ihrer Replik auf entsprechende Vorwürfe in der FAZ.[3] Umgekehrt befürchtete der Althistoriker Ralf Behrwald, dass der Verband „seinen unpolitischen Charakter“ verliere und seine wissenschaftliche „Autonomie unbedacht aufs Spiel gesetzt“ habe.[4] Mit diesem Beispiel soll nicht die Debatte wieder aufgekocht werden, ob der Verband der Historikerinnen und Historiker sich hier geschichtspolitisch mit einer Resolution positionieren darf oder sollte. Aber die vorgebrachten Argumente sind insofern wichtig, weil sie in die Diskussion um das Verhältnis von Geschichtswissenschaft und Öffentlichkeit hineinspielen. Viele Fachkolleginnen und Kollegen sorgen sich, wenn von „Public History“ oder „angewandter Geschichte“ die Rede ist, in ähnlicher Weise auch darum, die Autonomie der Wissenschaft zu wahren und sich nicht Sachzwängen ergeben zu müssen, die epistemologisch und systemtheoretisch außerhalb der Wissenschaft liegen. Politische Parteilichkeit ist hierbei nur der am lautesten vorgebrachte Vorwurf.

Genauso schwer wiegen Vorbehalte gegenüber einem verstärkten öffentlichen Engagement von Historiker*innen, dass sich die Geschichtswissenschaft in ihren Äußerungen von wirtschaftlichen Erwägungen statt von fachlichen Gesichtspunkten leiten ließe und Geschichte zu einer Ware verkomme. Dass diese Sorge nicht unberechtigt ist, zeigte die Entwicklung des „Zentrum für angewandte Geschichte“ unter Gregor Schöllgen. Nach der Emeritierung des in Ungnade gefallenen Schöllgen hat die Universität Erlangen das ZAG inzwischen geschlossen. Doch das Internet vergisst nicht, auf seiner inzwischen gelöschten Webseite kann man noch immer die selbstbewusste Charakterisierung des ZAG finden:[5]

> „ZAG zeigt, was in Geschichte steckt.
> ZAG kapitalisiert Geschichte.
> ZAG macht die Geschichte für die Herausforderungen von heute und morgen nutzbar.
> ZAG bietet Dienstleistungen auf höchstem Niveau.“

Der Initiator und Direktor erklärte in einem Artikel für „Die Welt“, dass sich das Institut „vor allem von Aufträgen aus der freien Wirtschaft“ finanziere. Dabei äußerte Schöllgen auch Kritik an der staatlichen Finanzierung der Geisteswissenschaften:

> „Wer sich mit dem, was er als Forscher denkt oder tut, nicht grundsätzlich auch auf dem freien Markt positionieren kann oder will, muss sich die Frage nach der Berechtigung seiner Alimentierung durch die öffentliche Hand gefallen lassen.“

---

3 Frank Bösch, Johannes Paulmann: Es geht um unsere Sache, in: FAZ, URL: https://www.faz.net/aktuell/karriere-hochschule/resolution-von-muenster-es-geht-um-unsere-sache-15839953.html (zuletzt abgerufen am 26.01.2010). v. 17.10.2018.

4 Ralf Behrwald: Der Historikertag wendet sich von Max Weber ab, in: FAZ, URL: https://www.faz.net/aktuell/karriere-hochschule/resolution-des-historikerverbandes-bedroht-wissenschaft-15828226.html (zuletzt abgerufen am 26.01.2020). v. 13.10. 2019.

5 Die Wayback Machine dokumentiert die Webseite vom 3. Mai 2010: https://web.archive.org/web/20100503214133/http://www.zag.uni-erlangen.de/ (zuletzt abgerufen am 20.09.2019).

Das Argument, die „Annahme von Aufträgen gefährde die Unabhängigkeit der Forschung" verfange nicht, die „Verantwortung für die Unabhängigkeit wie die Qualität einer Dienstleistung" liege weiter beim Forscher.[6] Nachdem das Institut neben zahlreichen Biographien auch vier Unternehmerbiographien herausgebracht hatte, setzte es allerdings eine sehr heftige Kritik durch andere Wirtschaftshistoriker: Tim Schanetzky bezweifelte den wissenschaftlichen Wert der „Erlanger Massenprodukte", denn sie „ignorieren den Forschungsstand oder versuchen ihn gar umzudeuten; sie sprechen die Akteure von jeder Verantwortung frei" und „verwenden Quellen auf einseitige Weise".[7] Und auch Cornelia Rauh kritisierte das ZAG als „Apologetik-Agentur" und urteilte, Schöllgen habe für solche Projekte Mittel der freien Wirtschaft benötigt, „weil sie den Anforderungen [...] eines von wissenschaftlichen Peers durchgeführten Begutachtungsverfahrens[,] nicht genügen könnten".[8]

Das Beispiel des Zentrums für angewandte Geschichte und Gregor Schöllgens verweist auf mögliche Fallstricke, die im Verhältnis von Wissenschaft und Öffentlichkeit bestehen können. Konkret ging es um das Problem, inwiefern sich die Geschichtswissenschaft ihre politische Unparteilichkeit und wirtschaftliche Unabhängigkeit bewahren und sich gleichzeitig wirksam in der Öffentlichkeit äußern kann. Weil Geschichte nicht nur von der Wissenschaft erforscht und geschrieben wird, sondern eine Vielzahl anderer Akteure auf die Geschichtsbilder unserer Gesellschaft Einfluss nehmen, stellt sich deshalb die Frage, wie die Geschichtswissenschaft auf den mehrfach beschworenen Geschichts-Boom reagieren soll. Inwiefern kann und soll sich die Geschichtswissenschaft und insbesondere die Landesgeschichte hinsichtlich der gesellschaftlichen

---

6 Gregor SCHÖLLGEN: Der Historiker wird zum Dienstleister, in: Die Welt, URL: https://www.welt.de/welt_print/kultur/article6327952/Der-Historiker-wird-zum-Dienstleister.html (zuletzt abgerufen am 26.01.2020) v. 10.02.2010; vgl. die lobende Besprechung des ZAG durch Rainer BLASIUS: Der Historiker als Dienstleister, in FAZ v. 7.2.2010, hier zitiert er Schöllgen: „Das dem überkommenen Elfenbeinturmdasein entstammende Argument, solch schnödes Anbiedern an den Mammon sei mit dem Selbstverständnis geisteswissenschaftlichen Tuns nicht vereinbar oder mit dem Profil des Faches nicht zu gewährleisten, ist im günstigsten Falle weltfremd, in aller Regel aber Ausdruck mangelnder Phantasie oder fehlender Energie."

7 Tim SCHANETZKY: Die Mitläuferfabrik. Erlanger Zugänge zur „modernen Unternehmensgeschichte", in: Akkumulation 31 (2011), S. 3–10; vgl. Dieter ZIEGLER über SCHÖLLGEN, Gregor: Gustav SCHICKEDANZ. Biographie eines Revolutionärs, Berlin 2010, in: H-Soz-Kult 24.03.2011; Toni PIERENKEMPER: Moderne Unternehmensgeschichte auf vertrauten (Irr-) Wegen?, in: Zeitschrift für Unternehmensgeschichte 57 (2012), S. 70–85.

8 Cornelia RAUH: „Angewandte Geschichte" als Apologetik-Agentur? Wie Erlanger Forscher Unternehmensgeschichte „kapitalisieren", in: Zeitschrift für Unternehmensgeschichte (2011), S. 102–115. – Dazu auch die Replik: Gregor SCHÖLLGEN: Geschichte als Kapital, URL: https://zeitgeschichte-online.de/sites/default/files/documents/geschichtealskapital.pdf (zuletzt abgerufen am 20.09.2019). – Während die FAZ Schöllgens ausführlichen Artikel zur Geschichte der Unternehmerfamilie Schickedanz brachte (FAZ v. 20.10.2009) und Rainer Blasius das Buch äußerst positiv besprach (König Gustav der Helle, in: FAZ v. 23.08.2010), nahmen Die Zeit und die Süddeutsche Zeitung dezidiert ZAG-kritische Positionen ein (Christian STAAS: Die Firma zahlt, in: Die Zeit v. 28.11.2011; Olaf PRZYBILLA, Uwe RITZER, Willi WINKLER: Was darf die Geisteswissenschaft?, in SZ, URL: https://www.sueddeutsche.de/kultur/gregor-schoellgen-erlangen-nuernberg-historiker-1.4330471 (zuletzt abgerufen am 26.01.2020)); Martin EICH: History Faking, in: der Freitag v, 01.06.2015.

Verhandlungen von Geschichte positionieren? Die von Historiker*innen oft wiederholte Kritik an der „Verknoppung" des deutschen Geschichtsbildes durch die populären ZDF Dokumentationen ist sicherlich auch ein Reflex auf die Beobachtung, dass selbst die bekanntesten und prominentesten Historiker*innen nie auch nur im entferntesten die Reichweite und die Wirksamkeit der von Guido Knopp und seinen Mannen verbreiteten Geschichtsbilder erreichen. Jenseits der Geschichtswissenschaft hat auch die DFG erkannt, dass Öffentlichkeitsarbeit und Wissenschaftskommunikation von Sonderforschungsbereichen der gezielten Förderung bedürfen, darüber hinaus aber ein eigenes Förderprogramm „Infrastruktur für elektronische Publikationen und digitale Wissenschaftskommunikation" oder den Communicator Preis ins Leben gerufen.[9] Für unser Fach stellen sich also neue Aufgaben.

Dazu werde ich in diesem Beitrag zunächst die Beziehungen von Geschichtswissenschaft und Öffentlichkeit geschichtstheoretisch beleuchten, bevor dann in einem zweiten Teil die Public History als eine entstehende geschichtswissenschaftliche Teildisziplin und Antwort auf den Geschichtsboom präsentiert wird, der es im Kern um eine Erforschung der außeruniversitären und populären Geschichtskultur geht. Der dritte Teil bestimmt entsprechend die „Geschichtskultur" als Zentralkategorie der sich formierenden Public History. Diese steht vor der im vierten Teil diskutierten Aufgabe, sich zu einer theoretisch, empirisch und pragmatisch arbeitenden Wissenschaft auszubilden. Einem Missverständnis, wonach Public History häufig als eine Art Wissenschaftskommunikation oder Öffentlichkeitsarbeit der Geschichtswissenschaft aufgefasst wird, widerspricht der fünfte Abschnitt, bevor abschließend aus Perspektive eines Public Historians einige Zukunftspotentiale für die Landesgeschichte skizziert werden.

1. Historische Forschung und die Öffentlichkeit – eine geschichtstheoretische Betrachtung

Aus Perspektive der Geschichtstheorie ist die Distanz, die viele Kolleg*innen zu allen Formen populärer Geschichtsdarstellung halten, im Grunde obsolet. Weil alle unsere Fragen an die Vergangenheit aus der Gegenwart stammen und sich nicht aus dem Gegenstand selbst ergeben, kann man historische Forschung ohnehin nur als einen gegenwartsbezogenen und von diesem zeitlichen Kontext abhängigen Prozess begreifen. In seinem Regelkreis historischer Erkenntnis hat der Geschichtstheoretiker Jörn Rüsen deutlich gemacht, wie jede historische Erkenntnis sich aus einem fundamentalen Bedürfnis nach Orientierung in der Zeit ergibt.[10]

---

9 Webseite der DFG: https://www.dfg.de/foerderung/programme/koordinierte_programme/sfb/antragsteller/oeffentlichkeitsarbeit/index.html; https://www.dfg.de/foerderung/programme/infrastruktur/lis/lis_foerderangebote/digitale_publikationen/; https://www.dfg.de/foerderung/programme/preise/communicator_preis/ (zuletzt abgerufen 20.09.2019).

10 Jörn Rüsen: Historische Vernunft. Grundzüge einer Historik, Bd. 3. Die Grundlagen der Geschichtswissenschaft, Göttingen 1983, S. 24–29, Abb. auf S. 29.

1. RÜSENS Disziplinäre Matrix
Jörn RÜSEN: Historische Vernunft. Grundzüge einer Historik, Bd. 3. Die Grundlagen der Geschichtswissenschaft, Göttingen 1983, S. 24–29, Abb. auf S. 29.

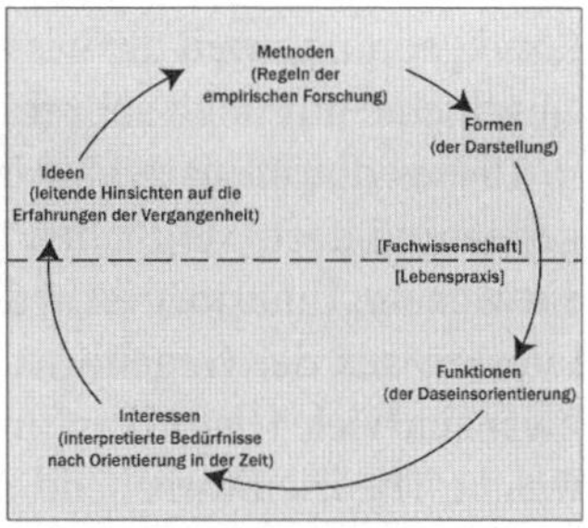

In jeder Gegenwart entstehen Orientierungsbedürfnisse, die zu einer Beschäftigung mit der Vergangenheit führen (Interessen). Dabei gibt es bestimmte „leitende Hinsichten", die den Blick auf die Erfahrungen der Vergangenheit anleiten. Als Ideen und leitende Sinnkriterien bestimmen sie, welche Aspekte aus der Vergangenheit aufgearbeitet werden. In der Geschichtswissenschaft können das implizit zur Geltung gebrachte Theorien oder explizite theoretische Bezugsrahmen sein. Im Zuge der Verwissenschaftlichung seit dem Historismus wurden die Regeln, wie man auf die Erfahrungen der Vergangenheit Bezug nahm, zu Methoden der Forschung. Das methodisch gewonnene Wissen wurde nach gestalterischen Prinzipien geformt, die sich seit der Aufklärung ebenfalls stark gewandelt hatten, so dass sich bestimmte Darstellungsformen als wissenschaftlich dysfunktional erwiesen und andere sich als notwendig durchgesetzt haben. Hierbei kam es der Geschichtswissenschaft darauf an, die eigene Wissenschaftlichkeit als Orientierungsstärke zum Ausdruck zu bringen. Das wirkt sich auf die Darstellung von Geschichte aus: „Rhetorische Suggestion und ästhetische Faszination werden zu Impulsen diszipliniert, die ein aktives argumentatives Mitdenken des Adressaten anregt." Den Historiker*innen geht es um rationale Nachprüfbarkeit, empirische Belege und logische Argumentationsketten. Die Funktion der Daseinsorientierung durch historische Erkenntnis kann ebenfalls wissenschaftlich ausgeprägt werden, indem die Neuorientierung ebenfalls an den Vernunftgebrauch gekoppelt wird. Dieser Regelkreis historischer Erkenntnis, von Rüsen auch als „disziplinäre Matrix der Geschichtswissenschaft" bezeichnet, weist zwei Sphären auf, die Sphäre der Fachwissenschaft und jene der Lebenspraxis, die beide miteinander verbunden sind. Als theoretischer Bezugsrahmen eignet sich diese Matrix, um einige grundlegende Gedanken über das Verhältnis von Geschichtswissenschaft und Öffentlichkeit anzustellen, weil nämlich das, was von Rüsen als „Lebenspraxis" bezeichnet wird, auch als Geschichte in der Gesellschaft oder in der Öffentlichkeit beschrieben werden kann.

Gegenwärtig existieren nach Wahrnehmung vieler Geschichtswissenschaftler*innen zwei grundsätzliche Probleme, die den Umgang der deutschen Gesellschaft mit ihrer Vergangenheit betreffen. Zum einen reagierte bereits die einleitend angeführte Resolution des Historikerverbands auf die besorgniserregende Geschichtspolitik der AfD, die wissenschaftliche Ergebnisse auf ganzer Linie ignoriert und zu einer nationalistischen und revisionistischen Neuorientierung des Geschichtsbildes aufruft. Zum anderen werden die Stimmen der Wissenschaft im aktuellen Geschichtsboom an den

Rand gedrängt, weil die wissenschaftlichen Veröffentlichungen den Diskurs über die Geschichte nur noch sehr fragmentarisch erreichen.

Rüsens disziplinäre Matrix kann hierbei helfen, den Problemen auf den Grund zu gehen und nach möglichen Reaktionen zu suchen und entsprechende Strategien zu entwickeln. Unstrittig ist in der Disziplin, dass die Fragestellungen und Erkenntnisinteressen aus der Gegenwart und aktuellen Orientierungsbedürfnissen entspringen. Zwar sind viele Historiker*innen nicht immer einer Meinung, in welcher Form und auf welche Theorien forschend Bezug genommen werden soll, aber die explizite Bezugnahme auf dieselben ermöglicht es auch, diese Unstimmigkeiten rational zu diskutieren und unterschiedliche Positionen in ihrer Kontroversität zu begründen. Die klassischen Formen geschichtswissenschaftlicher Darstellungen als Forschungsmonographie, Aufsatz in Zeitschriften oder Sammelbänden und der Rezensionen in Fachorganen als Kontrollinstanz haben sich ebenfalls bewährt und gewähren einen fachbezogenen, rationalen Diskurs.[11]

Etwas problematischer ist es jedoch, wenn man die wissenschaftlichen Darstellungsformen daraufhin ansieht, inwiefern sie dazu geeignet sind, die Öffentlichkeit zu erreichen und sie bei ihrer Daseinsorientierung zu unterstützen. Die meisten, der geschichtswissenschaftlich hoch funktionalen und bewährten Publikationsformen mit teilweise ausufernden Anmerkungsapparaten und ausführlichen Diskussionen der verschiedenen Positionen überfordern selbst am Thema interessierte Leser*innen sehr rasch. Nur wenige Historiker*innen publizieren daneben ihre Erkenntnisse auch außerhalb der Forschungsliteratur im engeren Sinne, populäre Sachbücher oder Aktivitäten in anderen Medien werden für wissenschaftliche Karrieren nicht prämiert. Insofern kreist der geschichtswissenschaftliche Dialog zum größten Teil um sich selbst und kann nur noch im Ausnahmefall ein wenig zur Daseinsorientierung der Bevölkerungsmehrheit beitragen.

Und die Annahme, dass der praktische Gebrauch historischen Wissens immer vernunftbestimmt sei, weist Rüsen zurück, er sei „immer auch und unvermeidlich politischen Kriterien unterworfen“: „Eine vollständige Ersetzung machtbestimmter Interessenkonstellationen durch vernünftiges konsensorientiertes Argumentieren ist als historischer Prozeß nicht plausibel zu entwerfen.“[12] Unter Berufung auf Jörn Rüsen kann man also geschichtstheoretisch die Sorge relativieren, wonach bei einer aktiven Beteiligung in öffentlichen und politischen Diskursen die Autonomie der Wissenschaft leiden würde, wie viele Kritiker der Resolution meinten. Eine solche Autonomie hat die Geschichtswissenschaft nie besessen und kann sie diesem geschichtstheoreti-

11 Jörn Rüsen: Die Entwicklung der disziplinären Matrix und des theoretisch-methodologischen Instrumentariums der Geschichtswissenschaft – ein strukturgenetischer Ansatz, in: Heribert Hörz (Hg.): Historiographiegeschichte als Methodologiegeschichte. Zum 80. Geb. v. Ernst Engelbrecht, Berlin 1991, S. 53–67.

12 Rüsen: Entwicklung einer disziplinären Matrix (wie Anm. 11), S. 63; vgl. auch den medienhistorischen Ansatz von Frank Bösch: Getrennte Sphären. Zum Verhältnis von Geschichtswissenschaft und Geschichte in den Medien seit 1945, in: Klaus Arnold, Walter Hömberg, Susanne Kinnebrock (Hgg.): Geschichtsjournalismus. Zwischen Information und Inszenierung, Berlin 2012, S. 45–66.

schen Modell historischer Erkenntnis zufolge auch nicht erreichen. Die externen Einflüsse wirken sich epistemologisch auf das System Geschichtswissenschaft aus. Wie sieht es dann aber mit der Rückwirkung der Geschichtswissenschaft auf die Gesellschaft und ihre politisch-historische Daseinsorientierung aus?

Nimmt man wiederum die disziplinäre Matrix als Grundlage, dann lässt sich das Problem als eines der Darstellung beschreiben, die anderen, nämlich primär fachwissenschaftlichen Kriterien unterliegt und sich nur im Ausnahmefall an den Rezeptionsbedingungen in der Öffentlichkeit ausrichtet. Meine Grundthese lautet hier, dass die Geschichtswissenschaft vor allem mit sich selbst kommuniziert.

Das hat vor allem funktionale Gründe. Aber damit besteht auch die Gefahr, dass unsere Disziplin sich zwar von externen Faktoren beeinflussen lässt, aber selbst darauf verzichtet, auf die Daseinsorientierung in der Gesellschaft größeren Einfluss zu nehmen. Eine systembedingte Selbstreferentialität der Geschichtswissenschaft und ein Heraushalten aus dem größeren Regelkreis muss unweigerlich zur Folge haben, dass die gesellschaftliche Aushandlung des Geschichtsbildes in den Medien und Netzwerken wiederum als ein eigener, von der Wissenschaft entkoppelter Regelkreis funktioniert. Auf diesen engeren Regelkreis hat die Geschichtswissenschaft nur marginalen Einfluss, was viele im Fach aber zunehmend mit Unbehagen und Unruhe erfüllt. Nach dieser geschichtstheoretischen Betrachtung stellt sich die Frage, wie eine fachwissenschaftliche Antwort auf diese Problematik aussehen könnte.

2. Fachwissenschaftliche Antworten auf den Geschichtsboom

Seit Beginn des Jahrtausends hat sich auch in der deutschen Universitätslandschaft der aus dem Englischen übernommene Begriff der „Public History“ ausgebreitet und entsprechende Studiengänge befinden sich an einigen Universitäten im Angebot, während andere entsprechende Studiengänge vorbereiten. Im Unterschied zu angelsächsischen Universitäten, insbesondere in den Vereinigten Staaten, wo aktuell Public History in 138 Studiengängen für Undergraduates und 95 an Graduiertenschulen etabliert sind,[13] kann für Deutschland noch nicht von einer Institutionalisierung der Public History gesprochen werden. Hier existieren an einigen Universitäten entsprechende Masterprogramme mit großer studentischer Nachfrage, während die konkrete Gestaltung der Studiengänge noch sehr große Unterschiede aufweist.[14]

In der bislang einzigen deutschsprachigen „Einführung in die Public History“ betonen Irmgard Zündorf und Martin Lücke zwar, dass diese „inzwischen auf dem Weg zu

---

13 Die Übersicht beim National Council of Public History verzeichnet allerdings auch Studiengänge, die nur einzelne Module oder Lehrveranstaltungen anbieten: URL: https://ncph.org/program-guide/?fwp_program_type=public-history-graduate-program (zuletzt abgerufen 21.09.2019).

14 Public History im Masterstudiengang kann aktuell studiert werden an der FU Berlin, Ruhr Universität Bochum, Universität Heidelberg, Universität Hamburg, Universität zu Köln, Universität Regensburg und Universität Tübingen sowie ein Joint Master der Luzerner Hochschulen im Verbund mit der Universität Freiburg und der Universität Basel.

Fachdisziplin" sei, doch von einer solchen Etablierung ist die Public History hierzulande sicherlich noch einiges entfernt.[15] Sie besitzt zwar inzwischen einen eigenen Arbeitskreis im Verband der Historikerinnen und Historiker Deutschlands, eine erste „Professur für angewandte Geschichte" (Heidelberg) und zwei Juniorprofessuren (Köln, Hamburg) sind eingerichtet worden, deren Fortbestehen noch nicht gesichert ist. Die deutsche Public History verfügt mit dem Blog-Journal „Public History Weekly" auch über ein mehrsprachiges, internationales Diskussionsforum und auch zwei wissenschaftliche Reihen mit entsprechendem Schwerpunkt wurden gestartet.[16] Aber sie hat etwa noch kein eigenes Fachjournal ausgebildet, in dem ein wissenschaftlicher Diskurs über Ziele, Methoden und Qualitätsmaßstäbe einer Teildisziplin geführt werden könnte, zu heterogen sind bislang die verschiedenen Herangehensweisen. Von der Herausbildung einer eigenen Fachdisziplin kann deshalb noch nicht die Rede sein. Denn in welche Richtung sich Public History weiterentwickeln wird und ob sie eine entsprechende „Disziplinierung" (im doppelten Wortsinne) erfährt, das wird sich erst in einigen Jahren zuverlässig beurteilen lassen. Dass es sich hierbei jedoch nur um eine „Modeströmung" handeln könnte (um einen in der Geschichtswissenschaft beliebten, pejorativen Ausdruck zu gebrauchen), das kann man jedoch angesichts des großen Interesses bei Studierenden und Wissenschaftler*innen empirisch ausschließen.

Programmatisch wird Public History bezeichnet

> „als fachwissenschaftliche Antwort auf die mit dem Geschichtsboom verbundenen Herausforderungen. Public History setzt sich mit jeder Form der Geschichtsdarstellung auseinander, die sich an eine breite, nicht vorgebildete Öffentlichkeit richtet, und erforscht diese."[17]

Damit umreißt diese Definition von Public History etliche Forschungsgebiete, die bislang oft unter anderem Etikett oder als Feld etwa der Zeitgeschichte untersucht

---

15 Martin Lücke, Irmgard Zündorf: Einführung in die Public History, Göttingen 2018, S. 20; Ebenfalls als historische Teildisziplin versteht Habbo Knoch die Public History: Habbo Knoch: Wem gehört die Geschichte? Aufgaben der „Public History" als wissenschaftlicher Disziplin, in: Wolfgang Hasberg, Holger Thünemann (Hgg.): Geschichtsdidaktik in der Diskussion. Grundlagen und Perspektiven, Frankfurt a. M. 2016, S. 303–345; Auch die wenigen englischen Einführungen sind kaum in der Lage, ein konsistentes Bild von der Public History als einer akademischen Disziplin zu zeichnen.

16 Das internationale Blogjournal Public History Weekly findet sich auf: https://public-history-weekly.degruyter.com/ (zuletzt abgerufen am 21.09.2019). Wissenschaftliche Reihen zur Public History bei utb (hrsg. von Irmgard Zündorf und Stefanie Samida) und Kohlhammer (hrsg. von Nicola Brauch, wobei in dieser „Reihe" seit 2015 erst ein Band erschienen ist: Miriam Sénécheau, Stefanie Samida: Living History als Gegenstand Historischen Lernens, Stuttgart 2015). Bei utb liegen vor: Hilmar Sack: Geschichte im politischen Raum, Tübingen 2016; Thomas Fischer, Thomas Schuhbauer: Geschichte in Film und Fernsehen, Tübingen 2016; Thomas Thiemeyer: Geschichte im Museum. Theorie, Praxis, Berufsfelder, Tübingen 2018.

17 Irmgard Zündorf: Zeitgeschichte und Public History, Version 2.0, in: Docupedia Zeitgeschichte, 6.9.2019, URL: http://docupedia.de/zg/Zuendorf_public_history_v2_de_2016?oldid=130404 (zuletzt abgerufen am 21.09.2019).

wurden. Zu einem derart weiten Verständnis gehören dann insbesondere die drei Forschungsfelder der Geschichtspolitik, der Erinnerungskulturen und der Vergangenheitspolitik:

Erstens, Forschungen zur „Geschichtspolitik" beziehen sich vielfach auf ein vom Heidelberger Zeithistoriker Edgar Wolfrum definiertes Politikfeld. Geschichtspolitik sei ein „Handlungs- und Politikfeld, auf dem verschiedene Akteure Geschichte mit ihren spezifischen Interessen befrachten und politisch zu nutzen suchen. Sie zielt auf die Öffentlichkeit und trachtet nach legitimierenden, mobilisierenden, politisierenden, skandalisierenden, diffamierenden u. a. Wirkungen in der politischen Auseinandersetzung."[18]

In Deutschland wurde der Begriff zunächst negativ gebraucht, populär wurde er erstmalig vom Althistoriker Christian Maier im „Historikerstreit" zwischen Jürgen Habermas und Ernst Nolte benutzt.[19] Für viele Historiker typisch war die hierbei von Heinrich-August Winkler getroffene Unterscheidung zwischen einer unpolitisch-ideologiefreien Geschichtswissenschaft und seinem Gegenstück, einer ideologisierten Geschichtspolitik. Insofern war „Geschichtspolitik" in den 1980er Jahren durchaus ein politischer Kampfbegriff, der sich gegen die „geistig-moralische Wende" der neuen CDU-FDP-Koalition unter Helmut Kohl richtete. Erst nach der Wiedervereinigung avancierte der Begriff „Geschichtspolitik" dann zu seiner verwissenschaftlichten Form, bezieht sich in seinen Untersuchungen jedoch fast ausschließlich auf Akteure, die zur politischen Elite zählen.[20]

Zweitens, Forschungen zur „Erinnerungskultur" befassen sich ebenfalls mit der Frage, wie eine Gesellschaft mit Geschichte umgeht, sie ziehen den Kreis der Akteure jedoch wesentlich weiter. Nach Christoph Cornelißen sind unter Erinnerungskultur „alle denkbaren Formen der bewussten Erinnerung an historische Ereignisse, Persönlichkeiten und Prozesse zu verstehen, seien sie ästhetischer, politischer oder kognitiver Natur. Der Begriff umschließt mithin neben Formen des ahistorischen oder sogar antihistorischen kollektiven Gedächtnisses alle anderen Repräsentationen von Geschichte, darunter den geschichtswissenschaftlichen Diskurs sowie die nur „privaten" Erinnerungen, soweit sie in der Öffentlichkeit Spuren hinterlassen haben". Damit

---

18 Edgar Wolfrum: Geschichtspolitik in der Bundesrepublik Deutschland, Darmstadt 1999, S. 25f.

19 Christian Meier: Eröffnungsrede zur 36. Versammlung deutscher Historiker in Trier, 8. Oktober 1986, in: Rudolf Augstein u. a. (Hgg.): „Historikerstreit". Die Dokumentation der Kontroverse um die Einzigartigkeit der nationalsozialistischen Judenvernichtung, München, Zürich 1987, S. 204–214, hier: S. 204.

20 Heinrich August Winkler: Auf ewig in Hitlers Schatten? Zum Streit über das Geschichtsbild der Deutschen, in: Augstein: Historikerstreit (wie Anm. 19), S. 256–263. Zur Begriffsgeschichte und Konzeption: Stefan Troebst: Geschichtspolitik, Version 1,0, in Docupedia-Zeitgeschichte, 04.08.2014, URL: http://docupedia.de/zg/Geschichtspolitik (zuletzt abgerufen am 22.09.2019); vgl. Manuel Becker: Geschichtspolitik der Berliner Republik. Konzeptionen und Kontroversen, Wiesbaden 2013; Sebastian Klinge: 1989 und wir. Geschichtspolitik und Erinnerungskultur nach dem Mauerfall, Bielefeld 2015; Etienne François u. a. (Hgg.): Geschichtspolitik in Europa seit 1989. Deutschland, Frankreich und Polen im internationalen Vergleich, Göttingen 2013.

werden nicht nur die politischen Eliten in den Blick genommen, sondern „alle Formen der Aneignung erinnerter Vergangenheit als gleichberechtigt betrachtet".[21] Tatsächlich beziehen sich diese Forschungen wiederum primär auf die Zeitgeschichte und hierbei auf die politische Dimension von Erinnerungskultur und zielen auf Formen von Identitätspolitik ab.

Drittens, Forschungen zur „Vergangenheitspolitik" benutzen ebenfalls eine, in diesem Fall von Norbert Frei geprägte Konzeption zum Umgang mit der deutschen Geschichte. Der Begriff bezieht sich auf eine konkrete Phase der Nachkriegszeit und auf die milde Politik der frühen Bundesrepublik gegenüber den NS-Tätern und Mitläufern.[22]

Gegen ein solch verengtes Verständnis von Public History, wie es sich in diesen drei Forschungsrichtungen widerspiegelt, wendet sich die Archäologin und Historikerin Stefanie Samida und fordert „das enge, auf die Zeitgeschichte bezogene Konzept einer Public History aufzugeben und auch andere Epochen mit einzubeziehen".[23] Mit Hinweis auf wichtige historische Jubiläen wie etwa die Varusschlacht 2009 oder das Lutherjahr 2017, angesichts des großen Interesses in den populären Medien an Ur- und Frühgeschichte oder der Römerzeit, erscheint diese Kritik mehr als berechtigt. Und auch hinsichtlich gemeinsamer Perspektiven von Public History und anderen Teildisziplinen der Geschichte wie der Landesgeschichte ist diese Kritik anschlussfähig. Public History kann keine Teildisziplin der Zeitgeschichte sein, aber trotzdem zeithistorische Phänomene wie die Erinnerungskultur oder Geschichtspolitik erforschen.

3. „Geschichtskultur" als Zentralkategorie von Public History

Ein weiteres und epochal nicht gebundenes Verständnis davon, wie eine Gesellschaft mit Geschichte in der Öffentlichkeit umgeht, bietet das von der Geschichtsdidaktik geprägte Konzept der „Geschichtskultur". Jörn Rüsen bestimmte es „als praktisch

---

21 Christoph Cornelissen: Was heißt Erinnerungskultur? Begriff – Methoden – Perspektiven, in: Geschichte in Wissenschaft und Unterricht 54 (2003), S. 548–563; vgl. Ders.: Erinnerungskulturen, Version 2.0, in: Docupedia-Zeitgeschichte 22.10.2012, URL: http://docupedia.de/zg/Erinnerungskulturen_Version_2.0_Christoph_Corneli%C3%9Fen (zuletzt abgerufen am 22.09.2019); Stefan Troebst: Postkommunistische Erinnerungskulturen im östlichen Europa, Warschau 2005; Richard Lebrow u. a. (Hgg.): The Politics of Memory in Post-War Europe, London 2006; Jan Eckel, Claudia Moisel (Hgg.): Universalisierung des Holocaust? Erinnerungskultur und Geschichtspolitik in internationaler Perspektive, Göttingen 2009.

22 Norbert Frei: Vergangenheitspolitik. Die Anfänge der Bundesrepublik und die NS-Vergangenheit, München 1996; vgl. Heiko Busche: Deutsche Presse, Rechtsextremismus und nationalistische Vergangenheit in der Ära Adenauer, Frankfurt a. M. 2003; Stephan Glienke u. a. (Hgg.): Erfolgsgeschichte Bundesrepublik? Die Nachkriegsgesellschaft im langen Schatten des Nationalsozialismus, Göttingen 2008.

23 Stefanie Samida: Kommentar: Public History als Historische Kulturwissenschaft: Ein Plädoyer, in: Docupedia-Zeitgeschichte, 17.06.2014, URL: http://docupedia.de/zg/Public_History_als_Historische_Kulturwissenschaft (zuletzt abgerufen am 22.09.2019).

wirksame Artikulation von Geschichtsbewusstsein im Leben einer Gesellschaft".[24] Die Geschichtskultur äußert sich in vielfacher Form: in den Bildenden Künsten, in Film, Theater und Oper, in der Belletristik, bei Gedenktagen und Jubiläen, im Rahmen staatlicher Geschichtspolitik oder bei Menschen, die historische Ereignisse nachspielen, der Living History.

Geschichtskulturforschung geht es um die imaginative und ästhetische, die inszenierte und simulative, die kontrafaktische, die rhetorische und die diskursive Geschichte. Deshalb gehören auch Lügen und Legenden zur Geschichtskultur, die also nicht nur den rationalen Umgang mit Geschichte umfasst, sondern auch sinnliche Erfahrungen.[25] Diese Geschichtskultur wirkt auch auf das Geschichtsbewusstsein des einzelnen Menschen, als individuelles Konstrukt baut es sich von außen nach innen auf, durch Internalisierungs- und Sozialisationsprozesse, nicht zuletzt durch den Geschichtsunterricht in der Schule. Zugleich kann man Geschichtskultur auch als ein kollektives Konstrukt beschreiben, das auf dem entgegengesetzten Weg, also durch Externalisierung entsteht und insofern eine objektive Gestalt annimmt. „Objektive Gestalt" bedeutet, dass etwa die Denkmäler, Jubiläen, geschichtswissenschaftliche Darstellungen oder Museen auch dann da sind und existieren, wenn wir sie ignorieren. Sie existieren unabhängig von unserer persönlichen Wahrnehmung und unserem persönlichen Willen, sie sind dauerhafter und beständiger als die historischen Vorstellungswelten einzelner.[26]

Geschichtskultur wird hier als ein soziales System bestimmt, in dem Kommunikation stattfindet und Geschichte als Bedeutung erzeugt wird. Die Flüchtigkeit individueller Erinnerung wird überwunden und es entsteht ein kulturelles Gedächtnis (Assmann), das die individuellen Lebensspannen und die Reichweiten der individuellen Erinnerung weit übergreift.[27] Schon aus diesem Grund ist der Begriff der „Geschichtskultur" dem der „Erinnerungskultur" vorzuziehen, weil es einer als auf den Umgang der Gesellschaft mit Geschichte bezogenen Public History nicht nur um die Erinnerung innerhalb der eigenen Lebensspanne gehen kann, im Sinne einer Zeitgeschichte als „Geschichte der Mitlebenden" (Rothfels). Es geht eben auch um Geschichte „jenseits der Grenzen der eigenen Lebensspanne".[28]

---

24 Jörn RÜSEN: Historische Orientierung. Über die Arbeit des Geschichtsbewusstseins, sich in der Zeit zurechtzufinden, Schwalbach/Ts. ²2008, S. 233.

25 Hans-Jürgen PANDEL: Geschichtskultur, in: Ulrich MAYER u.a. (Hgg.) Wörterbuch Geschichtsdidaktik, Schwalbach/Ts. ³2014, S. 86f.

26 Diese grundlegende Konzeptionierung findet sich in Bernd SCHÖNEMANN: Geschichtsdidaktik, Geschichtskultur, Geschichtswissenschaft, in: Hilke GÜNTHER-ARNDT (Hg.): Geschichts-Didaktik. Praxishandbuch für die Sekundarstufe I und II, Berlin 2003, S. 11–22, 17; Eine andere Konzeption von Geschichtskultur in Hans-Jürgen PANDEL: Geschichtsdidaktik. Eine Theorie für die Praxis, Schwalbach/Ts. 2013, S. 161–177.

27 SCHÖNEMANN: Geschichtsdidaktik (wie Anm. 26), S. 18.

28 LÜCKE/ZÜNDORF: Einführung (wie Anm. 15), S. 29.

Nach Bernd Schönemann lässt sich das soziale System Geschichtskultur in vier Dimensionen beschreiben und systematisch erfassen:[29]

Zur institutionellen Dimension gehören, erstens, Schulen, Museen, Universitäten, Archive, Bibliotheken, historische Kommissionen oder die Denkmalpflege. Diese Institutionen stellen sicher, dass die Beschäftigung mit der Vergangenheit nicht zufällig und vereinzelt, sondern dauerhaft und systematisch erfolgt. Diesem Bereich lässt sich neben den anderen Zweigen der Geschichtswissenschaft auch die Landesgeschichte zuordnen, die Wissen produziert und bereitstellt, das zu bestimmten Gelegenheiten genutzt werden kann.

Das zweite Kernelement, das Geschichtskultur prägt, sind die Professionen, also bestimmte Berufsgruppen von Erinnerungs- und Geschichtsspezialisten, die eigens dafür ausgebildet und beauftragt sind, historische Quellen zu sammeln, zu konservieren, zu erforschen und zu vermitteln. Das wären etwa die Berufe Geschichtswissenschaftler, Archivare und Bibliothekare, Denkmalpfleger. Dazu gehören aber auch Laien und Semi-Professionals, die geschichtskulturell aktiv sind, also Politiker, Journalisten, Künstler und Schriftsteller, historisch interessierte Bürger und Freizeitunternehmer. Geschichtskultur hat oft auch eine kommerzielle Seite. Die beteiligten Professionen haben nicht nur unterschiedliche Aufgaben, sondern auch verschiedene Stärken und Schwächen. Viele Geschichtswissenschaftler*innen sind hervorragende Experten in ihren jeweiligen Forschungsgebieten, tun sich aber eher schwer bei der Vermittlung ihrer Ergebnisse in der Öffentlichkeit. Umgekehrt sind Fachjournalist*innen oft hervorragende Kommunikatoren, haben aber die von ihnen öffentlichkeitswirksam dargestellten historischen Zusammenhänge nur teilweise verstanden.

Zum Dritten sind Medien für die Geschichtskultur unentbehrlich, denn sie speichern historische Vorstellungen, bewahren sie und halten sie abrufbar. Hierbei gibt es große Unterschiede von wissenschaftlichen Darstellungen, musealer und archivalischer Sammlungen, von Zeitungen, Fernsehdokumentationen bis hin zum Computerspiel.

Viertens richtet sich geschichtskulturelle Kommunikation absichtsvoll an verschiedene Publika. Deren Spektrum reicht von Lesern einer landesgeschichtlichen Zeitschrift über die Konsumenten einer historischen Fernsehdokumentation bis hin zu aktiven Akteuren, die an Living History Veranstaltungen oder einem historischen Computerspiel teilnehmen. Gerade hinsichtlich der Adressatenkreise von Geschichtsdidaktik und Public History werden wesentliche Unterschiede zwischen ihnen deutlich: Während sich die Geschichtsdidaktik wesentlich immer noch auf die Schule bezieht, hat es Public History mit viel diffuseren Publika, nämlich einer sehr heterogenen Öffentlichkeit zu tun.[30]

---

29 SCHÖNEMANN: Geschichtsdidaktik (wie Anm. 26), S. 18f sowie ausführlicher Ders.: Geschichtsdidaktik und Geschichtskultur, in: Bernd MÜTTER, Bernd SCHÖNEMANN, Uwe UFFELMANN (Hgg.): Geschichtskultur. Theorie – Empirie – Pragmatik, Weinheim 2000, S. 26–58.

30 Hierzu bemerkt Holger Thünemann treffend, dass auch die Lerngruppen und die Schule heute sehr heterogen zusammengesetzt sind; Holger THÜNEMANN: Public History – Neun Thesen,

Übrigens fordern auch viele Geschichtsdidaktiker*innen die Ausbildung einer geschichtskulturellen Kompetenz im Geschichtsunterricht. Die Lernenden sollen auch für die Zeit nach der Schule in die Lage versetzt werden, am gesellschaftlichen Umgang mit Vergangenheit aktiv und kritisch teilzuhaben und die entsprechenden Debatten verstehen und einordnen zu können. In diesem Sinne geht es also nicht darum, wie sich Geschichte nutzen lässt, sondern für die Beteiligung am öffentlichen Umgang mit Geschichte zu lernen.[31]

Mit dieser Systematik lässt sich auch das Forschungsfeld der Public History strukturierend beschreiben und man kann verschiedene Forschungsgegenstände präziser unterscheiden.

4. Public History als theoretisch, empirisch und pragmatisch arbeitende Wissenschaft

Wenn sich die Public History auf den Weg machen will, um nicht nur in rhetorischer Hinsicht eine eigene geschichtswissenschaftliche Teildisziplin auszubilden, sondern sich als eine empirisch, theoretisch und pragmatisch arbeitende Wissenschaft zu etablieren, hat sie noch einige Aufgaben vor sich. Cord Arendes, Professor für angewandte Geschichte an der Universität Heidelberg, kennzeichnete sie bereits als „akademische Subdisziplin", als „eine prozessorientierte Reflexions- und Vermittlungsinstanz".[32] Dazu muss sie sich notwendigerweise auf die Ebene der Theorie begeben und etwa die Frage nach der Bedeutung von Geschichte in der Öffentlichkeit, ihre Relevanz für das Selbstverständnis und die kollektive Identität von Gruppen und Gesellschaften konzeptionell fassen, damit sie sie untersuchen kann. Die Public History muss ihren Gegenstandsbereich genauer bestimmen, sie muss ihre Hauptarbeitsfelder abstecken und ihr Kategoriengefüge entwickeln. Diese Theoriearbeit ist dabei kein Selbstzweck, sondern dient dazu, um der empirischen Forschung eine Grundlage zu geben, aber auch um bei den Praktikern ein höheres Maß an Verständnis und Sensibilität dafür aufzubauen, was sie tun, wenn sie es tun.[33] Dass hierfür viele Kategorien und Denkimpulse nicht unbedingt nur aus der Geschichtswissenschaft kommen müssen, weil

---

in: Public History Weekly, URL: https://public-history-weekly.degruyter.com/3-2015-2/public-history-sublation-german-debate/ (zuletzt abgerufen am 23.09.2019).

31 Hans-Jürgen PANDEL: Geschichtsunterricht nach PISA. Kompetenzen, Bildungsstandards und Kerncurricula, Schwalbach/Ts. 2005, S. 40–45. Die Schülerinnen und Schüler sollen lernen, „Faktizität, Fiktionalität und Fiktivität unterscheiden, mit verschiedenen Erinnerungskonflikten umgehen, die ästhetische Dimension des Geschichtsbewusstseins wahrnehmen, kontrafaktische Aussagen erkennen und werten" können (S. 44).

32 Tagungsbericht: Funktionalität von Geschichte in der Spätmoderne, 2015, in: H-Soz-Kult, 05.01.2016, URL: https://www.hsozkult.de/conferencereport/id/tagungsberichte-6304 (zuletzt abgerufen am 22.09.2019).

33 Diese Überlegungen paraphrasieren eine Bestimmung der Hauptarbeitsfelder der Geschichtsdidaktik durch Bernd Schönemann, der sie als Empirie, Theorie und Pragmatik bestimmte; SCHÖNEMANN: Geschichtsdidaktik, S. 13f.

eine Historisierung der betreffenden Phänomene unzureichend ist, liegt auf der Hand. Impulse für die Theoriearbeit lassen sich eher aus Kommunikations- und Medienwissenschaft, Medienpsychologie und europäischer Ethnologie/empirischen Kulturwissenschaften gewinnen. Das gilt insbesondere, wenn es um Fragen der Wirkung von Geschichte geht, um Bestimmung und Formierungen kollektiver Identitäten oder um Analysekategorien wie Performativität, Medialität und Authentizität, aber auch um Konzepte von Inszenierung oder Kulturerbe/*Heritage*.[34]

Die Anschlussfähigkeit an die Geschichtsdidaktik ist bei den theoretischen Überlegungen Jörn Rüsens und Bernd Schönemanns bereits deutlich geworden, sie gilt aber in besonderer Hinsicht für Public History als Handlungswissenschaft, die Ebene der Pragmatik. Wenn es um Geschichtsvermittlung geht, lässt sich hier an zentrale didaktische Vermittlungsprinzipien wie Multiperspektivität (der Quellen) und Kontroversität (der wissenschaftlichen Interpretationen) ebenso anknüpfen wie an das Prinzip der Alterität der betrachteten Phänomene. Darüber hinaus hält die Geschichtsdidaktik auch qualitative Kriterien für Produkte der Public History bereit, wichtig sind hierfür insbesondere die empirische, narrative und normative Triftigkeit. Empirische Triftigkeit meint dabei übrigens nichts anderes als die von der Geschichtswissenschaft geforderte Quellentreue, ihr strikter Quellenbezug und die Beachtung des Vetorechts der Quellen (Koselleck).[35] Die narrative Triftigkeit betrifft die logische Struktur und Konsistenz der Argumentation, wobei keine logischen Brüche oder Widersprüche auftreten sollen.

Empirische Zugänge der Public History weisen bislang die bereits mehrfach erwähnte Nähe zur Zeitgeschichte (mit entsprechenden Schwerpunkten Geschichtspolitik, Erinnerungskulturen und Vergangenheitspolitik) auf,[36] etliche Forschungen entstanden auch im Rahmen der geschichtsdidaktischen Geschichtskulturforschung.

---

34 Vgl. ZÜNDORF: Zeitgeschichte und Public History (wie Anm. 17); SAMIDA: Public History als Historische Kulturwissenschaft (wie Anm. 23); Beispiele für die neuen Ansätze: Stephanie WODIANKA: Zwischen Mythos und Geschichte. Ästhetik, Medialität und Kulturspezifik der Mittelalterkonjunktur, Berlin 2009; Michael RÖSSNER, Heidemarie UHL (Hgg.): Renaissance der Authentizität? Über die neue Sehnsucht nach dem Ursprünglichen, Bielefeld 2012; Sascha TRÜLTZSCH-WIJNEN u.a. (Hgg.): Geschichte(n), Repräsentationen, Fiktionen. Medienarchive als Gedächtnis- und Erinnerungsorte. Köln 2016; Alina BOTHE: Die Geschichte der Shoah im virtuellen Raum. Eine Quellenkritik, Berlin 2019; Hildegard FRÜBIS u.a. (Hgg.): Fotografien aus den Lagern des NS-Regimes. Beweissicherung und ästhetische Praxis, Wien 2019; Johannes PAULMANN (Hg.): Humanitarianism and Media. 1900 to the Present, New York 2019; Sarah WILLNER u.a. (Hgg.): Doing history. Performative Praktiken in der Geschichtskultur, Münster/New York 2016.

35 Hierzu ausführlicher, aber mit anderen Akzenten das von Martin Lücke verfasste Kapitel „Geschichtsdidaktik und Public History" in: DERS./ZÜNDORF, Einführung, S. 37–59 (wie Anm. 17).

36 Z.B. Frank BÖSCH, Constantin GOSCHLER (Hg.): Der Nationalsozialismus und die deutsche Public History, Frankfurt a.M. 2009; Sarah WILLNER, Georg KOCH, Stefanie SAMIDA (Hgg.): Doing History. Performative Praktiken in der Geschichtskultur, Münster 2016; Sebastian BRÜNGER: Geschichte und Gewinn. Der Umgang deutscher Konzerne mit ihrer NS-Vergangenheit, Göttingen 2017; Melanie FRITSCHER-FEHR: Demokratie im Ohr. Das Radio als geschichtskultureller Akteur in Westdeutschland 1945–1963, Bielefeld 2019.

Doch auch außerhalb der Geschichtswissenschaft wird der öffentliche Umgang mit und der Gebrauch von Geschichte durch andere Disziplinen erforscht, die teilweise nur marginal rezipiert werden, obwohl sie einschlägige Themen erforschen. Wichtige Beiträge zur Public History lieferten beispielsweise die Museumswissenschaften und Museumspädagogik[37], die Gedenkstättenpädagogik und Holocaust Education[38], aber auch Literatur- und Kulturwissenschaften[39], oder die sozial- und medienpsychologischen Projekte des Tübinger Leibnitz Instituts für Wissensmedien.[40] Insgesamt stellt sich die Public History also bereits als ein breites Forschungsfeld dar, das sich aber nicht notwendigerweise immer unter diesem Label versammelt.

5. Public History in der akademischen Lehre – eine Diffusionswissenschaft?

Als Studienfach können Studierende der Public History Kompetenzen erwerben, die später in Museen und Ausstellungsagenturen, in Presse- und Öffentlichkeitsarbeit, im Bibliotheks- und Archivwesen, in der Geschichtsvermittlung und im Verlagswesen, in der Erwachsenenbildung, in der Politikberatung, aber auch in anderen Kulturorgani-

37 Z. B. Martina PADBERG, Martin SCHMIDT (Hgg.): Die Magie der Geschichte. Geschichtskultur und Museum, Bielefeld 2010; Joachim BAUR: Die Musealisierung der Migration. Einwanderungsmuseen und die Inszenierung der multikulturellen Gesellschaft, Bielefeld 2009; DERS. (Hg.): Museumsanalyse. Methoden und Konturen eines neuen Forschungsfeldes, Bielefeld 2010.

38 Z. B. Elke GRYGLEWSKI, Verana HAUG (Hgg.): Gedenkstättenpädagogik. Kontext, Theorie und Praxis der Bildungsarbeit zu NS-Verbrechen, Berlin 2015; Bettina BANNASCH, Hans-Joachim HAHN (Hgg.): Darstellen, Vermitteln, Aneignen. Gegenwärtige Reflexionen des Holocaust, Göttingen/Wien 2018; Eva MATTHES, Elisabeth MEILHAMMER (Hgg.): Holocaust Education im 21. Jahrhundert, Bad Heilbrunn 2015; Samuel TOTTEN, Stephen FEINBERG (Hgg.): Essentials of Holocaust Education. Fundamental Issues and Approaches, New York/London 2016; Anja BALLIS, Markus GLOE (Hgg.): Holocaust Education Revisited. Wahrnehmung und Vermittlung, Fiktion und Fakten, Medialität und Digitalität, Berlin 2019.

39 Z. B. Ljiljana RADONIĆ, Heidemarie UHL (Hgg.): Gedächtnis im 21. Jahrhundert. Zur Neuverhandlung eines kulturwissenschaftlichen Leitbegriffs, Bielefeld 2016; Astrid ERLL: Kollektives Gedächtnis und Erinnerungskulturen, Stuttgart[3] 2017; Gary CROSS: Consumed Nostalgia. Memory in the Age of Fast Capitalism, New York 2017; Juliane REIL: Erinnerung und Gedenken im Umgang mit dem Holocaust. Entwurf einer Gedächtnistheorie, Bielefeld 2018; THIEMEYER: Geschichte im Museum (wie Anm. 16); Aleida ASSMANN: Der europäische Traum. Vier Lehren aus der Geschichte, München 2018; Helmut PEITSCH u. a. (Hgg.): Nachkriegsliteratur als öffentliche Erinnerung. Deutsche Vergangenheit im europäischen Kontext, Berlin 2019; Christina KREPS: Museums and Anthropology in the Age of Engagement, London 2020.

40 Wegweisende empirische Projekte wurden bislang in der Public History kaum rezipiert, zur Zeit laufen Projekte bspw. zum Obersalzberg aus Besuchersicht oder zu Diskrepanzen zwischen einem Historienbild und historischer Evidenz, abgeschlossene Projekte etwa zu Authentizitätsvorstellungen in verschiedenen Museumstypen oder zum Formate-Mix in TV-Dokumentationen, URL: https://www.iwm-tuebingen.de/www/de/forschung/forschungsbereiche/AG2/index.html (zuletzt abgerufen 22.09.2019).

sationen oder Stiftungen sehr gefragt sind.[41] Die akademische Ausbildung, die universitäre Lehre bildet deshalb das zweite, gleichberechtigt neben der Forschung stehende Standbein der Public History. Die Studiengänge des deutschsprachigen Zweigs an den verschiedenen Standorten in Bochum und Berlin, Hamburg und Heidelberg, Köln und Regensburg, Tübingen und Basel weisen durchaus einige Unterschiede auf. Ein vergleichender Blick in die Modulhandbücher und Vorlesungsverzeichnisse zeigt jedoch auch ein deutliches Übergewicht der analytischen Lehrangebote im Verhältnis zu den praxisorientierten Veranstaltungen, in denen Studierende selbst ein Medienprodukt erstellen, das sich mit Geschichte befasst und öffentlich verfügbar ist. Zwar gibt es durchaus Praxismodule oder Projektseminare, in denen etwa eine Ausstellung konzipiert oder ein Internetauftritt entworfen wird, aber insgesamt dominiert noch immer eher die Dekonstruktion und Analyse von fertigen Medienprodukten mit Geschichtsbezug gegenüber der Konstruktion und Gestaltung eigener geschichtskultureller Positionierungen im öffentlichen Raum. Die heutigen Geschichtsstudierenden, die vielfach nach einem erfolgreichen Bachelorabschluss nach einer berufsorientierenden Fortsetzung ihres Fachstudiums suchen, aber in den vertiefenden Angeboten der klassischen Masterstudiengänge oft keine Zukunftsperspektive jenseits der Wissenschaft erkennen können, fragen solch praxis- und berufsorientierende Studienangebote wie Public History stark nach. Fast alle Studiengänge haben mehr Bewerbungen als Studienplätze, was man von den meisten anderen geschichtswissenschaftlichen Masterprogrammen leider nicht sagen kann. Für viele Geschichtsstudierende mit unsicheren Zukunftsaussichten scheint gerade die Vermittelbarkeit auf dem Arbeitsmarkt (*employability*), die Vorbereitung auf eine mögliche berufliche Zukunft in der Geschichtsvermittlung, ein ausschlaggebender Faktor bei der Wahl dieses Masterstudiums zu sein.

Während den Public History-Studierenden die Praxisanteile im Studium kaum groß genug sein können, kritisiert der Zeithistoriker Constantin Goschler (Bochum) diese Tendenz in einem Blogbeitrag mit deutlichen Worten und kennzeichnet die Public History mit dem Etikett einer „Diffusionswissenschaft".[42] Der Public History ginge es „anscheinend vor allem darum, historisches Wissen auf möglichst vielen medialen Kanälen – jetzt sogar im Internet! – an ein breites, historisch interessiertes Publikum weiterzugeben." Die Verantwortung für die Beschäftigungsmöglichkeiten der Studierenden erkennt Goschler an, schlägt aber eine Neuorientierung vor. Den beteiligten Zeithistorikern gehe es nämlich vorrangig um eine „Ausweitung ihrer Medienpräsenz", den Geschichtsdidaktikern um eine „Erweiterung ihres auf die Schule begrenzten Wirkungskreises". Diese polemische Charakterisierung trifft beide Teildisziplinen durchaus, zumindest in hochschulstrategischer Hinsicht dürften entsprechende

41 Die Politikberatung als wichtigste Aufgabe einer angewandten Geschichte, wie sie etwa dem in Harvard lehrenden Niall Ferguson vorschwebt, wird die deutsche Public History hingegen ablehnen. Vgl. Andreas ECKERT: Anwender (m) gesucht, in: FAZ, URL: https://www.faz.net/aktuell/karriere-hochschule/niall-ferguson-anwender-m-gesucht-15851488.html (zuletzt abgerufen am 26.01.2020), v. 26.10.2018.

42 Constantin GOSCHLER: Epistemologie versus Employability? Public History als Diffusionswissenschaft, in: Public History Weekly, URL: https://public-history-weekly.degruyter.com/3-2015-2/public-history-sublation-german-debate/ (zuletzt abgerufen am 23.09.2019).

Überlegungen bei der Etablierung entsprechender Studiengänge eine Rolle gespielt haben. Aber sie wird den beiden Teildisziplinen natürlich nicht gerecht, weil viele Zeithistoriker*innen, die zur Public History arbeiten und diese lehren, eigene, theoretisch fundierte Erkenntnisinteressen verfolgen und nicht nur auf Öffentlichkeitswirkung aus sind. Zum anderen erforscht die Geschichtsdidaktik schon seit drei Jahrzehnten Geschichtsvermittlung in außerschulischen Institutionen und Phänomene der Geschichtskultur, als in Deutschland noch niemand etwas von Public History gehört hatte. Die Polemik verweist insofern auf ein nicht seltenes Missverständnis von Public History, das ihr in einer oberflächlichen Wahrnehmung entgegenschlägt. Tatsächlich ist Public History viel mehr als nur die PR-Abteilung der Geschichtswissenschaft, sie ist nicht nur Vermittlungsinstanz wissenschaftlich generierter Wissensbestände, sondern ein eigenes Forschungsfeld, Lehrgebiet und eine potentiell entstehende Teildisziplin der Geschichtswissenschaft.

Nimmt man die im Begriff „Diffusionswissenschaft" enthaltene Polemik auf, dann wird auch klar, was Public History in einem modernen Verständnis nicht sein kann, nämlich die Lehre von der Geschichtsvermittlung für die Öffentlichkeit. Konzipiert man nämlich Geschichtsvermittlung als einen Top-down Prozess (kommunikationstheoretisch entspricht das dem veralteten Sender-Empfänger-Modell), dann geht dies hinter wesentliche geschichtstheoretische Einsichten zurück, wie sie oben in den geschichtstheoretischen Überlegungen anhand der Matrix der Geschichtswissenschaften ausgeführt wurden. Vermittlungstechniken sind natürlich auch ein Gegenstand der Public History-Studiengänge, sie sind aber nicht ihr Kern, sondern vielmehr die systematisch-analytische Auseinandersetzung mit Geschichte in der Öffentlichkeit und ihre Reflexion. Insofern kann Goschler sogar zugestimmt werden, wenn er vorschlägt, „das vertraute diffusionistische Bild der Wissensvermittlung stärker durch ein interaktionistisches Verhältnis von Wissenschaft und Öffentlichkeit zu ersetzen, wie es in der Wissenschaftsgeschichte schon seit längerem geschehen ist".[43] An diesem Punkt sind Geschichtsdidaktik und Public History theoretisch und empirisch allerdings längst angekommen.[44] Und auch in pragmatischer Hinsicht kann etwa das Beispiel der Angewandten Geschichte in Frankfurt/Oder angeführt werden, wie auch die Öffentlichkeit aktiv und partizipativ in entsprechende Projekte einbezogen werden kann.[45]

---

43 Auch wenn Goschler sich wenig theorieaffin gegen den „Weg einer Supertheorie jenseits der Konflikte von Geschichtskultur und Erinnerungskultur" ausspricht, ist seine Empfehlung, „Public History zu einer Schnittstelle zwischen verschiedenen Formen der Genese historischen Bewusstseins" zu entwickeln, durchaus vereinbar mit der geschichtstheoretischen Matrix Rüsens. Theoretische Arbeit bleibt der Public History nun einmal nicht erspart, sonst könnte sie auch eine solche Schnittstelle nicht empirisch und pragmatisch bearbeiten.

44 Exemplarisch seien einige neuere Arbeiten angeführt: Juliane TOMANN: Geschichtskultur im Strukturwandel. Öffentliche Geschichte in Katowice nach 1989, Berlin 2016; BRÜNGER: Geschichte und Gewinn (wie Anm. 36); FRITSCHER-FEHR: Demokratie im Ohr (wie Anm. 36).

45 Vgl. Jacqueline NIESSER, Juliane TOMANN (Hgg.): Angewandte Geschichte. Neue Perspektiven auf Geschichte in der Öffentlichkeit, Paderborn 2014.

6. Perspektiven aus der Public History für die Landesgeschichte

Landesgeschichte und geschichtliche Landeskunde ist, wie in der Tagungsankündigung zu lesen war und in seiner Vortragseinladung von Arnd Reitemeier formuliert wurde, in „erheblichen Maß die Schnittstelle [...] zwischen universitärer Geschichtswissenschaft und außeruniversitären Akteuren".[46] Vielfach ist zu beobachten, dass einige Aufgaben, die in den Bereich einer außeruniversitären und außerschulischen Geschichtsvermittlung fallen, heute von landeshistorischen Instituten wahrgenommen werden. Neben Vorträgen, Führungen und Exkursionen in historischen Vereinen, anlässlich von Jubiläen und Gedenktagen, tragen sie durch Artikel und Interviews, durch Mitarbeit in Ausstellungen in kuratierender oder beratender Funktion auf vielfältige Weise zu einer lebendigen Geschichtskultur bei – im Vergleich zu den anderen historischen Lehrstühlen meist überproportional.

Zwei Eigenschaften prädestinieren die Landesgeschichte – zumindest in meiner Wahrnehmung – für diese Rolle: Ihre erste große Stärke ist die regionalhistorische Expertise vor Ort und der Regionalbezug ihrer Forschungen, mit der andere historische Teildisziplinen meist nicht konkurrieren können. Jene können in der Beschäftigung mit Athen und Persepolis, Rom und Paris, Berlin und London oder Moskau und Washington zwar mit kosmopolitischem Flair aufwarten, aber die konkrete Bezugnahme auf die Orte, an denen Universitäten angesiedelt sind, oder die Regionen, aus denen die meisten ihrer Studierenden kommen, unterbleibt nur zu oft. So kommt es, dass international anerkannte oder national prominente Fachkolleg*innen oft ziemlich stumm bleiben, wenn sie auf die konkreten Auswirkungen der von ihnen untersuchen historischen Phänomene vor Ort angesprochen werden. Hinsichtlich der regionalen Geschichtskultur, für alle Fragen der historischen Orientierung, die vor Ort auftreten, ist die verortete Geschichte der landeshistorischen Institute ein veritabler Startvorteil. Deshalb sind sie regional unentbehrlich, weil sich ohne ihre Expertise oder wissenschaftlichen Vorarbeiten viele geschichtskulturelle Aktivitäten nicht realisieren lassen.

Die zweite große Stärke hängt mit dieser Verortung und regionalen Verwurzelung eng zusammen, das ist die dabei oft zu beobachtende Vernetzung in der Region. Von dieser profitieren wiederum die landesgeschichtlichen Absolvent*innen nach dem Studium auch überproportional und tragen ihrerseits oft zur Aufrechterhaltung dieser Netzwerke bei.

Die Voraussetzungen für eine Zusammenarbeit mit der Public History oder eine verstärkte Neuausrichtung der Landesgeschichte in diese Richtung sind also um ein Vielfaches günstiger als bei den auf bestimmte Epochen ausgerichteten Instituten und Lehrstühlen. Alles in bester Ordnung?

---

46 Landesgeschichte und Public History, 25.-27.09.2019, Göttingen, in: H-Soz-Kult, 26.03.2019, URL: https://www.hsozkult.de/event/id/termine-39847 (zuletzt abgerufen am 23.09.2019). Eine kluge historiographische Einordnung zum Öffentlichkeitsbezug der Landesgeschichte: Lena KRULL: Landesgeschichte und Public History. Fachgeschichte und Perspektiven, in: Jahrbuch für Regionalgeschichte 37 (2019), S. 91–112.

Mitnichten. Denn sonst gäbe es keine Veranlassung, sich von Seiten der Landesgeschichte mit Public History zu befassen. Von außen betrachtet leidet auch die Landesgeschichte – bei aller Beteiligung an der regionalen Geschichtskultur – an den gleichen Symptomen wie andere Zweige der Geschichtswissenschaft auch. Dazu ist an dieser Stelle noch einmal auf die Matrix der Geschichtswissenschaft zurückzukommen. Selbst wenn man eine (unangemessene) Vorstellung von Public History als „Diffusionswissenschaft" verträte, müsste man mit Blick auf die Matrix eingestehen, dass die wissenschaftlichen Darstellungen auch der Landesgeschichte nur in seltenen Ausnahmen tatsächlich einen bleibenden Impuls in der lokalen oder regionalen Geschichtskultur setzen können. Denn als eine professionelle Wissenschaft, die den gleichen Erwartungshaltungen wie ihre Nachbardisziplinen und Institute ausgesetzt ist, produziert sie nach vergleichbaren, wissenschaftlichen Kriterien primär auf den fachwissenschaftlichen Diskurs bezogene Darstellungen als Monographien oder Aufsätze mit regionalem Bezug. Das gilt auch für die viel zu große Zahl an Sammelbänden und Tagungspublikationen, die – polemisch zugespitzt – jenseits der beteiligten Referent*innen und der Kreisarchivar*innen kaum jemand zur Kenntnis nimmt und die oft nur jene Ergebnisse noch einmal wiedergeben, die in den früheren Monographien der Autor*innen bereits nachzulesen sind. Eine große Zahl landesgeschichtlicher Publikationen ist noch kein Indikator dafür, dass diese wissenschaftlichen Publikationen tatsächlich einem dem dahintersteckenden Arbeitsaufwand entsprechende Wirkung auf die Öffentlichkeit haben. Als Teilnehmer entsprechender regionaler Tagungen habe ich wiederholt den Eindruck gewonnen, dass sich die Rezeption oft auf jene Kreise beschränkt, die selbst einst landesgeschichtlich geforscht haben oder an einem landesgeschichtlichen Lehrstuhl wissenschaftlich sozialisiert wurden. In solchen Fällen kommuniziert die Landesgeschichte also vor allem mit sich selbst. Obwohl ich mich als Autor einer Regionalstudie mehrfach an entsprechenden Veranstaltungen und den unvermeidlichen Tagungsbänden beteiligt habe, fand ich diese oft erschreckend langweilig, vor allem aber auch in der Rückschau wissenschaftlich und geschichtskulturell wirkungslos und im Grunde überflüssig.[47] Selbst in einer Diffusionsperspektive geht viel Arbeitszeit für solche wenig rezipierten Publikationen verloren, die möglicherweise an anderer Stelle besser eingesetzt wäre.

Betrachtet man die Landesgeschichte mit den Augen eines Public Historians und unter Bezug auf die historische Matrix, lässt sich aber auch eine viel weitergehende Form der Betätigung auf dem geschichtskulturellen Feld denken: Wenn die Geschichtswissenschaft, hier die Landesgeschichte, also ihre Fragen und Interessen oh-

47 Als Vortragstraining in der Promotionsphase können solche Workshops und Tagungen hingegen eine positive Funktion erfüllen. Karrieretechnisch habe ich den Fehler begangen, einige Gedanken (die mir auch mit dem Abstand von zwei Jahrzehnten als originell erscheinen) in von der akademischen Forschung weitgehend unbeachtet gebliebenen Sammelbänden zu „beerdigen", wie das mein Doktorvater damals nannte. Es wäre weitaus sinnvoller gewesen, diese hinsichtlich jenseits des untersuchten Raumes relevanter Forschungsprobleme neu zu rahmen und in einer entsprechenden Fachzeitschrift zu positionieren. Wie ungeliebt und teilweise überflüssig viele Sammelbände sind, lässt sich auch bei der Redaktion von Fachzeitschriften erkennen, denn es ist besonders schwer hierfür geeignete Rezensenten zu finden.

nehin erkenntnistheoretisch nur aus der Lebenspraxis gewinnen kann, was läge dann näher, als diese Impulse aus der Gegenwart noch konsequenter zum Ausgangspunkt landeshistorischer Forschungen zu machen? Geschichtstheoretisch begründet und aus der Perspektive eines Public Historians kann man danach fragen, welche Orientierungsbedürfnisse denn gegenwärtig die (regionale) Gesellschaft bewegen: Welche Themen und Probleme treiben die Öffentlichkeit um und was kann das landesgeschichtliche Institut dazu beitragen, hier eine historische Orientierung zu geben? Welche Erfahrungen zu den gegenwärtigen Schlüsselproblemen hat man in der Region in den vergangenen Jahrhunderten gesammelt und wie ging man mit diesen Erfahrungen um? Etwas konkreter und anschaulicher gefasst, kann man etwa vor dem Hintergrund der so genannten „Flüchtlingskrise" danach fragen, wie beispielsweise die ansässigen Bewohner*innen mit kulturell oder religiös fremden Neuankömmlingen verfuhren, etwa den im 16. Jahrhundert wandernden Sinti und Roma, mit Glaubensflüchtlingen wie den Hugenotten, aber auch mit Zwangsarbeiter*innen oder Vertriebenen. Die regionale Auswanderungsgeschichte ist meist gut erforscht und benötigt oft nur eine neue Perspektivierung, während die erfolgreiche Geschichte der Integration „Fremder" meist seltener erforscht wurde, wohl auch weil sie weniger konflikthaft verlief.

Sehr positive Erfahrungen habe ich selbst etwa mit einem Forschungsprojekt gemacht, das die Geschichte des Kolonialismus vor Ort untersuchte, in diesem Fall in der Stadtgesellschaft Freiburgs. Der konkrete Ortsbezug und die aktuellen Debatten um Restitution geraubter Kulturgüter haben für eine sehr interessierte Rezeption gesorgt und werden deshalb in den folgenden Jahren weitere geschichtskulturelle Aktivitäten nach sich ziehen, von Tagungen, einem Studierendenaustausch mit Namibia bis zu einer neuen Sonderausstellung in den städtischen Museen. Die meisten Freiburger*innen staunten nicht wenig, wie viel sich in dieser beschaulichen Stadt zugetragen hatte und wie verbreitet koloniales Denken und rassistische Stereotype doch waren.

Auf eine solide Forschungsarbeit, die der wissenschaftlichen Methode verpflichtet bleibt und hier auch keine Abstriche machen darf, kann ein solches Vorhaben selbstverständlich nicht verzichten. Das einzige, was hier wirklich anders gemacht wurde als in anderen Projekten, war die verfolgte Publikationsstrategie: Während die empirischen Ergebnisse – in all ihrer Ambiguität und mit wiederholten Hinweisen auf ihre Mehrdeutigkeit – der Öffentlichkeit vorgestellt wurden, wird die historische Forschung in separaten, nur für das akademische Publikum gedachten Arbeiten präsentiert.[48] Eine solche doppelte Publikationsstrategie bedient zum einen das Informa-

48 Als Orientierung für die Stadt Freiburg: Bernd-Stefan GREWE, Markus HIMMELSBACH, Johannes THEISEN u. a.: Freiburg und der Kolonialismus. Vom Kaiserreich bis zum Nationalsozialismus, Freiburg 2019; Als wissenschaftliche Beiträge: Heiko WEGMANN: Vom Kolonialkrieg in Deutsch-Ostafrika zur Kolonialbewegung in Freiburg. Der Offizier und badische Veteranenführer Max Knecht (1874–1954), Freiburg 2019; Markus HIMMELSBACH: Das Authentische und das Profane. Koloniale Objektbiografien und Bedeutungsproduktion am Beispiel von Ethnografika in Freiburg, in: Geschichte in Wissenschaft und Unterricht 69 (2018), S. 530–548; Bernd-Stefan GREWE: Das schwierige Erbe des Kolonialismus, in: Marianne

tions- und Orientierungsbedürfnis der Gesellschaft auf einer wissenschaftlichen Grundlage, die Fachdiskurse werden detailliert jedoch in den fachwissenschaftlichen Veröffentlichungen erörtert und eine differenzierende Position bezogen.[49]

Meine zentrale These hierzu ist: Die Landesgeschichte kann viel an Relevanz gewinnen und eine wesentlich stärkere Position im öffentlichen Raum erringen, wenn sie sich auf die Orientierungsbedürfnisse ihrer Gegenwart einlässt und hieraus ihre wichtigsten Impulse und leitenden Hinsichten für die Forschung (Interessen) aufnimmt. Eine Gefährdung ihres wissenschaftlichen Anspruchs ist damit nicht verbunden, wenn sie etwa eine doppelte Publikationsstrategie verfolgt oder mit Public Historians zusammenarbeitet.[50]

Wie sich die landesgeschichtlichen Institute und Lehrstühle künftig in der Geschichtskultur positionieren, hängt davon ab, wie sie die zentralen Entscheidungsfragen beantworten:

- Wie gehen wir mit unserer Geschichte um?
- Was ist uns wichtig im Umgang mit der Vergangenheit? (Wie verhindern wir, dass an eine vereinfachte Geschichte geglaubt wird?)
- Wie präsentieren wir Geschichte? Und wie lässt sich die Geschichtsvermittlung verbessern?

Je nachdem, wie wir uns zu diesen Fragen verhalten und sie für unseren jeweiligen Tätigkeitsbereich entscheiden, ergeben sich unterschiedliche Konsequenzen und Handlungsalternativen. Eine starke Präsenz in der Geschichtskultur ist dann nur eine von mehreren möglichen Optionen. Dabei geht es um nicht mehr und auch nicht weniger, als um unser Selbstverständnis als Historiker*innen. Genau deshalb wurde auch über die Resolution beim Historikertag 2018 so vehement gestritten. Wir müssen uns eben entscheiden, wie wir es mit unserer Rolle in der Öffentlichkeit halten wollen.

BECHHAUS-GERST, Joachim ZELLER (Hgg.), Deutschland postkolonial? Die Gegenwart der imperialen Vergangenheit, Berlin 2018, S. 473–504.

49 Bedenkenswerte Unterschiede und Qualitätsmerkmale beider Formen, der wissenschaftlichen Darstellung und einer *Popular History* (als Untergebiet der Public History beschrieben) erarbeitete der lesenswerte Beitrag von: Kristina BECKER, Stefan HAAS: Antipoden oder „Ziemlich beste Freunde“? Popular History und universitäre Geschichtswissenschaft im Angesicht von Medial und Theory Turn, in: Frauke GEYKEN/Michael SAUER (Hgg.): Zugänge zur Public History. Zugänge – Ort – Inszenierungsformen, Frankfurt a. M. 2019, S. 16–27.

50 Ähnliche Perspektiven hat unabhängig vom vorliegenden Beitrag auch Lena Krull (Landesgeschichte und Public History, S. 111f. [wie Anm. 46]) entfaltet: (1) eine wissenschaftshistorische Perspektive (gemeint ist hier allerdings eher eine wissenshistorische Perspektive) und (2) eine verstärkte Praxisorientierung im Studium und (3) eine partizipatorische Perspektive im Sinne eine *Citizen Science* in Zeiten des digitalen Wandels. – Dass auch die Public History in erheblichem Maße von einer solchen Zusammenarbeit profitieren würde, liegt auf der Hand. Wenn man sich beispielsweise vor Augen führt, wie selten sie sich bislang etwa mit der Frage befasst, was Menschen veranlasst sich etwa für Familien-, Orts- oder Heimatgeschichte zu interessieren und wie die dabei entstehenden Geschichten konzipiert und narrativiert werden, erkennt man „blinde Flecken“, die von einer der oralen und lokalen Traditionen bewussten und diese reflektierenden Landesgeschichte schwerlich übersehen würden.

„Worlding Knowledge"
Die Landesgeschichte im Kontext einer globalisierten akademischen Geschichtswissenschaft

Stefan Haas

Die akademische Geschichtswissenschaft hat drei aufregende Jahrzehnte von beschleunigter konzeptioneller und methodologischer Veränderung hinter sich. Meist werden diese im Begriff der Cultural Turns zusammengefasst.[1] Es hat zu einer außergewöhnlichen Ausweitung der Forschungsgegenstände geführt, aber auch zu einer weitreichenden Aufklärung der Bedingungen der Konstitution von Wissen. Dabei ist nicht nur das Wissen in Politik, Gesellschaft, Wirtschaft und Kultur gemeint, sondern auch die Bedingungen der Produktion wissenschaftlichen Wissens wurden in einem bis dato unbekannten Maß selbst zum Forschungsgegenstand und haben dadurch zu einer Änderung des wissenschaftlichen Selbstverständnisses beigetragen. Noch ist nicht erkennbar, dass sich die Dynamik dieser Entwicklung abgeflacht hätte, aber es sind vor allen Dingen zwei, in allen Teilen des gesellschaftlichen Lebens spürbare Entwicklungen, die die akademische Geschichtswissenschaft derzeit vor eine Herausforderung stellen: die Digitalisierung und die Globalisierung. Beide umfassen nicht nur die Art und Weise, wie ökonomische Prozesse aufgestellt und ausgeführt werden. Beide betreffen eminent die Art und Weise, wie Wissen in der Gesellschaft reflektiert und weiterentwickelt wird, indem die Verfahren der Wissensproduktion einerseits, der Bezugspunkt des Wissens andererseits zur Diskussion stehen.

Digitalisierung hat sich mittlerweile vor allem im methodischen Portfolio der akademischen Geschichtswissenschaft einen Platz erkämpft. Auch wenn hier und da noch abzuwarten bleibt, ob es gelingen wird, sie nicht nur in einer Nische in Gestalt einer Subdisziplin zu verankern, sondern als evidentes Element der methodischen Pluralität der Geschichtswissenschaft, so ist die Frage ob Digitalisierung das epistemologische Selbstverständnis der Disziplin tangiert, gar modifiziert, erst jüngst zu einem breiteren Diskussionsfeld geworden.[2] Digitale Verfahren jenseits von Infra-

1 Zur Theorie der Cultural Turns in den Geschichtswissenschaften vgl. Stefan HAAS: Theory Turn. Entstehungsbedingungen, Epistemologie und Logik der Cultural Turns in der Geschichtswissenschaft. In: Stefan HAAS, Clemens WISCHERMANN (Hgg.): Die Wirklichkeit der Geschichte. Wissenschaftstheoretische, mediale und lebensweltliche Aspekte eines (post-)konstruktivistischen Wirklichkeitsbegriffes in den Kulturwissenschaften, Stuttgart 2015, S. 11–44; einen nach wie vor guten Überblick in: Doris BACHMANN-MEDICK: Cultural turns. Neuorientierungen in den Kulturwissenschaften, Reinbek bei Hamburg 2006.

2 Stefan HAAS: Designing Knowledge. Theoretische und pragmatische Perspektiven der medialen Bedingungen der Erkenntnisformulierung und -vermittlung in den Kultur- und Sozialwissenschaften, in: Fabio CRIVELLARI, Sven GRAMPP (Hgg.): Die Medien der Geschichte. Historizität und Medialität in interdisziplinärer Perspektive, Konstanz 2004, S. 211–236; David J.

strukturmaßnahmen werden immer noch eher skeptisch beäugt und traditionsbewusst aufgestellte Kreise kommen mit klassischen Methoden der Hermeneutik und Quellenkritik immer noch gut über die Runden.

Anders sieht es dagegen mit dem Thema Globalisierung aus. Sein Einfluss hat deutlich den Alltag der Forschung sowie ihre impliziten Bewertungsschemata und Argumentationsweisen erreicht. Die Zirkel werden mehr und größer, in denen eine akademische Abschlussarbeit zumindest in Gestalt einer Promotion und einer Habilitation die engen Grenzen nationalstaatlicher Betrachtungsweisen überschreiten sollte. Und nicht selten gilt ein geografisch klar umrissenes Forschungsvorhaben über die chinesische oder indische Geschichte als „international", gar als „global" in seiner Perspektive, wohingegen die gleiche Fragestellung in einem europäisch regionalen Rahmen als traditionell, wenn nicht altmodisch gilt – ob das so immer weiterführend ist, ist eine andere Frage, aber die Aufmerksamkeitsökonomie des Faches verschiebt sich zunehmend zugunsten außereuropäischer Forschungsthemen. Die zu Recht bestehende akademische Gepflogenheit der Nachweisbarkeit verbietet es, hier auf einschlägige Erfahrungen des Verfassers bei der Begründung der Global Studies Initiative an der Universität Göttingen zu verweisen, an der der Verfasser als Mitinitiator beteiligt war. Aber die essayartige Struktur des vorliegenden Beitrages dürfte es doch erlauben, die Erfahrung anzuführen, dass es aufgrund der allgemeinen Großwetterlage akademischer Moden leichter war, diese Initiative erfolgreich im akademischen Leben zu verankern, als das transdisziplinäre Zentrum für Theorie und Methoden der Kulturwissenschaften, dessen derzeitiger Direktor der Verfasser ist.

Die Frage, ob europäische oder außereuropäische Perspektiven in der Geschichtswissenschaft relevanter sind, lässt sich kaum sinnvoll beantworten, denn sie baut auf einer dualen Dichotomie auf, die von einer veralteten Vorstellung eines „Europa und der Rest" getragen wird und außereuropäischer Geschichte unberechtigterweise einen nachgeordneten Stellenwert zuweist. Unabhängig also von der Frage, welchen Raum die akademische Geschichtswissenschaft primär bearbeiten sollte, sind die letzten drei Jahrzehnte vielfach von Grenzüberschreitungen geprägt. In den 1950er und 1960er Jahren bildeten noch Vorstellungen eindeutiger Identität in Gestalt von Zuständigkeitsbeschreibung des einzelnen akademischen Faches die Grundlage disziplinären Selbstverständnisses.[3] Literatur galt als fiktional und war Sache der Literaturwissenschaft, unterteilt nur in die jeweiligen Sprachen, in der sie verfasst waren, Musik- und Kunstwerke gehörten der Musik- und Kunstwissenschaft und die Geschichtswissenschaft beschäftigte sich nicht mit Visuellem. So wenig jedenfalls, dass Rainer Wohlfeil sich 1985 auf dem Deutschen Archivtag noch argumentativ sehr anstrengen musste, um Bilder erst einmal nur als legitime Quellen der Geschichtswis-

---

STALEY: Computers, visualization, and history. How new technology will transform our understanding of the past, Armonk 2014.

3 Ein gutes Beispiel, wie eng und dezidiert abgrenzend sich die Allgemeine Geschichte noch nach dem Zweiten Weltkrieg aufstellen wollte, ist Gerhard RITTER: Zum Begriff der ‚Kulturgeschichte'. Ein Diskussionsbeitrag, in: Historische Zeitschrift 171 (1951), S. 293–302, bes. S. 298.

senschaft, was noch weit davon entfernt ist, sie als wissensvermittelnde Medien einzusetzen, darzustellen. Geschichtswissenschaft war eben nicht Soziologie oder Literaturwissenschaft, und da jeder seine eigene Expertise besaß, sollte jeder auch für sich und nur mit seinesgleichen arbeiten.

Heute dagegen, begründet sowohl mit postmoderner Theoriebildung als auch finanzmittelsparenden Synergieeffekten in der Drittmittelakquise, ist die Grenzüberschreitung zur Normalität, gar zur allgegenwärtigen Forderung geworden. Disziplinäre Grenzen sind konzeptionell, methodisch und auch forschungsgegenstandsmäßig zunehmend schwerer auszumachen und meist nur institutionell begründbar. Die Zusammenarbeit über die Fächer ist zur Standardforderung geworden und kaum ein Drittmittelantrag ist erfolgreich, der nicht eine Anschlussfähigkeit an interdisziplinäre Diskurse herstellen kann. Neben den Disziplinen sollen auch räumliche Grenzen überschritten werden und Forschungen so angelegt sein, dass zumindest ihr Design und ihre Methode anschlussfähig für Forschungen zu anderen Räumen ist, wenn deren Erforschung nicht gleich in einer vergleichenden oder den Transfer berücksichtigen Perspektive integriert wird.[4] Und selbst die Epochen, vielleicht die letzten Reste relativ starrer Grenzen, sind überschritten worden, nicht zuletzt durch so erfolgreiche begriffliche Theoreme wie Kosellecks ‚Sattelzeit‘. Dabei wäre es untersuchenswert, ob das Überschreiten klassischer Epochengrenzen, die immer noch die meisten der mittel- und westeuropäischen Professuren institutionell definieren, tatsächlich karriereförderlich gewesen ist – oder nicht doch für jene, die Koselleck folgend ihren Untersuchungszeitraum zwischen 1750 und 1850 ansetzten, eher gegenteilig gewirkt hat. Grenzüberschreitungen auf verschiedenen Ebenen sind zum Kennzeichen des gegenwärtigen Wissenschaftsbetriebes geworden – und das ist für die Landesgeschichte zumindest eine Herausforderung. Denn wo der Inhaber bzw. die Inhaberin einer Stelle mit Denomination „Frühe Neuzeit“ leicht den Untersuchungsraum erweitern und verändern kann, ist das Land in landeshistorischen Stellenbeschreibungen nicht so leicht verschiebbar.

Und damit trifft die Globalisierung der Geschichtswissenschaft mit ihrem expliziten Versuch, das Fach „jenseits des Eurozentrismus“[5] aufzustellen und ein „provincializing Europe“[6] zu implementieren, explizit Selbstverständnis und Arbeitsweise der deutschsprachigen Landesgeschichte. Und dies auf deutlich andere Art und Weise als es die „europageschichtlichen Perspektiven für die Landesgeschichte“ anvisierten, die vor etwa 20 Jahren von Wolfgang Schmale propagiert worden waren.[7] Dort ging es um eine „Erneuerung“ der Landesgeschichte durch Perspektiven eines methodisch kon-

---

4 Anschlussfähigkeit ist ein zentraler Begriff des hier vorgetragenen Wissenschaftsmodells. Er modifiziert Anregungen, die von Jürgen Frese und Niklas Luhmann entwickelt worden sind: Jürgen FRESE: Prozesse im Handlungsfeld, München 1985; Niklas LUHMANN: Soziale Systeme. Grundriß einer allgemeinen Theorie, Frankfurt/Main 1987.

5 Sebastian CONRAD, Shalini RANDERIA (Hgg.): Jenseits des Eurozentrismus. Postkoloniale Perspektiven in den Geschichts- und Kulturwissenschaften, Frankfurt/Main 2002.

6 Dipesh CHAKRABARTY: Provincializing Europe. Postcolonial thought and historical difference, Princeton 2000.

7 Wolfgang SCHMALE: Historische Komparatistik und Kulturtransfer. Europageschichtliche

zipierten Kulturtransfers.[8] Das war ein Schritt weiter als die etwas ältere, schon in der Strukturgeschichte relevante Methode des historischen Vergleichs.[9] Im Vergleich wurde die gleiche Entwicklung in zwei oder mehr unterschiedlichen Räumen miteinander in Beziehung gesetzt, wozu Parameter definiert wurden, entlang derer Einflüsse und Kausalitäten für historische Entwicklungen benannt, häufig gar quantitativ gemessen werden konnten. In strukturhistorischer Perspektive ließen sich dann sehr schlüssig einflussnehmende Faktoren isolieren und nationale Besonderheiten benennen und oft auch erklären. Die deutsche Sonderwegsdebatte der Bielefelder Schule funktionierte nach diesem Muster.[10]

Die Transferperspektive, die auch Schmale für die Landesgeschichte aktivieren wollte, reagierte aber überzeugend auf einen Schwachpunkt des Vergleichs. Ein Vergleich lässt sich nur dort stringent durchführen, wo die zu vergleichenden Elemente nicht voneinander abhängig und im Großen und Ganzen unabhängig voneinander waren. Das sind historische Entwicklungen aber kaum. Schon die Industrialisierung, meist das Paradebeispiel des Historischen Vergleichs lässt sich nicht ohne Spionage und Ideendiebstahl mithin durch ein gegenseitiges Beeinflussen erklären. Diese Lücke wollte eine Transferperspektive schließen, in der es um die explizite Berücksichtigung der wechselseitigen Einflussnahme unterschiedlicher geografischer Räume aufeinander geht – wobei sich sowohl Untersuchungen zum Transfer sprich Migration von Menschen (bspw. Hugenottenansiedlung in Preußen) ebenso integrieren ließen wie die Weitergabe und Übernahme von Ideen, sozialen und kulturellen Praktiken oder anderen Formen von Wissen. Meist wurde dabei der Rezeptionsprozess als ein kreativer Akt gedeutet oder sogar der Schwerpunkt ganz auf die Frage nach der Veränderung des zu transferierenden durch die Ankunftskultur oder -gesellschaft gelegt.

Für die Landesgeschichte bedeuteten beide Konzepte, sowohl jene einer „vergleichenden Landesgeschichte" als auch einer, die Transferprozesse in den Mittelpunkt rückte, das Loslassen fester Grenzen und die Anbindung an Auffassungen, wonach alles mit allem irgendwie in Verbindung steht. Einem Theorem, das sich in der Postmoderne als Netzwerkidiom zunehmend in allen Wissenschaften durchgesetzt hat

---

Perspektiven für die Landesgeschichte. Eine Einführung unter besonderer Berücksichtigung der sächsischen Landesgeschichte, Bochum 1998.

8 Einen guten Überblick zum Konzept des Kulturtransfers gibt Thomas KELLER: Kulturtransferforschung. Grenzgänge zwischen den Kulturen, in: Stephan MOEBIUS, Dirk QUADFLIEG (Hgg.): Kultur. Theorien der Gegenwart, Wiesbaden 2006, S. 101–114.

9 Gute Beispielsammlungen und Reflexion zum Historischen Vergleich als Methode sind u. a. Heinz-Gerhard HAUPT, Jürgen KOCKA (Hgg.): Geschichte und Vergleich. Ansätze und Ergebnisse international vergleichender Geschichtsschreibung, Frankfurt/Main 1996; Hartmut KAELBLE: Der historische Vergleich. Eine Einführung zum 19. und 20. Jahrhundert, Frankfurt/Main 1999; Chris LORENZ: Comparative historiography. Problems and Perspectives, in: History and Theory 38 (1999), S. 25–39.

10 Einen sehr guten kurzen Überblick zum konzeptionellen Hintergrund geben Bettina HITZER, Thomas WELSKOPP: Die „Bielefelder Schule". Karriere eines geplanten Paradigmas?, in: DIES. (Hgg.): Die Bielefelder Sozialgeschichte. Klassische Texte zu einem geschichtswissenschaftlichen Programm und seinen Kontroversen, Bielefeld 2010, S. 13–31.

und klassische Vorstellungen linearer Logiken als veraltet dastehen lässt. Für eine allgemeine akademische Geschichtswissenschaft war ein solcher Perspektivenwechsel eigentlich problemlos durchzuführen – ihn aber ‚einfach‘ zu nennen wäre angesichts der Streitereien und intergenerationellen Verwerfungen, von denen er begleitet war, euphemistisch. Jedenfalls gelang es sehr erfolgreich, ihn in die alltägliche Forschungspraxis zu implementieren.

Eine Transferperspektive bedeutete zunächst nichts anderes als die Annahme der eigenen Forschungsperspektive zu Grunde zu legen, dass die ganze Welt auf die ein oder andere Art und Weise in dem vom Einzelnen betrachteten Raum irgendwie immer schon präsent ist – und sei es nur, weil die Menschen in einer Kleinstadt des 18. Jahrhunderts (oder einer anderen Zeit) wussten, dass es Afrika gibt, was ihr Selbstverständnis veränderte, Produkte gehandelt wurden, die aus den Kolonien stammten, oder Personen als Händler oder Missionare dort hingingen und Geschichten und Dinge zurückbrachten. Im Kern konnte eine Transferperspektive gelingen, ohne außereuropäische Geschichte praktisch machen zu müssen, was häufig mit der Schwierigkeit expliziter Sprachkenntnisse einherging und nicht selten daran scheiterte und noch scheitert. Man musste nur die Präsenz der Welt in der betrachteten Region untersuchen. Eine Landesgeschichte kann also verhältnismäßig leicht sich global aufstellen, wenn sie die Konzepte, die ihrer Betrachtung zugrunde legt, mit den genannten methodischen Perspektiven modernisiert.

Mittels dieser konzeptionellen und methodischen Modifikation lässt sich auch jene Aufgabe modernisieren, die die Landesgeschichte besonders im Rahmen akademischer Teildisziplinen der Geschichtswissenschaft auszeichnet. Anders als andere wirkt die Landesgeschichte viel stärker als Schnittstelle zwischen der akademischen Geschichtswissenschaft und den Menschen und Institutionen der Region. Sicher gibt es auch vielfältige Wirkungen beispielsweise der StelleninhaberInnen für die Geschichte des 20. Jahrhunderts in die Öffentlichkeit hinein. Ihre Forschungen zum Nationalsozialismus wirken und sollen in die Gesellschaft hineinwirken. Analoges geschieht auch für Mittelalter- und Frühneuzeitforschung mit ihren Themen. Aber die Landesgeschichte ist viel stärker mit den forschenden und interessierten Laien ihrer Region verbunden, steht Ihnen bei Anfragen in der Regel zur Verfügung, unterstützt, bündelt teilweise gar, das Engagement in den Regionen und ist damit zentrale Schnittstelle der akademischen und der außerakademischen Welt.

Alle Thematisierungen von Relationen, Abhängigkeiten, Determinanten jenseits chronologisch linearer Kausalreihung haben aber ein Problem: sie sind mit dem klassischen Individualitätsaxiom nicht oder nur schwer vereinbar. Dieses Axiom ist tiefsitzende DNA der akademischen Geschichtswissenschaft und begründete im 19. Jahrhundert die Unterscheidung zur (idealistischen) Geschichtsphilosophie einerseits, zu den Naturwissenschaften andererseits. Und trotz aller methodischer und konzeptioneller Innovationen: das Individualitätsaxiom wurde nicht aufgegeben. Es besagt, dass zwei Dinge niemals gleich sind, auch wenn sie ähnlich aussehen. Die Schlacht von x mag auch eine Schlacht sein wie jene in y, aber eben eine andere. Ähnlichkeiten erlauben die Verwendung von Gattungsbegriffen, die Sache selbst ist nicht vergleichbar. „Jede Epoche ist unmittelbar zu Gott“ hieß das einmal in einem anderen Jahrhundert.[11] Es war ein strategisch günstiges Argument für eine Geschichtswissenschaft, die weder Literatur noch Politik sein wollte. Aber der Preis, den man bezahlte, war, dass in der klassischen Geschichtsschreibung Ergebnisse weder auf andere Untersuchungsfälle übertragbar noch in der Gegenwart anwendbar waren. Man wurde eben nicht „klug für ein andermal, [sondern] weise für immer".[12] Was auch hieß, dass man im nächsten Untersuchungsfall von vorne anfing. Vielleicht ein wenig aufmerksamer und sensibler für bestimmte Zusammenhänge und Kausalitäten, aber um eine Frage zu klären, musste der Prozess quellenorientierten Forschens erneut vollzogen werden.

Angenommen, dieses Axiom stimmt immer noch, und die Diskussion ist wenig davon weggegangen, dann ist die Lage für die Landesgeschichte prekär. Denn für ihre Ergebnisse für einen konkreten Fall interessieren sich dann nur jene, die sich für diesen Fall interessieren. Und das setzt voraus, dass man an den Daten und Fakten bayerischer Landesgeschichte interessiert ist, auch wenn man von Berufswegen niedersächsische Landesgeschichte betreibt. Wobei man dann mit den Daten und Fakten relativ wenig anfangen dürfte.

In einer Welt, in der alles Provinz ist, würde man dann nur in seiner eigenen Provinz arbeiten. Es sieht nun nicht so aus, als würde man dies aufgeben wollen. Auf der empirischen Ebene, der Ebene der Überlieferung des tatsächlich Geschehenen, gibt es in der Geschichtswissenschaft nahezu keine Ansätze, die vom Gleichen sprechen. Bestenfalls vom Ähnlichen, wobei die Ähnlichkeit in der Erscheinung, nicht in der Sache selbst liegt, und dies Ähnliche lässt sich dann vergleichen. Wenn es mehr wäre, als der Vergleich des Ähnlichen, würde wirklich dasselbe passieren, und dann könnte man Gesetze aufstellen – wie die Naturwissenschaften. Aber davon ist man in der postmodernen Geschichtswissenschaft ebenso weit entfernt wie in der historistischen oder der strukturhistorischen. Was also tun?

Man könnte sich damit abfinden, dass alles nur Provinz ist und man dann Getreue um sich schart, die sich für diese Provinz, zu der man arbeitet, auch interessieren. Die Landesgeschichte würde sich in einer Nische innerhalb der akademischen Geschichtswissenschaft aufstellen. Ihr bliebe der berechtigte Hinweis im Rahmen der Public History sowie an der Schnittstelle Universität und Gesellschaft eine herausragende Aufgabe wahrzunehmen. Dann würde sich das Thema Globalisierung erledigen – und die Landesgeschichte bliebe provinziell – im durchaus positiv gemeinten Sinn, wie Chakrabarty dies vordekliniert hat.

Aber innerhalb der akademischen Welt würde der Zustand der Landesgeschichte doch, weil es gerade modisch ist, sich für außereuropäische Geschichte zu interessieren, zunehmend prekär werden – und es bleibt die Frage, wie sie sie selbst bleiben kann und dennoch die perspektivische Globalisierung der Wissenschaft in ihr Portfolio implementieren könnte. Eine mögliche Antwort eröffnet sich, wenn man Chakrabartys „Provincializing Europe" nicht nur als eine Positionsbestimmung der europäischen Geschichte liest, sondern als eine der Global History insgesamt. Europa soll

11 Leopold VON RANKE: Über die Epochen der neueren Geschichte. Vorträge dem König Maximilian II. von Bayern im Herbst 1854 zu Berchtesgaden gehalten, Leipzig 1888, S. 30.
12 Jacob BURCKHARDT: Weltgeschichtliche Betrachtungen, Stuttgart 1955, S. 10.

provinzialisiert werden, um unberechtigte Ansprüche auf Allgemeingültigkeit und Universalität der Strukturen und Bedingungen der europäischen Geschichte abzubauen. In westlicher Überheblichkeit hat lange Zeit die (westliche) Historiographie die Geschichte des Westens als Geschichte der Welt insgesamt verstanden – alles außerhalb Europas Liegende wurde subsumiert, mit Ausnahme des nordamerikanischen Kontinents, den man zum Westen dazuzählt. Die Weltgeschichte folgte Prinzipien, die im Westen vom Westen erfunden und durchgeführt wurden. Der „Rest“ der Erde folgte diesem – mit entsprechend großer und noch größerer Verspätung, so die weitverbreitete Vorstellung.[13] Anders dagegen in Chakrabartys Perspektive: Europa sollte hier nicht marginalisiert werden, sondern nur als eine Provinz verstanden werden, als eine Möglichkeit, wie historische Prozesse der letzten Jahrhunderte sich vollzogen haben, ein wichtiger Schritt im Sinne von einfluss- und folgenreich auch für nicht-westliche Territorien, aber eben nicht der einzige und schon gar nicht der paradigmatische. Genau in diesem Sinn sind aber in den 1960er und 1970er Jahren Modernisierungstheorien in Soziologie und Sozialgeschichte entstanden, die für die nicht-europäischen Länder der Nachkolonialisierung Antworten aus der europäischen Geschichte ableiten wollten. Genauso und mit genau den dort entwickelten Kriterien sollte die Modernisierung der aus der Kolonialherrschaft entlassenen Gebiete erfolgen. Lokale Traditionen, Überzeugungen oder Vorstellungen, alternative Modelle zum europäischen spielten in der damaligen Diskussion nur eine marginale Rolle. Und das, obwohl doch die Schwächen des westlichen Modernisierungsmodells mit ökologischer Krise, Stellvertreterkriegen und vielem mehr seit den 1970er Jahren zunehmend offensichtlich wurden. In diesem Sinn sollte Europa in diesem Geschichtsmodell eine Provinz werden: eine Möglichkeit unter vielen, wie sich die Menschheit in der Geschichte entwickelte. Und für die unterschiedlichen Entwicklungen gibt es immer wieder empirische Belege von Transfers, Bezügen, Auseinandersetzungen, aber auch vernichtenden Zerstörungen.

Um zum Ausgangspunkt zurückzukehren: Europa sollte provinzialisiert werden in der wissenschaftlichen Konzipierung von historischer Welt, weil alles irgendwie immer schon Provinz ist und es keinen Ort gibt, der universell für alle Möglichkeiten historischer Entwicklungsverläufe steht. In einer Welt voller Provinzen liegt das Provinzielle aber nicht mehr in der Provinz, es liegt in der Betrachtung. Und wenn es dort liegt, dann birgt dies auch die Möglichkeit, paradigmatische Antworten zu formulieren, die eine breitere Anschlussfähigkeit erlauben. Denn wenn alles Provinz ist und keine Provinz mehr paradigmatisch für die anderen steht, dann hängt die Fähigkeit einer Forschungstätigkeit, exemplarische Antworten auf Probleme zu finden, nicht mehr an der Repräsentativität der betrachteten Region – denn es gibt ja keine mehr, die in der wissenschaftlichen Vorstellungswelt exemplarisch für alle steht –, sondern in der Arte und Weise, wie die Forschung konzipiert wird. Und an diesem Punkt muss man ansetzen, um der Landesgeschichte einen Ort jenseits der Provinz zuzuweisen

13 Strukturell nicht anders galt dies auch in osteuropäischen Wissenschaft, die ohnehin durch die Anbindung an das Marxsche geschichtsphilosophische Modell Strukturen der Entwicklung und die dazu nötigen Parameter leicht bestimmen zu können glaubte.

und ihr damit einen Platz im Diskurs einer globalisierten Geschichtswissenschaft zu geben.

Wie kann eine globalisierte Geschichtswissenschaft überhaupt aussehen? Zunächst muss man daran erinnern, das akademische Geschichtswissenschaft den Wert einer wissenschaftlichen Arbeit nach dem Grad an Innovation beurteilt – und ihrer Fähigkeit, diese Innovation den wissenschaftlichen methodologischen Kriterien gemäß zu belegen. Innovationen gibt es auf vier verschiedenen Ebenen:

1) Klassischerweise gilt eine Arbeit dann als innovativ, wenn sie neue empirische Fakten erarbeitet, in der Regel durch das Erschließen neuen, manchmal auch durch die Neuinterpretation bereits bekannten Materials. Gemäß dem klassischen Wissenschaftsverständnis addiert dies Erkenntnis zum bisherigen Wissensstand hinzu. In den neueren kulturalistischen und postmodernen Wissenschaftsansätzen ist diese Vorstellung von Innovation aber reinterpretiert worden. Da in diesen Ansätzen davon ausgegangen wird, dass sich Wissen nicht allein durch die Empirie, sondern auch durch die Betrachtungsweise – wobei es unterschiedliche Ansätze gibt, die diese als Diskurse, Theorien, Paradigmen, Denkschemata oder ähnlich auffassen – konstituiert, sind Innovationen am empirischen Material auch dann neu, wenn bekanntes oder neues Material mit einer modifizierten Fragestellung behandelt wird. Nur addiert sich dann das Wissen nicht mehr in einem universellen Kosmos des als gültig angesehenen empirischen Wissens ein, sondern als eine kontingente Auffassungs- und Interpretationsmöglichkeit in einem pluralistischen, recht heterogen und ambivalent aufgestellten Wissensuniversum, das sich Wissenschaft nennt. Deshalb entstanden auch neue Ebenen, auf denen Innovationen entwickelt werden können:

2) Die Entwicklung neuer Narrative, mithin neuer erzählerischer Formungen einer Vielzahl von Fakten zu einer kohärenten, einen Sinn „machenden" Erzählung von Geschichte.[14] Die Innovation liegt dann weniger in den einzelnen Fakten, als in ihrer Kombination und Reihung – wobei es dann unterschiedliche Auffassungen davon gibt, wie stark sich durch ein neues Narrativ auch die Fakten selbst verändern oder zumindest neu aufgefasst werden.

3) Die Entwicklung neuer Argumente, mit deren Hilfe Sinnzusammenhänge wissenschaftlich begründet werden können. Dieser Aspekt ist in der praktischen Arbeit weit verbreitet, in der theoretischen Diskussion aber noch wenig durchleuchtet worden, anders als in anderen Disziplinen, in denen es bereits breite Diskurse um eine disziplinäre Argumentationstheorie gibt.[15] Argumente sind spezifische Zusammenstellungen von empirischen Daten auf einem Mesolevel, unterschieden von der Makroperspektive ganzer Narrative des vorherigen Punktes, wobei die Betonung mehr

---

14 Einen Überblick zur Narrativitätsdebatte in der Geschichtswissenschaft bietet Stefan HAAS: Fiktionalität in den Geschichtswissenschaften, in: Tobias KLAUK, Tilmann KÖPPE (Hgg.): Fiktionalität. Ein interdisziplinäres Handbuch, Berlin 2014, S. 516–532.

15 Um nur zwei für die Geschichtswissenschaft gut anschlussfähige Beispiele zu nennen: Harald WOHLRAPP (Hg.) (1995): Wege der Argumentationsforschung. Tagung über Argumentationstheorie, Stuttgart-Bad Cannstatt 1995; Christoph LUMER: The Epistemological Approach to Argumentation. A Map, in: Informal Logic 25 (2005), S. 189–212.

auf der Begründung, denn auf meist textlichen Gestaltung liegt. Meist ist die Ebene der Argumente angedockt an die folgende Ebene:

4) Innovationen können auch auf der Ebene der Theorien erfolgen, mithin größeren argumentativ dicht gestrickten Erklärungsmustern ganzer Felder der historischen Forschung oder zumindest zentraler Teile dieser.

Zentral an dieser Entwicklung der Vorstellung davon, was eine Innovation in einer empirischen Wissenschaft sein soll, ist, dass nicht mehr wie traditionell das pure Faktum aufgefunden in einer Quelle, das quellenkritisch durchleuchtet worden ist, im Fokus steht, sondern der Zusammenhang von Faktum und seiner theoretisch-methodologischen Formung und Einordnung. Und dies ist dann auch der Schlüssel dafür, zu zeigen, dass die Landesgeschichte keineswegs aus den Diskursen um eine Globalisierung der Geschichtswissenschaft auszuschließen ist.

Forschung muss heute breit anschlussfähig aufgestellt sein, um erfolgreich zu sein. Man kann aber nicht erwarten, dass sich viele oder gar eine Mehrheit für einen bestimmten faktischen Zusammenhang interessiert. Es muss also eine Möglichkeit gefunden werden, den eigenen empirischen Fall als ein Beispiel zu diskutieren für ein abstrakter formuliertes Problem. Wobei die Antwort dann nicht ein Gesetz ist, dass inhaltlich die Lösung für alle gleichgelagerten Fälle angibt – vom Individualitätsaxiom möchte sich derzeit kaum jemand verabschieden – sondern der empirische Gegenstand, das was mir also konkret gegenübersteht, muss als ein Thema bzw. ein Problem abstrakter gefasst werden und mein jeweiliger Umgang damit muss dann transparent gemacht werden. Anschluss findet Forschung dann nicht an den Gegenstand, sondern an die Struktur der Problembeschreibung, -analyse und -lösung. Darüber kann man sich dann austauschen. Ich kann aber nicht erwarten, dass sich ein Forscher in Ostasien für meine Forschungen zu einem niedersächsischen Zisterzienserkloster des 12. Jahrhunderts interessiert. Wenn ich aber in der Lage bin, meinen Gegenstand als ein Thema zu formulieren, dann kann ich mich darüber austauschen, was in meinem Fallbeispiel passiert und vor allem wie ich es erforscht habe und mit dem Wissen umgehe. Solange, um es an einem Beispiel zu verdeutlich, eine Forschungsarbeit die Industrialisierung der Stadt Soest thematisiert und dabei die Industrialisierung Soests behandelt, auch wenn es schon andere Industrialisierungsgeschichten von Städten national wie international gibt, wird man nicht mehr Interesse erwarten können, als dass sich all jene für die Arbeit interessieren, die sich lokal für die Geschichte der Stadt Soest interessieren. Dann verbleibt man in einem regionalhistorischen Rahmen. Sobald man aber in der Lage ist, explizit zu reflektieren, welche Prozesse, Strukturen oder Elemente an der Industrialisierungsgeschichte der Stadt Soest anders oder ähnlich sind wie die in anderen Fallbeispielen, transzendiert man diese lokalhistorische Ebene. Und wenn dann in einem nächsten Schritt, und der ist notwendig, um an einem globalen Diskurs teilzunehmen, das eigene Fallbeispiel im Hinblick auf übergeordnete Fragestellung abstrakt diskutiert werden kann und chronologische Zeitbezüge dabei relativierbar werden, kann das Thema in weitere Kreise akademischer Diskurse eingebracht werden: wenn es also gelingt, das Thema als ein Fallbeispiel zu diskutieren, beispielsweise zu der Frage, wie sich eine mittelstädtische Gemeinschaft durch beschleunigten technologischen Wandel verändert, kann man sich auch mit

Forschern und Forscherinnen gewinnbringend austauschen, die über die Erdölfunde in Venezuela und ihre Auswirkungen auf städtische Gemeinschaften dort in den vergangenen Jahren forschen. Dann gelingt auch ein Austausch zwischen Vertretern und Vertreterinnen der Geschichtswissenschaft mit jenen von – in diesem Beispiel – Politikwissenschaft, Soziologie und Ethnologie. Dies würde der oben angesprochenen Verflachung disziplinärer Grenzen entsprechen.

Um die eigene Provinz im globalen, teils auch interdisziplinären akademischen Diskurs zu verorten, ist also gar nicht einmal eine Veränderung des Forschungsgegenstandes nötig, auch kaum einer der Methodologie, wohl aber des Umgangs mit dem Wissen und den Bedingungen seiner Produktion. Der und die Einzelne muss die Bereitschaft entwickeln, sich auf diesen weltweiten Forschungsdialog einzulassen, aber auch von diesem zu lernen. Forschungsstand ist dann nicht nur einer des Gegenstandes selbst (des oben genannten Zisterzienserklosters im 12. Jahrhundert beispielsweise), sondern auch der Perspektive und des Themas. Dann kann man auf der konzeptionellen Ebene Anregungen zu Forschungen erhalten, die beispielsweise sich zurückziehende religiöse Gruppen in einem anderen Jahrhundert und an einem anderen Ort untersuchen.

Dies kann man ‚Worlding Knowledge' nennen. Es geht nicht darum, die Wirklichkeit als eine ständig global vernetzte anzunehmen, die Provinz darf auch das Provinzielle untersuchen. Es geht darum, das Wissen, das wir in den Wissenschaften jeweils produzieren, zu „welten", also auf die Welt beziehbar zu machen, nicht indem wir behaupten, es gelte für die ganze Welt, das wäre der falsche Weg, sondern indem wir etwas dafür tun, es für Untersuchungen anschlussfähig zu machen, die eine Ähnlichkeit im Thema, im Forschungsdesign, im methodisch-theoretischen Konzept aufweisen, aber ganz andere Fälle, ganz bestimmt ganz andere Regionen, aber vielleicht auch ganz andere Epochen untersuchen.[16] Es geht nicht darum, dass wir selbst immer gleich den Bezug zum Rest der Welt herstellen, das können wir auch nicht, weil unsere Expertise notwendigerweise beschränkt ist. Aber wir sollten uns aktiv darum bemühen, dass ein Dialog, ein Austausch, besonders eine Anschlussmöglichkeit anderer Forschung an die eigenen Arbeiten möglich ist. Nicht indem wir anderen sagen, was sie mit unserem Wissen tun sollen. Sondern indem wir unseren Gegenstand abstrakt und theoretisch in differenten, zumindest aber in bewusst gemachten konzeptionellen und strukturellen Kontexten diskutieren.

Nicht der Gegenstand, sondern das Wissen, genauer gesagt die Argumentationsform muss anschlussfähig sein. Worlding Knowledge bezieht sich nicht auf die Fakten, nicht auf die Narrative, sondern auf die Argumentationsmuster und -haltung. Und dazu bedarf es der Fähigkeit, die eigenen Argumentationsmuster zu erkennen. „Pattern recognition" wird damit zu einer Grundfähigkeit im akademischen Diskurs. Und darüber können sich dann die Soester Industrialisierungshistorikerin und der

16 „Worlding" als eine wissenschaftliche Strategie, mit einer etwas anderen Konnotation als im hier vorliegenden Beitrag, wurde im Kontext der Cultural Studies entwickelt, siehe: Rob Wilson (Hg.): The worlding project. Doing cultural studies in the era of globalization. Berkeley, Calif. 2007.

venezuelanische urbane Soziologe austauschen. Nicht unbedingt über die Fallbeispiele, da greift das Individualitätsaxiom, aber über ihre Herangehensweise und die strukturellen Argumentationsformen, in denen sie ihre Ergebnisse später formulieren. Landesgeschichte kann heute wieder paradigmatisch sein, allein, sie muss sich dazu bewegen, will sie die Verschiebungen in der Aufmerksamkeitsökonomie der Fachdisziplinen überleben. Sie ist nicht automatisch im Widerstreit zur Global History. Vielmehr ist es ihre große Chance, paradigmatisch herauszuarbeiten, was ein „Provincializing Europe“ im positiven und weltoffenen Sinn in einer globalisierten akademischen Welt bedeuten kann.

Was erwarten Politik und Regierungen in den Ländern von der Landesgeschichte – eine knifflige Frage

Babett Gläser

1. Erwartungen der Politik – eine Begriffsklärung

Was erwarten Politik bzw. Regierungen in den Ländern von der Landesgeschichte?

Mit dem Begriff „Erwartungen“ wird allzu leicht der Begriff „Forderungen“ assoziiert. Im Bereich der Forschung und Wissenschaft sind Forderungen der Politik oder der Regierungen aber sehr differenziert zu sehen, zumindest wenn es um wissenschaftliche Inhalte geht. Postuliert doch Art. 5 Abs. 3 Grundgesetz die Freiheit von „Kunst und Wissenschaft, Forschung und wissenschaftlicher Lehre“. Dieses Grundrecht der Wissenschaftsfreiheit, das Recht auf Suche nach der Wahrheit, umfasst nicht nur die Hochschulen, sondern auch alle außeruniversitären Forschungseinrichtungen.

Art. 5 GG gewährleistet die Freiheit der Wissenschaftler in der Auswahl des Forschungsobjekts, wie auch in der Fragestellung, in der Methodik der Vorgehensweise und natürlich auch in der Bewertung und Veröffentlichung der Forschungsergebnisse.[1]

Die Wissenschaft als solche muss deshalb grundsätzlich frei sein von gesellschaftlich und politisch motivierten Wertevorstellungen, Nützlichkeits- oder gar Wirtschaftlichkeitserwägungen, wenn sie dem Staat, der Politik und der Gesellschaft tatsächlich von Nutzen sein soll.

Aufgrund verschiedenster externer Faktoren wird diese Freiheit fast nie vollständig gelingen. So prägt ein bestimmtes Gesellschaftsbild auch die in diesem Rahmen agierenden Wissenschaftlerinnen und Wissenschaftler. Entscheidend aber ist, dass die Forschenden frei und berechtigt sind, diesen Rahmen zu durchbrechen und *anders* zu denken.

Als in der DDR Geborene hat mich deshalb im Vorfeld dieser Konferenz auch die Frage sehr beschäftigt, wie es die in Sachsen beheimateten Universitäten während der DDR mit der Landesgeschichte gehalten haben? Welchen Rahmen und welche Grenzen gab es zu dieser Zeit? Ich komme dazu später noch einmal in meinem Vortrag.

Die Frage, was wir als Exekutive von einem landegeschichtlichen Forschungsinstitut erwarten können, ist deshalb nicht einfach mit einem Forderungskatalog oder einer Erwartungshaltung zu beantworten, sondern bedarf weiterer Begriffsklärungen.

Deshalb eine weitere Begriffsklärung, wenn wir uns der Frage nähern wollen, was eine Regierung von Landesgeschichte erwarten darf:

---

1 Bundesverfassungsgerichtsentscheidung – BVerfGE 35, 79 (113).

2. Was verstehen wir unter Landesgeschichte

Zunächst möchte ich einen kurzen Blick auf die Geschichte der *Sächsischen* Landesgeschichte bis heute werfen.

Sachsen ist eine Keimzelle der landesgeschichtlichen Forschung in Deutschland. Schon 1824 wurde der Sächsische Altertumsverein mit maßgeblicher staatlicher Förderung als einer der ersten Geschichtsvereine in Deutschland gegründet. Auch das seit 1863 publizierte „Neue Archiv für Sächsische Geschichte", eine führende landesgeschichtliche Zeitschrift, wurde durch den Staat maßgeblich mitfinanziert.[2]

1860 wurde ein großangelegtes Publikationsvorhaben mittelalterlicher Urkunden vom Staat initiiert.[3] Es wird, nach einer Unterbrechung von 1945 bis 1992, noch heute als Codex Diplomaticus Saxoniae fortgeführt.

Die Landesgeschichte als *wissenschaftliche* Disziplin in Abgrenzung zur allgemeinen Geschichtswissenschaft wurde um 1900 akademisch institutionalisiert. So entstand 1906 an der Universität Leipzig das „Seminar für Landesgeschichte und Siedelungskunde".[4]

In der Kabinettsvorlage zur Gründung des Instituts für Sächsische Geschichte und Volkskunde (ISGV) von 1997 ist zu lesen: „Die seit dem 19. Jahrhundert in Sachsen betriebene, vom Staat großzügig unterstützte Forschung zur sächsischen Landesgeschichte war vorbildhaft für die deutsche Geschichtswissenschaft."[5]

Schon damals, sozusagen von Anfang an, hatte also der Staat seine Finger mit im Spiel. Die Frage ist: Warum? Was war die Motivation, was waren die Erwartungen des Staates?

Der verdienstvolle sächsische Landeshistoriker Karlheinz Blaschke (1927 in Tschechien geboren und Nestor der sächsischen Landesgeschichte) geht davon aus, dass die bürgerliche deutsche Geschichtspflege vor 1945 „in erster Linie von einem preußisch

---

2 Konzeption zur Gründung eines Instituts für Sächsische Geschichte und Landeskunde e. V. vom 07.03.1996, S. 3, Pkt. II. 2, Teil der Kabinettsvorlage vom 13.03.1997 in: Sächsisches Staatsarchiv – Hauptstaatsarchiv Dresden, 12891 Sächsische Staatskanzlei, Nr. 11240.

3 Konzeption zur Gründung eines Instituts für Sächsische Geschichte und Landeskunde e. V. vom 07.03.1996, S. 3, Pkt. II. 2, in: Sächsisches Staatsarchiv (wie Anm. 2). – Enno BÜNZ: 150 Jahre Codex diplomaticus Saxoniae. Bericht über die feierliche Präsentation der neuen Codex-Bände in der Sächsischen Staatskanzlei zu Dresden am 07.02.2011, in: Neues Archiv für Sächsische Geschichte 82 (2011) S. 281–287.

4 Enno BÜNZ: Wozu Landesgeschichte? Oder: Warum regionale Perspektiven in der Geschichte unverzichtbar sind, Vortrag im Rahmen der Jubiläumsveranstaltung „Forschen – Vermitteln – Mitmachen. 50 Jahre Institut für Geschichtliche Landeskunde an der Universität Mainz e. V." im Landtag Rheinland-Pfalz, 28.06.2010, Pkt. 1, 8. Abs.; URL: https://www.regionalgeschichte.net/bibliothek/aufsaetze/buenz-mainz-landesgeschichte-regionalgeschichte.html (zuletzt aufgerufen am 13.11.2019); Enno BÜNZ (Hg.), 100 Jahre Landesgeschichte. Leipziger Leistungen, Verwicklungen und Wirkungen (Schriften zur sächsischen Geschichte und Volkskunde, Bd. 38), Leipzig 2012.

5 Kabinettsvorlage vom 13.03.1997 zur Gründung des Instituts für Sächsische Geschichte und Landeskunde e. V., Pkt. B, 4. Abs, in: Sächsisches Staatsarchiv–Hauptstaatsarchiv Dresden, 12891 Sächsische Staatskanzlei, Nr. 11240.

beherrschten Konzept des deutschen Geschichtsbewusstseins ausgegangen war".[6] Angesichts der seit 1815 von Sachsen an Preußen erfolgten Zwangsgebietsabtretungen, die 1945 und 1990 revidiert wurden, liegt es nahe, dass der sächsische Staat ein Interesse daran hatte, mittels der Geschichtswissenschaft das Interesse am sächsischen Staat und das sächsische Selbstbewusstsein in der Bevölkerung zu stärken.[7] Diese Aspekte haben nach der Wende 1989, als Sachsen als Freistaat wiedergegründet wurde, eine starke Rolle gespielt.

Doch während noch vor dem 2. Weltkrieg die bürgerliche, preußisch dominierte Geschichtspflege im Vordergrund stand, wurde in der DDR vertieft die Geschichte der Arbeiter- und Bauernbewegung erforscht und diskutiert. Dies geschah natürlich auch vor dem Hintergrund, dass in der DDR mit einer zentralistischen Prägung die sächsische Landesgeschichte an sich ohne Belang war. Geographische Bezüge waren für die Geschichtsforschung ausgehend von den damals geschaffenen Bezirken in der DDR wenig relevant.

Das bedeutete dennoch nicht, dass trotz organisatorischer und ideologischer Restriktionen und einer auf eine gesamtnationale Geschichte ausgerichtete Politik nicht in einzelnen Bereichen bedeutende landesgeschichtliche Forschung betrieben wurde.[8] Auch hierzu möchte ich auf das Wirken von Karlheinz Blaschke während der DDR verweisen.

Nach der Wende sollten das Land Sachsen und seine geschichtliche Bedeutung in Deutschland, vielleicht sogar in Europa, wieder eine Rolle spielen. Blaschke nahm 1991 Bezug auf eine tausendjährige Kontinuität politischer Organisation und eine geschichtliche Leistung Sachsens vor allem auf den Gebieten der Wirtschaft und der Kultur und schrieb: „Vor der sächsischen Landesgeschichte steht die Aufgabe, diese Traditionen in der Bevölkerung des Landes wieder bekannt zu machen und ein sächsisches Geschichtsbewusstsein zu entwickeln, das seinen Platz innerhalb der deutschen Nationalgeschichte einnimmt."[9] Dem folgend brachte auch die im Vorfeld der Gründung des Instituts für sächsische Landesgeschichte und Volkskunde im Jahr 1996 erstellte Konzeption, die weitgehend Eingang in den Kabinettsbeschluss zur Gründung des ISGV fand, den Wunsch zum Ausdruck, im wiedererstandenen Freistaat Sachsen ein „wissenschaftlich begründetes Geschichtsbewusstsein" aufzubauen.

---

6 Karlheinz BLASCHKE: Denkschrift über die Errichtung und die Aufgaben eines Instituts für Sächsische Landesgeschichte, 1991, S. 1, in: Sächsisches Staatsarchiv–Hauptstaatsarchiv Dresden, 13319 Sächsisches Staatsministerium für Wissenschaft und Kunst, Nr. 2022; so auch die Konzeption zur Gründung eines Instituts für Sächsische Geschichte und Landeskunde e. V. vom 07.03.1996, S. 3, Pkt. 2, Abs. 1, in: Sächsisches Staatsarchv (wie Anm. 2).

7 BLASCHKE: Denkschrift (wie Anm. 6); Konzeption (wie Anm. 2).

8 Enno BÜNZ: Landesgeschichte in Sachsen – Traditionen und Perspektiven, in: *Denkströme. Journal der Sächsischen Akademie der Wissenschaften* 6 (2011), S. 74 f. m. w. N., http://www.denkstroeme.de/heft-6/s_61-83_buenz (zuletzt aufgerufen am 13.11.2019); Winfried MÜLLER: Landes- und Regionalgeschichte in Sachsen 1945–1989. Ein Beitrag zur Geschichte der Geschichtswissenschaften in der DDR, in: Enno BÜNZ (Hg.), 100 Jahre Landesgeschichte. Leipziger Leistungen, Verwicklungen und Wirkungen (Schriften zur sächsischen Geschichte und Volkskunde, Bd. 38), Leipzig 2012, S. 345–447.

9 BLASCHKE: Denkschrift (wie Anm. 6), S. 1.

Erste Zielsetzung war es, eine der Bedeutung des Landes/Freistaates Sachsen in Vergangenheit und Gegenwart angemessene Landesgeschichtsforschung zu entwickeln und damit ein in diesem Bereich durch die Zeit während der DDR bewirktes Defizit abzubauen.[10]

Zu konstatieren ist demnach, dass Landes- und auch Regionalgeschichte oder Brauchtumsforschung zu verschiedenen Zeiten verschieden intensiv und mit verschiedenen thematischen Ausrichtungen betrieben wurden.

3. Welchem Zweck dient dieses Geschichtsbewusstsein?

Es klang bereits an und die Konzeption für das ISGV gibt entsprechende Hinweise:

Ich zitiere:

> „Das Institut für Sächsische Geschichte und Volkskunde hat die Aufgabe, die reichen Kulturgüter Sachsens, das Leben und die Lebensverhältnisse des Volkes in den verschiedenen Regionen Sachsens sowie die Sächsische Landesgeschichte (...) unter den Bedingungen freier Forschung zu erkunden, die geschichtliche Leistung und Bedeutung Sachsens im deutschen und europäischen Rahmen zu erforschen und darzustellen und damit zugleich einen wichtigen Beitrag zur *Förderung des Geschichts- und Heimatbewusstseins* als Bestandteil der regionalen Identität seiner Bewohner zu leisten."[11]
>
> Art. 101 Abs. 1 der Sächsischen Verfassung gibt dazu – vielleicht überraschend – einen weiteren Ansatzpunkt: „Die Jugend ist zur Ehrfurcht vor allem Lebendigen, zur Nächstenliebe, zum Frieden und zur Erhaltung der Umwelt, zur *Heimatliebe*, zu sittlichem und *politischem Verantwortungsbewusstsein*, zu Gerechtigkeit und zur Achtung vor der Überzeugung des anderen, zu beruflichem Können, zu sozialem Handeln und zu *freiheitlicher demokratischer Haltung* zu erziehen."

In den Unterlagen werden also drei Ziele genannt, zu deren Realisierung die Landesgeschichte herangezogen werden kann – und sollte:

> Das *Politische Verantwortungsbewusstsein*: Ohne Kenntnis politischer, in der Geschichte verwurzelter Grundlagen, kann wohl kaum ein politisches Verantwortungsbewusstsein entstehen.
>
> Die *Freiheitlich demokratische Haltung*: Um eine solche zu erreichen, ist es hilfreich und sogar unerlässlich zu wissen, wie sich die Demokratie in Deutschland und in der Heimatregion entwickelt und z. B. gegen Gefährdungen in der NS- und in der DDR-Zeit durchgesetzt hat.
>
> Und schließlich, und besonders, die *Förderung eines Geschichts- und Heimatbewusstseins* als Bestandteil der regionalen Identität seiner Bewohner und ein verfassungsrechtlicher Auftrag zur Erziehung der Jugend zur Heimatliebe: Ge-

10 Konzeption (wie Anm. 2), S. 1, Pkt. 1. 1, S. 3, Pkt. 2.
11 Konzeption (wie Anm. 2), S. 4, Pkt. 3.

schichts- und Heimatbewusstsein sowie Heimatliebe aber setzen die Kenntnis der Heimat und seiner Geschichte voraus.

Wenn die sächsische Verfassung von „Heimatliebe" und die Konzeption zur Gründung des ISGV von Heimatbewusstsein sprechen, stellt sich die Frage, was Heimat ist.

Bis ins zweite Drittel des 19. Jahrhunderts wurde der Begriff nur wenig verwendet. Ursprünglich war Heimat ein juristischer Begriff. Im Grimm'schen Wörterbuch von 1885 ist Heimat „das Land oder auch nur der Landstrich, in dem man geboren ist oder bleibenden Aufenthalt hat". Bei uns wird der Heimatbegriff heute weiter verstanden. Eine einheitliche Definition gibt es aber nicht.

Heimat ist der Raum, in den ein Mensch hineingeboren wird, in dem er sich in frühester Kindheit sozialisiert[12], gesellschaftliche Denk- und Gefühlsstrukturen herausbildet, in dem er mit anderen Menschen interagiert und so seine Persönlichkeit und seinen Lebensmittelpunkt entwickelt.

Der heutige Heimatbegriff ist vielschichtig. Grob formuliert kann man sagen, dass dem neuen Heimatbegriff etwas Emotionales, Persönliches anhaftet. Heimat wird über die rein geographische Komponente zu einem soziologischen Begriff.

Im Nationalsozialismus wurde Heimat mit Volk, Blut und Boden verknüpft. Eine bäuerliche Lebenswelt wurde idealisiert. Rassistische und antisemitische Ideen griffen Fuß. Heute greift rassistisches Gedankengut zunehmend wieder um sich. Der Heimatbegriff wird von bestimmten Personengruppen missbraucht, um Fremdenhass zu schüren und gegen Flüchtlinge und andere Ausländer zu hetzen.

Dem will sich das Bundesministerium des Innern, für Bau und Heimat, dessen Abteilung H sich mit Angelegenheiten der Heimat befasst, entgegenstellen. Auf der Website des Ministeriums heißt es dazu: „*Die Abteilung H ist verantwortlich für die Gestaltung der Heimatpolitik der Bundesregierung. Zu den Aufgaben der Abteilung gehört es, auf der Grundlage eines modernen, zukunftsgewandten Heimatverständnisses den gesellschaftlichen Zusammenhalt zu stärken und gleichwertige Lebensverhältnisse zwischen städtischen und ländlichen Räumen im gesamten Bundesgebiet zu schaffen.*"[13]

Der moderne, zukunftsgewandte Heimatbegriff soll dazu dienen, fremdenfeindlichen, rassistischen Tendenzen entgegenzuwirken und Integration sowie das Zusammenleben der Bürger und anderer Menschen im Staat zu fördern.

Der ursprünglich geographisch belegte Begriff der Heimat ist aktuell zu einem hochpolitischen Begriff geworden.

Dass in dieser Situation fundiertes Wissen über „die Heimat" und deren landesgeschichtlich-regionalen Hintergrund insbesondere für die Politik und die Regierenden vonnöten ist, liegt auf der Hand.

---

12 Wikipedia, Stichwort „Heimat", https://de.wikipedia.org/wiki/Heimat#Bedeutung_des_Begriffs_„Heimat"_heute (zuletzt aufgerufen am 24.07.2019).

13 Website des Bundesministeriums des Inneren, für Bau und Heimat, Artikel „Unsere Abteilungen und ihre Aufgaben, Abteilung H", URL: https://www.bmi.bund.de/DE/ministerium/das-bmi/abteilungen-und-aufgaben/abteilungen-und-aufgaben-node.html (zuletzt aufgerufen am 24.07.2019).

Sie alle kennen das Abschneiden der AfD zuletzt bei den Landtagswahlen in Sachsen, wo in Umfragen noch kurz vorher nicht klar war, ob die AfD womöglich stärkste Partei in Sachsen wird. Nun ist sie „nur" zweitstärkste Partei geworden und wir werden zu diesem Ergebnis stets beglückwünscht. Ich weiß allerdings nicht, ob dies tatsächlich ein Ergebnis ist, zu dem Glückwünsche angebracht sind.

Tatsache ist, dass viele Sachsen nach der Wende solche Umbrüche erleben mussten, dass sie Sachsen mittlerweile nicht mehr als eine Heimat empfinden, in der sie sich geborgen fühlen können. So auch die Forderung einiger von ihnen: „Integriert doch erstmal uns", welche sogar in einem gleichnamigen Buch der sächsischen Gleichstellungs- und Integrationsministerin Petra Köpping mündete.

Auch hierfür benötigen wir eine Forschung zum Thema Heimat.[14]

Der Freistaat Sachsen fördert – nicht nur, aber auch aus diesen Gesichtspunkten – landesgeschichtliche Forschung sowohl in Hochschulen als auch in außeruniversitären Einrichtungen. In Sachsen gibt es Lehrstühle für Landesgeschichte in Dresden und Leipzig. Zudem gibt es einen Lehrstuhl für Technikgeschichte an der TU Bergakademie Freiberg, der mit seiner Fokussierung auf Technikgeschichte ganz wesentliche Aspekte der Geschichte des Industrielandes Sachsen abdeckt.

Über die Universitäten hinaus bedarf es aber weiterer Einrichtungen, die sich mit Landesgeschichte und deren besonderen Teilgebieten beschäftigen. Denn an den Universitäten steht naturgemäß die Forschung zu Einzelthemen im Mittelpunkt, z. B. im Rahmen von Dissertationen oder Habilitationen. Größere und langfristige Projekte der Grundlagenforschung finden sich eher an den außeruniversitären Forschungseinrichtungen wieder.

Deshalb fördert der Freistaat Sachsen neben den Universitäten auch außeruniversitäre Forschungseinrichtungen wie das Institut für Sächsische Geschichte und Volkskunde (ISGV) – das ich bereits mehrfach erwähnt habe – und weitere außeruniversitäre Institute mit landesgeschichtlichen Anknüpfungspunkten wie das Sorbische Institut, das Leibniz-Institut für jüdische Geschichte und Kultur „Simon Dubnow" in Leipzig, das Hannah-Ahrendt-Institut für Totalitarismusforschung (HAIT) in Dresden und das Leibniz-Institut für Geschichte und Kultur des östlichen Europa (GWZO) in Leipzig. Auch die Sächsische Akademie der Wissenschaften zu Leipzig befasst sich mit Landesgeschichte. Der Freistaat beteiligt sich ganz oder teilweise an der Finanzierung der außeruniversitären Einrichtungen, um im Rahmen der finanziellen Möglichkeiten eine im Sinne des eingangs erwähnten Art. 5 GG freie, unabhängige und umfassende Geschichtsforschung zu gewährleisten.

Ich werde hierauf noch zurückkommen und Ihnen einen kurzen Abriss dazu geben, welche Anteile an sächsischer Landeskunde diese außeruniversitären Forschungseinrichtungen leisten.

---

14 Dazu beispielsweise die Ergebnisse eines Projekts im ISGV: Ira Spieker (Hg.): Umbrüche. Erfahrungen gesellschaftlichen Wandels nach 1989 (Spurensuche. Geschichte und Kultur Sachsens 8), Dresden 2019.

4. Landesgeschichte als Mittel zur Gestaltung der Zukunft

Ich hatte es bereits angerissen, wir benötigen landesgeschichtliche Forschung und Forschung zu Volkskunde, um Antworten auf die aktuellen Fragen – auch gern mal als Vorwürfe vorgebracht – unserer Mitbürgerinnen und Mitbürger zu Identität und Heimat sachkundig und mit Fakten unterlegt beantworten zu können.

Aber zunächst dient Landesgeschichte als *Rückblick in die Vergangenheit* der Identitätsschaffung und -reflektierung.

Landesgeschichte ist demnach durch Reflexion auf die Quellen und auf das Wissen um die Vergangenheit aufbauend auch ein Mittel zur *Gestaltung der Zukunft*:

Oberste Ziele in diesem Sinne sollten die Stärkung der Widerstandsfähigkeit gegen geschichtspolitische Indoktrination und die Schaffung eines Demokratie- und Menschenrechtsverständnisses sein.

Angesichts der aktuellen politischen Entwicklungen in Sachsen, dem Erstarken extremer politischer Parteien und der Schwächung der etablierten Parteien, und das alles oft verbunden mit der Infragestellung des politischen Systems, ja des Demokratiesystems, stellt sich deshalb die Frage, was und mit welchen Mitteln die Kenntnis der Landesgeschichte etwas bewirken kann.

Ungeheuer interessant wäre es natürlich für die Politik zu erfahren, ob aus den gewonnenen wissenschaftlichen Erkenntnissen über historische Entwicklungen und Ereignisse bestimmte wiederkehrende Strukturen erkennbar werden. Wenn die derzeit erstarkenden populistischen und radikalen Tendenzen analysiert und in Bezug zu vergleichbaren Tendenzen in der Vergangenheiten gesetzt werden, wäre es dann denkbar, die weiteren Entwicklungen zu prognostizieren oder gar bestimmte negative Faktoren zu identifizieren und so zu beeinflussen, dass Geschichte ein präzises Instrument zur Steuerung der Zukunft wird? Für manch einen Politiker wäre das sicherlich ein interessantes Gedankenspiel.

Ja, wohl ein Gedankenspiel. Selbstverständlich wiederholt sich Geschichte niemals, zumindest nicht eins zu eins. Dazu ist die Anzahl der einflussnehmenden Faktoren, insbesondere auch neuer Faktoren, wie die Digitalisierung, zu vielfältig und zu unterschiedlich.

Ich fände es aber doch z. B. sehr interessant zu wissen, ob bzw. in welcher Form und in welchem Ausmaß die derzeitige unterschiedliche Entwicklung rechtsradikaler Strömungen in Deutschland ihre Ursache unter anderem auch in dem unterschiedlichen Umgang in der Bundesrepublik und in der DDR mit der Geschichte des Nationalsozialismus finden kann. Warum treffen rechtsgerichtete, populistische Strömungen in Sachsen ganz besonders auf fruchtbaren Boden? Gibt es historische Ursachen? Liegen die Ursachen in einer bestimmten Art der Geschichtsvermittlung zu bestimmten Zeiten? Gibt es geschichtliche Parallelentwicklungen zur Weimarer Zeit? Warum sind diese Tendenzen ausgeprägter als im Westen? Und was kann die Politik tun?

Wie schwer diese Fragen zu beantworten sind, zeigt schlaglichtartig ein Beitrag von Edgar Wolfrum, Inhaber des Lehrstuhls für Zeitgeschichte an der Universität Heidelberg. Er schrieb auf der Website der Bundeszentrale für politische Bildung schon 2008:

„In der Bundesrepublik lautete 1949 die Frage: Demokratisierung und gesellschaftliche Integration der NS-Funktionseliten, also der mittleren Garnitur, oder vorbehaltlose Aufarbeitung und Bestrafung der Verbrechen. In einer Art großen Koalition entschied man sich für den ersten Weg – ein allgemeiner Rechtfertigungsdrang und ein gemeinschaftlicher Wille, sich von Schuld und Verantwortung frei zu sprechen verband die meisten Deutschen miteinander. (...) Weit reichende Folgen ergaben sich aus den Reaktionen: Die Kultusminister verabschiedeten neue Richtlinien für den Geschichtsunterricht, der Gesetzgeber schuf den Straftatbestand der „Volksverhetzung" und auf Betreiben von Opfergruppen wurden endlich Gedenkstätten gebaut. (...)
Während in der Bundesrepublik die Vergangenheitsbewältigung ein ständiger und zwischen zahlreichen Gruppen umstrittener Prozess war, erklärte die SED, dass mit der „antifaschistisch-demokratischen Umwälzung" 1945–1949 der Nationalsozialismus mit Stumpf und Stiel „ausgerottet" worden sei. Weitere Debatten über Schuld und Verantwortung erübrigten sich. Die DDR lehnte jegliche Haftungspflichten für die Vergangenheit ab. (...)[15]

Eine geschichtliche Ausgangssituation, *zwei* völlig unterschiedliche Wege der Geschichtsbewältigung. Beide Staatssysteme haben ihre Konsequenzen aus der Geschichte gezogen. Beide Staatssysteme haben aber auch aus der Geschichte ihre Konsequenzen für den Umgang mit der zukünftigen Geschichtsforschung gezogen.

Was ich damit sagen will: Aufgabe der Landesgeschichtsforschung ist es nicht, aktuelle politische Entscheidungen vorzubereiten. Die Landesgeschichte als Forschungsgebiet sollte sich von Politikern auch nicht vor diesen Karren spannen lassen. Die Geschichtsforschung soll die historische Faktenlage eruieren, politische Entscheidungen der Vergangenheit analysieren und bewerten und ggf. Theorien aufstellen, wie eine politische Entscheidung den Gang der Geschichte beeinflusst hat. Auf dieser Grundlage aktuelle politische Entscheidungen zu treffen, ist jedoch Aufgabe der Politiker. Dass Historiker als Berater in politischen Gremien fungieren, steht dem i. Ü. nicht entgegen – solange die Landesgeschichte als solche keine Politik betreibt.

Wir wissen, wie wichtig es ist, dass der Staat der Geschichtsforschung keine inhaltlichen Vorgaben macht, dass es keine Denkverbote gibt, dass Art. 5 GG eine Debatte unter Historikern nach den Maßstäben transparenter, wissenschaftlicher Kritik erlaubt. In vielen Ländern der Welt sieht es anders aus.

Eine unvoreingenommene Forschung, insbesondere auch Grundlagenforschung, ist unabdingbare Voraussetzung für ein seriöses Geschichtsbild. Die Anzahl der Forschenden, der Forschungsrichtungen und –disziplinen innerhalb der Geschichtsforschung fördert die Neutralität des Forschungsergebnisses.

Wie gesagt, Landesgeschichte soll nicht nur politische Aspekte untersuchen. Sie soll keine politischen Entscheidungen vorbereiten. Politische Entscheidungen werden aber durch das Wissen und das Gefühl der Einwohner eines Landes beeinflusst.

---

15 Edgar WOLFRUM: Geschichte der Erinnerungskultur in der DDR und BRD, 26.08.2008, URL: http://www.bpb.de/geschichte/zeitgeschichte/geschichte-und-erinnerung/39814/geschichte-der-erinnerungskultur?p=all (zuletzt aufgerufen am 24.07.2019).

Die Landesgeschichte – auf die konkrete dem Bürger bekannte und vertraute Region oder auch Heimat bezogen – schafft Identität. Auch die Erforschung in der Vergangenheit erbrachter Leistungen z. B. auf den Gebieten von Wirtschaft und Kultur ist Teil der Landesgeschichte und hat eine lange Tradition.

Landespolitik spiegelt den regionalen Geschichtsmikrokosmos eingebettet in die große, für den einzelnen Menschen allzu vielfältige Weltgeschichte. In Zeiten der Globalisierung und der zunehmenden Skepsis an der Globalisierung, spielt die Wahrnehmung des Bundeslandes, der Region, der Stadt oder des Dorfes nach wie vor oder vielleicht sogar zunehmend eine immense Rolle. Der überschaubare, vertraute Bereich schafft Identifikation. Hier schaut man, was früher war und ob es besser war.

Aber: Vieles verklärt die Vergangenheit. Vieles war nicht so gut, wie es in der Erinnerung erscheint. Mit den Lebensstandards, mit denen die Menschen vor 50, 60 oder 70 Jahren lebten – die Generation unserer Eltern und Großeltern – wäre heute keiner mehr zufrieden. Hier kann Landesgeschichte helfen, auf falschen geschichtlichen Vorstellungen basierende politische Vorstellungen und Forderungen zu korrigieren.

Während sich die Fachwelt der Historiker eher über Publikationen und Tagungen austauscht, sind für die populärwissenschaftliche Vermittlung und damit den Transfer der Forschungserkenntnisse in die Gesellschaft insbesondere auch Ausstellungen ein probates Mittel. So wirkt in Sachsen das ISGV z. B. an den Grundlagen und Konzeptionen für Landesausstellungen maßgeblich mit.

Das ISGV ist im Hinblick auf populärwissenschaftliche Vermittlung ihrer Erkenntnisse aber noch wesentlich kreativer, wie ich im Sächsischen Staatsministerium für Wissenschaft und Kunst im letzten Jahr zum Tag der offenen Tür erleben durfte. Das ISGV brachte zu dieser Veranstaltung nicht nur alte Kochrezepte für Kartoffeln mit, die 1918 nach einer Hungersnot in Sachsen verwendet wurden. Sondern es wurden auch die Kartoffeln, die damals importiert werden mussten, präsentiert. Mit den Besuchern unseres Ministeriums gab es lebhafte Debatten nicht nur über Kochrezepte, sondern auch über die Vor- und Nachzüge der damaligen Kartoffelsorten. Und natürlich über die damalige Zeit der Hungersnot in Sachsen.

Ein Paradebeispiel für gelungenen Wissenstransfer!

5. Landesgeschichte an Hochschulen und außeruniversitären Forschungseinrichtungen

Ich komme nun noch einmal kurz auf unsere verschiedenen Leibniz- und landesfinanzierten Forschungseinrichtungen zu sprechen, die sich mit sächsischer Landeskunde und Volkskunde in verschiedenen Ausprägungen beschäftigen und hierzu mit der Bevölkerung auf verschiedenste Art und Weise in Kontakt treten und damit zu einem Bewusstsein von Heimat – einem Heimatgefühl – beitragen.

Denn die Menschen, die Bürger, müssen dort abgeholt werden, wo sie leben: in ihrer Region, ihrem Gemeinwesen, ihrer Siedlung. Wer deren Geschichte versteht, hat auch die Chance zu verstehen, wie deren Bewohner ticken und warum. Landesgeschichte spielt, wie Enno Bünz in einem Aufsatz geschrieben hat, „die Rolle als Vermittler zwischen Geschichtswissenschaft und Öffentlichkeit und damit auch die Rolle als regionaler Dienstleister und Identitätsstifter".[16]

Hierbei spielt es keine Rolle, dass z. B. die Region und die Geschichte der Sorben weit über die Grenzen des Freistaats Sachsen reichen. Entscheidend ist es, der Wissenschaft die Möglichkeit zu geben, in einem sinnvollen Rahmen landesgeschichtliche Forschung zu treiben.

Sollte die Geschichte der Sorben keine sächsische Landesgeschichte sein, weil ein Teil der Sorben in Brandenburg lebt und lebte? Nein, die Geschichte der Sorben in der sächsischen Oberlausitz ist sächsische Landesgeschichte, zumindest für Politiker und auch die Bürger – wenn auch vielleicht nicht im engeren landeshistorischen Verständnis. Und sie steht in untrennbarer Wechselwirkung mit der Geschichte der Wenden in der brandenburgischen Niederlausitz. Die Sorben als eine selbstständige Ethnie auf sächsischem Gebiet und deren Kultur und Sprache sind selbstverständlich ein Teil der Geschichte Sachsens, auch wenn die Sorben keine Sachsen waren. Die historische Erforschung der Volksgruppe der Sorben und deren Lebensraum liegen im Interesse der sächsischen Politik – übrigens nicht erst seit mit Stanislaw Tillich 2008 erstmals ein Sorbe sächsischer Ministerpräsident wurde.

Die Sorben waren in der DDR-Verfassung als nationale Minderheit anerkannt und hatten durch Art. 40 das verfassungsrechtlich verbürgte Recht zur Pflege ihrer Muttersprache und Kultur. Demgegenüber stand der reale Umgang der Politik, der Behörden und darauf basierend auch der nicht-sorbischen Bevölkerung mit dem sorbischen Volk. Die sorbische Sprache wurde im Zuge der Assimilierung aller Bürger im Einheitsstaat DDR so schnell wie nie zuvor zurück gedrängt. Der massive Zuzug von Vertriebenen in Sorbengebiete als Folge des Krieges tat ein Übriges. Zielsetzung der Staatsideologie der DDR war die Zurückdrängung des Einflusses der Kirchen bis hin zu deren Verdrängung, um dem Sieg des Kommunismus den Weg zu ebnen.[17] Doch ein ganz wesentlicher Bestandteil der sorbischen Identität wurde und wird heute wieder durch eine tiefe Religiosität geprägt, man denke z. B. nur an die Tradition der Osterritte oder die zahlreichen Wegkreuze.

Heute liegt es im Interesse des Freistaates Sachsen, die kulturelle Vielfalt des sorbischen Volkes, deren Bräuche und Sprache zu erhalten. Dazu fördert er z. B. – übrigens gemeinsam mit dem Land Brandenburg – das Sorbische Institut, welches die Sprache, Kultur und Geschichte der Sorben in der Ober- und Niederlausitz erforscht, wie im übrigen auch das Institut für Sorabistik an der Universität Leipzig, das Sorbische Museum in Bautzen oder die Stiftung für das sorbische Volk.

Erst im Juni hat die Sächsische Staatsregierung den Zweiten Maßnahmenplan für sorbische Sprache beschlossen.

Auch das Hannah-Arendt-Institut für Totalitarismusforschung, das Leibniz-Institut für jüdische Geschichte und Kultur – Simon Dubnow sowie das Leibniz-Institut für

16 BÜNZ: Wozu Landesgeschichte? (wie Anm. 4), Pkt. 1, 7. Abs.

17 Wikipedia, Stichwort „Sorben", Pkt. 6.6.4. „DDR-Zeit", https://de.wikipedia.org/wiki/Sorben#DDR-Zeit (zuletzt aufgerufen am 29.07.2019); Christoph KÖSTERS, Wolfgang TISCHNER (Hgg.): Katholische Kirche in SBZ und DDR, Paderborn u. a. 2005.

Geschichte und Kultur des östlichen Europa (GWZO), die ganz oder teilweise vom Freistaat gefördert werden, sind in erster Linie keine landesgeschichtlichen Forschungseinrichtungen. Doch gibt es in allen Instituten Projekte mit Bezug zur Landesgeschichte, wobei die Landesgeschichte dort z. T. nicht im Vordergrund der Forschung steht, sondern Ausgangspunkt oder Begleitthema für die Untersuchung aktueller Entwicklungen ist. Oft ist die Landesgeschichte hier nur ein Teilaspekt landesübergreifender Themen.

So stellt sich das GWZO u. a. die Frage, wie sich interethnische Beziehungen unter besonderer Berücksichtigung von Siedlungsstrukturen gestalten. Die „Germania Slavica" war z. B. eine wissenschaftliche Arbeitsgruppe zur Erforschung der Verhältnisse im Gebiet östlich der frühmittelalterlichen deutsch-slawischen Sprachgrenze (d. h. östlich der Elbe-Saale-Linie) während des Hochmittelalters, die „Deutsche Ostsiedlung". Hier hat sich das sächsische Institut zunächst auf Mecklenburg konzentriert.[18] Im GWZO arbeiten Fachleute aus verschiedenen Disziplinen wie der Archäologie, der mittelalterlichen Geschichte, der Byzantinistik, der historischen Ostmitteleuropaforschung, der Linguistik sowie der Architektur- und Umweltgeschichte oder der Geographie interdisziplinär zusammen.

In dem Projekt „Jüdische Gelehrte in Sachsen. Teilhabe, Benachteiligung und Ausschluss" hat wiederum das Simon Dubnow-Institut einen Personenkatalog jüdischer, in Sachsen wirkender Gelehrter des 19. und 20. Jahrhunderts, ihre Bedeutung und ihr Werk, erstellt. Die Datensammlung soll in Form eines Webportals für die Forschung und eine interessierte Öffentlichkeit aufbereitet werden.[19]

Das Hannah-Arendt-Institut für Totalitarismusforschung beschäftigt sich demgegenüber mit dem politischen Extremismus in Geschichte und Gegenwart, im Besonderen mit der systematischen Untersuchung des Nationalsozialismus und des Kommunismus sowie den Voraussetzungen und Folgen beider Herrschaftssysteme. Hierbei werden auch aktuelle Herausforderungen und Gefährdungen der Demokratie durch autokratische und fundamentalistische Regime sowie durch extremistische, rassistische und antisemitische Einstellungen betrachtet.

Folgende Forschungsthemen mögen das beispielhaft verdeutlichen:

Ein rein historisches Projekt des HAIT war „Sachsen 1933–1945. Der historische Reiseführer". Neben den Führern der Nazi-Herrschaft im Gau-Sachsen wird u. a. über Rüstungsbetriebe, Thingstätten, NS-Organisationen, aber auch über politischen Widerstand und Judenverfolgung berichtet.[20] Veröffentlicht wurde es im Sinne der poli-

---

18 Wikipedia, Stichwort „Germania Slavica", Einleitung und Pkt. 3. „Die Germania Slavica als Arbeitsgebiet des GWZO in Leipzig (1995–2007)", https://de.wikipedia.org/wiki/Germania_Slavica (zuletzt aufgerufen am 29.07.2019); siehe auch Jahresbericht GWZO 2017, S. 15, https://www.leibniz-gwzo.de/sites/default/files/dateien/Jahresbericht_2017.pdf (zuletzt aufgerufen am 25.02.2020).

19 Website des Leibniz-Institut für jüdische Geschichte und Kultur – Simon Dubnow e. V. , http://www.dubnow.de/forschung/gelehrtenprojekt/ (zuletzt aufgerufen am 29.07.2019);

20 Website des Hannah-Arendt-Instituts für Totalitarismusforschung, https://hait.tu-dresden.de/ext/forschung/forschungsprojekt-3131/ (zuletzt aufgerufen am 29.07.2019).

tischen Bildung u. a. als Sonderausgabe für die Sächsische Landeszentrale für politische Bildung.

Das Projekt „Flucht und Integration. Eine Befragung von Geflüchteten in Sachsen" des HAIT stellte die Fragen:

Welche Menschen kommen in Sachsen an, welche Einstellungen bringen sie mit und wie nehmen sie Deutschland und die deutsche Gesellschaft wahr? Was fordert und was erschwert ihre Integration in die Aufnahmegesellschaft? Welche Wirkung haben Fremdenfeindlichkeit und Rechtsextremismus auf die Integrationsperspektiven von Geflüchteten?[21]

Das sind keine landesgeschichtlichen Themen, aber ohne grundlegende Kenntnisse der Landesgeschichte wird ein derartiges Projekt nicht zu realisieren sein. Insofern ist die Landesgeschichte ein unerlässlicher Bestandteil für derartige Projekte.

In dem Projekt „Demokratischer Zusammenhalt in Sachsen" des HAIT wurden zum einen die Integrationsprozesse der sächsischen und deutschen Zuwanderungsgesellschaft, zum anderen rechtsextremistische und fremdenfeindliche Desintegrationsprozesse, die den demokratischen Zusammenhalt gefährden, untersucht.[22]

Diese ganz verschiedenen Projekte unterschiedlicher sächsischer Forschungsinstitute, die alle keine originär historischen Institute sind, legen die Bedeutung der landesgeschichtlichen Grundlagen für die weitergehende Forschung verschiedenster Wissenschaftsrichtungen dar. Sie zeigen beispielhaft, wie Geschichte, speziell Landesgeschichte, für die Gegenwart, für aktuelle politische Themen und somit für die Politik relevant wird.

Es liegt auf der Hand, dass derzeit insbesondere die Themen „Flüchtlinge", „Fremdenfeindlichkeit" und „Rechtsextremismus" angesichts der aktuellen gesellschaftlichen und politischen Lage für die Politik, gerade auch in Sachsen, von großem Interesse sind.[23] Und so werden die Forschungsergebnisse in der Staatsverwaltung, aber auch bei Politikern aufmerksam wahrgenommen und analysiert.

Dass die verschiedenen außeruniversitären Institute, die personell mit den Universitäten verbunden sind, sich auch untereinander austauschen, gemeinsame Gremien bilden und gemeinsame Projekte realisieren, versteht sich von selbst. Ein gutes Beispiel ist die vom Sächsischen Ministerium für Wissenschaft und Kunst initiierte Förderinitiative »Virtuelle Archive für die geisteswissenschaftliche Forschung«. Mittels der Initiative werden die unterschiedlichsten Quellen bildlicher wie gegenständlicher Art, koordiniert durch die Sächsische Akademie der Wissenschaften zu Leipzig, zusammengeführt und digital verfügbar gemacht.[24]

---

21 Website des Hannah-Arendt-Instituts für Totalitarismusforschung, https://hait.tu-dresden.de/ext/forschung/forschungsprojekt-3132/ (zuletzt aufgerufen am 29.07.2019).

22 Website des Hannah-Arendt-Instituts für Totalitarismusforschung, https://hait.tu-dresden.de/ext/forschung/forschungsprojekt-3133/ (zuletzt aufgerufen am 29.07.2019).

23 Siehe als Beitrag des ISGV: Sachsen: Enno Bünz, Winfried Müller, Martina Schattkowsky u. a.: Sachsen: Weltoffen! Mobilität – Fremdheit – Toleranz (Spurensuche. Geschichte und Kultur Sachsens, Bd 6), Dresden 2016.

24 Website der Sächsischen Akademie der Wissenschaften zu Leipzig, https://www.saw-leipzig.de/de/projekte/virtuelle-archive (zuletzt aufgerufen am 29.07.2019).

6. Konklusion

Sie sehen, es gibt viele Punkte im politischen, vor allem aber im gesellschaftlichen Alltag, wo Sie als Landeshistoriker gefragt sind. Es ist das Wissen um die Vergangenheit, die Gründe, warum es wann welche politischen oder gesellschaftlichen Entwicklungen gab und welche Einflüsse eine Rolle spielten, die für die heutige aktuelle Tagespolitik interessant sind.

Und es ist die Kenntnis der Vergangenheit des eigenen Umfelds, des Lebensraums, der Heimat der Menschen, die ihnen ein Gefühl der Identifikation mit dem eigenen Land geben können. Wie wichtig es ist, sich mit seinem Lebensraum in richtiger, angemessener Art zu identifizieren, ob als Bürger oder Zugereister, In- oder Ausländer, dürfte außer Frage stehen.

Ich möchte Ihnen deshalb Ihre knifflige Frage „Was erwarten Politik bzw. Regierungen in den Ländern von der Landesgeschichte" gern wie folgt beantworten:

Wir erwarten Wissenstransfer, aber auch sehr niederschwellige Vernetzung mit Akteuren außerhalb des Wissenschaftsbetriebs.

Und wir fordern:

- Neugier
- Engagement
- Unabhängigkeit
- Neutralität
- Offenheit und
- Hartnäckigkeit.

Vielen Dank für Ihre Aufmerksamkeit!

Die Region – Eine Maßstabsgröße historischen Lernens?

Anke John

Die Frage, ob die Region eine Maßstabsgröße des Geschichtsunterrichts ist und welche Bedeutung dabei der Landesgeschichte zukommt, führt auf drei Perspektiven, die raumzeitliches Lernen in der Schule bedingen.[1] Eine normative Perspektive zielt auf die Lehrpläne und auf die Geschichtsräume, die in diesen für relevant erachtet werden. Eine empirische Betrachtung stellt das Geschichtsbewusstsein von Kindern und Jugendlichen in den Mittelpunkt und versucht, die raumbezogenen Voraussetzungen ihres historischen Denkens zu erkunden. Dabei wird insbesondere gefragt, ob Heranwachsende Orte, Regionen und Bundesländer überhaupt als geschichtlich geprägte Räume wahrnehmen und wenn ja, was diese Wahrnehmung charakterisiert und bedingt. Schließlich werden die historischen Lernmöglichkeiten betrachtet, die sich am jeweiligen Unterrichtsort ergeben. In den Fokus rückt so besonders ein Widerspruch, der sich aus der Partikularität und Singularität regional- und landesgeschichtlicher Inhalte einerseits und dem gegenwärtigen bildungspolitischen Trend zur Zentralisierung und Standardisierung von Bildungserwartungen andererseits ergibt. Da dieser stets virulente Widerspruch in der Unterrichtspraxis regelmäßig zu Lasten einer modernen Regional- bzw. Landesgeschichte und zugunsten kanonisch gewordener Unterrichtsthemen aufgelöst wird, soll abschließend ein Vorschlag für eine Konzeptualisierung lokal- und regionalgeschichtlichen Lernens unterbreitet werden, der über das rein Exemplarische hinausführt.

Eine Selbstvergewisserung über die Lernziele, die mit Lokal-, Regional- und Landesgeschichte erreicht werden sollen, ist mit Blick auf den Wandel jugendlicher Lebenswelten lange überfällig. Die Globalisierung, die sich auch im Lokalen niederschlägt, die neue gesellschaftliche Leitbilder von Mobilität schafft und mit der Digitalisierung zu Beschleunigung und Entfremdung[2] beiträgt, kann Heimatbedürfnisse zwar auch klein halten, von einer Mehrheit jedoch wird gegenwärtig der Wunsch nach Heimat wieder stärker artikuliert. Dabei sind immer wieder auch nicht aufgearbeitete, nationale und antimoderne Traditionen der Vergangenheit im Spiel.

---

1 Hier folgend dem Konzept von Vadim OSWALT: Das Wo zum Was und Wann. Der „Spatial turn“ und seine Bedeutung für die Geschichtsdidaktik, in: GWU 4/61 (2010), S. 220–233, S. 225f.

2 Hartmut ROSA: Beschleunigung und Entfremdung. Entwurf einer kritischen Theorie spätmoderner Zeitlichkeit, Berlin[6] 2018.

Lokal- und Regionalgeschichte in den Lehrplänen der Bundesländer

In den Lehrplänen und Bildungsprogrammen der 16 Bundesländer[3] ist heute sowohl von „Regionalgeschichte" die Rede als auch von „Landesgeschichte" oder von „Heimatraum". „Heimatverbundenheit" und auch „Heimatgefühl" sind vorkommende Begriffe. In Thüringen etwa sollen Grundschüler/innen Kenntnis von der Besonderheit ihrer Region „in ihrem Wandel und ihrer Vielfalt" erlangen und dieses Wissen zu „einer emotionalen Bindung" an die „Heimat" überführen.[4] Für bayerische Schüler/innen ist im Anfangsunterricht vorgesehen, dass sie Spuren antiker Bezüge Europas „in ihrem Heimatraum"[5] erfassen und einordnen sollen. Im Nordosten knüpft ein aktueller Lehrplan für die Sekundarstufe II an das Landesprogramm „Meine Heimat – Mein modernes Mecklenburg-Vorpommern"[6] an. Synonym werden Heimat- und Regionalgeschichte im sächsischen Lehrplan der Sekundarstufe I verstanden.[7]

Angesichts dieser vorzufindenden Begriffsvielfalt kann man leicht den Eindruck gewinnen, dass die Kontroversen der 1960er und 1970er Jahre, die um die Abgrenzung einer modernen Regionalgeschichte von der älteren Heimat- bzw. von einer politischen Landesgeschichte viele Energien verbraucht haben, in Vergessenheit geraten sind. Bei genauer Analyse lässt sich jedoch auch feststellen, dass trotz der äußerlichen Kontinuität des Heimatbegriffs die wissenschaftlichen Innovationen der letzten Jahre ihren Weg in die aktuellen Rahmenpläne gefunden haben. Nach wie vor will die Bildungspolitik zwar nicht auf die mit dem Nahraum verknüpfte emotionale Komponente verzichten, dennoch begibt sich regional- und landesgeschichtliches Lernen in analytische Distanz zur Geschichtspolitik und ihren Identitätsstiftungsangeboten. So differenzieren die Bildungspläne, in denen Landesgeschichte noch curricular festgeschrieben wird, zwischen Land und Region und sie betonen die Vielfalt historischer Landschaften im Verhältnis zur aktuellen Landesidentität.

---

3 Einen Überblick zur Umstellung der Lehr- und Bildungspläne seit 2003 bietet Franziska CONRAD: Vom Lehrplan zum Schulcurriculum, in: Michele BARRICELLI, Martin LÜCKE (Hgg.): Handbuch Praxis des Geschichtsunterrichts. Bd. 2 (Forum historisches Lernen), Schwalbach/Ts. 2012, S. 386–400. Die ständige Kultusministerkonferenz der Länder in der Bundesrepublik (KMK) unterhält auf ihrer Homepage eine Lehrplan-Datenbank und eine Übersicht der Internetangebote der Länder zu ihren Lehrplänen. Die Einsicht erfolgte unter https://www.kmk.org/dokumentation-statistik/rechtsvorschriften-lehrplaene/uebersicht-lehrplaene.html (zuletzt aufgerufen am 27.11.2019).

4 Lehrplan für die Grundschule und für die Förderschule mit dem Bildungsgang Grundschule. Heimat und Sachkunde, hg. vom Thüringer Ministerium für Bildung, Jugend und Sport, o. O. 2015, S. 17.

5 So die formulierten Ziele im Lernbereich G6: Das Imperium Romanum. LehrplanPlus Gymnasium, hg. vom Staatsinstitut für Schulqualität und Bildungsforschung München, München 2017.

6 Rahmenplan für die Qualifikationsphase der gymnasialen Oberstufe. Geschichte und Politische Bildung, hg. vom Ministerium für Bildung, Wissenschaft und Kultur Mecklenburg-Vorpommern, o. O. 2019, S. 5.

7 Lehrplan Oberschule. Geschichte, hg. vom Staatsministerium für Kultus Freistaat Sachsen, o. O. 2004/2019, S. 3.

In Bayern sind für die „historisch gewachsene Identität der bayerischen Landesteile Altbayern, Schwaben und Franken und ihre gegenseitige Wahrnehmung“[8] als Wahlthema drei Unterrichtsstunden veranschlagt. Auch in Niedersachsen und in den so genannten Bindestrichländern wie Schleswig-Holstein und Sachsen-Anhalt, die erst nach 1945 bzw. 1989 entstanden sind, stellt das historische Regionalbewusstsein der Landesteile einen wichtigen Referenzpunkt dar, deren Historie ausgehend von der Landesgründung vor allem im regressiven Verfahren erarbeitet wird.[9]

Allgemein hoch veranschlagt wird lokal- und regionalgeschichtliches Lernen für die Öffnung der Schule nach außen. An den außerschulischen Lernorten im jeweiligen Bundesland sollen Schüler/innen Formen offenen Lernens üben und ein Bewusstsein für die Geschichtlichkeit des Umfeldes ausbilden.[10]

Demgegenüber haben sich seit den Nullerjahren mit PISA und den folgenden kompetenzorientierten Geschichtslehrplänen die Rahmenbedingungen für die Einbettung von Lokal-, Regional- und Landesgeschichte in den Unterricht verändert. Vor der Kompetenzorientierung basierten Geschichtslehrpläne auf der gemeinsamen Überzeugung, dass die angestrebten Lernziele nur erreicht würden, wenn auch die Inhalte curricular festgeschrieben werden. Dabei gewichteten bereits die Richtlinien und Lehrpläne der 1990er Jahre lokal- und regionalgeschichtliche Themen ausgesprochen unterschiedlich. Während in bayerischen und sächsischen Lehrplänen die traditionelle Landesgeschichte stark vertreten war, wurden in Nordrhein-Westfalen weder landes- noch regionalgeschichtliche Akzente gesetzt. Zwischen diesen Polen standen die Bildungspläne der meisten übrigen Länder, die obligatorische und fakultative regio-

8 Eine Geschichte Bayerns und seiner Landesteile ist dabei dem fächerübergreifenden Projektunterricht mit dem Fach Sozialkunde in Klasse 10 vorbehalten. Lehrplan Gymnasium. Jgst. 10, G.10.4., hg. vom Staatsinstitut für Schulqualität und Bildungsforschung München, München 2004/2009.

9 Lehrplan für die Sekundarstufe II Gymnasium, Gesamtschule. Geschichte, hg. vom Ministerium für Bildung, Wissenschaft, Forschung und Kultur des Landes Schleswig-Holstein, o. O. 2002, S. 39; Fachlehrplan Sekundarschule. Geschichte, hg. vom Ministerium für Bildung Sachsen-Anhalt, o. O. 2012/2019, S. 28.

10 „Regionalgeschichte, außerschulische Lernorte“ gelten als unterrichtsleitendes Prinzip: „Relevante Persönlichkeiten und Ereignisse der Lokal- und Regionalgeschichte finden im Unterricht Berücksichtigung. Dies geschieht insbesondere aus aktuellem Anlass. Die Analyse des geschichtskulturellen Umgangs mit dieser Vergangenheit bietet Lernchancen. Entdeckendes Lernen im lokalen wie regionalen Raum motiviert Schülerinnen und Schüler für die Auseinandersetzung mit der Geschichte. Eine Einbeziehung von außerschulischen Lernorten in Berlin und Brandenburg (z. B. Denkmäler, Gedenkorte, Gedenkstätten und Museen) sowie von Zeitzeuginnen und Zeitzeugen vertieft das historische Verstehen sinnvoll. In jeder Doppeljahrgangsstufe werden mindestens zwei außerschulische Lernorte besucht.“ Rahmenlehrplan für die Sekundarstufe I. Teil C Geschichte. Jahrgangsstufen 7–10. Brandenburg bzw. Berlin, hg. vom Ministerium für Bildung, Jugend und Sport des Landes Brandenburg, o. O. 2017, S. 22f. und außerdem so im Rahmenlehrplan für den Unterricht in der gymnasialen Oberstufe im Land Brandenburg. Geschichte, hg. vom Ministerium für Bildung, Jugend und Sport des Landes Brandenburg, o. O. 2018, S. 12.

nalgeschichtliche Anteile aufnahmen.[11] Geboten wurden den Lehrkräften zum Teil umfassende Beispielsammlungen für alle Epochen, die Möglichkeiten zur Integration von Regionalgeschichte in den Unterricht aufzeigten. Viele dieser Anregungen sind im Zuge der Umstellung der Bildungspläne auf kompetenzbasierte Standards weggefallen.[12] Über die Auswahl lokal- und regionalgeschichtlicher Bezüge „entscheidet der Fachlehrer in Abstimmung mit der schulinternen Lehr- und Lernplanung“[13].

Bei der neuen Lehrplangeneration lassen bereits die unterschiedlichen Bezeichnungen wie Rahmenpläne (Mecklenburg-Vorpommern, Berlin, Brandenburg, Hamburg), Rahmenrichtlinien (Sachsen-Anhalt), Kernlehrpläne (Nordrhein-Westfalen) oder Kerncurriculum (Hessen) deutlich werden, dass kompetenzorientierte Lehrpläne auf umfassende Inhaltskataloge und didaktisch-methodische Regelungen verzichten und nur noch einen Rahmen für Unterricht und Schule setzen wollen, der vor allem beschreibt, welche Fähigkeiten in der Schullaufbahn zu erwerben sind.[14] Vieles hängt deshalb in diesen Bundesländern davon ab, ob mit der inhaltlichen und methodischen Konkretion durch das schulinterne Curriculum ein Bezug zur Regional- und Landesgeschichte hergestellt wird. Das jedoch dürfte vor allem dann erleichtert werden, wenn auch entsprechende Unterrichtsmaterialien mit Quellen und Aufgabenstellungen angeboten werden. So hat etwa die Hansestadt Hamburg ein 2017 online gestelltes Geschichtsbuch entwickelt, das Unterrichtsangebote für die Stadtstaatgeschichte unterstützt und abgesehen davon allen Geschichtsinteressierten offensteht.[15]

Mit Bayern, Sachsen, Rheinland-Pfalz, dem Saarland und Schleswig-Holstein gibt es eine weitere Gruppe von Bundesländern, die sich im Sinne der Kompetenzorientierung nicht nur auf grundlegende Denkoperationen, Methoden und Begriffsvorstellungen beschränken, sondern nach wie vor auch den dafür notwendigen Input an Lernwegen und Themen regeln. Das Beispiel des neuen Geschichtslehrplans für die Realschule in Bayern, der ab dem Schuljahr 2018/19 schrittweise eingeführt wurde,

---

11 Für die 1990er Jahre wurde eine entsprechende Lehrplananalyse erhoben durch Horst KUSS: Landesgeschichte oder Regionalgeschichte. Über den praktischen Zusammenhang von geschichtswissenschaftlicher Theorie, geschichtsdidaktischer Konzeption und praktischer Anwendung im Unterricht, in: GWU 7–8/51 (2000), S. 388–405, hier S. 395–403.

12 Exemplarisch dafür Rahmenplan Geschichte / Politik. Haupt- und Realschule. Sekundarstufe I. Hamburg, hg. von Freie Hansestadt Hamburg. Behörde für Bildung und Sport und der nachfolgende Bildungsplan für die Stadtteilschule. Bildungsplan Stadtteilschule Jahrgangsstufen 5 bis 11. Lernbereich Gesellschaftswissenschaften, hg. von Freie Hansestadt Hamburg. Behörde für Bildung und Sport, Hamburg 2014.

13 Lehrplan für den Erwerb des Hauptschul- und des Realschulabschlusses. Geschichte, hg. vom Thüringer Ministerium für Bildung, Wissenschaft und Kultur, o. O. 2012, S. 6.

14 Besonders konsequent, auch für diese neue Lehrplanentwicklung, formuliert es das hessische Kerncurriculum: Dieter HÖFER u. a.: Bildungsstandards und Inhaltsfelder. Das neue Kerncurriculum für Hessen. Eine Darstellung für Lehrerinnen und Lehrer an hessischen Schulen, Wiesbaden 2010, S. 9.

15 Digitales Hamburg-Geschichtsbuch, hg. von Behörde für Schule und Berufsbildung, URL: https://geschichtsbuch.hamburg.de (zuletzt aufgerufen am 27.11.2019). Für Bayern die Publikation: Geschichte ist überall. Geschichtsunterricht und außerschulische Geschichtskultur. Überblick, Impulse, Materialien. Handreichung Gymnasium, hg. vom Staatsinstitut für Schulqualität und Bildungsforschung München u. a. 2012.

zeigt dabei, dass landesgeschichtliche Themen (u. a. Reformen in Bayern unter Montgelas, Reichsgründung 1871 u. a. aus bayerischer Sicht, Ursachen und Auswirkungen der Industrialisierung am Beispiel Bayerns, Ausprägung des Nationalsozialismus in Bayern) wesentlich verbindlicher formuliert sind als regionalgeschichtliche Zugänge (Spuren des Mittelalters in einem heutigen Stadtbild).[16]

Nimmt man insgesamt die Curricula der 16 Bundesländern, fallen also die erheblichen Unterschiede bei landes- und regionalgeschichtlichen Themensetzungen auf.

Teilweise trifft dies sogar auf Schularten und Schulstufen innerhalb der Bundesländer zu. So werden in den Rahmenlehrplänen von Berlin und Brandenburg lokal- und regionalgeschichtliche Inhalte für die Sekundarstufe I konkretisiert. Für die Sekundarstufe II wird dagegen allgemein auf außerschulische Lernorte in Berlin und Brandenburg abgehoben, wobei unklar bleibt, warum nur das Charlottenburger Schloss als ein Exkursionsziel explizit genannt wird.[17] In den Thüringer Vorgaben findet sich inhaltlich Konkretes vor allem für die Sekundarstufe II. So sollen Abiturient/innen „die Preußischen Reformen mit den Reformen im Rheinbund am Beispiel eines Thüringischen Staates vergleichen"[18]. In der Sekundarstufe I wird die Thematisierung von „Mythen und Legenden mit regionalem Bezug (Bonifatius, Heilige Elisabeth, Barbarossa)" [19] dagegen im sogenannten Wahlobligatorischen Bereich verankert. In Sachsen-Anhalt hat der Lehrplan ab der Sekundarstufe II keinen Bezug zur Regionalgeschichte.[20] Bayern wiederum macht landes- und regionalgeschichtliche Unterrichtsvorhaben für alle Schuljahre und Schularten gleichermaßen verbindlich und flankiert dies durch Fortbildungsveranstaltungen, Materialsammlungen und einen landeseigenen Geschichtswettbewerb.[21] Die vielen Varianten ließen sich fortsetzen, lassen aber auch dann keine Struktur erkennen, sodass mit Nordrhein-Westfalen nur noch das Bundesland angeführt werden soll, in dem regionalgeschichtliche Zugänge erst seit diesem Jahr eine überhaupt nennenswerte Beachtung gefunden haben.[22] Der Zusammenhang mit der Wiedereinführung der längeren, neunjährigen gymnasialen Schulzeit (G9 statt G8) legt nahe, dass eine Berücksichtigung von Landes- bzw. Regionalgeschichte immer

---

16 LehrplanPlus. Geschichte. Realschule Bayern, hg. vom Staatsinstitut für Schulqualität und Bildungsforschung München, o. O. 2018/19.

17 Rahmenlehrplan für die gymnasiale Oberstufe. Geschichte, hg. von Senatsverwaltung für Bildung, Jugend und Sport Berlin, o. O. 2006/7, S. 23.

18 Weiterentwickelter Lehrplan für den Erwerb der allgemeinen Hochschulreife im Fach Geschichte. Thüringen, hg. vom Thüringer Ministerium für Bildung, Wissenschaft und Kultur, o. O. 2016, S. 37, 40f.

19 Lehrplan Geschichte. Regelschule. Thüringen, hg. vom Thüringer Ministerium für Bildung, Wissenschaft und Kultur, o. O. 2012, S. 21. In der Sek I des Gymnasiums soll an der Barbarossalegende die Funktion eines Herrschermythos erklärt werden, Lehrplan (wie Anm. 18), S. 24.

20 Fachlehrplan Gymnasium. Geschichte, hg. von Sachsen-Anhalt Ministerium für Bildung, o. O. 2019, S. 40–50.

21 Geschichte ist überall (wie Anm. 15).

22 Kernlehrplan für die Sekundarstufe I. Gymnasium in Nordrhein-Westfalen. Geschichte, hg. vom Ministerium für Schule und Weiterbildung des Landes Nordrhein-Westfalen (Heft 3407), 2019.

auch von der Unterrichtszeit abhängt, die dem Fach Geschichte insgesamt zur Verfügung steht.[23]

Länderübergreifende Tendenzen sind indessen bei den fachspezifischen Darstellungsverfahren und Methoden in den Schulstufen auszumachen, wobei folgende Orientierungen für die Grundschule und für die Sekundarstufen I und II maßgebend sind:

Im Sach- und Anfangsunterricht bahnen lokal- und regionalgeschichtliche Zugänge erste Begegnungen mit dem Unterrichtsfach Geschichte an. Grundschüler/innen soll der Einbezug ihrer Erfahrungs- und Lebenswelt den Übergang von einem fiktiv-imaginären zu einem zunehmend kognitiven Weltzugang (Wirklichkeitsbewusstsein) erleichtern. Erkundungen der Stadtteil- und Schulgeschichte führen dabei in den Umgang mit Zeit und Wandel (Zeit- und Historizitätsbewusstsein) ein.[24] Da originale Quellen verfügbar sind, können bereits ab der ersten Klasse einfache Techniken historischer Spurensuche wirksam vermittelt werden. Während der ersten Einführung in das Fach Geschichte erfahren die Schüler/innen an gegenständlichen Quellen und ihrer notwendigen Kontextualisierung, wie Aussagen über Vergangenheit gewonnen werden. Lokal- und regionalgeschichtlichem Lernen in den unteren Klassenstufen kommt damit die Aufgabe zu, die Schüler/innen ihrem Alter angemessen mit Prinzipien, Möglichkeiten und Grenzen historischer Erkenntnis vertraut zu machen.

Dieser methodisch anspruchsvolle Zugang wird dann jedoch in der Sekundarstufe I nicht mehr konsequent weiterverfolgt und ausgebaut. Sobald ab Klasse 5 und 6 die Lehrpläne überwiegend chronologisch aufgebaut sind, das heißt mit der Steinzeit beginnen und bei der Zeitgeschichte aufhören, wird Lokal- und Regionalgeschichte vorzugsweise als Vertiefung und Erweiterung historischen Wissens verstanden. Die hessischen Lehrpläne heben zwar deutlicher als andere auf eine Methodenschulung ab, lassen aber offen, welche historischen Fragen für regionalgeschichtliche Betrachtungsweisen besonders prädestiniert sein könnten. In den Inhalten ausweichender Allgemeinheit gilt Alltags- und Regionalgeschichte stattdessen als Schlüssel, die Motivation der Schüler/innen für das Fach Geschichte zu heben: „Die Einbeziehung von Alltags- und Regionalgeschichte, wo immer sie möglich und sinnvoll ist, erleichtert den Lernenden den komplexen Verstehensakt und fördert in der Regel im Sinne entdeckenden Lernens die Motivation zur Beschäftigung mit geschichtlichen Inhalten."[25]

Andere Lehrpläne halten zur lokalen Veranschaulichung frühneuzeitlicher Herrschaftsformen oder der Entwicklungen während der Industrialisierung an. Die Verfol-

---

23 Die alten Lehrpläne setzten auf den „Reiz der räumlichen Weite". Lediglich für die Industrielle Revolution fand sich der Hinweis auf ein regionales Beispiel, an dem die Auswirkungen der technischen Neuerungen auf die Arbeitswelt erklärt werden sollten. Kernlehrplan für das Gymnasium – Sekundarstufe I (G8) in Nordrhein-Westfalen. Geschichte, hg. vom Ministerium für Schule und Weiterbildung des Landes Nordrhein-Westfalen, o. O. 2007, S. 23, 30.

24 Für die länderübergreifend erarbeiteten Lehrpläne (Berlin, Brandenburg, Bremen, Mecklenburg-Vorpommern) siehe exemplarisch Rahmenplan Grundschule Sachunterricht, hg. vom Ministerium für Bildung, Jugend und Sport des Landes Brandenburg, o. O. o. J., S. 30, 36.

25 Lehrplan Geschichte. Bildungsgang Hauptschule, hg. von Hessisches Kultusministerium, o. O. o. J., S. 4.

gung und Vernichtung der Juden oder das Kriegsende 1945 sind oft an regionalen Beispielen zu veranschaulichen. So sollen „die Schülerinnen und Schüler zum einen mit der geschichtlichen Entwicklung des Landes vertraut" werden und „zum anderen ein konkretes und anschauliches Bild von den allgemeinen historischen Prozessen"[26] erhalten. Für die Unterrichtsgestaltung wird dabei oft eine Orientierung auf regionalgeschichtliche Inhalte verlangt, „die exemplarische Bedeutung im Sinne von Verallgemeinerung und Lebensweltorientierung besitzen"[27]. Bernd Schönemann hat angesichts dieser auf das exemplarische Lernen eingeschränkten Perspektive bereits vor zehn Jahren von einer „Modernitätsunterbietung"[28] gesprochen, mit der regionalgeschichtliche Themen ausschließlich im Modus des Herunterbrechens bzw. Abbildens historischer Ereignisse, Prozesse und Strukturen gewonnen werden, die in größeren historischen Räumen anzusiedeln sind.

Da historische Wahrnehmungsprozesse individuell ablaufen, wie gleich noch zu erläutern sein wird, erscheint es davon abgesehen fraglich, ob der Landschaft, der Region, der Stadt, dem Stadtteil und dem Dorf als „Nahräumen" umstandslos „didaktische Vorzüge der Überschaubarkeit, Konkretheit, Authentizität und Detailtreue"[29] unterstellt werden können.

Andere Darstellungsperspektiven als die prototypische lassen sich, wenn auch seltener, aber durchaus finden.[30] So wird Landesgeschichte in bayerischen Lehrplänen öfter zum Ausgangs- und Kontrapunkt erhoben („Reformen in Bayern unter Montgelas", „Reichsgründung 1871, u. a. aus bayerischer Sicht").[31] Lehrplanautor/innen in Sachsen-Anhalt betonen mit der Reformation und dem aufgeklärten Absolutismus „historische Sachverhalte", die vom „Territorium des heutigen Bundeslandes ausgingen und nationale bzw. internationale Bedeutung hatten".[32] Dagegen folgt das neue niedersächsische Modulkonzept der Sekundarstufe II (ab 2018) nicht mehr dem Ansatz des vormaligen Lehrplans (2011), mit dem „über die Jahre hinweg, flexibel aktuelle Diskussionen, lokale, regionale und überregionale Besonderheiten" in den Unterricht eingebunden werden konnten, um „somit den Rahmenthemen immer wieder neue Perspektiven abzugewinnen"[33].

26 Lehrplan für die Sekundarstufe I der weiterführenden allgemeinbildenden Schulen. Hauptschule, Realschule, Gymnasium. Geschichte, hg. vom Ministerium für Bildung, Wissenschaft, Forschung und Kultur des Landes Schleswig-Holstein, o. O. o. J., S. 20.

27 Lehrplan Oberschule. Sachsen (wie Anm. 7), S. 3.

28 Bernd SCHÖNEMANN: Regionalgeschichtlich akzentuiertes Lernen. Eine Bestandsaufnahme in systematisierender Absicht, in: Blätter für deutsche Landesgeschichte (2008), S. 1–11, hier S. 8.

29 Lehrplan Sekundarstufe I Schleswig-Holstein (wie Anm. 26), S. 20.

30 Unterscheiden lassen sich repräsentative und enttypisierende Fallbeispiele, globale Verflechtungsgeschichten von Orten und Regionen und das Lokale als Ausgangspunkt und Einflussfaktor historischer Entwicklungen. Zu diesen Darstellungsperspektiven Anke JOHN: Lokal- und Regionalgeschichte (Methoden historischen Lernens), Frankfurt a. Main 2017, S. 105–123.

31 LehrplanPlus Bayern (wie Anm. 5) Jgst. 8.

32 Fachlehrplan Sekundarschule (wie Anm. 9), S. 8.

33 Kerncurriculum für das Gymnasium – gymnasiale Oberstufe, die Gesamtschule – gymnasiale Oberstufe, das berufliche Gymnasium, das Abendgymnasium, das Kolleg. Geschichte, hg.

Für die bayerische Oberstufe ist Regional- und Landesgeschichte „im Sinne eines wissenschaftspropädeutischen Zugriffs sowie einer vertieften historischen Bildung“[34] vorgesehen. Vertiefung ist in diesem Sinne als ein mehrperspektivisches, methodenorientiertes Arbeiten an exemplarischen Themenbereichen und als Breite und Vielfalt geschichtswissenschaftlicher Zugänge zu verstehen. Im Raumverständnis bleibt der Lehrplan jedoch eher traditionell und „geht vom ‚Nahen' zum ‚Fernen'“[35]. Zunächst stehen Land und Region im Mittelpunkt des Unterrichts, danach Deutschland, Europa und zuletzt die außereuropäische und internationale Geschichte. Im landesgeschichtlichen Zuschnitt dominieren sozial- und wirtschaftsgeschichtliche Ansätze, verknüpft mit anspruchsvollen anthropologischen und kulturgeschichtlichen Fragestellungen. Unter der Leitfrage, „wie es den Menschen in vergangenen Jahrhunderten gelungen ist (...) die Herausforderungen des Lebens zu meistern“[36], sollen mit der Stände- und Industriegesellschaft dabei zwei repräsentative Zeiträume abgedeckt werden und aus der Perspektive einer Geschichte „von unten“ Kontinuität und Wandel der Alltagskultur in Altbayern, Franken und Schwaben herausgearbeitet werden. Unter den gegenwärtigen Bedingungen einer zentralisierten Prüfungspraxis, die allzu oft weniger an gemeinsamen Bildungsstandards im Fach Geschichte als an gemeinsamen Themen orientiert ist, wird Regionalgeschichte allerdings dafür ausgewählt, „die Lebensverhältnisse der einzelnen Epochen modellhaft zu entwickeln und allgemeine Merkmale, weniger lokale und regionale Sonderwege in den Blick zu nehmen“[37].

Nimmt man all dies zusammen, dann wirken Prüfungsformen und Lehrplaninnovationen ausgesprochen unterschiedlich. Auch im neuen Lernbereich Geschichtskultur und bei den noch nicht lange aufgenommenen Längsschnittthemen des Geschichtsunterrichts machen sich sowohl einschränkende als auch erweiternde Effekte für lokal- und regionalgeschichtliche Zugänge bemerkbar. So können Geschichtsinszenierungen beispielsweise in Bezug auf das Reformationsgedenken in Sachsen-Anhalt bewertet werden. Lernende sollen hier auf „der Grundlage einer Internetrecherche die Marketingkampagne Magdeburgs als ‚Ottostadt' beschreiben und die Eignung von Otto dem Großen als Werbeträger einschätzen“[38]. In Brandenburg kann im diachronen Darstellungsverfahren eine allgemeine Geschichte der Urbanisierung auch mit exemplarischem Bezug zu Städten in der Region, etwa zu Brandenburg-Preußen behandelt werden.[39] Im Zuge der Lehrplan- und Unterrichtsentwicklung wird der lokal- und regionalgeschichtliche Zugang so zwar immer wieder gewinnbringend aufgegrif-

---

von Niedersächsisches Kultusministerium, 2011, S. 14. Der neue Lehrplan tritt 2019/20 in Kraft.

34 Gymnasium. Lehrplan Geschichte. Jahrgangsstufen 11/12, hg. vom Staatsinstitut für Schulqualität und Bildungsforschung München, o. O. 2004/2012, Leitidee 11.1.

35 Ebd.

36 Ebd.

37 Ebd.

38 Fachlehrplan Sekundarschule (wie Anm. 9), S. 14.

39 Rahmenlehrplan Sekundarstufe I (wie Anm. 10), S. 30. Auch das Längsschnittthema Migrationen weist u. a. aus: die „frühneuzeitliche (Zwangs-)Migration (z. B. Hugenotten, Böhmen, Türken, Afrikaner) nach Berlin und Brandenburg“, ebd. S. 29.

fen, jedoch zeigt sich auch, dass Lokal- und Regionalgeschichte nicht automatisch neu verankert wird und in neuen Lernbereichen auch vollkommen außen vor bleiben kann.

Interesse und historische Wahrnehmung des umgebenden Raumes

Ob Kinder, Jugendliche und Erwachsene ihren Wohnort, die Region oder das Bundesland überhaupt historisch wahrnehmen und welches Interesse sie an der Geschichte dieser Räume haben, ist in weiten Teilen unbekannt. Es wird zwar davon ausgegangen, dass Räume als subjektive Konstruktionen und erfahrbare Lebenswelten historische Identität und Geschichtsbewusstsein stiften, der Vergangenheitsbezug von Raumkonstruktionen ist dabei jedoch alles andere als eindeutig und selbstverständlich, wie die Befunde empirischer Studien zeigen. Beachtenswert sind etwa die Ergebnisse einer Langzeitstudie zur politischen Kultur im Freistaat Thüringen, die 2018 das Thema Heimat zum Schwerpunkt der Befragung von Erwachsenen erhob (Thüringen-Monitor). Außerdem können zwei geschichtsdidaktische Untersuchungen herangezogen werden: Die eine bezieht sich auf die historische Wahrnehmung der Umgebung durch Kinder im Alter von 12 Jahren, eine andere widmet sich den Lehrkräften, die im Geschichtswettbewerb des Bundespräsidenten über lokalgeschichtliche Projekte forschend-entdeckendes Lernen anleiten und die nach den Motiven ihres extracurricularen Engagements befragt wurden.

Mit dem Thüringen-Monitor sind anhaltend starke – dabei sozialintegrativ oder exkludierend wirkende – Gefühle der Verbundenheit mit einem Bundesland nachgewiesen.[40] In den Antwortmustern wird erkennbar, dass Bindungen an Thüringen auch historisch begründet und reflektiert werden. Einerseits wird Heimat dabei überwiegend negativ konnotiert, sobald „eine lange Geschichte missbräuchlicher ideologischer Verwendung des Worts aufgerufen“[41] wird. Andererseits erweist sich der Heimatbezug bei der Mehrheit der befragten Erwachsenen als „eine fast durchweg positiv bewertete Grundtatsache des Lebens, vor allem *ihres* Zusammenlebens mit anderen“[42], wobei vorrangig soziale Bezüge wie Familie und Freunde als Ankerpunkte in den Antworten hervortreten und zeitlich gesehen – bei einem Fünftel der Befragten – biographisch zurückliegende Kindheits- und Jugenderinnerungen assoziiert werden.[43] Die Ausprägung eines Regional- und Heimatbewusstseins unterhalb der Landesebene (Südthüringen mit der Rhön und dem Thüringer Wald, Nordthüringen mit dem Südharz und dem Eichsfeld, Ostthüringen mit dem Vogtland und dem Altenburger Land) verweist auf historisch gewachsene territoriale Sonderlagen und Traditionen, die kol-

---

40 Eine Mehrheit von 46 Prozent der Befragten fühlt sich in erster Linie als Thüringer/innen. Dieser hohe Wert hat sich in den vergangenen 20 Jahren kaum verändert. Marion REISER u. a.: Heimat Thüringen. Ergebnisse des Thüringen-Monitors, Jena 2018, S. 42f.

41 Ebd. S. 38.

42 Ebd.

43 Ebd. S. 40.

lektive regionale Identitäten wahrscheinlich begünstigen.[44] Zugehörigkeit und Vertrautheit sind zudem an einen lebenszeitlichen Rahmen gebunden. So ist nur für eine verschwindend kleine Minderheit von vier Prozent der insgesamt befragten Erwachsenen Heimat eher unwichtig. In der Kohorte der 18- bis 24-Jährigen liegt der Anteil von 20 Prozent der wenig Heimatverbundenen allerdings weit über diesem Durchschnitt.[45] Distanziertheit zur „Heimat" wäre damit biographisch vor allem unter denjenigen zu erwarten, die noch nahe an der Schulzeit sind. Die bislang gängigen didaktischen und pädagogischen Konzepte berücksichtigen diese Bandbreite an möglichen Einstellungen allerdings nicht.[46]

Seit es Geschichtsunterricht als Schulfach gibt, wird Heimat und daran anschließend die historische Umgebung für den Zugang Heranwachsender zur Geschichte aufgewertet. „Lebendige Lokalgeschichte" bzw. „Lebendige Regionalgeschichte" sind wenig hinterfragte Fahnenworte. Kaum jemand käme dagegen auf die Idee, von einer lebendigen Nationalgeschichte, lebendiger osteuropäischer Geschichte oder lebendiger Weltgeschichte zu sprechen. Das tragende Argument vom anschaulich Nahen ruht hier ungebrochen auf der pädagogischen Elementarlehre aus dem frühen 19. Jahrhundert, mit der Johann Heinrich Pestalozzi empfahl, vom Bekannten zum Unbekannten, vom Besonderen zum Allgemeinen, vom Konkreten zum Abstrakten vorzudringen. Die daran anschließenden didaktischen Aufwertungen der Heimatgeschichte gingen und gehen immer noch wie selbstverständlich davon aus, dass vorhandene geschichtliche Spuren durch die Lernenden in ihrem persönlichen Umfeld wahrgenommen werden.[47] Dabei sind die hohen Erwartungen an eine vermeintlich affizierende Heimatgeschichte schon im 19. Jahrhundert von Pädagogen relativiert worden. Eine eher skeptische Sichtweise vertrat beispielsweise Gustav Rusch, dem wir eine der ersten empirischen Stichproben zu den Bedingungen und Ergebnissen von Geschichtsunterricht verdanken. Rusch kam 1893 zu dem Befund, dass ein „Verständnis und Interesse für die geschichtlichen Erscheinungen der Gegenwart" bei Schüler/innen nicht ohne Weiteres vorausgesetzt werden kann[48] und hat das an der Wiener Befestigungsanlage – dem Linienwall – erläutert.

Dass Wiener Kinder den Linienwall, wie von Rusch behauptet, „oft gesehen" und erklommen haben, dokumentieren Fotografien aus dieser Zeit. Sie zeigen, wie Kinder

---

44 Ebd. S. 46–48.

45 Ebd. S. 39.

46 Im Gegensatz dazu JOHN: Lokal- und Regionalgeschichte (wie Anm. 30), S. 46–53 und Ivonne DRIESNER: „Es gibt hier momentan soviel Mittelalter ..." – Wahrnehmung und Deutung der historischen Umgebung durch Schülerinnen und Schüler im Alter von zwölf Jahren. Eine empirische Studie (Diss. unveröffentlicht), Jena 2019.

47 Gegen die naive Auffassung anschaulichen Geschichtsunterrichts bereits Hans Georg KIRCHHOFF: Heimatgeschichte. Ein Plädoyer, in: DERS. (Hg.): Weiterführender Geschichtsunterricht. Beiträge zu einer neuen Geschichtsdidaktik, Ratingen 1971, S. 103.

48 Gustav RUSCH: Zur Verbesserung des elementaren Geschichtsunterrichts. Gesammelte Aufsätze über Geschichte und Bürgerlehre. Mit einem Anhang über die Ergebnisse des geographischen und geschichtlichen Unterrichts, Wien 1893, S. 133.

auf dem Wall herumkletterten, ihn flinken Fußes überwanden und im Wassergraben badeten.

Mit einer stattlichen Länge von 13,5 Kilometern und einer durchschnittlichen Höhe von 3,5 Metern war die 1704 errichtete Fortifikationsanlage also kaum zu übersehen.

Zudem trennte der Linienwall in seiner fiskalischen Funktion als Steuergrenze die Stadt Wien in wohlhabende und ärmere Viertel.[49] Dennoch lösten die diskutierten Pläne des Abrisses bzw. der Schleifung des Linienwalls bei nur sehr wenigen eine Neugier an seiner Geschichte aus. Rusch stellte fest, dass 91 Prozent seiner Schüler/innen nicht nach dem Ursprung der einstigen Verteidigungsanlage fragten. Ganz im Gegenteil, es habe ihnen „keine unruhige Stunde bereitet", wenn sie weder Entstehungszeit noch Veranlassung des Wiener Linienwalls kannten.[50]

Angesichts der seither fortgeschrittenen Mobilität und mit den Auswirkungen der Digitalisierung und Globalisierung hat sich die Bedeutung des Nahraumes für den Einzelnen zu Beginn des 21. Jahrhunderts noch einmal deutlich relativiert. Soziologen haben mit dem Blick auf die „gelebten Geografien" bereits von einer „Verarmung der Nahumwelt"[51] gesprochen. Mit der pädagogischen Sozialisationsforschung ist davon auszugehen, dass Heranwachsende sich heute mehr an Orten aufhalten, die vor allem im urbanen Bereich extra für sie gemacht sind. Diese funktionale Raumorganisation hat die sogenannte „Straßensozialisation" zurückgedrängt,[52] wie sie bei Gustav Ruschs Beschreibung des Wiener Linienwalls als noch unspezifischer Freizeit- und Spielort fassbar wird.

Von der veränderlichen Raumaneignung und dem ihr zugrundeliegenden Verhaltensrepertoire her ergibt sich so ein interessantes geschichtsdidaktisches Forschungsfeld. Eine Pionierleistung stellt in dieser Hinsicht die Untersuchung von Ivonne Driesner dar. Die Geschichtsdidaktikerin hat das raum-zeitliche Denken zwölfjähriger Kinder in einer Stadt-Land-Region in Vorpommern untersucht und ist dabei zu folgenden Befunden gekommen, die sicher noch weitere Erhebungen in anderen Regionen erfordern, um allgemeine Aussagen treffen zu können.[53]

---

49 Zum historischen Kontext und zum Fotografen, der den Zustand vor dem Abbruch festhielt Michael PONSTINGL: Leben und Treiben des Ferdinand Ritter von Staudenheim im Sommer 1894. Eine fotografische Inspektion auf den Wiener Linienwällen, in: Werner Michael SCHWARZ u. a. (Hgg.): Ganz unten. Die Entdeckung des Elends. Ausstellungskatalog Wien Museum, Wien u. a. 2007, S. 91–97.

50 RUSCH: Verbesserung des elementaren Geschichtsunterrichts (wie Anm. 48), S. 133.

51 In der Praxis verwenden Soziologen den Begriff Nahraum sowohl aus der Perspektive des sozialen Lebens als auch für ein an den Wohnort gebundenes Gebiet: Eva LINGG, Steve STIEHLER: Nahraum, in: Christian REUTLINGER (Hg.): Raumwissenschaftliche Basics. Eine Einführung in die soziale Arbeit, Wiesbaden 2011, S. 169–179, hier S. 170.

52 Als früher Befund bei Hartmut ZEIHER, Helga ZEIHER: Orte und Zeiten der Kinder. Soziales Leben im Alltag von Großstadtkindern (Kindheiten, Bd. 3), Weinheim, München 1994, S. 131. Ein Überblick mit einer Zusammenfassung weiterer Studien bei Martina LÖW: Einführung in die Soziologie der Bildung und Erziehung, Opladen 2013, S. 126.

53 DRIESNER: Wahrnehmung und Deutung (wie Anm. 46).

Erstens ergab die Studie Driesners „keine Hinweise auf eine explizit historische Konzeptualisierung des Begriffs Region“[54]. Unter Region verstehen Schüler/innen im Alter von zwölf Jahren offensichtlich vieles, wie etwa die Urlaubsregion, den Regionalexpress oder einen Begriff aus dem Fach Geografie. Jedoch scheint Region – im Gegensatz zu Heimat – kein Raum zu sein, der für Zwölfjährige bereits geschichtlich konstituiert ist. Dass ihnen historische Traditionen von Land und Region weitgehend unbekannt sind, zeigen insbesondere die Erklärungen für den Namen Vorpommern: „Pommern war eine große Stadt ja und keine Ahnung.“[55]

Zweitens ist der Befund interessant, dass vor allem Städte, jedoch weniger das Umland als historisch wahrgenommen werden. Dies gilt unabhängig davon, ob der eigene Wohnort in der Stadt selbst oder im Landkreis liegt. Ivonne Driesner sieht darin die Annahme Dietmar von Reekens und Malte Thießens bestätigt, dass die Überreste der Vergangenheit im Lokalen eine eindrücklichere Materialität und Präsenz erhalten als in der Fläche. Die größere Bedeutsamkeit des Urbanen in der historischen Wahrnehmung wird mit der normativen Kraft traditionell verankerter Raumstrukturen begründet, wobei Städte für leichter abgrenzbar gehalten werden.[56] Dazu konträr liegen allerdings die Befunde des Thüringen-Monitors (2018), die vor allem in peripheren Gebieten Thüringens – und nicht auf der Städteachse Erfurt-Weimar-Jena – ein besonders ausgeprägtes, historisch bedingtes Regionalbewusstsein nachgewiesen haben.[57]

Drittens wird empirisch fassbar, wie sehr die Wahrnehmung junger Schüler/innen durch die spezifische Historizität der Umgebung geprägt ist und dass diese Spezifik auch eine Orientierungsfunktion für andere, fremde Räume übernimmt. Wer im Alter von zwölf Jahren die mittelalterliche Backsteingotik des Ostseeraumes zum wesentlichen Maßstab für Geschichtlichkeit nimmt, für den erschließt sich Berlin nicht ohne Weiteres als historische Stadt, wie durch mehr als diese eine Interviewpassage belegt wurde: „Das ist ganz anders, als wenn man jetzt nach Berlin kommt oder so, und da dann plötzlich nicht mehr diese alten Häuser sind.“[58]

Viertens lassen sich daran anschließend bei Zwölfjährigen bestimmte Merkmale wahrgenommener Historizität unterscheiden. Dazu gehören ein differentes Erscheinungsbild (u. a. Zerstörung, Verfall, Größe), bestimmte Bauweisen (Rundbögen der Kirchen, Backsteinziegel) und menschliche Hinweise (Informationstafeln, Jahreszahlen an Bauten), wobei die in der Geschichtskultur akzentuierten Phänomene besondere Beachtung finden.[59]

Fünftens wird die historische Wahrnehmung der Umgebung von bestimmten Praktiken der Aneignung und Vermittlung arrangiert und geleitet. Die Eindrücke, die Schü-

---

54 Ebd. S. 177.

55 Ebd. S. 183–186, zit. S. 186.

56 Ebd. S. 185. Bezugnehmend auf Dietmar VON REEKEN, Malte THIESSEN: Regionale oder lokale Geschichtskulturen? Reichweite und Grenzen von Erinnerungsräumen, in: Janina FUGE, Rainer HERING, Harald SCHMID (Hgg.): Gedächtnisräume, Geschichtsbilder und Erinnerungskulturen in Norddeutschland, Göttingen 2014, S. 71–93.

57 REISER u. a.: Ergebnisse des Thüringen-Monitors (wie Anm. 40), S. 46.

58 Zit. nach ebd. S. 188.

59 Ebd. S. 201.

ler/innen mit bestimmten Phänomenen der Geschichte verbinden, sind demnach vielfältig: Spaß wird aber offenbar eher mit Museen und deren pädagogischen Angeboten assoziiert, ästhetischer Genuss und Entspannung mit historischen Orten.[60]

Sechstens führt die historische Wahrnehmung der Umgebung nicht automatisch dazu, dass sich ihre Geschichte dem Einzelnen auch erschließt. Dieser Befund dürfte zwar wenig überraschend sein, empirisch interessant sind jedoch die Verarbeitungstiefen, die sich aus dem Datenmaterial der Schüler/innenaussagen ergeben. Im Anschluss an Jörn Rüsens modellhafte Graduierung von Geschichtsbewusstsein lassen sich so empirisch fundierte Niveaustufen historischer Raumkonzepte entwickeln.[61] Allerdings muss hier auch die Frage gestattet sein, ob eine eher schlichte Verknüpfung von Vergangenheit und Gegenwart, wie sie sich in der Kontrastierung des heutigen „bequemen Stadtspaziergangs" mit früheren Angriffen auf die Stadtmauer zeigt,[62] vom Niveau her grundsätzlich höher zu veranschlagen ist als eine historische Erklärung der Umgebung, die vornehmlich an der Vergangenheit orientiert bleibt, dabei aber historische Kombinationsgabe und vertieftes Wissen offenbart.

Siebtens konnte empirisch keine Präferenz für die Geschichte der nahen historischen Umgebung im Gegensatz zum entfernten, überwiegend fremden Raum festgestellt werden. Interessant sind jedoch die „Profile der Wahl", die Ivonne Driesner in ihrer Untersuchung herausgearbeitet hat. Für die Begründung der Themenwahl, bei der sich die Lernenden zwischen der Geschichte der Hanse und der Geschichte der Ostindienkompanie entscheiden mussten, nutzten diese zwar ähnliche Begründungen, setzten diese aber gegensätzlich ein. Dass „die Umgebung bekannt / der fremde Raum unbekannt" ist, wird gleichermaßen als Argument für oder gegen die Beschäftigung mit der Geschichte der Hanse angeführt, wenn alternativ die Geschichte des außereuropäischen Handels in der Frühen Neuzeit zur Auswahl steht.[63] Dieser Befund relativiert die verbreitete Annahme, dass Kinder bis zur Pubertät kulturelle und räumliche Fremdheit besonders faszinierend finden. Wahrscheinlicher ist es, dass historische Interessen eng an Persönlichkeitsmerkmale gekoppelt sind.[64]

Für Geschichtslehrkräfte sind „Motivation / Begeisterung" sowie „neue Erfahrungen der Zusammenarbeit mit Schülerinnen und Schüler[n]" entscheidende Beweggründe, eine mit der oft selbst zu leistenden didaktischen Erschließung verbundene Mehrarbeit auf sich zu nehmen. Eine 2018 durchgeführte Befragung von Lehrkräften, die im Rahmen des Geschichtswettbewerbs des Bundespräsidenten lokal- und regio-

60 Ebd. S. 205.
61 Aufeinander aufbauende Stufen sind Wahrnehmen, Erfahren, Deuten, Orientieren, ebd. S. 208.
62 Wie im „Fall Anna", ebd. S. 214.
63 Ebd. S. 220.
64 Diese Interesse und Persönlichkeit zusammenführende Perspektive lässt sich mit der soziologischen SINUS-Jugendstudie von 2016 untersetzen, die Relationen zwischen Geschichtsverständnis und Jugendmilieus ermittelt hat. Marc CALMBACH u. a.: Wie ticken Jugendliche? Lebenswelten von Jugendlichen im Alter von 14 bis 17 Jahren in Deutschland, Wiesbaden 2016, S. 377–410. Open Access, URL: https://link.springer.com/book/10.1007%2F978-3-658-12533-2 (zuletzt aufgerufen am 27.11.2019).

nalgeschichtliche Projekte betreuen,[65] zeigt, dass sie positive Wirkungen vor allem bei sich selbst, für den eigenen Unterricht und für die teilnehmenden Schüler/innen sehen. Landeshistoriker/innen, denen der Transfer ihrer Forschungsergebnisse in den Geschichtsunterricht ein Anliegen ist, sollten daher mit Geschichtslehrer/innen immer auch das pädagogische Potenzial landesgeschichtlicher Themen ausloten, und nicht allein fachlich argumentieren, warum ihnen die schulische Erarbeitung und Vermittlung landes- und regionalgeschichtlicher Themen wichtig erscheint.

Die 2018 erstellte Studie über die Wirksamkeit des Geschichtswettbewerbs auf das Schulfach Geschichte hat noch einmal bestätigt, dass die Impulse von den insgesamt 392 befragten Tutor/innen als eher gering angesehen werden. Trotz dieser Bilanz, die – das sollte mit bedacht werden – besonders engagierte und anspruchsvolle Lehrkräfte ziehen, werden zwischen dem Geschichtswettbewerb und dem Geschichtsunterricht aber auch etliche Verbindungen erkennbar. Sie betreffen vor allem den Transfer historischer Methoden. Im Vergleich zur letzten Umfrage von 1997, als Oral History eine neue, vor allem im Geschichtswettbewerb statt im Schulfach zu erprobende Methode war, bieten Gespräche mit Zeitzeugen für Tutor/innen heute keinen so besonderen Anreiz mehr, mit Schüler/innen familiengeschichtlich sowie lokal- und regionalgeschichtlich zu forschen. Ebenso scheint die Arbeit mit Quellen im Abstand von zwanzig Jahren kein zentraler Schwachpunkt der Wettbewerbsbeiträge mehr zu sein. Fragen an die Geschichte und die Überlieferung zu formulieren und die Spuren historisch einzuordnen, das fällt Kindern und Jugendlichen am Anfang und am Ende des Interpretationsprozesses jedoch nach wie vor schwer. Hier trifft der Geschichtswettbewerb auf eine unterrichtliche Methodenschulung, die erfahrungsgemäß eng durch vorgegebene Frageraster geleitet ist und Quellen immer schon in einem Kontext präsentiert. Insofern wundert es nicht, dass nach dem Zugewinn an Motivation bei den Lernenden und kooperativen Lehr- und Lernerfahrungen, mit der Möglichkeit, regionalgeschichtlich zu arbeiten, ein dritter Hauptgrund für das Engagement im Geschichtswettbewerb genannt wird. Die besonderen fachlichen Lerneffekte lokal- und regionalgeschichtlicher Spurensuche werden durch eine Mehrheit der am Geschichtswettbewerb beteiligten Tutor/innen nach wie vor im selbstständigen Umgang mit historischen Quellen gesehen.

Singularität lokalgeschichtlicher Inhalte und allgemeine Bildungsstandards

Während der lokale Quellenzugang für themenoffene Geschichtswettbewerbe motivierend und erkenntnisfördernd wirkt, wird im Schulfach Geschichte die spezifische Historizität und Partikularität regional- und landesgeschichtlicher Inhalte zuneh-

---

65 Anke John: Der Geschichtswettbewerb im Tutorencheck, in: spurensuchen. Magazin für historisch-politische Bildung 32 (2018), S. 28f. Ein umfassender Überblick zur Umfrage und den Ergebnissen ist zu finden auf www.geschichtswettbewerb.de (zuletzt aufgerufen am 27.11.2019).

mend ausgeblendet. Das Untypische und Abweichende einer dezentralen Geschichte läuft dem aktuellen bildungspolitischen Trend der Zentralisierung von Prüfungen und einer standardisierten Leistungserwartung entgegen. Nicht wenige Lehrpläne verkürzen daher, wie bereits beschrieben, lokalgeschichtliche Zugänge auf die Veranschaulichung einer allgemeinen, maßstabsetzenden, überwiegend nationalen Geschichte und legen so deren methodische Bandbreite und andere Lerngelegenheiten für den Geschichtsunterricht brach. Zwar gibt es für die Entwicklung eines reflexiven und reflektierten Geschichtsbewusstseins mit dem Geschichtsdidaktiker Karl-Ernst Jeismann keine „heimatliche Keimzelle“ [66]. Jedoch lässt sich unter Bezugnahme auf einen kulturanthropologischen Ansatz in Anschlag bringen, dass in der Beschäftigung mit Lokal- und Regionalgeschichte historisches Denken in einer besonderen Art und Weise zum Tragen kommt und historische Denkleistungen geschult werden, die für die meisten „Laien“ während und auch nach der Schulzeit lebenspraktisch und relevant sind. Mit Christoph Antweiler erweist sich lokales Wissen ethnologisch als eine spezifische, besonders handlungsbezogene und alltagsorientierte Denkform, die weltweit in vielen Gesellschaften vorkommt, wenn man von den kulturspezifischen Inhalten absieht. Die nach Antweiler zu Tage tretenden Denkmuster lokalen Wissens sind von Ort zu Ort übertragbar und scheinen dementsprechend in ihrer Anwendbarkeit universal zu sein.[67] Drei Charakteristika lokalen historischen Wissens lassen sich aus den kulturanthropologischen Annahmen universaler Muster im Umgang mit Geschichte und Vergangenheit ableiten: der unmittelbare und dauerhafte Zugang zur Quellenüberlieferung, die mündliche face-to-face-Tradierung historischen Wissens und eine besonders selbstwirksame Partizipation an Geschichtskultur.[68]

Zum einen könnte die nach Antweiler überall zu findende empirische Basis der lokalen Beobachtungen (und der kleinen Versuche) auf die vor Ort jedermann zugängliche historische Überlieferung und Tradition bezogen werden. Dies ermöglicht elementare Einsichten in die Bedeutung von Quellen für den historischen Erkenntnis- und Interpretationsprozess.

Des Weiteren ist die Oralität lokalen Wissens in der mündlichen Tradierung von Geschichte im privaten Umfeld aufgehoben. Eine gute Vorbereitung darauf bieten in dieser Hinsicht selbst durchgeführte und methodisch reflektierte Zeitzeugen- und Expertengespräche.

Schließlich ist das von Antweiler hervorgehobene Gütekriterium des praktischen Nutzens und der Effizienz lokalen Wissens hervorzuheben, wenn man bedenkt, dass die öffentliche Wirksamkeit nichtakademischer und schulischer Geschichtsprojekte

66 Karl-Ernst JEISMANN: Landesgeschichte im Unterricht der Schulen. Didaktik zwischen Wissenschaft und Unterricht, in: Karl-Hermann BEECK (Hg.): Landesgeschichte im Unterricht (Schriftenreihe zur Geschichte und politischen Bildung, Bd. 11), Ratingen 1973, S. 14–28, hier S. 16.

67 Christoph ANTWEILER: Mensch und Weltkultur. Für einen realistischen Kosmopolitismus im Zeitalter der Globalisierung (Der Mensch im Netz der Kulturen. Humanismus in der Epoche der Globalisierung, Bd. 10), Bielefeld 2011, S. 30.

68 Ausführlich bei JOHN: Lokal- und Regionalgeschichte (wie Anm. 30), S. 74–104.

auf lokaler Ebene besonders groß ist und sich für den Einzelnen immer wieder Chancen einer direkten Einflussnahme auf die Geschichtskultur eröffnen.[69]

Die Region: eine unsichere Maßstabsgröße des Geschichtsunterrichts

Wird Geschichtsunterricht in diesem Sinne als eine Schule historischen Denkens begriffen, ist zu überlegen, ob der Ausgangs- und Schwerpunkt „lokal- und regionalgeschichtlichen Lernens“ nicht eher im Lokalen als in der Geschichte von Regionen liegt.

Der eingangs unternommene Vergleich der Lehrpläne für Geschichte hat zudem gezeigt, dass sich die Region curricular als eine ziemlich unsichere Maßstabsgröße darstellt. Nicht nur von Bundesland zu Bundesland, sondern oft auch zwischen den Schularten ein und desselben Landes ist ausgesprochen disparat festgelegt, was und wann regional- und landesgeschichtlich gelernt werden soll. Dort, wo in den Lehrplänen Landesgeschichte noch festgeschrieben ist, wird auf das historische Regionalbewusstsein der Landesteile zwar ausdrücklich Bezug genommen, deren Historie ist, ausgehend von den Landesgründungen, aber vor allem im regressiven Verfahren zu erarbeiten. Im Vergleich zu landesgeschichtlichen Themensetzungen ist der Zugang über die Region zudem relativ unverbindlich formuliert. Wie Regionalgeschichte wird aber auch die Landesgeschichte nicht selbstverständlich in neue Lernbereiche integriert, wie anhand der Längsschnitte oder dem Umgang mit Geschichtskultur als zwei tragenden Lehrplaninnovationen der vergangenen Jahre zu sehen ist.

Schließlich scheinen auch aus der Perspektive von Schüler/innen die Region und das Bundesland nicht per se eine Bezugsgröße ihres Geschichtsbewusstseins zu sein. Wenn sie es durch den Geschichtsunterricht werden sollen, erweisen sich „Motivation“ und „Anschaulichkeit“ allein als kaum noch überzeugende Lernbegründungen. Während etwa der Thüringen-Monitor bei Erwachsenen ein historisch verankertes Thüringen- und Regionalbewusstsein nachgewiesen hat, können Zwölfjährige in Mecklenburg-Vorpommern mit den historischen Traditionen der sie umgebenden Region oder des Landes relativ wenig anfangen. Nachweislich nehmen Kinder dieses Alters dort jedoch die Historizität der nahen Umgebung wahr, die eine historische Orientierungsfunktion für andere Geschichtsräume übernimmt. Das Transferproblem lokalen Wissens offenbart sich, wenn kulturspezifische Merkmale von Historizität, wie etwa die spätmittelalterliche Backsteinarchitektur, nicht auf andere Städte übertragbar sind. Auch in historischen Lehr- und Lernprozessen liegen dementsprechend die zu meisternden Herausforderungen in den lokalen Singularitäten und in den Übergängen zwischen dem Besonderen und dem Allgemeinen.

---

69 Siehe u. a. John F. LYONS: Integrating the Family and the Community into the History Classroom: An Oral History Project in Joliet, Illinois, in: The history teacher 4/40 (2007), S. 481–491 oder Jon HUNNER: Historic Environment Education. Using Nearby History in Classroom and Museums, in: The Public Historian 1/33 (2011), S. 33–43.

Landesgeschichte und Drittmittel

Arnd Reitemeier, Guido Lammers

1. Universitäten und Drittmittel

Heutige Universitäten sehen sich mit der Notwendigkeit konfrontiert, jenseits ihrer von den Ländern zur Verfügung gestellten Grundetats weitere Finanzquellen aufzutun, um die Kosten für Literatur, Sachmittel und befristet beschäftigtes Personal besonders im Bereich der studentischen MitarbeiterInnen zu decken. Diese „Mittel, die zur Förderung von Forschung und Entwicklung sowie des wissenschaftlichen Nachwuchses und der Lehre zusätzlich zum regulären Hochschulhaushalt (Grundausstattung) von öffentlichen oder privaten Stellen eingeworben werden", die zeitlich befristet sind und auf die kein Rechtsanspruch besteht, haben in den letzten beiden Jahrzehnten einen enormen Bedeutungszuwachs erfahren.[1] Der Umfang der sogenannten Drittmittel hat in den letzten 20 Jahren extrem zugenommen, denn während 1997 im Durchschnitt jede Professur 57.600 Euro einwarb, waren es 2017 im Durchschnitt pro Professor 266.200 Euro.[2] Hierbei stellt die Deutsche Forschungsgemeinschaft für die Geisteswissenschaften die mit Abstand größte Mittelgeberin dar, gefolgt von einzelnen Stiftungen wie die Volkswagenstiftung, auch die Gerda-Henkel-Stiftung oder die Fritz-Thyssen-Stiftung. Zugleich werden Drittmittel als „Anhaltspunkt für die wissenschaftliche Leistungsfähigkeit der Hochschulen" bewertet.[3]

Während die Universitäten seit Jahrzehnten über Defizite in der Grundfinanzierung klagen, fiel der Ausbau der Drittmittelfinanzierung mit der sogenannten Verschlankung der Landesverwaltungen und dem Rückzug der Länderregierungen aus dem Management der Hochschulen zusammen.[4] Ausgehend von einer Adaptierung marktwirtschaftlicher Kriterien sollten Gelder für Forschung wissenschaftsimmanent vergeben werden.[5] Für die Geisteswissenschaften erhielt im Ergebnis die Deutsche

---

1 Statistisches Bundesamt, Fachserie 11, Reihe 4.3.2, 2017, S. 411; siehe auch Wissenschaftsrat (Hrsg.), Drittmittel der Hochschulen, Fortschreibung 1970, 1980 und 1985 bis 1990, Drucksache 1069/93, Köln 1993, S. 7–10; zur Definition siehe Saskia Misera, Drittmittelforschung. Chancen, Risiken und Praxisprobleme, Diss. Jura Bonn 2010, S. 10–11.

2 1997: Statistisches Bundesamt, Regionale Wissenschafts- und Technologieindikatoren, 2006, Artikelnummer 5218201059004, S. Tabelle 5 S. 47; 2017: Statistisches Bundesamt, Pressemitteilung 345 vom 10.09.2019.

3 Wissenschaftsrat (Hrsg.), Drittmittel der Hochschulen, Fortschreibung 1970, 1980 und 1985 bis 1990, Drucksache 1069/93, Köln 1993, S. 4.

4 Sybille Hinz: Forschungsförderung in Deutschland, in: Dagmar Simon, Andreas Knie, Stefan Hornbostel (Hgg.), Handbuch Wissenschaftspolitik, Wiesbaden 2010, S. 162–175, hier S. 162.

5 Torben Schubert, Ulrich Schmoch: Finanzierung der Hochschulforschung, in: Dagmar Simon, Andreas Knie, Stefan Hornbostel (Hgg.), Handbuch Wissenschaftspolitik, Wies-

Forschungsgemeinschaft immer größere Etats zur Verfügung gestellt. Einzelne Bundesländer bauten in kleinerem Maß ähnliche Institutionen auf, um weitere Mittel jenseits der beispielsweise an die Deutsche Forschungsgemeinschaft fließenden Summen mit eigenen Förderlinien und Förderschwerpunkten zu vergeben.[6] Die vom Bundesministerium für Bildung und Forschung sowie weiteren Forschungsgemeinschaften wie der Helmholtz-Gesellschaft, der Leibniz-Gesellschaft oder der Max-Planck-Gesellschaft bereitgestellten Mittel spielen für die universitär gebundene geisteswissenschaftliche Forschung nur eine untergeordnete Rolle.[7] Als besonders wichtig erwies sich die sogenannte Programmpauschale, mit der die Gemeinkosten für Infrastruktur, Energieversorgung und Verwaltung von der DFG als Drittmittelgeber pauschal in Form einer an der Mittelhöhe des Projekts ausgerichteten Summe zur Verfügung gestellt wurden.[8] Im Ergebnis substituierten Drittmittel und die mit ihnen verbundenen Overheads zunehmend Ausgaben, die von den Präsidien und Instituten in der vorangegangenen Generation aus den Grundetats finanziert worden waren.

Die graduellen Änderungen in der Hochschulfinanzierung wurden durch zwei Steuerungsmechanismen ergänzt: Erstens wuchs im Zuge der wachsenden Orientierung an marktwirtschaftlichen Mechanismen das Bedürfnis nach einer Messbarkeit und Vergleichbarkeit der Universitäten. Entsprechend wurde die Höhe der eingeworbenen Drittmittel rasch zu einem zentralen Parameter der ökonomischen Steuerung innerhalb der Hochschulen und darüber hinaus, da hier vermeintlich objektive Zahlen zur Verfügung standen.[9] Zweitens wurde die Professorenbesoldung im Rahmen der Hinwendung zu marktwirtschaftlichen Anreizmechanismen reformiert, indem das Senioritätsprinzip durch eine Kombination aus Grundgehalt und Leistungszulage ersetzt wurde. Auch hierbei fiel schnell den eingeworbenen Drittmitteln eine zentrale Bedeutung zu, weil die Hochschulen an möglichst hohen Einwerbungen interessiert waren,

---

baden 2010, S. 244–261, hier: S. 244–246; Frank Ziegele: Budgetierung und Finanzierung in Hochschulen (Studienreihe Bildungs- und Wissenschaftsmanagement Bd. 8), Münster 2008, S. 14–28.

6 https://www.wk.niedersachsen.de/startseite/ und https://www.wk.niedersachsen.de/kommission/aufgaben/aufgaben-72387.html (zuletzt abgerufen am 25.01.2020); vgl. Andreas Stucke: Staatliche Akteure in der Wissenschaftspolitik, in: Dagmar Simon, Andreas Knie, Stefan Hornbostel (Hgg.), Handbuch Wissenschaftspolitik, Wiesbaden 2010, S. 363–376, hier S. 366–367.

7 Siehe Hans-Willy Hohn: Außeruniversitäre Forschungseinrichtungen: Dagmar Simon, Andreas Knie, Stefan Hornbostel (Hgg.), Handbuch Wissenschaftspolitik, Wiesbaden 2010, S. 457–477.

8 Siehe https://www.bmbf.de/de/dfg-programmpauschale-513.html (zuletzt abgerufen am 25.01.2020) und https://www.dfg.de/download/pdf/foerderung/programme/grk/sprecherbrief_september_2007.pdf (zuletzt abgerufen am 25.01.2020).

9 Statistisches Bundesamt, FuE an Hochschulen: Überprüfung der FuE-Koeffizienten 2017, S. 17 (https://www.destatis.de/DE/Themen/Gesellschaft-Umwelt/Bildung-Forschung-Kultur/Forschung-Entwicklung/Publikationen/Downloads-Forschung-Entwicklung/forschung-entwicklung-hochschulen-5929101179004.pdf?__blob=publicationFile [zuletzt abgerufen am 25.01.2020]).

und weil diese Form der „Leistung“ im Sinn eines „aktivierenden Wissenschaftsmanagements“ leicht evaluier- und als Steuerungsinstrument nutzbar war.[10]

Die Schaffung der genannten Mechanismen hatte weitreichende und von der Politik nicht immer beabsichtigte Folgen: Die Einwerbung von Drittmitteln wurden gleichsam zu einem Leitbild der Wissenschaft mit dem Ergebnis, dass drittmittelorientierte Forschung als attraktiver gilt als die akademische Lehre oder die außeruniversitäre Vermittlung.[11] Im inneruniversitären Wettbewerb stehen Fächer, die hohe Summen einwerben können, besonders gut dar. Der Charakter mancher Fakultäten verändert sich, denn während Auftragsforschung und Drittmittel in den technischen Wissenschaften und in der Medizin schon seit mehr als einer Generation von Bedeutung waren, trat dies in den Geisteswissenschaften erst innerhalb des letzten Jahrzehnts in den Vordergrund.[12] Hiermit verbunden verschiebt sich die Relation aus unbefristet und befristet Beschäftigten zugunsten der temporär aus Drittmitteln Finanzierten.[13] Dies zeigt sich besonders bei den Promovierenden, deren Anzahl in den letzten Jahrzehnten deutlich gestiegen ist: Wurden den Angaben des Statistischen Bundesamtes zufolge im Jahr 2000 25780 Personen promoviert, so gab es 2017 insgesamt 28404 Promotionen – allerdings sank das Verhältnis zur Gesamtanzahl der Studierenden von 12% auf 5,7%.[14] Eine sekundäre Folge der Verschiebungen ist das Bemühen besonders von drittmittelfinanzierten Doktoranden um Beteiligung an der Lehre in der Hoffnung,

10 Grundlegend Jürgen LÜTHJE: Aktivierendes Wissenschaftsmanagement, in: Dagmar SIMON, Andreas KNIE, Stefan HORNBOSTEL (Hgg.), Handbuch Wissenschaftspolitik, Wiesbaden 2010, S. 262–279, hier S. 267–268; ergänzend siehe Hubert DETMER: Wie viel Steuerung verträgt das Dienstrecht der Professoren?, in: Steuerung der Hochschulen durch Zielvereinbarungen, Wissenschaftspolitik und Wissenschaftsrecht, hg. vom Deutschen Hochschulverband, Bonn 2004, S. 31–40; Juliane KOCH: Leistungsorientierte Professorenbesoldung: rechtliche Anforderungen und Gestaltungsmöglichkeiten für die Gewährung von Leistungsbezügen der W-Besoldung, Frankfurt am Main 2010; Christoph BIESTER: Leistungsorientierte Vergütung in der Wissenschaft. Eine theoretische und empirische Analyse der neuen Professorenbesoldung, Weinheim 2013; zuletzt Alexander MAYER: Universitäten im Wettbewerb. Deutschland von den 1980er Jahren bis zur Exzellenzinitiative, Wissenschaftskulturen III: Pallas Athene 52, Stuttgart 2019, hier S. 164–194.

11 Siehe Bericht der Gemeinsamen Kommission zur Exzellenzinitiative an die Gemeinsame Wissenschaftskonferenz, hg. von Deutsche Forschungsgemeinschaft / Wissenschaftsrat, Juni 2015, S. 279.

12 https://www.phft.de/media/101127_PhFT_PV-2010-II_Stuttgarter-Erklaerung-zur-Zukunft-der-Geisteswiss-an-TUs.pdf (zuletzt aufgerufen am 25.01.2020).

13 Silke GÜLKER, Susan BÖHMER: Nachwuchspolitik, in: Dagmar SIMON, Andreas KNIE, Stefan HORNBOSTEL (Hgg.), Handbuch Wissenschaftspolitik, Wiesbaden 2010, S. 176–192, hier S. 184–185; siehe auch bspw. https://www.academics.de/ratgeber/promotionsstelle (zuletzt aufgerufen am 25.01.2020); Datenmaterial nicht mehr aktuell: Jürgen ENDERS, Lutz BORNMANN: Karriere mit Doktortitel? Ausbildung, Berufsverlauf und Berufserfolg von Promovierten, Frankfurt/Main u. a. 2001.

14 Wikipedia Seite „Promotion (Doktor)“, in: Wikipedia, Die freie Enzyklopädie. Bearbeitungsstand: 14. September 2019, 13:10 UTC. URL: https://de.wikipedia.org/w/index.php?title =Promotion_(Doktor)&oldid=192247809 (zuletzt aufgerufen am 17.09.2019).

dass die erworbene Lehrerfahrung bei einer Bewerbung um eine reguläre Stelle von Vorteil ist. Diese Lehre wird häufig über unbezahlte Lehraufträge verrichtet.[15]
(AR)

2. Universitär gebundene Professuren und Institute der Landesgeschichte

Die landeshistorischen Professuren und Institute sind mehrheitlich unmittelbar in die universitären Strukturen integriert und werden entsprechend über die Fakultäten finanziert. In der Initiative „kleine Fächer" werden derzeit 26 Standorte mit 28,5 Professuren zur Landes- und Regionalgeschichte gelistet.[16] Im Vergleich zu 2009 ist dies eine Abnahme um zwei Professuren. Die Gesamtanzahl der Lehrstühle ist leicht rückläufig, nachdem zwischen 1999 und 2003 30 Professuren der Landesgeschichte zugeordnet werden konnten.[17]

Die universitären Forschungseinrichtungen der Landesgeschichte zerfallen in zwei Großgruppen: Während auf der einen Seite zahlreiche Professuren wie in Eichstätt, Augsburg, Regensburg, Flensburg oder Kiel vollständig in die Historischen Seminare eingebunden sind, stehen ihnen auf der anderen Seite Professuren gegenüber, die zugleich mit der Leitung eines Forschungsinstituts betraut sind. Insgesamt gibt es knapp ein Dutzend landeshistorische Institute an oder bei Universitäten.[18] Den Webseiten der Institute zufolge gibt es nur geringe Unterschiede im Hinblick auf die wahrzunehmenden Aufgaben, auch wenn Einrichtungen wie das Institut für sächsische Geschichte Aufgaben in der Grundlagenforschung übernehmen oder wenn Institutionen wie beispielsweise das Hessische Landesamt für geschichtliche Volkskunde in starkem Maß in die Öffentlichkeit wirken müssen.[19] Erkennbar ist auch, dass die Professuren über einen durchschnittlich den an deutschen philosophischen Fakultäten üblichen Stellenumfang verfügen, während die Ausstattung der Institute beträchtlich variiert. Damit sind die landeshistorischen Professuren stärker auf die Einwerbung

15 https://www.gew.de/index.php?eID=dumpFile&t=f&f=23377&token=20cf85d0f2a31581d9fca86d4402794e529ce9f7&sdownload=&n=Promotion_im_Brennpunkt_web.pdf (zuletzt aufgerufen am 25.01.2020), siehe bes. S. 6–7 und S. 18.

16 https://www.kleinefaecher.de/kartierung/kleine-faecher-von-a-z.html?tx_dmdb_monitoring%5BdisciplineTaxonomy%5D=69&cHash=e5967e36989431176927a9ad22475bf1 (zuletzt aufgerufen am 25.01.2020).

17 Ebd.

18 Bayreuth/Bamberg, Dresden, Göttingen, Heidelberg, Mainz, München, Münster, Tübingen, siehe: https://www.kleinefaecher.de/kartierung/kleine-faecher-von-a-z.html?tx_dmdb_monitoring%5BdisciplineTaxonomy%5D=69&cHash=e5967e36989431176927a9ad22475bf1 (zuletzt aufgerufen am 25.01.2020); im Folgenden wird auch das Hessische Landesamt für geschichtliche Landeskunde einbezogen, das de jure völlig unabhängig ist, de facto aber personell und inhaltlich eng mit dem Historischen Seminar der Universität Marburg verbunden ist, siehe https://hlgl.hessen.de/ und https://hlgl.hessen.de/ueber_uns/geschichte (zuletzt aufgerufen am 25.01.2020).

19 Hessen: https://hlgl.hessen.de/ueber_uns/aufgaben (zuletzt aufgerufen am 25.01.2020); Sachsen: https://www.isgv.de/institut (zuletzt aufgerufen am 25.01.2020).

von Drittmitteln angewiesen als die mehr oder weniger eigenständigen Institute. Dies hat teilweise zur Folge, dass auch landeshistorische Professoren andere Schwerpunkte setzen müssen als noch vor einer Generation, was teilweise zu einer Abkopplung traditioneller Fachsymbiosen beispielsweise mit den Archiven und Bibliotheken führt, so dass beispielsweise in diversen Bundesländern im Jahr 2018 der jeweilige Professor für Landesgeschichte nicht der entsprechenden Historischen Kommission vorstand.[20] (AR)

3. Universitäre Landesgeschichte und ihre Förderung durch die DFG

Es liegt im Grundgedanken und im Satzungsauftrag der Deutschen Forschungsgemeinschaft, die Forschung in allen ihren Zweigen zu fördern. In ihrem organisatorischen Gefüge bilden dabei die Fachkollegien als alle 4 Jahre von der Gemeinschaft der Wissenschaften gewählte Gremien die Herzkammer.[21] Die Fachkollegien sind für die wissenschaftliche Bewertung aller Anträge auf Förderung von Forschungsvorhaben verantwortlich und beraten die Gremien der DFG in strategischen Fragen. Bei der wissenschaftlichen Bewertung der zuvor erfolgten schriftlichen Begutachtung von Forschungsanträgen vergewissern sich die Fachkollegien der Angemessenheit der ausgewählten Gutachterinnen und Gutachter sowie der Qualität der Gutachten. In mündlichen Begutachtungen durch Begutachtungsgruppen wirkt mindestens ein Mitglied eines Fachkollegiums mit. Die Mitglieder der Fachkollegien sorgen dafür, dass in allen Förderverfahren gleiche wissenschaftliche Bewertungsmaßstäbe angelegt werden. Als Teil des Faches Geschichte werden die Anträge aus der Landesgeschichte im Fachkollegium Geschichtswissenschaften erörtert, dessen 12 Mitglieder[22] in regelmäßigen Sitzungen gemeinsam alle Anträge beraten, und zwar alle Anträge der Einzelförderung wie auch die Initiativen in den koordinierten Programmen.[23] So wird angestrebt, die Geschichtswissenschaften entlang der diachronen Achse vom

---

20 Siehe zur Symbiose der landeshistorischen Professuren und der historischen Kommissionen und Gesellschaften Matthias WERNER: Zur Geschichte des Faches, in: Werner FREITAG, Michael KISSENER, Christine REINLE, u. a. (Hgg.), Handbuch Landesgeschichte, Berlin u. a. 2018, S. 3–23, hier S. 3–4; ausführlich auch DERS.: Zwischen politischer Begrenzung und methodischer Offenheit: Wege und Stationen deutscher Landesgeschichtsforschung im 20. Jahrhundert, in: Peter MORAW, Rudolf SCHIEFFER (Hgg.), Die deutschsprachige Mediävistik im 20. Jahrhundert (Vorträge und Forschungen Bd. 62), Ostfildern 2005, S. 251–364.

21 https://www.dfg.de/dfg_profil/gremien/fachkollegien/ (zuletzt aufgerufen am 08.03.2020).

22 Drei Mitglieder für die Geschichte des Mittelalters, zwei Mitglieder für die Geschichte der Frühen Neuzeit, fünf Mitglieder für die neuere und neueste Geschichte, zwei Mitglieder für die Wissenschaftsgeschichte, siehe entsprechend zur Fachkollegienwahl 2019 https://www.dfg.de/download/pdf/dfg_im_profil/gremien/fachkollegien/fk-wahl2019/fkwahl_2019_wahlergebnis_endgueltig_200218.pdf (zuletzt aufgerufen am 08.03.2020).

23 Forschungsgruppen, Graduiertenkollegs, Sonderforschungsbereiche, siehe https://www.dfg.de/foerderung/programme/koordinierte_programme/index.html (zuletzt aufgerufen am 08.03.2020).

Mittelalter bis in die Zeitgeschichte hinein und in ihrer ganzen thematischen, geographischen und methodischen Breite und Vielfalt in den Blick zu nehmen.

Die Budgets der einzelnen Fachkollegien folgen keiner politischen oder thematischen Setzung, sie speisen sich vielmehr aus dem Haushalt der Einzelförderung der DFG nach einem Algorithmus, der die wachsende oder fallende Antragsaktivität von Fächern einbezieht mit der Folge, dass antragsaktive Fächer ihren Finanzkorridor erweitern und einer gegenteiligen Wirkung für Fächer mit abnehmender Antragszahl.

Welche Mittel stehen zur Verfügung? Im langjährigen Mittel pendelt der Anteil der Geistes- und Sozialwissenschaften am Förderhaushalt der DFG stabil um die 15%.[24] Heruntergebrochen auf die Einzelförderung standen dem Fach Geschichte im Jahr 2018 ca. 25,3 Mio. Euro zur Verfügung, aus denen 113 von 278 neu beantragten Projekten gefördert wurden.

Wie groß der Anteil der Landesgeschichte am Antragsaufkommen ist, ist nicht einfach zu ermitteln, da die DFG keine eigene Statistik zur Landesgeschichte führt. Vielmehr fasst sie unter dieser Rubrik neben der Landesgeschichte statistisch auch die Länder- und Regionalgeschichte, durchaus auch im Sinne der *area studies*, zusammen.[25] Lässt man neben der Abgrenzung zur Ländergeschichte auch das methodische Problem außen vor, dass nicht jeder Antrag, der aus einer Einrichtung heraus gestellt wird, die die Landesgeschichte in ihrer Denomination trägt, auch ein „landesgeschichtlicher" Antrag ist, ergibt eine händische Auswertung z. B. für die Jahre 2014 bis 2016 aber dennoch ein Bild.[26] Aus dem eingangs skizzierten Kreis der landeshistorischen Institute und Professuren erreichen die DFG neben den geschichtswissenschaftlichen auch Anträge zu archäologischen, sprachwissenschaftlichen, kunsthistorischen und theologischen Themen. Während die Zahl der geschichtswissenschaftlichen Anträge in der Individualförderung in diesem Zeitraum im einstelligen Bereich liegt, bringt sich die Landesgeschichte aktiver in die koordinierten Förderangebote der DFG, wie Graduiertenkollegs, Sonderforschungsbereiche, Graduiertenschulen und Exzellenzcluster ein. Von der Landesgeschichte selbst ergriffene Initiativen zur Gründung von Verbundvorhaben, z. B. von Forschungsgruppen, sind allerdings die Ausnahme. Die Erfolgsquote der Einzelanträge liegt für die Jahre 2014 bis 2016 im allgemeinen Schnitt des Fachkollegiums Geschichtswissenschaften. Deutlich wahrnehmbarer ist die Zusammenarbeit mit Archiven in den Erschließungs- und Digitalisierungsprogrammen im Rahmen der Infrastrukturförderung der DFG. (GL)

---

24 Jahresberichte der DFG für 2019 www.dfg.de/jahresbericht: Lebenswissenschaften ca. 34,2 %, Naturwissenschaften ca. 22,3%, Ingenieurwissenschaften 19,5%, ohne fachliche Zuordnung ca. 8,4% [https://www.dfg.de/dfg_profil/jahresbericht/index.html (zuletzt aufgerufen am 08.03.2020)].

25 Deutsche Forschungsgemeinschaft, Förderatlas 2018: Kennzahlen zur öffentlich finanzierten Forschung in Deutschland, Weinheim 1. Auflage 2018, S. 144. Der Förderatlas folgt damit der Kategorisierung des Statistischen Bundesamtes.

26 GEPRIS: geförderte Projekte der DFG, siehe https://gepris.dfg.de/gepris/OCTOPUS (zuletzt aufgerufen am 08.03.2020).

4. Förderungsmöglichkeiten der universitären Landesgeschichte

In unterschiedlichem Maß unterstützen diverse Bundesländer die Landesgeschichte. Manche Länderministerien wie in Niedersachsen stellen eigene Drittmittelprogramme zur Verfügung, über die ähnlich wie bei der DFG Mittel zu Forschungen mit einem Bezug auf Niedersachsen beantragt werden können.[27] Dieses Förderprogramm steht allerdings längst nicht nur den Geisteswissenschaften offen und ist im Umfang gedeckelt. Die starke Konkurrenz innerhalb Niedersachsens führt zu schlechten Erfolgsaussichten.[28] Ähnliche Förderprogramme besonders für DoktorandInnen gibt es auch in anderen Bundesländern wie beispielsweise Baden-Württemberg oder Bayern.[29] Das Interesse der jeweiligen Landesregierung an der Landesgeschichte lässt sich damit am Umfang der zur Verfügung gestellten Mittel ablesen, was zugleich ein Gefälle zwischen großen und kleinen Ländern sowie reichen und armen belegt.[30] Doch war der politische Willen wie beispielsweise im Kontext des Reformationsjubiläums gegeben, finanzierte auch ein Land wie Thüringen ein Art Landesgraduiertenkolleg.[31] Nicht vergessen werden darf, dass in manchen Bundesländern Initiativen, vergleichbar mit denen mancher Ministerien, durch private Stiftungen wie beispielsweise in Sachsen-Anhalt gefördert werden.[32] Auch gibt es in diversen Bundesländern, mit Ausnahme der Stadtstaaten, mehr oder weniger potente Landesstiftungen.[33] Diese können ebenso als Förderer auftreten wie beispielsweise die Landschaftsverbände LVR und LWL in Nordrhein-Westfalen.[34]

---

27 Programmausschreibung Pro*Niedersachsen – Forschungsprojekte der Geistes-, Kultur- und Sozialwissenschaften, siehe: https://www.mwk.niedersachsen.de/startseite/forschung/forschungsforderung/forschungsforderung_durch_das_mwk/neue_ausschreibungen_und_laufende_programme/pro_niedersachsen_forschungsprojekte_geistes_kultur_und_sozialwissenschaften/proniedersachsen-forschungsprojekte-der-geistes-kultur-und-sozialwissenschaften-118867.html (zuletzt aufgerufen am 25.01.2020).

28 https://www.mwk.niedersachsen.de/startseite/aktuelles/presseinformationen/4–5-millionen-euro-fur-forschung-in-geistes-und-sozialwissenschaften-178774.html (zuletzt aufgerufen am 25.01.2020).

29 Baden-Württemberg: https://mwk.baden-wuerttemberg.de/de/forschung/forschungsfoerderung/wissenschaftlicher-nachwuchs/graduiertenfoerderung/ (zuletzt aufgerufen am 25.01.2020); Bayern: https://www.stmwk.bayern.de/studenten/foerderung-und-stipendien/graduiertenfoerderung.html (zuletzt aufgerufen am 25.01.2020).

30 Siehe beispielsweise die Beiträge von Köster oder Engelen in diesem Band.

31 http://www.thüringen-reformation.de/ (zuletzt aufgerufen am 25.01.2020).

32 https://www.historische-kommission-fuer-sachsen-anhalt.de/stipendium (zuletzt aufgerufen am 25.01.2020).

33 Baden-Württemberg: https://www.bwstiftung.de/startseite/ (zuletzt aufgerufen am 25.01.2020); Bayern: https://forschungsstiftung.de/ (zuletzt aufgerufen am 25.01.2020); Niedersachsen: https://www.stnds.de/ (zuletzt aufgerufen am 25.01.2020); Rheinland-Pfalz: https://www.kulturstiftung-rlp.de/ (letzter Zugriff 25.1.2020); Sachsen: http://www.kdfs.de/ (zuletzt aufgerufen am 25.01.2020).

34 LVR: https://www.lvr.de/de/nav_main/kultur/kulturfoerderung/inhaltsseite_45.jsp (zuletzt aufgerufen am 25.01.2020); LWL: https://www.lwl-kultur.de/de/Landeskundliche_Forschung/ (zuletzt aufgerufen am 25.01.2020).

Im Ergebnis gibt es damit in der Mehrzahl der Bundesländer regionale Förderungsmechanismen, die von der universitären Landesgeschichte gut genutzt werden können. Ob entsprechende Zuwendungen als Drittmittel gezählt werden, liegt im Ermessen der jeweiligen Universität, denn Mittelbewilligungen von Stiftungen werden selten mit Overheads versehen. Doch von diesem Manko abgesehen leidet die universitäre Landesgeschichte nicht an Drittmittelnot.
(AR)

5. Entwicklungsperspektiven der Drittmittelförderung für die universitäre Landesgeschichte

Die Professuren für universitäre Landesgeschichte sind den Lehrstühlen an Philosophischen Fakultäten gleichstellt. In Folge der an den Universitäten gegebenen Rahmenbedingungen muss davon ausgegangen werden, dass sowohl die drittmittelausgerichtete Forschung als auch und hiermit verbunden die inneruniversitäre Anerkennung durch die verantwortlichen Entscheidungsträger in ihrer Bedeutung weiter zunehmen werden, weil die Universitäten immer stärker auf ein „aktivierendes Wissenschaftsmanagement" setzen.[35] Zugleich gibt es kein Zeichen dafür, dass von Seiten der Hochschulpolitik des Bunds und der Länder eine Abkehr von dem oben beschriebenen leistungsorientierten Vergabemanagement angestrebt wird.[36] Folglich stehen alle Professuren, Lehrstühle und Institute in der Landesgeschichte vor einer – im Zweifelsfall wachsenden – Notwendigkeit zur Einwerbung von Drittmitteln. Hierbei ist die DFG nicht zwingend Maß aller Dinge, weil der Landesgeschichte eine erhebliche Vielzahl an Fördermöglichkeiten und -töpfen zur Verfügung steht. Allerdings werden die von der DFG und der EU gezahlten Programmpauschalen für die Ökonomie der Universitäten immer wichtiger werden, so dass die Einwerbung entsprechend aufgestockter Projektmittel – auch als Gradmesser der Relevanz eines Fachs – an Relevanz gewinnen wird.

Zu den Spezifika der universitären Landesgeschichte gehört der von außen herangetragene Anspruch, nennenswert und sichtbar Forschungsergebnisse in die Öffentlichkeit zu transportieren, dem von den Professoren und Einrichtungen der universitären Landesgeschichte in umfassendem Maß nachgekommen wird, wie zahlreiche Beiträge dieser Tagung zeigen.[37] Lehrstühle mit einer Ausrichtung auf „public history" können die Erfüllung dieser Aufgaben ergänzen und das Spektrum erweitern, doch

---

35 Jürgen LÜTHJE: Aktivierendes Wissenschaftsmanagement, in: Dagmar SIMON, Andreas KNIE, Stefan HORNBOSTEL (Hgg.), Handbuch Wissenschaftspolitik, Wiesbaden 2010, S. 262–279.

36 Siehe die Grundsatzrede der Bundesministerin für Bildung und Forschung anlässlich der 2./3. Lesung des Haushaltsgesetzes 2020 im Deutschen Bundestag am 28. November 2019: https://www.bmbf.de/de/18-3-milliarden-euro-fuer-bildung-und-forschung-10312.html (zuletzt aufgerufen am 25.01.2020); auch Meyer, Universitäten im Wettbewerb, S. 183–198.

37 Siehe die Beiträge von Auge, Gläser, Stieldorf und Auge in diesem Band.

vermindert dies nicht die diachron zu verstehende Aufgabe der Landesgeschichte.[38] Hierfür Drittmittel einzuwerben kann eine Entlastung darstellen.[39]

Die universitäre Landesgeschichte betont den Anspruch, die Methoden der Kultur- und Geschichtswissenschaften anzuwenden, kritisch zu hinterfragen und weiterzuentwickeln.[40] Viele Forschungsvorhaben beruhen auf der in einem begrenzten Raum gegebenen Quellenlage und leben vom Raumvergleich, was beides häufig befruchtend wirkt. Nicht umsonst tragen diverse Professuren die Denomination der „Vergleichenden Landesgeschichte", worunter mehrheitlich eine Vergleichsebene anhand der verfügbaren Literatur eines anderen Raumes verstanden wird. Längst nicht immer aber wird hierbei die Zusammenarbeit der universitären Landesgeschichte über die Ländergrenzen hinweg gesucht, obwohl hierfür sowohl beispielsweise von der DFG als auch von der EU Förderlinien zur Verfügung gestellt werden[41].

Folgt man dieser Einschätzung, stellt sich die Frage nach den praktischen Möglichkeiten. Die DFG kennt keine fachlichen Vorgaben und formuliert keine inhaltlichen oder methodischen Präferenzen. Zudem fühlt sich das Fachkollegium „Geschichtswissenschaften" den Forschungsinteressen der gesamten Breite und Vielfalt des Faches verpflichtet. Jede Idee wird in ihrem und jeder Vorschlag in seinem eigenen Recht betrachtet und bewertet.

Die langjährige Beobachtung zeigt, dass beim Blick auf die Gesamtheit der Disziplinen jede Fächergruppe unterschiedlich auf die Förderangebote der DFG zugeht. Das gilt sowohl für die koordinierten Verfahren wie Graduiertenkollegs und Sonderforschungsbereiche wie auch die Programme und Module der Einzelförderung. Wie könnte für die Landesgeschichte ein derart „zielgerichtetes" Zugehen auf die Förderangebote z. B. der DFG aussehen, das nicht etwa von Kennzahlen getrieben wird, sondern die inhaltliche und fachliche Entwicklung der Landesgeschichte zum Gegenstand hat?

Wenn eine Entwicklungsmöglichkeit darin gesehen wird, Vergleiche länderübergreifend gemeinsam auszubauen, dann könnten sich Gemeinschaftsanträge anbieten, bei denen z. B. zwei Antragsteller/innen, die nicht unbedingt an einem Ort arbeiten müssen, gemeinsam forschen. Jede/r Partner/in erhält dabei für sein/ihre Teilvorha-

---

38 Walter RUMMEL: Landes- und Regionalgeschichte – Komplementärdisziplinen im gesellschaftlichen Umfeld, in: Sigrid HIRBODIAN, Christian JÖRG, Sabine KLAPP (Hgg.), Methoden und Wege der Landesgeschichte (Landesgeschichte Bd. 1), Ostfildern 2015, S. 29–40; Oliver AUGE: Studium und Öffentlichkeit. Projektarbeit in der Landesgeschichte, in: ebd., S. 51–64.

39 Siehe beispielsweise das Modul „Öffentlichkeitsarbeit" der DFG: https://www.dfg.de/formulare/52_07/52_07_de.pdf (zuletzt aufgerufen am 25.01.2020), das aber nur innerhalb von Verbundprojekten beantragt werden kann.

40 Werner FREITAG, Michael KISSENER, Christine REINLE, u. a.: Einleitung, in: DIES. (Hgg.), Handbuch Landesgeschichte, Berlin etc. 2018, S. ix-xii, hier S. x-xi.

41 Siehe beispielsweise die Förderlinie „Wissenschaftliche Netzwerke" der DFG (https://www.dfg.de/foerderung/programme/einzelfoerderung/wissenschaftliche_netzwerke/ [zuletzt aufgerufen am 25.01.2020]); auf europäischer Ebene vergleichbar COST (European Cooperation in Science and Technology, siehe: https://www.cost.dlr.de/ [zuletzt aufgerufen am 25.01.2020]).

ben eine eigene Bewilligung. Anbieten könnte sich auch die etwas größere Form der Antragspakete, bei denen die Partner unter einem gemeinsamen thematischen Dach verteilt über mehrere Standorte aufeinander abgestimmte Einzelvorhaben zusammenführen können.[42] Denkbar sind auch sog. Netzwerke, die die Möglichkeit zum mehrjährigen ortsübergreifenden Austausch zu einem selbstgewählten wissenschaftlichen Themenbereich geben und überdies internationale Kooperationen fördern können.[43] In diesen Angebotskreis gehört darüber hinaus das Programm zum Aufbau internationaler Kooperationen, in dem Mittel zur Vorbereitung einer internationalen Zusammenarbeit, für Reisen, Gäste und Workshops, bereitgestellt werden können. In den Vorbereitungen anspruchsvoller, aber wirksam und interessant, sind unter den koordinierten Förderangeboten die Schwerpunktprogramme, deren besonderes Kennzeichen es ist, die überregionale Kooperation der teilnehmenden Wissenschaftlerinnen und Wissenschaftler mit einer Förderperspektive von sechs Jahren zu fördern. Schwerpunktprogramme können vom Senat der DFG eingerichtet werden, wenn die koordinierte Förderung für das betreffende Gebiet wissenschaftlichen Gewinn verspricht.[44]

Wie oben beschrieben gehört zu den besonderen Aufgaben und Anliegen der Landesgeschichte die Vermittlung historischer Themen in und die Arbeit mit der landeshistorisch-interessierten Öffentlichkeit. Forschungsnah ist das Wissenschaftsportal L.I.S.A. der Gerda Henkel Stiftung, zu dem LandeshistorikerInnen bislang wenig beigetragen haben.[45] Zwei Förderangebote, die in den Geisteswissenschaften weniger bekannt und daher auch seltener genutzt werden, könnten die Landesgeschichte hierbei unterstützen: Zum einen bietet jeder Antrag auf Sachbeihilfe die Möglichkeit, Mittel für Öffentlichkeitsarbeit zu vorzusehen, die in unmittelbarem Zusammenhang mit dem Projekt steht.[46] Zum anderen kann mit Angeboten zur Transferförderung der Austausch zwischen Wissenschaft und Praxis unterstützt werden.[47] Transferförderung ist in allen Disziplinen und überdies nicht nur in den koordinierten Programmen, son-

---

42 https://www.dfg.de/foerderung/programme/einzelfoerderung/antragspakete/index.html (zuletzt aufgerufen am 08.03.2020).

43 https://www.dfg.de/foerderung/programme/einzelfoerderung/wissenschaftliche_netzwerke/index.html (zuletzt aufgerufen am 08.03.2020).

44 https://www.dfg.de/foerderung/programme/koordinierte_programme/schwerpunktprogramme/index.html (zuletzt aufgerufen am 08.03.2020).

45 https://lisa.gerda-henkel-stiftung.de/ (zuletzt aufgerufen am 08.03.2020), Kurzbeschreibung Seite „L.I.S.A. – Das Wissenschaftsportal der Gerda Henkel Stiftung"., in: Wikipedia, Die freie Enzyklopädie. Bearbeitungsstand: 1. August 2019, 13:25 UTC. URL: https://de.wikipedia.org/w/index.php?title=L.I.S.A._%E2%80%93_Das_Wissenschaftsportal_der_Gerda_Henkel_Stiftung&oldid=190949938 (zuletzt aufgerufen am 08.03.2020); 26 Treffer für die Abfrage Landesgeschichte, siehe https://lisa.gerda-henkel-stiftung.de/search?search_str=landesgeschichte&page_id=13, Stand 08.03.2020.

46 https://www.dfg.de/foerderung/programme/einzelfoerderung/sachbeihilfe/formulare_merkblaetter/index.jsp (zuletzt aufgerufen am 08.03.2020).

47 Susan Böhmer, Anke Reinhardt: Brücken zwischen Forschung und Anwendung: Erkenntnistransferprojekte im statistischen Überblick, DFG Infobrief, Zahlen und Fakten zur Forschungsförderung 1.16, in: URL: https://www.dfg.de/download/pdf/dfg_im_profil/geschaeftsstelle/publikationen/infobriefe/ib01_2016.pdf (zuletzt aufgerufen am 08.03.2020).

dern auch in der Individualförderung möglich.[48] Transferprojekte müssen auf Ergebnissen basieren, die in DFG-geförderten Forschungsprojekten entstanden sind oder in engem Zusammenhang mit laufenden Projekten stehen. Kern eines Transferprojekts bildet dabei ein gemeinsames Arbeitsprogramm von wissenschaftlichen und nicht-wissenschaftlichen Partnern. Typische Partner in den Geisteswissenschaften sind dabei Museen und Sammlungen.

Schaut man abschließend auf die personellen Forschungskapazitäten der landeshistorischen Institute macht das Programm „eigene Stelle" ein Angebot, promovierten Wissenschaftlerinnen und Wissenschaftlern eigenständiges und eigenverantwortliches Forschen eingebettet in die Umgebung eines Instituts zu ermöglichen.[49] Nicht zuletzt können alle diese Programme dazu beitragen, den Schritt über die landeshistorische Perspektive hinaus in andere Teile der Geistes- und Sozialwissenschaften zu gehen.

(AR / GL)

48 https://www.dfg.de/foerderung/grundlagen_rahmenbedingungen/erkenntnistransfer/antragstellung/index.html (zuletzt aufgerufen am 08.03.2020).

49 https://www.dfg.de/formulare/52_02/index.jsp (zuletzt aufgerufen am 08.03.2020).

Archive: Landeshistorische Speicher ohne landeshistorische Kapazitäten?

Sabine Graf

Einleitung und Fragestellung

Zwischen Archiven und Landesgeschichte besteht in vielerlei Hinsicht eine enge Verbindung. In staatlichen Archiven wird das schriftliche kulturelle Erbe des jeweiligen Landes verwahrt. Sie sind daher – neben Archiven in kommunaler Trägerschaft – eine zentrale Voraussetzung für die landeshistorische Forschung. Die Archivare des 19. Jahrhunderts waren bei immer noch restriktiven Zugangsbedingungen für die universitäre und außeruniversitäre Forschung sowie für die historischen Vereine in mehrfacher Hinsicht die Türöffner zu den historischen Quellen. Während und außerhalb ihrer Dienstzeit beteiligten sich die als Historiker ausgebildeten Archivbeamten selbst an der Edition und Auswertung der von ihnen betreuten Bestände und wurden so zu einer „Stütze der landesgeschichtlichen Forschung und Quellenpublikation".[1] Die preußische Archivverwaltung erwartete seit der zweiten Hälfte des 19. Jahrhunderts von den Archivaren wissenschaftliche Betätigung und räumte dafür dienstzeitliche Freiräume ein.[2] Der Generaldirektor verfügte 1921 für die preußischen Staatsarchive den Grundsatz, dass „von der achtstündigen Dienstzeit 6 Stunden (am Sonnabend 5 Stunden) auf Dienstleistung an der Dienststelle selbst anzusetzen sind; über die übrigen 2 Stunden sollen die wissenschaftlichen Beamten für ihre wissenschaftliche Vorbereitung frei verfügen". Allerdings lag damals die wöchentliche Arbeitszeit noch bei 48 Stunden.[3] Nach dem Zweiten Weltkrieg wurde diese Praxis in unterschiedlicher Weise in den Landesarchivverwaltungen fortgesetzt, jedoch nur in wenigen Bundes-

---

1 Wolf-Rüdiger SCHLEIDGEN: „Landesgeschichte bezeichnet den Sinn, das Ziel und die Orientierung archivischer Arbeit". Die Landesgeschichte in der Aufgabenstellung des (Haupt-) Staatsarchivs Düsseldorf, in: Rheinische Vierteljahrsblätter 72 (2008), S. 184–210, hier S. 196; vgl. Manfred HAMANN: Geschichte des Niedersächsischen Hauptstaatsarchivs in Hannover. 1. Teil, in: Hannoversche Geschichtsblätter Neue Folge 41 (1987), S. 39–87, hier S. 71–75; Gert KOLLMER-VON OHEIMB-LOUP: Archive und Wissenschaft. Zum Wirken von Archivaren in Wissenschaft und Lehre, in: Robert KRETZSCHMAR (Hg.): Staatliche Archive als landeskundliche Kompetenzzentren in Geschichte und Gegenwart. Zum 65. Geburtstag von Volker Rödel (Werkhefte der staatlichen Archivverwaltung Baden-Württemberg Serie A, Heft 22), Stuttgart 2010, S. 199–216, hier S. 204–214.

2 Vgl. Manfred HAMANN: Geschichte des Niedersächsischen Hauptstaatsarchivs in Hannover. 2. Teil, in: Hannoversche Geschichtsblätter Neue Folge 42 (1988), S. 35–119, hier S. 52; Wilfried REININGHAUS: Archive, Orts-, Stadt- und Landesgeschichte, in: Archivalische Zeitschrift 88 (2006), S. 743–759, hier S. 756.

3 Verfügungen des Generaldirektors der preußischen Archive vom 01.04.1921, 20.03.1923 und 01.08.1938, siehe Niedersächsisches Landesarchiv Abteilung Hannover (NLA HA), Nds. 50

ländern noch innerhalb einer Dienstanweisung ausdrücklich geregelt.[4] Mittlerweile dürfte es in keinem Landesarchiv eine entsprechende Arbeitszeitregelung für den wissenschaftlichen Archivdienst mehr geben.[5]

2006 resümierte Wilfried Reininghaus als Präsident des Landesarchivs Nordrhein-Westfalen: „Die Aufgaben der Archive werden sich vor dem Hintergrund der vielfältigen Aufgaben von der Übernahme bis zur Erschließung stärker auf benutzerorientierte Dienstleistungen und weniger eigene wissenschaftliche Darstellungen konzentrieren. Umso gefragter werden Vermittlungsdienste der Archive sein."[6] Seit dieser Bilanz sind 13 Jahre vergangen und zu Recht werfen Landeshistorikerinnen und Landeshistoriker die Frage auf, was Archive heute noch für die Landesgeschichte zu leisten fähig sind. Im Kontext dieser Tagung soll im Folgenden nach den aktuell vorhandenen landeshistorischen Kapazitäten in den Archiven gefragt werden. Der Schwerpunkt der folgenden Betrachtungen liegt dabei auf den Archiven der Länder, weil dort ein Großteil der für die landeshistorische Forschung relevanten Überlieferung verwahrt wird und die Verbindung zur Landesgeschichte seit jeher sehr eng war. Damit soll nicht in Abrede gestellt werden, dass auch die Überlieferung in anderen Archiven, vor allem solchen in kommunaler Trägerschaft für landeshistorische Fragestellungen mit heranzuziehen ist und die dort tätigen Archivarinnen und Archivare, wenn auch in sehr unterschiedlichem Umfang, landeshistorisch tätig sind.

Um sich der Thematik anzunähern wird zunächst anhand der Diskussion um ein allgemein anerkanntes Berufsbild nach dem aktuellen Selbstverständnis von Archiven gefragt. Sodann geht es um die Frage, in welcher Weise die archivgesetzlichen Regelungen die landeshistorische Betätigung als Aufgabe formulieren, um im Weiteren nach den Einstellungsvoraussetzungen und den Ausbildungsinhalten von wissenschaftlichen Archivarinnen und Archivaren zu fragen. Anschließend werden die heute von Landesarchiven wahrgenommenen Tätigkeitsfelder und deren Anteil im beruflichen Alltag thematisiert, um dann zu einem Fazit zu gelangen.

Berufsbild

Bereits Anfang der 1980er-Jahre beschäftigten sich Archivare mit der Frage nach ihrem Selbstverständnis und ihren Aufgaben. Der 55. Deutsche Archivtag im Oktober 1982

Acc. 2018/70 Nr. 3: Regelung der Dienstzeit, 1956–1966. In den niedersächsischen Staatsarchiven wurde die Dienstzeit für die Beamten 1958 von 48 auf 45 Stunden pro Woche reduziert.

4 NLA HA, Nds. 50 (wie Anm. 3): Schreiben des Hessischen Kultusministers vom 15. Oktober 1965 an die Archivverwaltungen des Bundes und der Länder wegen der Arbeitszeit der Beamten des höheren Dienstes.

5 In Nordrhein-Westfalen hatten die wissenschaftlichen Beamten gemäß eines Erlasses vom 15.06.1966 von 44 Wochenstunden Arbeitszeit, mindestens 30 auf die „Archivverwaltungstätigkeit" und die übrigen Dienststunden, „soweit dies die Personal- und Arbeitslage zulässt, zur wissenschaftlichen Fortbildung [...]" zu verwenden, vgl. REININGHAUS: Archive (wie Anm. 2), S. 756f.

6 Vgl. REININGHAUS: Archive (wie Anm. 2), S. 759.

in Münster stand unter dem Motto „Zwischen Schriftgutverwaltung und historischer Forschung. Traditionelle und moderne Elemente im Berufsbild des Archivars". Dabei zeigte sich, dass im deutschen Archivwesen und in den staatlichen Archivverwaltungen unterschiedliche Auffassungen hinsichtlich der eigenen Aufgaben vorherrschen. Diese Debatte wurde nach der Verabschiedung der Landesarchivgesetze und des Bundesarchivgesetzes in den 1990er Jahren noch lebhafter, weil sich die Situation der öffentlichen Finanzen und damit auch der Archive verschlechterte. Auch international gab es eine weltweite Diskussion um das heterogene Berufsbild von Archivarinnen und Archivaren. Werner Moritz, damaliger Leiter des Archivs der Universität Heidelberg, resümierte die Situation 1997 mit den Worten „Der Berufsstand der Archivare ringt heute mehr denn je um seine Identität."[7] Im Vordergrund stand dabei die Frage, ob die wissenschaftliche und landeskundliche Auswertung sowie die Öffentlichkeitsarbeit mit Ausstellungen und Vorträgen zu den Aufgaben eines Archivs noch dazu gehören. Bei vielen Archivträgern gingen in den 1990er und 2000er Jahren durch finanzielle Einsparungen bei zunehmendem Umfang der Aufgaben die personellen Ressourcen zurück. Notgedrungen kam es vor diesem Hintergrund und in Anbetracht erheblicher Rückstände bei der Erschließung und Verpackung der Bestände zu einer Priorisierung der Aufgaben. Mit dem Begriff „Kernaufgaben" wurde dabei deutlich gemacht, dass die Aufgaben der Bewertung, Übernahme, Erhaltung, Erschließung und Bereitstellung Vorrang vor den Aufgaben der Erforschung und Vermittlung von Archivgut haben.[8]

Die Diskussion um das Berufsbild hat sich mittlerweile beruhigt.[9] Der Arbeitskreis Berufsbild des Verbandes deutscher Archivarinnen und Archivare (VdA) sah sich 2009 imstande und in der Pflicht, ein einheitliches, alle Archivsparten übergreifendes Berufsbild zu definieren. Darin werden „Auswertung des Archivguts und Historische Bildungsarbeit" wieder als archivische Fachaufgaben benannt.[10] Diesem Berufsbild wurde bislang nicht lautstark widersprochen, doch wird inzwischen immer deutlicher, wie gravierend sich die Anforderungen der elektronischen Langzeitarchivierung auf die Arbeitsweise in den Archiven auswirken. Der Arbeitskreis Berufsbild und Ausbildung im VdA hat erst jüngst einen Entwurf für eine überarbeitete Fassung vorgelegt, deren Diskussion abzuwarten bleibt.[11]

---

7 Werner MORITZ: Auf der Suche nach Identität. Orientierungsprobleme des archivischen Berufsstandes und ihre Ursachen, in: Der Archivar 50 (1997), Sp. 237–246, hier Sp. 237.

8 Vgl. SCHLEIDGEN: Landesgeschichte (wie Anm. 1), S. 184f.; KOLLMER-VON OHEIMB-LOUP: Archive (wie Anm. 1), S. 199–201.

9 Vgl. Robert KRETZSCHMAR: Aktuelle Entwicklungstendenzen des archivischen Berufsbildes, in: Der Archivar 63 (2010), S. 356–360, hier S. 356.

10 Das Berufsbild von Mitarbeiterinnen und Mitarbeitern in Archiven, hg. vom Verband deutscher Archivarinnen und Archivare, in: Der Archivar 62/4 (2009), S. 449–451, auch URL: https://www.vda.archiv.net/arbeitskreise/ausbildung-und-berufsbild.html (zuletzt abgerufen am 27.12.2019).

11 Überarbeitung des Berufsbilds von Mitarbeiterinnen und Mitarbeitern in Archiven, URL: https://www.vda-blog.de/blog/2019/11/21/ueberarbeitung-des-berufsbilds-von-mitarbeiterinnen-und-mitarbeitern-in-archiven/ (zuletzt abgerufen am 27.12.2019).

Welchen Stellenwert die Auswertung von Archivgut und die Vermittlung historischer Erkenntnisse in der persönlichen Berufspraxis haben, hängt stark davon ab, in welcher Archivsparte jemand arbeitet, welche Rahmenbedingungen der Archivträger vorgibt, welche Qualifikation diese Person mitbringt und welche Aufgaben sie wahrnimmt.[12] Das gilt für die Archive der Länder ebenso wie für Archive anderer Sparten. Ein einheitliches Berufsbild für alle Mitarbeiterinnen und Mitarbeiter von Archiven kann nur einen allgemeinen Rahmen vorgeben, der die Archive und ihre Träger nicht von der Pflicht enthebt, Aufgaben zu definieren und zu gewichten.

Archivgesetzgebung

Insofern erscheint es angebracht, danach zu fragen, was der Gesetzgeber von den Archiven der Länder erwartet. Die Ende der 1980er und Anfang der 1990er Jahre entstandenen Landesarchivgesetze sehen – wie Heinz-Günther Borck 2011 feststellte – fast alle eine aktive Beteiligung der staatlichen Archive an der Erforschung und Vermittlung des von ihnen verwahrten Archivgutes vor.[13] Lediglich im Archivgesetz von Baden-Württemberg fehlt ein solcher Auftrag gänzlich.[14] In den Archivgesetzen Bayerns und Sachsens umfasst der Begriff des Archivierens ganz allgemein auch das „Auswerten".[15] Gleichzeitig bilden die Gesetzestexte aber auch die zur Zeit ihrer Entstehung geführte Diskussion um eine Priorisierung der Aufgaben ab, indem sie zunächst die sogenannten Kernaufgaben aufzählen und den Auswertungsauftrag in unterschiedlichen Formulierungen und Zusammenhängen als davon abgehobenen Punkt benennen. Im niedersächsischen Archivgesetz von 1993 lautet die Formulierung: „Die Aufgabe, aus dem Schriftgut der Behörden, Gerichte und sonstigen Stellen des Landes das Archivgut zu ermitteln, zu übernehmen, zu verwahren, zu erhalten, instand zu setzen, zu erschließen und nutzbar zu machen, obliegt dem Niedersächsischen Landesarchiv

12 Vgl. Robert Kretzschmar: Archive als Dienstleister, Partner und Teil der Wissenschaft, in: Historisch Politische Mitteilungen 16 (2009), S. 233–246, hier S. 242.

13 Vgl. Heinz-Günther Borck: Bemerkungen zur Verfassungs- und Rechtslage landesgeschichtlicher Arbeiten in Archiven, in: Blätter für deutsche Landesgeschichte 148 (2012), S. 1–11, hier S. 8–11.

14 Gesetz über die Pflege und Nutzung von Archivgut (Landesarchivgesetz –LArchG) vom 27. Juli 1987 (GBl. Baden-Württemberg S. 230), zuletzt geändert durch Gesetz vom 17. Dezember 2015 (GBl. Baden-Württemberg S. 1201).

15 Bayerisches Archivgesetz (BayArchivG) vom 22. Dezember 1989 (BayRS 2241–1- WFK, GVBl S. 710), geändert durch Gesetz vom 16. Dezember 1999 (GVBl S. 521): Art. 2 Begriffsbestimmungen Abs. 3 „Archivierung umfaßt die Aufgabe, das Archivgut zu erfassen, zu übernehmen, auf Dauer zu verwahren und zu sichern, zu erhalten, zu erschließen, nutzbar zu machen und auszuwerten." Archivgesetz für den Freistaat Sachsen vom 17. Mai 1993 (SächsGVBl. S. 449), das zuletzt durch Artikel 25 des Gesetzes vom 26. April 2018 (SächsGVBl. S. 198) geändert worden ist: § 2 Begriffsbestimmungen Abs. 4 „Das Archivieren beinhaltet das Erfassen und Bewerten von Unterlagen und das Übernehmen, Verwahren, Erhalten, Erschließen sowie Nutzbarmachen und Auswerten von Archivgut."

[...]. Es nimmt an der Veröffentlichung und wissenschaftlichen Auswertung des Archivgutes teil."[16]

Bei den in den letzten Jahren grundlegend novellierten Archivgesetzen blieb die Aufgabe, sich forschend und vermittelnd mit der Geschichte des jeweiligen Landes zu beschäftigen, erhalten und wurde teilweise noch genauer beschrieben,[17] etwa im Archivgesetz von Hessen von 2012: „Das Hessische Landesarchiv wirkt als Haus der Geschichte an der wissenschaftlichen Auswertung der von ihm aufbewahrten Unterlagen sowie an der Erforschung und Vermittlung der Geschichte des Landes mit."[18] Im Archivgesetz von Thüringen von 2018 wurde dem Landesarchiv zusätzlich noch die Aufgabe der Unterstützung von historischen oder kulturellen Vereinen und Organisationen übertragen, indem es nun heißt: „Die öffentlichen Archive wirken an der Erforschung und Vermittlung der von ihnen aufbewahrten archivalischen Quellen mit. In diesem Sinne wird das Landesarchiv als Stätte landesgeschichtlicher Forschung wirksam. Das Landesarchiv soll Vereine und Organisationen mit historischer oder kultureller Zielsetzung nach Maßgabe seiner Möglichkeiten unterstützen."[19] Im novellierten Archivgesetz des Landes Nordrhein-Westfalen von 2010 wird der Auftrag des Landesarchivs, das übernommene Archivgut auch zu erforschen und zu veröffentlichen, in die allgemeine Begriffsbestimmung für das Wort „Archivierung" verlagert, so dass er seitdem für alle öffentlichen Archive gilt.[20]

Insgesamt erteilen fast alle – sowohl die alten wie auch die novellierten – Archivgesetze den Archiven der Länder mal mehr, mal weniger ausdrücklich den Auftrag, forschend und vermittelnd tätig zu werden. Doch wissen Historikerinnen und Historiker, dass zwischen normativen Texten und der Wirklichkeit ein komplexes Verhältnis besteht und Rechtstexte nur bedingt Auskunft über gesellschaftliche Praktiken geben. Über die tatsächlich vorhandenen „landeshistorischen Kapazitäten" ist damit noch nicht viel ausgesagt.

---

16 § 1 Aufgaben Abs. 1 des Gesetzes über die Sicherung und Nutzung von Archivgut in Niedersachsen (Niedersächsisches Archivgesetz – NArchG) vom 25. Mai 1993 (Nds. GVBl. S. 129), zuletzt geändert durch Artikel 3 des Gesetzes vom 16.05.2018 (Nds. GVBl. S. 66).

17 Vgl. die Sammlung der geltenden Archivgesetze auf der Internetseite der Archivschule Marburg, URL: https://www.archivschule.de/DE/service/archivrecht/ (zuletzt abgerufen am 27.09.2019).

18 § 4 Aufgaben des Hessischen Landesarchivs Abs. 6 des Hessischen Archivgesetzes (HArchivG) vom 26. November 2012 (GVBl. S. 458), zuletzt geändert durch Artikel 14 des Gesetzes vom 5. Oktober 2017 (GVBl. S. 294).

19 § 7 Aufgaben öffentlicher Archive Abs. 3 des Thüringer Gesetzes über die Sicherung und Nutzung von Archivgut (Thüringer Archivgesetz -ThürArchivG-) vom 29. Juni 2018 (GVBl. S. 308).

20 Gesetz über die Sicherung und Nutzung öffentlichen Archivguts im Lande Nordrhein-Westfalen (Archivgesetz Nordrhein-Westfalen – ArchivG NRW) vom 16.03.2010 (GV. NRW. S. 188), zuletzt geändert durch Gesetz vom 16. September 2014 (GV. NRW. S. 603): § 2 Begriffsbestimmungen „(7) Archivierung umfasst die Aufgaben Unterlagen zu erfassen, zu bewerten, zu übernehmen und das übernommene Archivgut sachgemäß zu verwahren, zu ergänzen, zu sichern, zu erhalten, instand zu setzen, zu erschließen, zu erforschen, für die Nutzung bereitzustellen sowie zu veröffentlichen."

Einstellungsvoraussetzungen für den höheren Archivdienst

Mit den Worten „Historikerarchivare, die es ja heute nicht mehr gibt", wurde während der Tagung bereits auf eine anscheinend ausgestorbene Spezies hingewiesen. Es ist daher angebracht, sich die Einstellungsvoraussetzungen und die Einstellungspraxis im staatlichen Archivdienst genauer anzuschauen. Bedingt durch eine grundlegende Reform der Ausbildung von wissenschaftlichen Archivarinnen und Archivaren an der Archivschule Marburg zum 1. Januar 2013 wurden die Ausbildungs- und Prüfungsverordnungen für den höheren Archivdienst bzw. das zweite Einstiegsamt der Laufbahngruppe 2 in der Fachrichtung Allgemeine Dienste Laufbahnzweig Archivdienst des Bundes und der Länder in den letzten Jahren entsprechend neu gefasst.[21] Dabei wurde nun auch von den wenigen Ländern, die bis dahin noch eine Promotion in einem geschichtswissenschaftlichen Fach als Voraussetzung für die Einstellung ausdrücklich forderten,[22] im Verordnungstext darauf verzichtet. In Bayern sollen indes Bewerberinnen und Bewerber „eine Promotion mit einer möglichst unter Verwendung archivalischer Quellen angefertigten Arbeit aus der deutschen, insbesondere bayerischen Geschichte" nachweisen.[23] Die aktuellen Ausbildungs- und Prüfungsverordnungen sehen neben den beamtenrechtlichen Voraussetzungen im Allgemeinen ein Hochschulstudium der Geschichtswissenschaft, der Rechtswissenschaft oder eines anderen für den Archivdienst geeigneten Faches sowie meistens auch die für die Aufgabenerfüllung erforderlichen Kenntnisse der lateinischen und französischen Sprache als Einstellungskriterien vor.[24] In Nordrhein-Westfalen werden zudem noch angemessene Kenntnisse von historischen Hilfswissenschaften als Voraussetzung genannt und zudem wird der Nachweis erwartet, zu selbständiger geschichtswissenschaftlicher Arbeit besonders befähigt zu sein.[25]

---

21 Vgl. Ausbildungs- und Prüfungsverordnungen auf der Seite der Archivschule Marburg, URL: https://www.archivschule.de/DE/ausbildung/ausbildungs-und-pruefungsordnungen/ (zuletzt abgerufen am 27.12.2019).

22 Etwa in Niedersachsen, vgl. Verordnung über die Ausbildung und Prüfung für die Laufbahn des höheren Archivdienstes im Land Niedersachsen vom 22. September 1998 (Nds. GVBl. S. 630).

23 Siehe § 40 Abs. 1 Satz 4 der Verordnung über den fachlichen Schwerpunkt Archivwesen in Bayern (FachV-Arch) vom 3. Januar 2014 (GVBl. S. 7, BayRS 2038–3-1–9-I/WK), die durch § 1 Abs. 104 der Verordnung vom 26. März 2019 (GVBl. S. 98) geändert worden ist.

24 Vgl. z. B. Niedersachsen: Verordnung über die Ausbildung und Prüfung für den Archivdienst in der Laufbahn der Laufbahngruppe 2 der Fachrichtung Allgemeine Dienste (APVO-AD-Archiv) vom 7. Januar 2013 (Nds. GVBl. S. 10), zuletzt geändert durch Verordnung vom 13.08.2018 (Nds. GVBl. S. 168), § 26.

25 „In den Vorbereitungsdienst kann eingestellt werden, wer [...] 2. ein Studium der Geschichte, Rechtswissenschaft oder eines anderen geeigneten Fachgebietes durch Universitäts-, Hochschul-, Staatsprüfung oder Promotion beziehungsweise ein mit einem Magister oder Mastergrad in einem Akkreditierungsverfahren als ein für die Laufbahn der Laufbahngruppe 2, zweites Eingangsamt, geeignet eingestuftes Studium an einer Fachhochschule abgeschlossen hat, 3. den Nachweis erbringt, zu selbständiger geschichtswissenschaftlicher Arbeit besonders befähigt zu sein, 4. angemessene Kenntnisse der lateinischen und französischen Sprache sowie von historischen Hilfswissenschaften nachweist, 5. ein mindestens vierwöchiges Prakti-

Damit wird normativ der Zugang zur höheren Beamtenlaufbahn für den Archivdienst erleichtert und den einstellenden Archivverwaltungen ein größerer Spielraum bei der Auswahl der Referendarinnen und Referendare eröffnet. Es zeigt sich jedoch bei den Einstellungen, dass nach wie vor einige Bundesländer Bewerberinnen und Bewerber mit Promotion vorziehen. Als Beispiel möge hier die letzte Ausschreibung der Landesarchivverwaltung Rheinland-Pfalz dienen, indem mit der Formulierung „besondere Befähigung zur wissenschaftlichen Arbeit, Promotion erwünscht" die Erwartungen deutlich zum Ausdruck gebracht werden.[26] Nach wie vor ist den einstellenden Archivverwaltungen das selbständige (geschichts-)wissenschaftliche Arbeiten sehr wichtig, doch ist auch zu beobachten, dass nicht ausschließlich Referendarinnen und Referendare mit abgeschlossener Promotion eingestellt werden. So waren unter den geprüften Absolventinnen und Absolventen der wissenschaftlichen Lehrgänge der Archivschule Marburg 2016 sechs von zehn, 2017 zwölf von vierzehn und 2018 fünf von elf Personen promoviert.[27]

Ausbildungsinhalte

Das Referendariat im höheren Archivdienst wurde wie bereits erwähnt in den Jahren von 2011 bis 2013 grundlegend neu strukturiert und in seinen Lernzielen neu formuliert. Auf acht Monate berufspraktische Studien im Ausbildungsarchiv des jeweiligen Bundeslandes oder im Bundesarchiv folgen zwölf Monate Fachstudien an der Archivschule Marburg. Die Ausbildungsinhalte werden in 13 Modulen vermittelt, die jeweils mit einer Prüfung abgeschlossen werden. Daran schließt sich eine dreimonatige Transferphase zur Anfertigung einer schriftlichen Hausarbeit zu einem aus der archivischen Praxis gewonnenen Thema an. Im letzten Ausbildungsmonat werden die Referendarinnen und Referendare in einer mündlichen Prüfung, einer Leitungsübung und in der Verteidigung ihrer jeweiligen Transferarbeit abschließend geprüft. Zu den Lernzielen gehört nun neben den archivfachlichen Kompetenzen auch der Erwerb von Führungskompetenz. Anders als zuvor nehmen die Management- und Führungskompetenzen nun einen größeren Raum ein.[28] „Probleme der geschichtlichen Landeskun-

---

kum in einem Archiv abgeleistet hat und 6. gute allgemeine Kenntnisse im Bereich Informationstechnik vorweisen kann", Verordnung über die Ausbildung und Prüfung für den Archivdienst in der Laufbahngruppe 2, zweites Einstiegsamt, im Land Nordrhein-Westfalen (Ausbildungsverordnung Archivdienst 2.2 – VAP ArchD) vom 24. Mai 2017 (GV. NRW S. 637–652), § 2 Abs. 2.

26 Stellenausschreibung der Landesarchivverwaltung Rheinland-Pfalz auf der Internetseite der Archivschule Marburg für die Einstellung einer Referendarin/eines Referendars zum 1. Mai 2020 (abgerufen am 23.09.2019).

27 Vgl. Personalnachrichten, zusammengestellt vom Verband deutscher Archivarinnen und Archivare e. V., in: Der Archivar 69/3 (2016), S. 290–293, hier S. 291; 70/3 (2017), S. 343–346, hier S. 343; 71/3 (2018), S. 309–312, hier 310.

28 Vgl. Irmgard Christa Becker: Einführung, in: Referendariat im höheren Archivdienst. Modulhandbuch, hg. von der Archivschule Marburg, Marburg 2013, S. IVf., URL: http://m.archiv-

de sowie Landes- und Regionalgeschichte“[29] stehen seit der Reform des Vorbereitungsdienstes nicht mehr explizit auf dem Lehrplan der Archivschule.[30] Die hohe Unterrichtsbelastung und eine Empfehlung der DFG-Gutachter zur Standortbestimmung und den Perspektiven der deutschen Archive in der Informationsgesellschaft hatten bereits 2005 dazu geführt, dass das Verhältnis von universitärer und postuniversitärer Ausbildung überdacht und der Anteil an Unterrichtsstunden in den Fächern Sozial- und Wirtschaftsgeschichte sowie Landes- und Rechtsgeschichte stark reduziert worden ist.[31] Doch spielen landeshistorische Kenntnisse auch heute noch sowohl im Ausbildungsarchiv während der berufspraktischen wie auch während der theoretischen Ausbildungsphase vor allem im Zusammenhang mit der Vermittlung von Archiv-, Verfassungs- und Verwaltungsgeschichte eine wichtige Rolle.

Art und Zeitanteil der Leistungen im Bereich der Landesgeschichte

Beate Dorfey vom Landeshauptarchiv Koblenz untersuchte im Sommer 2011 die Internet-Auftritte der staatlichen Archive, um die Frage nach dem Stellenwert von Landesgeschichte in den jeweiligen Landesarchiven zu beantworten. Dabei kam sie zu folgendem Ergebnis: „Der eindeutigen und nachhaltigen Verbesserung des Zugangs und damit der Nutzungsmöglichkeiten von Archivgut steht die Tatsache gegenüber, dass Landesgeschichte nahezu durchgängig unter dem Label der Öffentlichkeitsarbeit gesehen wird, deren Attraktivität genutzt wird, neue Nutzergruppen an Archivgut heranzuführen und die öffentliche Wahrnehmung der Archive zu verbessern. Auf der Strecke bleibt die eigenständige landesgeschichtliche Forschung von Archivarinnen und Archivaren, die auf die Privatsphäre verlagert wird. Insofern spiegeln die Web-Auftritte der staatlichen Archive in der Tat den Wandel im Berufsbild mit seiner Fokussierung auf die archivischen Kernaufgaben der Übernahme, Bewertung, Ordnung und Erschließung von Archivgut und deren Bereitstellung zur Nutzung.“[32]

Diese Außensicht auf das Leistungsspektrum, welches die Landesarchive sowie deren Mitarbeiterinnen und Mitarbeiter im Bereich der Landesgeschichte erbringen, bedarf jedoch noch der Ergänzung durch die Sicht in das Innere der Einrichtungen.

---

schule.de/uploads/Ausbildung/Modulhandbuch-hD_2013-0.pdf (zuletzt abgerufen am 27.12.2019).

29 § 14 Abs. 2 Nr. 3 der Ausbildungs- und Prüfungsordnung für den höheren Archivdienst im Lande Hessen (APOhArchiD) vom 23. Mai 1997 (Staatsanzeiger für das Land Hessen 26/1997, S. 1868).

30 Studienordnung für das Referendariat im höheren Archivdienst an der Archivschule Marburg – Hochschule für Archivwissenschaft vom 10. Dezember 2017 (Staatsanzeiger für das Land Hessen 3/2018 S. 123).

31 Vgl. Frank M. Bischoff: Archivare der Zukunft – Eckpunkte der Marburger Ausbildung für ein einheitliches Berufsprofil, in: Karsten Uhde (Hg.): Berufsbild im Wandel – Aktuelle Herausforderungen für die archivarische Ausbildung und Fortbildung (Veröffentlichungen der Archivschule Marburg, Bd. 43), Marburg 2005, S. 251–278, hier S. 268.

32 Beate Dorfey: Wege aus der Krise. Archive und landesgeschichtliche Arbeit – eine Bestandsaufnahme, in: Blätter für deutsche Landesgeschichte 148 (2012), S. 13–27, hier S. 25.

Die folgende Aufzählung betrachtet aus zwangsläufig subjektiver Perspektive die Leistungen des Niedersächsischen Landesarchivs. Sie ließe sich mit Sicherheit noch um weitere landeshistorische Tätigkeitsfelder ergänzen, wenn auch die übrigen 15 Länder mit ihren Archivverwaltungen einbezogen würden. Für das Niedersächsische Landesarchiv sind zunächst Leistungen zu nennen, welche von der Institution als Ganzes erbracht werden. Dazu zählen:

- Ausstellungen in den Räumen der Archivabteilungen,
- Mitwirkung bei Ausstellungen anderer Gedächtniseinrichtungen,
- Tiefenerschließung zentraler Bestände,
- eine eigene Schriftenreihe mit Beiträgen zu historischen Themen, die auf der Auswertung der eigenen Bestände beruhen,
- Vortragsveranstaltungen,
- Kooperation mit Universitäten, der Historischen Kommission für Niedersachsen und Bremen, mit historischen Vereinen und Landschaftsverbänden/Landschaften.

Hinzu kommen landeshistorische Tätigkeiten von einzelnen Archivarinnen und Archivaren, die überwiegend in der Dienstzeit, aber auch in der Freizeit ausgeübt werden. Dazu gehören:

- Herausgeberschaften und Schriftleitungen von landes- und regionalhistorischen Zeitschriften,
- Mitarbeit in den Gremien der Historischen Kommission (Vorstand, Beirat, Arbeitskreise),
- Mitarbeit in den regionalen historischen Vereinen auf Vorstands- und Beiratsebene,
- Aufsätze und Rezensionen zu landeshistorischen Publikationen,
- Vorträge zu diversen landeshistorischen Themen,
- Lehraufträge an Universitäten,
- Anregung landeshistorischer Arbeiten und Tagungen.

Bereits dieser kurze Abriss lässt erkennen, dass Archivarinnen und Archivare des Niedersächsischen Landesarchivs auch heute noch in vielen Bereichen der Landesgeschichte und ihrer Vermittlung mitwirken und die Verzahnungen zwischen dem Archiv und der landeshistorischen Forschung sehr vielfältig sind. Diese Tätigkeitsfelder werden oftmals von den Leiterinnen und Leitern der einzelnen Abteilungen ausgeübt, doch sind auch alle Archivarinnen und Archivare des höheren und teilweise auch des gehobenen Dienstes punktuell darin eingebunden.

Um die Frage nach dem zeitlichen Anteil der Landesgeschichte im archivischen Berufsalltag zu ermitteln, bedarf es verlässlicher Zeiterfassungen. Diese sind zwar als Mittel einer Kosten- und Leistungstransparenz in einigen Archiven der Länder üblich, werden aber nur von wenigen Archivverwaltungen publiziert. Das Hessische Landesarchiv differenziert in seinen Tätigkeitsberichten zwischen „Förderung der Landesgeschichte in Kommissionen und Vereinen" und „Vermittlung von Archivgut durch Ausstellungen, Veröffentlichungen und sonstige Maßnahmen". Zur letztgenannten

Leistung zählen neben Ausstellungen und Veröffentlichungen, öffentliche Veranstaltungen und Führungen, Vorträge und Lehrtätigkeit sowie der archivpädagogische Dienst.

Jahr	Leistung 1 „Förderung der Landesgeschichte" in Stunden	Leistung 2 „Vermittlung von Archivgut" in Stunden	Leistung 1 und 2 zusammen in Stunden
2010	3.815	3.738	7.553
2011	3.492	2.655	6.147
2012	4.314	2.700	7.014
2013	3.597	3.211	6.808
2014	3.522	2.841	6.363
2015	3.272	3.086	6.358
2016	3.276	5.113	8.389
2017	2.679	4.614	7.293
2018	2.394	4.263	6.657

Tab. 1: Leistungen im Bereich der Landesgeschichte im Hessischen Landesarchiv 2010–2018[33]

Im Vergleich der zurückliegenden neun Jahre zeichnet sich in Tabelle 1 ab 2016 eine Verschiebung der Stunden von der Förderung der Landesgeschichte hin zur Vermittlung von Archivgut ab. Im Durchschnitt lag der Arbeitseinsatz für beide Leistungen zusammen bei 6.954 Stunden, schwankte jedoch von Jahr zu Jahr zwischen 6.100 und 8.400 Stunden.

Auch im Niedersächsischen Landesarchiv schreiben die Mitarbeiterinnen und Mitarbeiter auf, wie viel Zeit sie für welche Tätigkeit aufgewendet haben. In Niedersachsen wird das eigene landeshistorische Wirken im Aufgabenbereich der „Auswertung" erfasst. Darunter fallen die Mitarbeit in historischen Vereinen und Kommissionen, das Verfassen eigener Beiträge, die Herausgebertätigkeit für die eigene Schriftenreihe sowie für die Zeitschriften und Reihen der mit dem Landesarchiv verbundenen landes- und regionalhistorischen Vereine, Vorträge, Lehrtätigkeit sowie Sonstiges. Davon getrennt werden die Zeitaufwände für Führungen und Veranstaltungen sowie die Öf-

33 Tätigkeitsberichte der Hessischen Staatsarchive, hg. vom Hessischen Hauptstaatsarchiv, Staatsarchiv Darmstadt und Staatsarchiv Marburg, Wiesbaden, Darmstadt, Marburg 2010–2012, URL: https://landesarchiv.hessen.de/publikationen/taetigkeitsberichte (zuletzt abgerufen am 27.12.2019); Tätigkeitsbericht des Hessischen Landesarchivs, hg. vom Hessischen Landesarchiv, Marburg 2013–2018, URL: https://landesarchiv.hessen.de/publikationen/taetigkeitsberichte (zuletzt abgerufen am 27.12.2019).

fentlichkeitsarbeit des Niedersächsischen Landesarchivs im engeren Sinne (z. B. Internetauftritt, Informationsblätter, Broschüren etc.) dokumentiert.

Jahr	Leistung „Auswertung" in Stunden
2010	9.740
2011	8.250
2012	5.913
2013	7.631
2014	6.092
2015	6.626
2016	8.040
2017	7.361
2018	7.292

Tab. 2: Leistungen im Bereich der Landesgeschichte im Niedersächsischen Landesarchiv 2010–2018[34]

Wie in Tabelle 2 dargestellt, schwankte die Leistung „Auswertung" im Niedersächsischen Landesarchiv in dem Zeitraum von 2010 bis 2018 in Abhängigkeit von besonderen Projekten zwischen 5.900 und 9.700 Stunden pro Jahr und erreichte im Durchschnitt 7.438 Stunden. Bei einem Vergleich mit den hessischen Zahlen ist zu bedenken, dass die Leistung „Auswertung" in Niedersachsen weder der Leistung „Förderung der Landesgeschichte" noch der Leistung „Vermittlung von Archivgut" in Hessen entspricht. Doch dürfte sie mit Ausnahme von Führungen, Veranstaltungen und der archivpädagogischen Vermittlung die Tätigkeitsfelder beider hessischen Leistungen umfassen. Zeigen sich in der inneren Gewichtung einzelner Aufgaben bei der Erforschung und Vermittlung von Landesgeschichte durchaus Unterschiede, so blieb dennoch in beiden Landesarchiven der dafür aufgewendete Zeitanteil – auch wenn er verglichen mit anderen Aufgaben nur einen einstelligen Prozentsatz erreicht – über die zurückliegenden Jahre stabil.

Fazit

Staatliche Archive fordern auch im 21. Jahrhundert von Mitarbeiterinnen und Mitarbeitern im höheren Archivdienst eine fundierte geschichtswissenschaftliche Ausbildung, weil im Berufsalltag – von der Bewertung bis zur Beratung – insbesondere landeshistorische Kenntnisse und das Wissen um den Stand der landeshistorischen

34 Die Zahlen stammen aus der Kosten- und Leistungsrechnung des Niedersächsischen Landesarchivs.

Forschung unabdingbar sind. Auf dieser Basis üben Archivarinnen und Archivare bereits mit der Bewertung des angebotenen Verwaltungsschriftguts, mit der Ordnung und Verzeichnung des übernommenen Archivguts und schließlich mit der Beratung von Archivbenutzerinnen und -benutzern einen Teil der Grundlagenforschung der historischen Wissenschaften aus und bilden die Voraussetzung für landeshistorische Forschung.[35] Der aktiven Beteiligung an der Landesgeschichte kommt rein quantitativ ein geringer Stellenwert im Aufgabenspektrum der beiden betrachteten Landesarchive zu, der jedoch qualitativ ganz wesentlich zur Wahrnehmung von Archiven sowohl in der Fach- wie in der breiteren regionalen Öffentlichkeit beiträgt.

Insgesamt bleibt festzuhalten, dass die Landesarchive noch Zeitanteile für landeshistorische Aufgaben bereithalten, die sehr bewusst und gezielt eingesetzt werden, um die Bedeutung und den Wert von Archiven als „Gedächtnis des Landes"[36] immer wieder aufs Neue herauszustellen und um die Zusammenarbeit mit universitären und außeruniversitären landeshistorisch tätigen Einrichtungen in zeitgemäßen Formen fortzusetzen. Darüber hinaus ist es heute wie schon in früheren Zeiten gern gesehen, wenn Archivarinnen und Archivare bereit und in der Lage sind, sich auch außerhalb der Dienstzeit landeshistorisch zu engagieren.

---

35 Vgl. Kollmer-von Oheimb-Loup: Archive (wie Anm. 1), S. 202f.

36 „Arbeiten für das Gedächtnis des Landes. übernehmen – erschließen – auswerten – bewahren – bereitstellen", so lautet der Titel der Festgabe zum 70-jährigen Jubiläum des Brandenburgischen Landeshauptarchivs, hg. vom Brandenburgischen Landeshauptarchiv, Potsdam 2019.

Universitäre Landesgeschichte als Ersatz für abgebautes Forschungspersonal an staatlichen und kommunalen Museen?

Eckart Köhne

Die Vorgabe einer These als Beitragsthema ist nie einfach, zumal der Autor auf den Titel des Vortrags keinen Einfluss hatte und die im Titel formulierte Frage verneint. So soll hier das Thema Forschung an Museen im Mittelpunkt stehen, außerdem deren Zusammenarbeit mit Universitäten und Wissenschaftlern.

Die Gesamtsituation der Museen in Deutschland lässt sich am besten anhand der offiziellen Statistik des Instituts für Museumswissenschaften in Berlin beurteilen, die rund 6.700 Museen nennt. In dieser Zahl sind auch museumsähnliche Einrichtungen wie Ausstellungshäuser oder Schlösser und sonstige Baudenkmäler enthalten, die über Sammlungen verfügen. Staatlich getragen sind die wenigsten davon, neben der großen Preußenstiftung in Berlin und den wenigen als Stiftungen geführten Bundesmuseen in den Bundesländern gibt es 429 staatliche Institutionen, die sich asymmetrisch auf die 16 Bundesländer verteilen. Nur ein kleiner Teil dieser Institutionen beschäftigt sich schwerpunktmäßig mit Landesgeschichte.

In der Trägerschaft einer lokalen Gebietskörperschaft, entweder Kommune, Kreis oder andere Formen wie Landschaftsverbände, befinden sich 2.596 Museen. Stadtgeschichte oder regionale historische Themen sind hier oftmals ein Kernpunkt der Museumsarbeit. Vielfach sind diese Häuser mit kommunalen Archiven organisatorisch und fachlich verbunden. Dazu kommen die im Titel nicht genannten kleinen, oft ehrenamtlichen Heimatmuseen. Auch diese behandeln Themen der Landesgeschichte. Nicht selten steht hinter diesen Einrichtungen ein historischer Verein, der die Sammlungen zusammengetragen hat und der oft über bemerkenswerte Kompetenzen im Bereich der Geschichtsforschung verfügt.

Museen gehören zu den wichtigsten Akteuren auf dem Feld der Wissensvermittlung an ein breites, nicht fachlich geprägtes Zielpublikum. Insgesamt erreichen die deutschen Museen jährlich rund 105 Millionen Besucherinnen und Besucher, mehr als die Stadien der ersten und zweiten Bundesliga zusammen in einer Saison verzeichnen.

Viele Museen haben in den letzten Jahren an Wirtschaftskraft eingebüßt. Sie haben zwar oft nominell ihre Ausstattung bewahren können, Gelder wurden vielfach in den Haushalten in gleicher Höhe fortgeschrieben. Da in der Regel in den Budgets keine Anpassung an Inflation und Teuerung vorgenommen wird, schrumpfen die Mittel jedes Jahr real um ein bis anderthalb Prozent. Wenn die Tarifsteigerungen nicht ausgeglichen werden, addieren sich schnell jährliche zwei Prozent dazu. Auf diese Weise können einzelne Museen im Laufe von zehn Jahren leicht 25 bis 30 Prozent an tatsächlicher Kaufkraft verlieren. Kürzungen sind damit unvermeidlich.

Davon betroffen sind zunächst vor allem die frei verfügbaren Mittel. Das bedeutet konkret weniger Projekte wie Ausstellungen oder Publikationen. Auch die bauliche

Situation verschlechtert sich, leider kann oft nicht mehr in angemessener Weise in die Sammlungspflege investiert werden.

Einsparungen im Personalbudget kommen dazu. Stellen für Restauratoren, Depotverwalter und Museologen wurden und werden vielfach nicht nachbesetzt. Diese arbeiten in Bereichen, die nicht in der Aufmerksamkeit der Öffentlichkeit stehen und deswegen weniger Fürsprecher bei der Mittelvergabe haben. Der zweite große Bereich, der viele Stellen verloren hat, sind Gewerke, die man auslagern konnte: Aufsichten, Hausmeister, Pförtner, technische Berufe und Handwerke wie Schreiner, Maler oder Schlosser. Nicht alle eingesparten Mittel wurden übrigens gekürzt, einiges davon verlagerte sich in Bereiche wie Vermittlung, Öffentlichkeitsarbeit oder Marketing. Die kontinuierlich ansteigenden Vorgaben an die Verwaltungsarbeit haben ebenfalls Ressourcen gebunden. Heute kommt die Gestaltung des digitalen Wandels als große Aufgabe hinzu, für deren Bewältigung viele Museen auf zusätzliche Ressourcen angewiesen sind.

Auch die Entwicklung der Forschungsarbeit an Museen und die damit verbundenen Ressourcen sind vor dem Hintergrund der oben geschilderten Rahmenbedingungen zu sehen. Das Forschen gehört neben dem Sammeln, dem Bewahren, dem Ausstellen und dem Vermitteln zu den Kernaufgaben jedes Museums. So jedenfalls schreibt es die aktuell gültige Museumsdefinition des International Council of Museums (ICOM) fest, an die nicht nur die Museen, sondern gerade auch ihre Träger gebunden sein sollten. Dabei wird Forschung je nach Größe des Museums, vor allem aber je nach Museumsgattung sehr unterschiedlich betrieben und ausgestattet. Die umfangreichste und möglicherweise den Universitäten nächste Forschung betreiben die Naturkundemuseen. Sie haben im Verhältnis zur Gesamtpersonalstärke oft einen sehr hohen Anteil an Wissenschaftlern und Kuratoren, die unabhängig vom Museumsbetrieb Grundlagenforschungen an den Sammlungen betreiben und oft in weltweit vernetzten Verbünden agieren bzw. große Drittmittelprojekte initiieren. Die großen Naturkundemuseen gehören der Leibnitz-Gemeinschaft an.

Vergleichbares wird man an den Geschichtsmuseen oder den Kunst- und kulturgeschichtlichen Museen kaum finden. Hier arbeiten im Verhältnis wesentlich weniger Wissenschaftlerinnen und Wissenschaftler in festen Arbeitsverhältnissen. Zudem gibt es große Unterschiede zwischen den einzelnen Bundesländern. An der Spitze stehen die großen, oftmals über viele Generationen bestehenden Häuser, die bei einem Personalstamm von mehr als 100 Mitarbeiterinnen und Mitarbeitern über 10 bis 15% Kuratorenstellen verfügen können. Staatliche Museen in so genannten ärmeren Bundesländern haben in der Regel einen kleineren Personalstamm, es gibt auch Landesmuseen, die überhaupt nur über zwei oder drei Kuratorenstellen verfügen.

Entsprechende Unterschiede gibt es auch bei den kommunalen Museen, unter denen von sehr großen Institutionen bis hin zu Ein-Frau-oder-Mann-Betrieben alles möglich ist. Manche kommunalen Einrichtungen werden mittlerweile ganz ohne Wissenschaftlerinnen und Wissenschaftler betrieben. Entsprechende Vorgaben kommen vom Museumsträger, der auf diese Weise teure Kuratorenstellen umgehen möchte.

Einen flächendeckenden Abbau von Wissenschaftlerstellen hat es bislang (noch) nicht gegeben. Hier muss man immer auf den Einzelfall schauen, und es gibt sicher auch negative Beispiele. Insgesamt gesehen waren die Stellen der Kuratorinnen und Kuratoren verhältnismäßig wenig von den Veränderungsprozessen der letzten Generation betroffen. Den Verdacht, die universitären Kollegen müssten für neu gerissene Lücken im musealen Betrieb herhalten – das könnte ja der Vortragstitel suggerieren – trifft deswegen aus meiner Sicht nicht zu. Es steht aber zu befürchten, dass künftig mehr und mehr freiwerdende Stellen auch im wissenschaftlichen Bereich nicht mehr nachbesetzt oder umgewidmet werden.

Muss nun universitäre Forschung abgebautes wissenschaftliches Personal am Museum ersetzen, wie es der Titel des Beitrags als Frage formuliert?

Forschungsarbeit an Museen erfolgt in der Regel im Rahmen von Projekten. Diese weisen eine große Bandbreite auf, von der Inventarisation und der Publikation von Museumsbeständen über die Konzeption neuer Schausammlungen bis hin zu Ausstellungs- und Vermittlungsprojekten, die sich an ein breites Publikum richten. Wissenschaftliche Arbeit am Museum basiert in der Regel immer auf Sammlungen und Exponaten. Darüber hinaus hat sie einen Vermittlungszweck, der mit bestimmten Formaten verbunden ist, zu deren Umsetzung museologische Kenntnisse notwendig sind, die über das reine Fachwissen hinausgehen. Deswegen kann die universitäre Forschung die wissenschaftliche Arbeit an den Museen gar nicht ersetzen – und umgekehrt natürlich. Im Idealfall sollten beide sich ergänzen.

Das gelingt am besten in gemeinsamen Forschungsprojekten. Ausgehend von den Sammlungen können Museen im Verbund mit Universitäten und weiteren Partnern Drittmittelprojekte aufsetzen, in deren Rahmen Stellen geschaffen werden und beispielsweise museale Sammlungen wissenschaftlich aufgearbeitet werden oder neuen Fragestellungen unterzogen werden. Hier ließe sich eine Vielzahl von guten Beispielen anführen, auch solche, an denen kleinere Museen beteiligt sind. Ein Ersatz musealer Wissenschaftler durch solche von der Universität ist dabei aber nicht zu befürchten, da ja Stellen geschaffen werden und derartige Projekte an den Museen kuratorisch betreut werden müssen. Solche Projekte sind oft die einzige Möglichkeit für Kuratorinnen und Kuratoren, selbst systematisch und mit einer gewissen Dauer wissenschaftlich an den Sammlungen zu arbeiten.

Der überwiegende Teil der wissenschaftlichen Museumsarbeit erfolgt in Projekten, die sich an ein Publikum richten und die deswegen kuratorische Kompetenzen verlangen. Sie basiert in erster Linie auf den Sammlungen des jeweiligen Hauses, die Themen und oft auch Fragestellungen der einzelnen Projekte vorgeben. Diese Arbeit hat immer ein Vermittlungsziel. Sie richtet sich an die Besucherinnen und Besucher der Museen, die in ihrer überwältigenden Mehrheit keine Fachleute sind. Sie werden mit Schausammlungen und Ausstellungen angesprochen, für deren Entwicklung nicht nur wissenschaftliche Kenntnisse wichtig sind, sondern vor allem didaktische Fähigkeiten, die eine gute Kuratorin oder einen guten Kurator ausmachen. Dabei geht es darum, komplexe Inhalte und aktuelle Forschungsergebnisse so zu vermitteln, dass interessierte Laien aller Altersstufen Themen verstehen und rezipieren können.

Wissenschaftliche Arbeit ist also ein Teil der kuratorischen Aufgaben am Museum, die aber wesentlich vielfältiger sind. Universitäten und Museen profitieren von gemeinsamen Forschungs- und zunehmend auch Vermittlungsprojekten, in die in der Regel noch andere Akteure wie Archive und Bibliotheken eingebunden sind.

Wenn es Probleme bei diesen Kooperationen gibt, dann meistens in der Zusammenarbeit. Die Arbeitsweisen und Betriebskulturen von Museen, universitären Instituten und Lehrenden unterscheiden sich erheblich. Gerade in der inneren Organisation sind Museen in einem großen Wandel begriffen. Agiles Projektmanagement, flache Hierarchien, Zusammenarbeit in Teams auch mit nichtwissenschaftlichen Aufgabenbereichen wird man in vergleichbarer Form an den Universitäten nicht finden. Deswegen ist es nicht immer einfach, Kolleginnen und Kollegen aus Universitäten in die Museumsarbeit zu integrieren. Die Erarbeitung von wissenschaftlich fundierten Inhalten und Konzepten wird eben nicht mehr unabhängig betrachtet, der Wissenschaftler hat nicht mehr in allen Bereichen Entscheidungskompetenz. Diese Entwicklung kann schon Museumskuratoren vor Probleme stellen, umso mehr Wissenschaftler, die aus ganz anderen, hierarchisch aufgebauten Institutionen kommen und es gewohnt sind, bei der Durchsetzung ihrer Anliegen wenig Kompromisse machen zu müssen. Dazu kommt noch, dass Museumsarbeit mittlerweile überwiegend weiblich geprägt ist, universitäre Forschung in vielen Fällen immer noch mehrheitlich männlich. Auch hier gibt es für beide Seiten einiges zu lernen.

Der neue Leitfaden „Professionell Arbeiten in Museen" des Deutschen Museumsbundes stellt sehr umfassend die aktuellen Tätigkeitsbilder dar, die es am und um das Museum gibt. Landeshistoriker, die sich für das Berufsfeld Museum interessieren, sollten möglichst schon während des Studiums erste Einblicke in die Museumsarbeit gewinnen, etwa über Praktika oder die Mitarbeit an universitären Sammlungen. Die gute Kenntnis der materiellen Überlieferung des Fachs ist für eine Arbeit am Museum sehr wichtig. Kenntnisse in Kunstgeschichte bzw. Volkskunde sind deswegen wünschenswert. Der Einstieg in das Berufsfeld Museum erfolgt meistens über das wissenschaftliche Museumsvolontariat, das zwei Jahre dauert und als zusätzliche Ausbildung nach einem qualifizierten wissenschaftlichen Abschluss in einem museumsrelevanten Fach gilt. Da die Museen wie oben skizziert sehr unterschiedlich arbeiten und ausgestattet sind, ist es dringend anzuraten, das jeweilige Museum vor einer Bewerbung eingehend zu prüfen und auch persönlich anzuschauen. Da das Volontariat ein Ausbildungsverhältnis ist, sind die Rahmenbedingungen und die Vergütung sehr unterschiedlich. Der Leitfaden des Deutschen Museumsbundes zum Volontariat gibt hier wertvolle Hinweise. Eine Festanstellung am Museum im Anschluss an das Volontariat ist leider selten. Es bestehen aber sehr gute Chancen, über die Mitarbeit in musealen Projekten beruflich Fuß zu fassen.

Geschichtsvereine: Ihre Bedeutung für die Landesgeschichte

Andrea Stieldorf

„Indem historische Vereine „vor Ort“ das Wissen um die Vergangenheit lebendig erhalten, es immer wieder auffrischen und in moderne Problemlösungen einbringen, können sie einen eminent wichtigen Beitrag zur Bewältigung der Gegenwart leisten. Es geht dabei nicht um Nostalgie (...) sondern um eine Vorwärtsstrategie Richtung Zukunft.“[1] So äußerte sich 1986 Hans Georg Kirchhoff, selbst Historiker und Geschichtsdidaktiker und aufgrund seiner landesgeschichtlichen Arbeiten auch immer wieder in die Aktivitäten historischer Vereine eingebunden, um hieraus eine Aufforderung zu kommunalpolitischen Aktivitäten abzuleiten.[2] Dieser Zusammenhang, den Kirchhoff in seinem Beitrag, der in der Zeitschrift des Vereins für Geschichte und Heimatkunde Pulheim erschien, noch weiter ausführt, ist unmittelbar einsichtig. Doch gilt diese Aussage auch dann, wenn es um die Einwirkungsmöglichkeiten und ggf. auch -wünsche historischer Vereine auf bzw. an die landesgeschichtliche Forschung geht? Beeinflussen also Geschichtsvereine heute Methoden oder Fragestellungen der Landesgeschichte? Oder ist das Verhältnis zwischen Geschichtsvereinen und Landesgeschichte anders zu umschreiben? Landesgeschichte wird im Folgenden als wissenschaftliche Disziplin verstanden; wenn man sie in einem geschichtskulturellen Sinn weiter fassen wollte,[3] würden sich die Gewichtungen etwas verschieben.

Im Folgenden geht es nicht um einen Rückblick, erst recht nicht ins 19. Jahrhundert, für welches die Leistungen der Geschichtsvereine in Bezug auf die Landesgeschichtsforschung beispielsweise durch großangelegte regionale Editionsunterneh-

---

Die Vortragsfassung wurde beibehalten.

1 Hans Georg KIRCHHOFF: Aufgaben und Möglichkeiten lokaler Geschichtsvereine, in: Pulheimer Beiträge zur Geschichte und Heimatkunde 10 (1986), S. 10–27, hier S. 13.

2 Dies unterstützt auch Manfred TREML: Geschichtsvereine in Bayern. Geschichte, Funktionen, Perspektiven, in: Bayernspiegel. Zeitschrift der bayerischen Einigung und bayerischen Volksstiftung 5 (2004), S. 14–19, hier S. 17–18 (auch in: Mitteilungen des Vereins für Geschichte der Stadt Nürnberg 90 (2003), S. 11–27).

3 Vgl. Eugen KOTTE: Überreste – Erinnerungen – Identitäten. Zur Problematik regionaler Geschichtskultur, in: Bernd Ulrich HUCKER (Hg.): Landesgeschichte und regionale Geschichtskultur, Peine 2013, S. 13–34, hier S. 19–28, der zu dem Ergebnis kommt: „Regionale Geschichtskulturen sind also als kulturell durchformter Kommunikationszusammenhang zu verstehen, in dem über die Objektivationen in einer Gegenwart anwesende Vergangenheit einschließlich der in letzterer dokumentierten Bestrebungen, einen eng umgrenzten Raum als Geschichtslandschaft oder Region unverwechselbar zu konstruieren, mit funktional elementarem Bezug zur jeweiligen Lebenswelt der Rezipienten dargestellt wahrgenommen und – im günstigsten Fall – reflektiert wird“. Siehe auch Wilfried SPEITKAMP: Geschichtsvereine – Landesgeschichte – Erinnerungskultur, in: Mitteilungen des Oberhessischen Geschichtsvereins Gießen 88 (2003), S. 181–205, hier S. 182–187, S. 191–195.

men usw. gut untersucht sind. Zudem gibt es Forschungen zu den Phasen,[4] bevor sich die Geschichtswissenschaft und später die Landesgeschichte als wissenschaftliche Disziplinen etablierten – ohne hier auf die terminologischen Diskussionen rund um Landesgeschichte, Geschichtliche Landeskunde, Regionalgeschichte und die mit diesen Begriffen verbundenen Konzepte eingehen zu wollen.[5]

Zudem sollte ich an dieser Stelle einräumen, dass ich disziplinär die Historischen Grundwissenschaften vertrete, also keine ausgewiesene Landeshistorikerin bin, auch wenn ich mit einzelnen Projekten immer wieder auch im Bereich der Landesgeschichte tätig bin. Durch meine Vorstandsmitgliedschaft in zwei Geschichtsvereinen, dem Historischen Verein für den Niederrhein und den Verein für geschichtliche Landeskunde der Rheinlande ist mein Blick heute stärker durch die Vereinsseite geprägt, auch von den Erfahrungen, die dort konkret gemacht werden.

Um welche Vereine geht es bei den folgenden Überlegungen? Auf die unterschiedlichen Typen von Geschichtsvereinen ist hier nicht näher einzugehen. Allerdings ist die grobe Unterscheidung zwischen älteren Vereinen, die teilweise schon im 19. Jahrhundert gegründet wurden und deren Interessengebiet sich meist auf ganze Regionen

4 Einige Bemerkungen finden sich auch im Beitrag von Stephan Laux im vorliegenden Band; vgl. aus der Vielzahl der Arbeiten zu Geschichtsvereinen Sebastian HUSEN: Vaterländische Geschichte im republikanischen Stadtstaat. Studien zur Entwicklung des Vereins für Hamburgische Geschichte (1839–1914) (Veröffentlichungen des Vereins für Hamburgische Geschichte, Bd. 45), Hamburg 1999, der auch auf die Auswirkungen der sich verändernden Geschichtswissenschaften auf den Verein eingeht. 1954 befasste sich Max Braubach anlässlich der Hundertjahrfeier des Historischen Vereins für den Niederrhein mit den Beziehungen zwischen Landesgeschichte und Geschichtsvereinen und zeichnete hierzu die Entwicklung seit dem ausgehenden 18. Jahrhundert nach: Max BRAUBACH: Landesgeschichtliche Bestrebungen und historische Vereine im Rheinland. Festgabe zur Hundertjahrfeier (Veröffentlichungen des Historischen Vereins für den Niederrhein, insbesondere das Alte Erzbistum Köln, Bd. 8), Düsseldorf 1954; Klaus PABST: Landesgeschichte und Geschichtsvereine im Rheinland, in: Geschichte im Westen. Zeitschrift für Landes- und Zeitgeschichte 7 (1992), S. 28–39, hier S. 31–35. Vgl. auch Hans-Martin MAURER: Frühe Geschichtsvereine in Baden-Württemberg (Geschichte Württembergs, Bd. 4), Stuttgart 2019, der sieben seit den 1820er Jahren gegründete Vereine in den Blick nimmt und ihre Entstehung einordnet. Zur Gründungsphase zahlreicher historischer Vereine im 19. Jahrhundert vgl. insbesondere Hermann HEIMPEL: Geschichtsvereine einst und jetzt, in: Hartmut BOOCKMANN, Arnold ESCH, Hermann HEIMPEL, u. a. (Hgg.): Geschichtswissenschaft und Vereinswesen im 19. Jahrhundert. Beiträge zur Geschichte historischer Forschung in Deutschland (Veröffentlichungen des Max-Planck-Instituts für Geschichte, Bd. 1), Göttingen 1972, S. 45–73; zu ihrer Editionstätigkeit ebd. S. 56; zur Forschungsleistung der Geschichtsvereine vgl. den ursprünglich 1972 veröffentlichten Beitrag von Erich MASCHKE: Landesgeschichtsschreibung und Historische Vereine, in: DERS.: Städte und Menschen. Beiträge zur Geschichte der Stadt, der Wirtschaft und Gesellschaft 1959–1977 (Vierteljahrsschrift für Sozial- und Wirtschaftsgeschichte. Beihefte, Bd. 68), Wiesbaden 1980, S. 515–532, hier S. 515; Hermann Heimpel war für von Maschke „der wissenschaftliche Entdecker und Schilderer der historischen Vereine als einer wichtigen Organisationsform der Geschichtsforschung“ (ebd. S. 516).

5 Zu den Begriffsdiskussionen vgl. etwa Werner BUCHHOLZ: Vergleichende Landesgeschichte und Konzepte der Regionalgeschichte von Karl Lamprecht bis zur Wiedervereinigung 1990, in: DERS. (Hg.), Landesgeschichte in Deutschland. Bestandsaufnahme – Analyse – Perspektiven, Paderborn u. a. 1998, S. 11–59.

oder größere Städte bezieht, und jüngeren Vereinen, die meist erst nach 1945 entstanden sind und sich oft stärker für Heimatgeschichte im engeren Sinne interessieren, für die folgenden Ausführungen gelegentlich relevant.[6] Hinzu kommen die seit den 1980er Jahren aufgekommenen Geschichtswerkstätten, die entstanden, um sich mit speziellen Themen – z. B. sozialgeschichtlichen Entwicklungen, Frauengeschichte, mittlerweile auch Stolpersteininitiativen – zu befassen, welche die universitäre Geschichtswissenschaft bis dahin eher am Rande bearbeitet hat. Peter Engels schätzte deren Zahl in Deutschland 2012 auf etwa 50.[7]

Wesentlich für die vorliegende Fragestellung ist, dass Geschichtsvereine in ihrer überwältigenden Mehrheit einen regionalen oder auch lokalen Bezugsrahmen haben, wobei der regionale Rahmen sich auch auf nicht mehr existierende territoriale Einheiten beziehen kann, wie etwa im Falle des Historischen Vereins für den Niederrhein, der sich ausdrücklich mit der Geschichte des alten Erzbistums Köln befasst.[8] Auf die hinter dieser räumlichen Ausrichtung liegenden Gründe, wie das Bedürfnis, sich in einem überschaubaren Raum zu verorten und damit auch einen Baustein der eigenen Identität zu schaffen und abzusichern, müssen wir hier nicht näher eingehen.[9] Allein

---

6 Diese Unterscheidung machen KIRCHHOFF: Aufgaben (wie Anm. 1), S. 10, S. 13; Peter ENGELS: Archive und Geschichtsvereine. Angebote und Erwartungen, in: Der Archivar 65 (2012), S. 358–361, hier S. 359. Annäherungen zu einer Typologie finden sich bei Ute BERTRANG: Gibt es eine Typologie der Geschichtsvereine und der historisch arbeitenden Heimatforscher?, in: Geschichtsvereine. Entwicklungslinien und Perspektiven lokaler und regionaler Geschichtsarbeit (Bensberger Protokolle, Bd. 62), Bergisch Gladbach 1990, S. 41–52.

7 Vgl. insbesondere Wilfried BUSEMANN: Geschichtswerkstätten und Geschichtsvereine. Kein Generationskonflikt!?, in: Geschichtsvereine. Entwicklungslinien und Perspektiven lokaler und regionaler Geschichtsarbeit (Bensberger Protokolle, Bd. 62), Bergisch Gladbach 1990, S. 85–96; Clemens WACHTER: Neue Geschichtsbewegung und alternative Geschichtsvereine, in: Mitteilungen des Vereins für Geschichte der Stadt Nürnberg 90 (2003), S. 65–85; mit polemischem Grundton in Richtung der Vereine Peter ADAMSKI: Geschichtsvereine und Geschichtswerkstätten – vom Nebeneinander zur Zusammenarbeit?, in: Mitteilungen des Oberhessischen Geschichtsvereins Gießen 88 (2003), S. 237–249 sowie PABST, Landesgeschichte (wie Anm. 4), S. 38; ENGELS: Archive (wie Anm. 6), S. 360; TREML: Geschichtsvereine (wie Anm. 2), S. 15f.; KOTTE: Überreste (wie Anm. 3), S. 16–18, der dies allerdings vor dem Hintergrund allgemeinerer Entwicklungen in der Geschichtswissenschaft einordnet und nicht auf Vereine und Geschichtswerkstätten bezieht. Vgl. allgemein HEIMPEL: Geschichtsvereine (wie Anm. 4), S. 46–54.

8 Vgl. KIRCHHOFF: Aufgaben (wie Anm. 1), S. 10. „Die Erforschung und die Pflege der historischen Landschaft“ bezeichnet Franz Steinbach als wesentliche Aufgabe der historischen Vereine; vgl. DERS.: Die Aufgaben der landschaftlichen Geschichtsvereine, in: Schriftenreihe des Rheinischen Heimatbundes 1 (1952), S. 3–15; Wiederabdruck in: Franz PETRI, Georg DROEGE (Hgg.): Collectanea Franz Steinbach. Aufsätze und Abhandlungen zur Verfassungs-, Sozial- und Wirtschaftsgeschichte, geschichtlichen Landeskunde und Kulturraumforschung, Bonn 1967, S. 18–29, hier: S. 18; im Folgenden erörtert Steinbach die Bedeutung des Raumes für die Geschichtswissenschaft.

9 Vgl. KIRCHHOFF: Aufgaben (wie Anm. 1), S. 11f., der die Aktivitäten der historischen Vereine von der reinen Traditions- und Brauchtumspflege abgrenzt und als Maßstab hierfür die „Herausforderung zur Reflexion der eigenen Existenz“ nennt. Diesen Gesichtspunkt hatte schon Karl Lamprecht betont; vgl. zur Diskussion SPEITKAMP: Geschichtsvereine (wie Anm. 3), S. 192.

die räumliche Eingrenzung sorgt schon für eine Nähe zur Landesgeschichte und für Interesse an Forschungen zu einer Region oder einer Stadt.

Darüber hinaus geben Orte häufig gewissermaßen ein „natürliches" räumliches Zentrum ab, auf das sich Vereinsaktivitäten konzentrieren können bzw. um das sie kreisen können. Dabei kann es schon ausreichend sein, wenn ein Verein, der eine Region erforscht, an einem Ort seinen festen Sitz hat, wobei möglicherweise die Art des Ortes Auswirkungen auf das erfolgreiche Wirken des Vereines haben kann.[10] Die so erzeugte Bindung ist ein wesentlicher Faktor für ein erfolgreiches Arbeiten der Vereine, auch wenn es um die wechselseitigen Beziehungen zur Landesgeschichte geht.[11]

Die Wirksamkeit von Geschichtsvereinen hängt neben ihrem räumlichen Zuschnitt auch davon ab, wo sie faktisch institutionell angebunden sind; letzten Endes geht es darum, wie Bindung an sie erzeugt wird und welche Möglichkeiten die Vereine strukturell haben, in eine wissenschaftlich ausgerichtete Landesgeschichte hineinzuwirken. Nach meiner Wahrnehmung haben es in der Tendenz die Vereine leichter, die sich auf eine Stadt fokussieren, weil in diesen Fällen in der Regel eine enge Anbindung an das jeweilige Stadtarchiv gegeben ist und die Archivarinnen und Archivare häufig Verantwortung in den Vereinen übernehmen, die Herausgabe der Vereinsorgane betreuen, dort selbst wissenschaftliche Beiträge veröffentlichen sowie als Mittler dienen für andere wissenschaftliche Autorinnen und Autoren;[12] oder aber, wenn – wie im Fall des in Bonn ansässigen Vereins für geschichtliche Landeskunde der Rheinlande – die An-

---

10 Diese Vermutung äußert MASCHKE: Landesgeschichtsschreibung (wie Anm. 4), S. 517, der zwischen Universitätsstädten (mit vielen Professoren unter den Mitgliedern), Residenzstädten (mit vielen höheren Beamten, aber auch Archivaren und Bibliothekaren) und agrarisch geprägten Orten unterscheidet.

11 Die Bedeutung der „kollektiven Gruppenidentität" sowie des Umstandes, dass Vereine „Orte der Begegnung ... mit dem heimatlichen Raum" schaffen, unterstreicht auch Peter CSENDES: Vom Speicher des Gedächtnisses zum Gedächtnisort. Historische Vereine, in: Moritz CSÁKY, Peter STACHEL (Hgg.): Speicher des Gedächtnisses. Bibliotheken, Museen, Archive, Bd. 2: Die Erfindung des Ursprungs. Die Systematisierung der Zeit, Wien 2001, S. 103–116, hier S. 110f. Auch HUSEN: Vaterländische Geschichte (wie Anm. 4), S. 303, betont, dass die 1839 erfolgte Gründung des Vereins für Hamburgische Geschichte deswegen erfolgreich gewesen sei, weil der Verein sich auf die Geschichte der Stadt konzentrieren wollte im Unterschied zu älteren Gründungsversuchen, die einen weiteren Untersuchungsraum planten.

12 Vgl. Stephan LAUX: „Positivismus" und „warme Bodenständigkeit". Zum historiographischen Selbstverständnis der „Annalen des Historischen Vereins für den Niederrhein" und ihrer Macher (1854/55–2003), in: Annalen des Historischen Vereins für den Niederrhein 207 (2004), S. 261–308, hier S. 266. Diesen Sachverhalt betont auch Sabine Graf im vorliegenden Band; vgl. auch Andreas RÖPCKE: Außeruniversitäre landesgeschichtliche Forschung in Mecklenburg: Der Geschichtsverein, das Schweriner Landeshauptarchiv und die Historische Kommission für Mecklenburg, in: Nils JÖRN, Haik Thomas PORADA (Hgg.): Die Historische Kommission für Pommern 1911–2011. Bilanz und Ausblick (Veröffentlichungen der Historischen Kommission für Pommern. Reihe V: Forschungen zur Pommerschen Geschichte, Bd. 47), Köln u. a. 2018, S. 67–80; ENGELS: Archive (wie Anm. 6), S. 358–361, betont, dass Archive und Vereine keineswegs „zwei sich gegenüberstehende Interessengruppen mit divergierenden Ansprüchen und Zielen" sind, sondern eine Zusammenarbeit für beide Seiten oft äußerst gewinnbringend ist. Zudem weist er auf einen sich ändernden Auftrag der Archive hin, der vermehrt auf die Öffentlichkeitswirksamkeit ihrer Arbeit ausgerichtet ist. Dabei begreifen die

bindung an ein universitäres Institut gegeben ist, wo die Lehrstuhlinhaberin bzw. der Lehrstuhlinhaber, derzeit ist es Michael Rohrschneider, sich nicht nur in Lehre und Forschung in der Rheinischen Landesgeschichte kümmert, sondern auch den Verein in seiner Funktion als Schriftführer betreut.[13]

Auch die Mitglieder der Vereine sind in den Blick zu nehmen. Die gerade gemachten Beobachtungen gelten über den Bonner Fall hinaus natürlich auch für ausgebildete Historikerinnen und Historiker, insbesondere, wenn sie im akademischen Betrieb tätig sind. Aufgrund ihres Werdegangs und ihrer Stellung können sie Anregungen aus der Geschichtswissenschaft in den Verein geben, aber auch Interessen aus dem Verein heraus aufgreifen und entsprechende Forschungen anregen.[14] Dies gilt ebenso für Geschichtslehrerinnen und -lehrer sowie überhaupt Personen, die ein geschichtswissenschaftliches Studium absolviert haben, also mit den Methoden des Faches sowie seiner Herangehensweise bei der Entwicklung von Fragestellungen vertraut sind, und dann noch neben ihrem möglicherweise völlig anders gelagerten Berufsleben die Zeit und die Kraft haben, sich in einem Geschichtsverein ehrenamtlich zu engagieren. Tatsächlich braucht man das Engagement solcher Personen, denn – so Peter Engels in einem Beitrag für den Archivar vor einigen Jahren: „Die Zweckbestimmung dieser [historischen] Vereine war" [und so würde ich auch sagen: ist] „ohne die Mitgliedschaft ausgebildeter Historiker, und meistens von Archivaren, im Vorstand oder im engeren Mitarbeiterkreis, nicht zur erreichen."[15]

Genau dieser Umstand aber teilt die Mitglieder zahlreicher historischer Vereine in zwei Gruppen, diejenigen, die Interesse an der Geschichte anregen oder verstärken, historische Kenntnisse – auf dem aktuellen Stand der Forschung und angeregt durch neue Fragestellungen – vermitteln wollen, und diejenigen Mitglieder, die dieses Angebot annehmen und an den Aktivitäten der Vereine mehr oder weniger regelmäßig teilnehmen.[16] Die Anzahl der Mitglieder, die tatsächlich geschichtswissenschaftlich forschen, ist im Verhältnis zu den Mitgliedern, die vor allem informiert und vielleicht auch unterhalten werden wollen – was ich im Übrigen absolut legitim finde – gering; diese Aussage beruht freilich auf persönlichen Beobachtungen und nicht auf validen Zahlen.[17] Die Entwicklung hierzu setzte bereits im 19. Jahrhundert ein und führte zur Gründung Historischer Kommissionen oder ähnlich gearteter Gesellschaften, deren

---

Archive gerade die Geschichtsvereine oft als echte Kooperationspartner, etwa wenn es um die Organisation von Vorträgen oder auch Vortragsreihen, Ausstellungen usw. geht.

13 Vgl. zur Geschichte des Vereins Marlene NIKOLAY-PANTER: Der Verein für geschichtliche Landeskunde der Rheinlande. Gründung und frühe Jahre, in: Rheinische Vierteljahrsblätter 65 (2001), S. 374–399, hier S. 379–380, die betont, dass die außeruniversitäre Wirksamkeit von Beginn an zu den Aufgaben des Vereins gezählt habe.

14 Vgl. hierzu auch den Beitrag von Oliver Auge in diesem Band.

15 Vgl. ENGELS: Archive (wie Anm. 6), S. 358.

16 KIRCHHOFF: Aufgaben (wie Anm. 1), S. 18 spricht in diesem Zusammenhang von einer „Einweg-Kommunikation, bei der die Wissenschaft aus ihrem Elfenbeinturm heraustritt und, mit oft anerkennenswertem Bemühen um Allgemeinverständlichkeit, sich einem breiteren Publikum mitteilt. Dies verhält sich, aufs Ganze gesehen, konsumierend."

17 Diese Einschätzung teilt auch ENGELS: Archive (wie Anm. 6), S. 359.

Aufgabe beispielsweise die Betreuung von Quelleneditionen war und ist. Die geschichtswissenschaftliche Grundlagenforschung wurde also aus den Geschichtsvereinen ausgelagert, worauf gleich noch einmal kurz einzugehen sein wird.[18]

Dies klingt nun nach einer Zweiklassengesellschaft in den Vereinen, was die Rollenverteilung angeht. Doch halte ich es für legitim, sich über Forschungen informieren zu wollen, ebenso wie die eigenen Forschungen einem breiteren Publikum zugänglich machen zu wollen. Warum sollen nicht auch Personen, die keine geschichtswissenschaftliche Vorbildung haben, wissen, was sich in der Geschichtswissenschaft, sei sie nun in engerem Sinne landesgeschichtlich oder nicht, tut?[19] Dies klingt nach Top-down-Prozessen; und möglicherweise müssen die Geschichtsvereine in diesem Punkt weiter nachdenken angesichts der Herausforderung, das Format Geschichtsverein weiterzuentwickeln und möglicherweise attraktiver zu machen; das ist aber nicht das Thema dieses Beitrags. Immerhin deuten Aktivitäten wie die von Histocamp darauf hin, dass stärker partizipative Formen auch für die klassischen Geschichtsvereine attraktiv sein könnten.[20]

Aber auch die üblichen Aktivitäten der Geschichtsvereine vermitteln den Vereinsmitgliedern etwas von dem, was in unseren Studienordnungen gerne als Schlüsselkompetenzen ausgewiesen wird (Quellenkritik, Urteilsfähigkeit und Demokratiefähigkeit![21]). Zugleich sind wir damit bei einem Thema, welches die Universitäten seit den letzten Jahren immer stärker ausflaggen: das des Transfers, gemeint ist der Austausch von Wissen und Erkenntnis.[22] Natürlich geht es bei diesen Aktivitäten vor allem um wirtschaftliche Kooperationen, es geht darum, finanzstarke Partner für Forschungsprojekte zu finden, Unternehmensgründungen aus der universitären Forschung zu fördern, durchaus auch mit dem Wunsch, mit diesen Firmen weiter zusammenzuarbeiten. Darüber hinaus wird darunter auch allgemein die Bekanntmachung von Forschungsergebnissen und damit deren öffentliche Zugänglichmachung verstanden; an der Bonner Universität werden deswegen eigens die Universitätsmuseen

---

18 Vgl. Pabst: Landesgeschichte (wie Anm. 4), S. 36f.; Heimpel: Geschichtsvereine (wie Anm. 4), S. 53, führt dies auf die Ausbildung einer Geschichtswissenschaft im eigentlichen Sinne zurück; vgl. auch ebd. S. 62–64.

19 Der vermittelnde-didaktische Aspekt war in der Gründungsphase vieler historischer Vereine mit regionalgeschichtlicher Ausrichtung ein wichtiges Motiv; vgl. Maria Gawrecká: Geschichtspflege, historische Vereine und Museen in Österreichisch-Schlesien vor dem Ersten Weltkrieg, in: Joachim Bahlke, Roland Gehrke (Hgg.): Institutionen der Geschichtspflege und Geschichtsforschung in Schlesien. Von der Aufklärung bis zum Ersten Weltkrieg (Neuere Forschungen zur schlesischen Geschichte, Bd. 26), Köln u. a. 2017, S. 341–364, hier S. 343; Frauke Michler: Die Bedeutung des *Gesamtvereins der deutschen Geschichts- und Alterthumsvereine* für die Institutionalisierung der Denkmalpflege in Deutschland, in: Blätter für deutsche Landesgeschichte 138 (2002) S. 117–151, hier S. 119–123.

20 Vgl. zu Histocamp, das partizipative Formen von Tagungen und gemeinsamer Arbeit an historischen Themen ermöglicht: https://www.histocamp.de/ (zuletzt aufgerufen am 15.12.2019).

21 Vgl. zu den Wünschen seitens der (Landes)Politik an die Landesgeschichte den Beitrag von Babett Gläser in diesem Band.

22 Ausführlich widmet sich dem der Beitrag von Oliver Auge in diesem Band.

unter den Transferaktivitäten ausgewiesen.[23] Wenn wir als Fachwissenschaftlerinnen und Fachwissenschaftler also auch über die Vereine in die Öffentlichkeit hineinwirken, liegen wir völlig im universitären Trend der Zeit – Wissenschaftskommunikation gewinnt an Aufmerksamkeit.

Die Universitäten selbst bieten solche Transferaktivitäten ebenfalls an, etwa in Form eines breitgefächerten Vortragsangebots am Dies Academicus oder in Form von öffentlichen Vortragsreihen. Die Anbindung an einen historischen Verein wird möglicherweise vor allem dann gewählt, wenn für einzelne historisch Interessierte die Schwelle, an die Universität zu gehen, zu hoch scheint. Hinzu kommt der Wunsch, einer Gemeinschaft von Gleichgesinnten beizutreten, und der Wunsch, mit dem eigenen Mitgliedsbeitrag ein auf die eigenen Interessen zugeschnittenes Angebot zu bekommen.

Was aber haben die historischen Vereine zu bieten?[24] Zu ihren Angeboten zählen in der Regel Vorträge, Vortragsreihen und Tagungen, wo Vereinsmitglieder und Gäste auch die Gelegenheit zum Austausch haben; so mancher Vortrag wird anschließend durch den Verein publiziert. Eine wesentliche Leistung historischer Vereine besteht also darin, dass sie landesgeschichtlich arbeitende Personen miteinander in Kontakt bringen und deren Forschungsergebnisse präsentieren. Eine weitere Form der Vermittlung sind Exkursionen, bei denen die Vereinsmitglieder Orte, Denkmäler, Objekte und deren historische wie auch gegenwartsbezogene Dimension kennenlernen und die geschichtliche „Erschließung des Nahraumes“ erfahren – und zwar auf dem aktuellen Stand der Forschung, wenn entsprechende Führerinnen und Führer gewonnen werden können, neue Museen, neuentdeckte Objekte vorgestellt werden usw.[25]

Als letzte, aber meiner Ansicht weiterhin wesentlichste Aktivität, wenn es darum geht, wie die Geschichtsvereine in die Landesgeschichte hineinwirken können und dies auch tun, ist auf die Herausgabe von Zeitschriften hinzuweisen, die bereits zu den Charakteristika der historischen Vereine des 19. Jahrhunderts gehörten.[26] Die wissenschaftliche Wirksamkeit, also die Rezeption dieser Organe durch die Fachwissen-

---

23 URL: https://www.uni-bonn.de/forschung/knowledge-transfer/innovation-und-kooperationinnovation-und-kooperation (zuletzt aufgerufen am 15.12.2019). Zudem finden Aktivitäten der Wissenschaftskommunikation seit Neuestem auch das Interesse der Bundespolitik: https://www.bmbf.de/de/wissenschaftskommunikation-216.html (zuletzt aufgerufen am 15.12.2019).

24 Vgl. allgemein zu den Aktivitäten historischer Vereine KIRCHHOFF: Aufgaben (wie Anm. 1), S. 17f.

25 TREML: Geschichtsvereine (wie Anm. 2), S. 16.

26 Vgl. KIRCHHOFF: Aufgaben (wie Anm. 1), S. 10, S. 18 zur Herausgabe auch nichtwissenschaftlicher Publikationen, bspw. für Kinder. Auch HEIMPEL: Geschichtsvereine (wie Anm. 4), S. 61, sieht hierin „ein Hauptverdienst der historischen Vereine: sie haben ein kontinuierliches landes- und ortsgeschichtliches Zeitschriftenwesen möglich gemacht und damit die Landes- und Ortsgeschichte vom Zufall des Einzelinteresses und des buchhändlerischen Einzelerfolgs befreit, vor allem aber der allgemeinen Geschichtswissenschaft, sowie sich diese als Verfassungsgeschichte, Wirtschaftsgeschichte, Sozialgeschichte lokalgeschichtlich vertiefte, bis heute und morgen den unentbehrlichen Stoff geschenkt.“ Vgl. zu den Annalen des Historischen Vereins für den Niederrhein LAUX: „Positivismus“ (wie Anm. 12).

schaft hängt in erster Linie davon ab, dass eine wissenschaftliche Betreuung und Redaktion der Zeitschriften gewährleistet ist, wobei das Bild in der Praxis sehr vielschichtig ist. Darüber hinaus verfügen historische Vereine oft über weitere Publikationsreihen, die die Veröffentlichung von Monographien oder Sammelbänden ermöglichen. Und hier kommen wieder die wissenschaftlich ausgebildeten Historikerinnen und Historiker in den Vereinen ins Spiel, seien es Archivarinnen und Archivare, Hochschullehrerinnen und Hochschullehrer usw., die tatsächlich zahlreiche der Vereinszeitschriften und Reihen herausgeberisch und redaktionell betreuen.[27] Diese Reihen, vor allem die regelmäßig erscheinende Zeitschrift, dienen als Identifikationsstiftung für die Vereinsmitglieder, deren Bereitschaft zur Förderung historischer Forschung auch mit finanziellen Mitteln – etwa den Mitgliedsbeiträgen – gewissermaßen zwischen zwei Buchdeckeln sichtbar wird und somit ein dauerhaftes Objekt bewirkt hat.[28] Diese in die Fachwissenschaft hineinragende Leistung der Vereine wäre nicht möglich ohne die Gesamtheit der Vereinsmitglieder, die mit ihren Vereinsbeiträgen und Spenden die Zeitschriften entweder vollständig finanzieren oder jedenfalls erheblich mittragen und die darüber hinaus eine breite potentielle Leserschaft für die publizierten wissenschaftlichen Ergebnisse stellen.[29] Man müsste einmal auszählen, wie viele Beiträge pro Jahr in den Zeitschriften der historischen Vereine erscheinen, dann würde man ermessen können, welche breite Grundlage hier gelegt wird – und wieviel der Landesgeschichte verloren ginge, wenn diese Publikationsbasis wegbräche.[30] Durch die Digitalisierung vieler dieser Zeitschriften sowie die Schaffung eines Portals für Buchbesprechungen in landesgeschichtlichen Zeitschriften wird die Reichweite der Vereinspublikationen noch erhöht.[31]

Zwar zählten wie erwähnt in der Anfangszeit Quelleneditionen zum Portfolio der historischen Vereine, dies ist aber schon seit dem ausgehenden 19. Jahrhundert kaum noch der Fall.[32] Stattdessen sind hierzu gerade mit Blick auf die landesgeschichtliche Forschung Historische Kommissionen ins Leben gerufen worden, die solche Editio-

---

27 Vgl. KIRCHHOFF: Aufgaben (wie Anm. 1), S. 17.

28 GAWRECKÀ, Geschichtspflege (wie Anm. 19), S. 349, nennt Repräsentation als wichtiges Motiv der Vereinstätigkeit bis 1945, danach sei allerdings dieser Gesichtspunkt nicht mehr von Belang.

29 Vgl. auch HEIMPEL: Geschichtsvereine (wie Anm. 4), S. 61; Wilhelm JANSSEN: Landesgeschichte im Nachkriegsdeutschland, in: Hessisches Jahrbuch für Landesgeschichte 50 (2000), S. 403–421, hier S. 408.

30 Vgl. TREML: Geschichtsvereine (wie Anm. 2), S. 16: „Ohne die kontinuierliche Publikationsleistung der historischen Vereine wäre auch die Geschichte des Landes Bayern nicht zu erforschen." Und dies gilt für andere „Landesgeschichten" ebenfalls.

31 Vgl. http://www.aachener-geschichtsverein.de/Aktuelles/projekt-digitalisierung-der-zeitschrift-des-aachener-geschichtsvereins-zagv; https://www.ulb.uni-bonn.de/de/aktuelles-ulb/online-zugriff-auf-die-rheinischen-vierteljahresblaetter; https://www.recensio-regio.net/ueber-uns (zuletzt aufgerufen jeweils am 19.09.19).

32 Auch dies gilt MASCHKE: Landesgeschichtsschreibung (wie Anm. 4), S. 523, als ein Merkmal historischer Vereine, wo zunächst, noch vor der Etablierung der Geschichtswissenschaften an den Universitäten, gebildete Menschen sich dieser Aufgabe angenommen hätten. MICHLER: Bedeutung (wie Anm. 19), S. 122, sieht in den Historischen Vereinen Wegbereiter der Geschichtswissenschaft; siehe auch JANSSEN: Landesgeschichte (wie Anm. 29), S. 412f.

nen anregen und fördern, wobei die Historischen Kommissionen, gelegentlich selbst als Vereine organisiert, eng mit den traditionellen Geschichtsvereinen zusammenarbeiten und diese oft auch in den Kommissionen selbst vertreten sind.[33] Nur selten haben Vereine die Möglichkeit, selbst historische Quellen zu erwerben und diese der wissenschaftlichen Öffentlichkeit zur Verfügung zu stellen und auf der Grundlage dieser Quellen – seien es nun Text-, Bild- oder Objektquellen – Forschungsfragen zu generieren und ggf. zu bearbeiten und auch bearbeiten zu lassen; gelegentlich aber gibt es auch solche Aktivitäten.[34]

Die Leistungen der Historischen Vereine sind also sehr breit und zielen insgesamt vor allem auf Vermittlung ab, was besonders wichtig scheint, da landesgeschichtliche Inhalte kaum noch in den Schulen vermittelt werden.[35] Durch die Vereine wird die Bedeutung der Landesgeschichte im Bewusstsein der Öffentlichkeit gehalten, was kein geringes Verdienst darstellt. Ein strukturelles Einwirken etwa durch Forschungsimpulse in die Landesgeschichte jenseits der Zeitschriften sehe ich, abgesehen von einzelnen Interventionen, derzeit kaum[36]: Editionen liegen meist in anderer Hand, auch inhaltliche Impulse kommen derzeit meist aus dem innerfachlichen, aber auch dem interdisziplinären Diskurs der universitären Forschung und dem Bereich der bestandserhaltenden Institutionen.

Welche Perspektiven lassen sich ableiten? Eine Möglichkeit wäre vielleicht, dass sich „klassische" Geschichtsvereine weiter von den „jüngeren" Geschichtsvereinen wie den Geschichtswerkstätten – wobei ich diese nicht als Antipoden begreife – inspi-

---

33 Vgl. TREML: Geschichtsvereine (wie Anm. 2), S. 16; Meinrad SCHAAB: Der Beitrag der historischen Kommissionen zur geschichtlichen Landesforschung, in: Hans Eugen SPECKER (Hg.): Aufgabe und Bedeutung historischer Vereine in unserer Zeit. Vorträge eines Symposiums zum 150jährigen Bestehen des Vereins für Kunst und Altertum in Ulm und Oberschwaben am 4. Mai 1991, Ulm 1992, S. 49–70; JANSSEN: Landesgeschichte (wie Anm. 29), S. 409f. Für das Rheinland erfüllt(e) de facto die 1881 gegründete Gesellschaft für Rheinische Geschichtskunde die Aufgabe einer solchen Kommission, doch befasste sie sich nicht nur mit Quelleneditionen, sondern auch mit Veröffentlichungen, die an ein breiteres Publikum gerichtet waren; vgl. Manfred GROTEN: Landesgeschichte an der Universität Bonn, in: Rheinische Vierteljahrsblätter 72 (2008), S. 166–183, hier S. 177.

34 Vgl. CSENDES: Vom Speicher (wie Anm. 11), der auf S. 104 darauf hinweist, dass einige Vereine in Österreich entsprechende Sammlungen angelegt haben. Auch der Historische Verein der Stadt Bamberg hat eine Sammlung angelegt, die sich als Depot im Bamberger Stadtarchiv befindet. MASCHKE: Landesgeschichtsschreibung (wie Anm. 4), S. 522 hat hierin ein Merkmal historischer Vereine gesehen. Tatsächlich war dies gerade im 19. Jahrhundert häufig; vgl. auch GAWRECKÁ, Geschichtspflege (wie Anm. 19); HEIMPEL: Geschichtsvereine (wie Anm. 4), S. 60f.

35 Vgl. auch TREML: Geschichtsvereine (wie Anm. 2), S. 16–18; Hugo STEHKÄMPER: Geschichtsvereine und Geschichtswerkstätten. Gemeinsamkeiten und Unterschiede, in: Geschichtsvereine. Entwicklungslinien und Perspektiven lokaler und regionaler Geschichtsarbeit (Bensberger Protokolle, Bd. 62), Bergisch Gladbach 1990, S. 71–84, hier S. 79f.; Hans-Michael KÖRNER: Der historische Verein. Kontinuität und Wandel einer Erfindung des 19. Jahrhunderts, in: Mitteilungen des Verbandes bayerischer Geschichtsvereine 19 (2000), S. 1–18.

36 Dies allerdings fordert KIRCHHOFF: Aufgaben (wie Anm. 1), S. 19 wieder ein als „höchst erhaltenswerte Tradition der historischen Vereine", zumindest aber wieder mehr Beschäftigung mit den Quellen selbst (ebd. S. 20); vgl. ADAMSKI: Geschichtsvereine (wie Anm. 7), S. 241f.

rieren lassen, und die Bearbeitung selbstgewählter Projekte anregen und dazu „Fortbildungsmöglichkeiten" anbieten, wie Kurse in Paläographie, Zeitzeugenbefragungen usw.[37] – was zugegebenermaßen sehr zeitaufwendig ist und sicher nicht die Mitglieder aller Vereine anspricht. Dies gilt womöglich auch für Aktivitäten, die sich im öffentlichen Raum niederschlagen, wie beispielsweise Gedenktafeln oder Stolpersteine, die aber die Auseinandersetzung mit Denkmälern und der Geschichte im Raum deutlich machen, oder für die Erarbeitung von speziellen Führungen und Rundgängen.[38]

Eine weitere Chance ist sicher die Nutzung des Web 2.0, also die Schaffung von Formen des Zusammenarbeitens, die beispielsweise im Umfeld des Kölner Stadtarchivs schon Erfolge gezeigt hat.[39] Hier kann man Interessierte – und dies gilt dann nicht unbedingt nur für Mitglieder von Geschichtsvereinen – in eigene Forschungsprojekte einbinden. Aber vielleicht wäre es für die Geschichtsvereine eine Möglichkeit, solche Projekte anzuregen, zu vermitteln, zu moderieren, und somit über ihre bisherigen Aktivitäten hinaus nachhaltig in die Landesgeschichtsforschung hineinzuwirken. Angesichts des Aufwandes, den Projekte im digitalen Raum bedeuten, wäre auch an Kooperationen von Vereinen aus einer Region zu denken, die aber dennoch hier ihr jeweils spezifisches Profil schärfen könnten. Einen innovativen Versuch in dieser Richtung stellt der von Bonner Studierenden und Doktoranden getragene Wissenschaftsblog Histrhen dar, der gezielt auch auf Geschichtsvereine zugeht und Unterstützung anbietet.[40]

Wenn man Landesgeschichte weiter fasst und nicht nur als akademische wissenschaftliche Disziplin, sondern als Geschichtskultur, die eine breite Palette von Aspekten – oder Erinnerungsorten – in das kollektive Gedächtnis eines Raumes einschreiben oder dort erhalten möchte, sind die unterschiedlichen Arten von Vereinen ohnehin an vorderster Front aktiv. Vielleicht sollte dies künftig Anlass sein, stärker auch aktuelle Fragestellungen der Forschung, etwa die europäische Dimension der Landesgeschichte, in die Öffentlichkeit zu bringen und gewissermaßen das kollektive Gedächtnis zu aktualisieren.[41] Erfolgreich wird man hiermit aber auf Dauer nur sein, wenn man einerseits die Möglichkeiten der neuen Medien sowie partizipativere Formen der Mitarbeit in die klassischen Strukturen der Vereinsarbeit integriert.

---

37 Vgl. KIRCHHOFF: Aufgaben (wie Anm. 1), S. 18.

38 Vgl. ebd. S. 19; WACHTER: Neue Geschichtsbewegung (wie Anm. 7), S. 79.

39 Janusch CARL, Andreas RUTZ: Bits and Bytes statt Pergament und Papier? Das digitale Historische Archiv Köln und die Zukunft des Kölner Stadtarchivs im Web 2.0, in: Der Archivar 65 (2012), S. 143–153.

40 http://histrhen.landesgeschichte.eu/ (zuletzt aufgerufen am 15.12.2019).

41 Vgl. ADAMSKI: Geschichtsvereine (wie Anm. 7), S. 248; SPEITKAMP: Geschichtsvereine (wie Anm. 3), S. 182.

Landesgeschichte und populäre Genealogie: Entwicklungen, Schnittstellen und Kooperationsmöglichkeiten

Michael Hecht

Die Debatte über die Frage, was *Public History* bedeutet und wie sie sich als eigenständige Forschungsrichtung konzeptualisieren lässt, hat in den letzten Jahren auch die Landes- und Regionalgeschichte erreicht.[1] Dabei ist deutlich geworden, dass es verschiedene Ebenen eines Verständnisses von *Public History* zu unterscheiden gilt, die sich als anschlussfähig für die Erkenntnisinteressen und Arbeitsweisen von Landeshistorikerinnen und -historikern erweisen. *Public History* verweist zum einen auf Formen regionaler Geschichtsdarstellungen und Geschichtsvermittlungen jenseits der Fachwissenschaft. Diese lassen sich in ihrer institutionellen Gestalt (Historische Vereine, Geschichtswerkstätten, Bürgerinitiativen usw.) und in ihrer medial-kommunikativen Formung (Ausstellungen, Filme, Kontroversen usw.) erforschen. Sie lassen erkennen, wie regionale Geschichtsbilder und Erinnerungsorte als populäre Deutungen der Vergangenheit bestimmter Räume konstruiert werden.[2] Zum Zweiten lässt sich unter *Public History* in historischer Perspektive das Wechselverhältnis von akademischer Geschichtswissenschaft und außerakademischer Öffentlichkeit bei der Etablierung bestimmter Narrative und Interpretationen regionaler Geschichte in den Blick nehmen. Sie berührt damit einen Teil der Fachgeschichte von Landesgeschichte.[3] Zum Dritten lassen sich unter dem Schlagwort der *Public History* die Kooperationsmöglich-

---

1 Vgl. Lena KRULL: Landesgeschichte und Public History. Fachgeschichte und Perspektiven, in: Jahrbuch für Regionalgeschichte 37 (2019), S. 91–112. Im Grundsatz ähnlich, aber unter stärkerer Akzentuierung pluraler Sichtweisen in der Öffentlichkeit gegenüber einer (vermeintlich) homogenen wissenschaftlichen Landesgeschichte vgl. Katrin MINNER: Public History als Pluralisierung regionaler Geschichte, in: Westfälische Forschungen 69 (2019), S. 1–27. Von den allgemeinen, meist zeithistorisch oder geschichtsdidaktisch geprägten Überblicken zur *Public History* seien nur zwei jüngere Arbeiten genannt, über die sich die Forschungsdiskussion erschließen lässt: Martin LÜCKE, Irmgard ZÜNDORF: Einführung in die Public History, Göttingen 2018; Christine GUNDERMANN, Wolfgang HASBERG, Holger THÜNEMANN: Geschichte in der Öffentlichkeit. Konzepte – Analysen – Dialoge (Geschichtsdidaktik diskursiv, Bd. 7), Berlin 2019.

2 Zahlreiche jüngere Sammelbände haben dies v. a. anhand von thematischen Einzeluntersuchungen gezeigt, vgl. exemplarisch Rolf KIESSLING, Dietmar SCHIERSNER (Hgg.): Erinnerungsorte in Oberschwaben. Regionale Identität im kulturellen Gedächtnis (Forum Suevicum, Bd. 8), Konstanz 2009; Matthias DONATH, André THIEME (Hgg.): Sächsische Mythen. Elbe, August, Eierschecke, Leipzig 2011; Lena KRULL (Hg.): Westfälische Erinnerungsorte. Beiträge zum kollektiven Gedächtnis einer Region (Forschungen zur Regionalgeschichte, Bd. 80), Paderborn[2] 2018. Vgl. zudem Winfried SPEITKAMP: Raum und Erinnerungsorte. Das Dilemma der Landesgeschichte, in: Sigrid HIRBODIAN, Christian JÖRG, Sabine KLAPP (Hgg.): Methoden und Wege der Landesgeschichte (Landesgeschichte, Bd. 1), Ostfildern 2015, S. 81–93.

3 Zur Geschichte der Disziplin und ihrer Meistererzählungen vgl. mehrere Beiträge in Werner

keiten zwischen Fachwissenschaft und breiterer Öffentlichkeit auf regionaler Ebene ausloten. Solche oft auch als „Bürgerwissenschaften" oder *Citizen Science* etikettierten Initiativen verweisen auf Partizipationsmöglichkeiten von „Laien" in Projekten der Forschung und auf die Nutzung von außeruniversitär produzierten Wissensbeständen im wissenschaftlichen Diskurs.[4]

Für alle drei der hier erwähnten Ebenen erweist sich die populäre Genealogie als ein interessantes Phänomen, um *Public History* landeshistorisch auszuleuchten, wie im Folgenden gezeigt werden soll. Dazu wird zunächst eine Begriffsbestimmung vorgenommen; anschließend ist in historischer Perspektive das Wechselverhältnis von Landesgeschichte und populärer Genealogie von beiden Seiten aus zu erforschen – es geht mithin um die in der genealogischen Forschung hervorgebrachten Vorstellungen von „Land" und „Region" sowie um die in der Landesgeschichte genutzten Narrative aus dem Bereich der populären Genealogie. Abschließend wird auf aktuelle Kooperationsmöglichkeiten zwischen genealogischer *Community* und akademischer Landesgeschichte verwiesen. Dass genealogische Wissensbestände in einer langen, bis in die Vormoderne zurückreichenden Perspektive in einem stetigen Spannungsfeld von populärer Produktion und Nutzung einerseits und wissenschaftlicher Formung und Diskursivierung andererseits standen, ist jüngst vermehrt in den Blickpunkt der Forschung gerückt.[5] Gleichwohl fehlt bislang eine systematische Untersuchung (populär-)genealogisch-landeshistorischer Verschränkungen. Der vorliegende Beitrag kann hierfür nur eine erste Annäherung bieten, indem er Beobachtungen zu verschiedenen Räumen, Zeiten und Akteuren zusammenführt, die zukünftig noch tiefgehender und regionalspezifisch zu erforschen wären.

Begriffsbestimmungen

Um das Verhältnis zwischen akademischer Landesgeschichte und populärer Genealogie zu beschreiben, muss zunächst geklärt werden, was jeweils darunter verstanden werden soll. Die Ausführungen zum Ersten der beiden Begriffe können hier kurz ge-

---

Freitag, Michael Kissener, Christine Reinle, u. a. (Hgg.): Handbuch Landesgeschichte, Berlin 2018.

4 Hierzu vgl. allgemein Kristin Oswald, René Smolarski (Hgg.): Bürger Künste Wissenschaft. Citizen Science in Kultur und Geisteswissenschaften, Gutenberg 2016; Cord Arendes: Historiker als „Mittler zwischen den Welten"? Produktion, Vermittlung und Rezeption historischen Wissens im Zeichen von Citizen Science und Open Science, in: Michael Wink, Joachim Funke (Hgg.): Wissenschaft für alle: Citizen Science (Heidelberg Jahrbücher Online, Bd. 2), Heidelberg 2017, S. 19–58.

5 Für die Frühe Neuzeit vgl. Olivier Rouchon (Hg.): L'opération généalogique. Cultures et pratiques européennes, XVe-XVIIIe siècle, Rennes 2014; Jost Eickmeyer, Markus Friedrich, Volker Bauer (Hgg.): Genealogical Knowledge in the Making. Tools, Practices, and Evidence in Early Modern Europe (Cultures and Practices of Knowledge in History, Bd. 1), Berlin 2019. Für den Zusammenhang von Ortsgeschichte und Genealogie in der Gegenwart vgl. Ruth Hedegaard, Elizabeth Anne Melrose (Hgg.): International Genealogy and Local History, München 2008; John Beckett: Writing Local History, Manchester 2007.

halten werden, denn die universitäre Institutionalisierung der Disziplin Landesgeschichte und die überregionalen Prozesse einer fachlichen Selbstverständigung der Vertreterinnen und Vertreter sind jüngst vermehrt Gegenstand wissenschaftlicher Reflexion geworden.[6] Landesgeschichte lässt sich – bei allen Unterschieden in der epochalen, thematischen und methodischen Spezialisierung – als eine Teildisziplin der Geschichtswissenschaft beschreiben, deren Gegenstandsbereich durch kleinere Räume und Regionen (unterhalb der Nationalstaatsebenen) konstituiert wird und deren Erkenntnisinteressen sich (auch) aus der Spezifität dieser Räume speisen. Die jeweiligen Einheiten bilden heutige Bundesländer bzw. ihre Vorgängerterritorien (Sachsen, Bayern, Hessen usw.) oder Teile heutiger Bundesländer bzw. ihrer Vorgängerterritorien (Westfalen, Franken, Württemberg usw.), wobei in der konkreten Arbeit auch verschiedene Raumkonzepte jenseits territorial-administrativer Strukturen zum Einsatz kommen. Mit den Aktivitäten der Arbeitsgruppe Landesgeschichte im Verband der Historiker und Historikerinnen Deutschlands, deren Initiative sich auch der vorliegende Sammelband verdankt, sind die länderübergreifenden Propria des Faches wieder stärker in die Diskussion gelangt.[7]

Der Begriff der „Genealogie" ist hingegen etwas ausführlicher zu bestimmen, denn es ist ein ambivalenter, innerhalb der Geschichtswissenschaft vieldeutig verwendeter Terminus.[8] Neben dem theoretisch-metaphorischen Wortgebrauch im Sinne Friedrich Nietzsches oder Michel Foucaults[9] ist Genealogie für den Historiker und die Historikerin[10] in erster Linie eine Disziplin aus dem klassischen Kanon der „Historischen Hilfswissenschaften", die sich um die auf Abstammung beruhenden Zusammenhänge zwischen Menschen und um die Darstellung dieser Verwandtschaftsverhältnisse kümmert.[11] Die Ermittlung von Verwandtschaften ist also eine Methode, die auf das

---

6 Vgl. HIRBODIAN et al. (Hgg.): Methoden (wie Anm. 2); FREITAG et al. (Hgg.): Handbuch (wie Anm. 3).

7 Zu den Aktivitäten der Arbeitsgruppe vgl. die Homepage https://www.historikerverband.de/arbeitsgruppen/ag-landesgeschichte.html (zuletzt aufgerufen am 28.01.2020).

8 Die folgenden Überlegungen sind ausführlicher ausformuliert in Michael HECHT: Genealogie zwischen Grundwissenschaft, populärer Praxis und Forschungsgegenstand: interdisziplinäre Perspektiven, in: Étienne DOUBLIER, Daniela SCHULZ, Dominik TRUMP (Hgg.): Die Historischen Grundwissenschaften heute. Tradition – methodische Vielfalt – Neuorientierung, Köln u. a. 2020 (im Druck).

9 Vgl. Martin SAAR: Genealogie als Kritik. Geschichte und Theorie des Subjekts nach Nietzsche und Foucault (Theorie und Gesellschaft, Bd. 59), Frankfurt/Main 2007; Marcus LLANQUE: Genealogie als ideengeschichtliche Methode und die Idee der Menschenrechte, in: D. Timothy GOERING (Hg.): Ideengeschichte heute. Traditionen und Perspektiven, Bielefeld 2017, S. 171–194.

10 Aus Gründem der besseren Lesbarkeit wird im Folgenden zumeist das generische Maskulinum genutzt, wobei Frauen und Männer gleichermaßen gemeint sind.

11 Vgl. Otto FORST DE BATTAGLIA: Wissenschaftliche Genealogie. Eine Einführung in ihre wichtigsten Grundprobleme, Bern 1948; Ahasver VON BRANDT: Werkzeug des Historikers. Eine Einführung in die Historischen Hilfswissenschaften, Stuttgart[18] 2012, S. 39–47; Waldemar SCHUPP: Abstammung und Verwandtschaft, in: Friedrich BECK, Eckart HENNING (Hgg.): Die archivalischen Quellen. Mit einer Einführung in die Historischen Hilfswissenschaften, Köln[5] 2012, S. 315–338.

Erkennen von Zusammenhängen zielt, die für die Interpretation geschichtlicher Ereignisse und Prozesse hilfreich sein können, sei es beispielsweise zu Fragen mittelalterlicher Herrschaftssukzession oder zur sozialen Geschlossenheit von Korporationen und Gruppen.[12] In einem anderen Bedeutungsverständnis ist Genealogie nicht Methode, sondern Forschungsgegenstand, indem die Entstehung und Veränderung genealogischen Wissens sowie die Funktion und Bedeutung von Abstammungsbehauptungen und Herkunftsmythen in den Blick genommen werden. Genealogie wird in dieser Weise als eine dynamische und wandelbare kulturelle Praxis untersucht – eine Perspektive, die gerade in der landesgeschichtlichen Adelsforschung zuletzt häufiger verfolgt wurde.[13]

Von diesem geschichtswissenschaftlichen Verständnis von Genealogie stark abgegrenzt wird in der klassischen akademischen Literatur hingegen die populäre Genealogie. Ahasver von Brandt schrieb in seinem berühmten „Werkzeug des Historikers", dass seine Vorstellung von Genealogie nicht zu verwechseln sei mit „jenem Tummelfeld der Laien, das als ‚Familiengeschichte' bezeichnet wird."[14] Auch viele andere Historiker haben wenig Schmeichelhaftes über diesen Personenkreis geäußert, der seine Tätigkeit meist selbst als „Ahnenforschung", „Familienforschung", „Genealogie" oder „Familienkunde" bezeichnet.[15] Dabei speisen sich Vorurteile und Geringschätzung oft aus einem traditionellen Bild der „Laienforscher", das auf Unkenntnis im Hinblick auf historische Zusammenhänge, persönliche Eitelkeit und überkommene Distinktionsbemühungen (etwa den Nachweis hochadliger Abstammung) abhebt. Indes haben neuere Arbeiten darauf hingewiesen, dass die Erforschung der eigenen Familiengeschichte oft ein entscheidender Motor für die darüber hinaus gehende Beschäftigung mit allgemeinen und regionalen historischen Wissensbeständen sein kann und dass sich Forschungsziele und Forschungsmethoden in der populären Genealogie – nicht zuletzt durch technologischen Wandel bedingt – in jüngerer Zeit stark änderten.[16]

---

12 An Studien, die Genealogie auf diese Weise nutzen, seien nur exemplarisch genannt: Uli STEIGER: Die Schenken und Herren von Erbach. Eine Familie zwischen Reichsministerialität und Reichsstandschaft (1165/70 bis 1422), Heidelberg 2007; Andreas HANSERT: Geburtsaristokratie in Frankfurt am Main. Geschichte des reichsstädtischen Patriziats, Köln 2014; Stefanie FREYER: Der Weimarer Hof um 1800. Eine Sozialgeschichte jenseits des Mythos, München 2014.

13 Auch hierfür seien nur als Beispiele aufgeführt: Thomas FUCHS: Traditionsstiftung und Erinnerungspolitik. Geschichtsschreibung in Hessen in der Frühen Neuzeit (Hessische Forschungen zur geschichtlichen Landes- und Volkskunde, Bd. 40), Kassel 2002; Elizabeth HARDING, Michael HECHT (Hgg.): Die Ahnenprobe in der Vormoderne. Selektion – Initiation – Repräsentation (Symbolische Kommunikation und gesellschaftliche Wertesysteme, Bd. 37), Münster 2011; Olav HEINEMANN: Das Herkommen des Hauses Sachsen. Genealogisch-historiographische Arbeit der Wettiner im 16. Jahrhundert (Schriften zur sächsischen Geschichte und Volkskunde, Bd. 51), Leipzig 2016.

14 VON BRANDT, Werkzeug (wie Anm. 11), S. 39.

15 Zum Begriff der „populären Genealogie" vgl. Elisabeth TIMM: „Meine Familie". Ontologien und Utopien von Verwandtschaft in der populären Genealogie, in: Zeitschrift für Volkskunde 109 (2013), S. 161–180, hier S. 165.

16 Zu diesen Themenbereichen vgl. Thomas CAUVIN: Public History. A Textbook of Practice, New York 2016, S. 96; Elisabeth TIMM: Reverenz und Referenz. Zwei Weisen der populären

Gleichwohl bleibt es schwierig, ein genaues Bild über die sehr heterogene Gemeinschaft der in der Genealogie Tätigen zu zeichnen oder Größenordnungen des Phänomens zu ermitteln. Die hohe (und zuletzt eher wachsende) Zahl an populären Einführungen, Ratgebern und Computerprogrammen, die auf dem Buchmarkt zum Thema zu finden sind, können immerhin erahnen lassen, wie umfangreich der Interessentenkreis hierfür ist.[17] Am einfachsten gelingt eine Annäherung an die populäre Familienforschung noch über die Beschäftigung mit der Vereinsgenealogie. In Deutschland umfasst der Dachverband der familiengeschichtlichen Vereine, die Deutsche Arbeitsgemeinschaft genealogischer Verbände (DAGV), 71 Mitgliedsvereine mit insgesamt rund 22.000 Einzelmitgliedern.[18] Nach der mittlerweile größten genealogischen Vereinigung, dem Verein für Computergenealogie mit über 3.600 Mitgliedern, haben die übrigen genealogische Vereine in der Regel eine regionale Ausrichtung (in Auswahl dargestellt in Tabelle 1).

Verein	Gründung	Mitgliederzahl
Westdeutsche Gesellschaft für Familienforschung e. V.	1913	2400
Gesellschaft für Familienforschung in Franken e. V.	1921	1350
Bayerischer Landesverein für Familienkunde e. V.	1922	1280
Verein für Familienkunde in Baden-Württemberg e. V. (ehem. Verein für Württembergische Familienkunde)	1920	1140
Die Maus. Gesellschaft für Familienforschung e. V. Bremen	1924	1000
Pfälzisch-Rheinische Familienkunde e. V.	1925	850
Arbeitsgemeinschaft ostdeutscher Familienforscher e. V. (ehem. Niederschlesische Arbeitsgemeinschaft für Familienforschung)	1927	814
Oldenburgische Gesellschaft für Familienkunde e. V.	1927	800
Arbeitsgemeinschaft für mitteldeutsche Familienforschung e. V.	1962	800

Genealogie seit dem 19. Jahrhundert und ein neuer genealogischer Universalismus?, in: Christine FERTIG, Margareth LANZINGER (Hgg.): Beziehungen, Vernetzungen, Konflikte. Perspektiven Historischer Verwandtschaftsforschung, Köln 2016, S. 209–231.

17 Hier nur als kleine Auswahl: Bernd BRUCKER: Familien- und Ahnenforschung, München 2007; Alexander SCHUG, Viktoria URMERSBACH: Achtung Ahnen, ich komme! Praxisbuch moderne Familienforschung, Berlin 2011; Sascha ZIEGLER: Ahnenforschung. Schritt für Schritt zur eigenen Familiengeschichte, Hannover³ 2012; Thomas WIEKE: Ahnenforschung. So erkunden Sie Ihre Familiengeschichte, Berlin 2013; Elke PIES: Abenteuer Ahnenforschung. Das praktische Handbuch für Einsteiger und Profis, Wuppertal⁷ 2015; Tobias GRAD: Ahnenforschung. Einführung und weiterführende Tipps, o.O. 2018. Hinzu kommen zahlreiche PC-Programme und Online-Angebote.

18 Die Zahlen sind der Homepage entnommen: http://www.dagv.org/ (zuletzt aufgerufen am 28.01.2020).

Verein für Familienforschung in Ost- und Westpreußen e. V.	1925	740
Westfälische Gesellschaft für Genealogie und Familienforschung e. V.	1920	730
Genealogische Gesellschaft Hamburg (ehem. Zentralstelle für Niedersächsische Familiengeschichte)	1918	600
Niedersächsischer Landesverein für Familienkunde e. V.	1913	598

Tabelle 1: Mitgliederstarke genealogische Vereine mit regionalem Zuschnitt in Deutschland (Auswahl)[19]

Der Blick auf die genealogischen Vereine macht mindestens zweierlei deutlich: Es handelt sich zum einen, gemessen an der Zahl der hier organisierten Personen (die bei zahlreichen Vereinigungen – im Gegensatz zu vielen „klassischen" historischen Vereinen – tendenziell zunimmt), um veritable Kollektivakteure im Bereich regionaler Geschichtskultur. Berücksichtigt man noch zusätzlich die zahlreichen „Arbeitskreise Genealogie", die im Rahmen von regionalen bzw. lokalen Geschichts- und Heimatvereinen existieren, gilt dies umso mehr.[20] Zum anderen lassen auch die Vereinsaktivitäten erkennen, dass Vermittlungen und Aneignungen von Geschichte jenseits individueller „Stammbaumforschungen" einen hohen Stellenwert besitzen.[21] Die Vereine organisieren in der Regel Vortragsabende, Exkursionen, Paläografiekurse, Stammtische und geben Fachzeitschriften heraus. Hinzu kommen mitunter weitere Veranstaltungsformen, die eine sehr große Öffentlichkeit erreichen können. Der von der „Westfälischen Gesellschaft für Genealogie und Familienforschung" alle zwei Jahre ausgerichtete „Westfälische Genealogentag" zieht mittlerweile jeweils über 1.000 Teilnehmer an, die sich über Forschungsmöglichkeiten informieren, Fachvorträge hören, an Workshops teilnehmen oder ihre „Familienschätze" von Experten begutachten lassen.[22]

19 Gründungsdaten und Mitgliederzahlen nach den von den Vereinen auf ihren Homepages bzw. auf der Homepage der DAGV veröffentlichten Angaben (Stand 28.01.2020). Die Mitgliederzahlen sind nicht immer jahresaktuell und zum Teil gerundet, sollen hier aber auch nur als Richtgrößen verstanden werden.

20 Nur einige wenige Beispiele für solche Arbeitskreise aus verschiedenen Regionen sollen das Phänomen illustrieren: Arbeitskreis Genealogie im Bergischen Geschichtsverein, Arbeitskreis Familienforschung im Verein für Dithmarscher Landeskunde, Regionales Zentrum für Genealogie und Ortsgeschichte im Heimatverein Altenberge, Arbeitskreis Personen- und Familienforschung im Geschichts- und Kunstverein Aschaffenburg, Arbeitskreis Familienforschung im Hanauer Geschichtsverein. Hinzu kommen zahlreiche an die Volkshochschulen angebundene Initiativen.

21 Wenig begründet scheint insofern die Skepsis von Minner, Public History (wie Anm. 1), S. 21, ob die Genealogie zum Bereich der *Public History* zu rechnen sei, da sie „eher den eigenen, privaten Interessen gilt und weniger neue Perspektiven auf die Geschichtswissenschaft fördert". Beides schließt sich zudem nicht a priori aus.

22 Zahlreiche Informationen zu dieser Veranstaltungsreihe finden sich auf www.westfaelischer-

Die Publikationsorgane und Periodika der Vereine sind insgesamt gesehen sehr vielfältig, auch durchaus heterogen hinsichtlich ihrer – von der Warte universitärer Landesgeschichte aus gemessenen – Qualität, wobei sich viele Zeitschriften einen hohen wissenschaftlichen Anspruch zuschreiben. Oft finden sich Aufsätze, die sich über individuelle familiengeschichtliche Ausarbeitungen hinaus als Beiträge zu landes- bzw. ortshistorischen Themen verstehen, die prosopografische Fragestellungen auf mitunter hohem Reflexionsniveau bearbeiten oder Quellen aus Archivbeständen edieren.[23] Ein rezenter Themenband der „Beiträge zur Westfälischen Familienforschung" beschäftigte sich etwa mit den zahlreichen bürgerlichen und bäuerlichen Nachkommen des lippischen Landesherrn Bernhard VII. (1428–1511) und knüpfte damit auch explizit an universitäre Forschungen zu den sogenannten Bastarden von Fürsten als soziale Grenzgänger an, denen hier eine große empirische Tiefe auf regionaler Ebene verliehen wurde.[24]

Es ist allerdings davon auszugehen, dass nur ein kleiner Teil der „Familienforscher" vereinsmäßig organisiert ist, denn die auf das eigene Umfeld konzentrierten Forschungsziele und die in den letzten Jahren sprunghaft gestiegenen Möglichkeiten von Recherchen im Internet lassen für viele Akteure den Anschluss an eine bestimmte Institution entbehrlich erscheinen. Eine wichtige Rolle als Kommunikationsform spielen genealogische Mailinglisten, für die der Verein für Computergenealogie die digitale Infrastruktur bereitstellt. Neben geschlossenen Vereinslisten gibt es mehr als 40 offene, moderierte Listen mit einem regionalen Zuschnitt, deren Bezeichnungen – Bavarialiste, BaWue-Liste, Eifelliste, Hessen-Liste, Oberschlesien-Liste, Sachsen-Liste usw. – schon den Fokus deutlich machen.[25] Mehr als 32.000 E-Mail-Adressen sind derzeit insgesamt für diese Listen registriert, wobei das (quantitativ) größte Interesse den Regionen der ehemaligen deutschen Ostgebiete gilt.[26]

---

genealogentag.de (zuletzt aufgerufen am 28.01.2020). Ähnliche „Ahnenbörsen" gibt es auch in anderen Regionen.

23 Exemplarisch sei hier auf die „Südwestdeutschen Blätter für Familien- und Wappenkunde" hingewiesen, wo – wie in anderen Fällen auch – die Qualitätssicherung über Schriftleiter und Vorstandsmitglieder unterstützt wird, die als studierte Historiker bzw. Archivare einen erleichterten Zugang zu den wissenschaftlichen Fachdebatten besitzen.

24 Wolfgang BECHTEL, Margit LENNIGER, Roland LINDE, u.a.: Bürgerliche und bäuerliche Nachkommen Bernhards VII. zur Lippe (1428–1511) bis zum Beginn des 18. Jahrhunderts (Beiträge zur westfälischen Familienforschung, Bd. 69), Münster 2013. Zum wissenschaftlichen Forschungskontext vgl. Ellen WIDDER: Konkubinen und Bastarde. Günstlinge oder Außenseiter an den Höfen des Spätmittelalters?, in: Jan HIRSCHBIEGEL, Werner PARAVICINI (Hgg.): Der Fall des Günstlings. Hofparteien in Europa vom 13. bis zum 17. Jahrhundert (Residenzenforschung, Bd. 17), Sigmaringen 2004, S. 417–480; Andrea BARTL, Stephanie CATANI (Hgg.): Bastard. Figurationen des Hybriden zwischen Ausgrenzung und Entgrenzung, Würzburg 2010; Corinna SCHULZ: Von Bastarden und natürlichen Kindern. Der illegitime Nachwuchs der mecklenburgischen Herzöge (Quellen und Studien aus den Landesarchiven Mecklenburg-Vorpommerns, Bd. 17), Köln 2015.

25 Alle Listen sind aufgeführt und beschrieben auf https://list.genealogy.net/mm/listinfo (zuletzt aufgerufen am 28.01.2020).

26 Ich danke Herrn Dr. Jesper Zedlitz vom Verein für Computergenealogie sehr herzlich für die Übermittlung der Nutzungsdaten (Stand Januar 2020), wobei die 32.502 eingeschriebenen

Diese Listen kann jeder abonnieren und entweder stumm mitlesen oder aktiv als Fragesteller oder Diskutant in Erscheinung treten. Die in den Listenmails behandelten Themen reichen von allgemeinen Fragen („Wie finde ich Informationen zur Person X.Y.?“) über die Bitte um Hilfe bei paläografischen Schwierigkeiten („Lesehilfe“) bis hin zu sehr tiefgründigen Erläuterungen zur Quellenlage für bestimmte Erkenntnisinteressen, zu Erfahrungsberichten über Archivrecherchen und zu wichtigen historischen Kontexten für die Familienforschung, zum Beispiel zu Fragen lokaler Herrschaftsgeschichte.[27] Der Blick auf die Kommunikation in diesen Listen zeigt zum einen, dass es in der populären Genealogie ein Interesse an Wissen zur Geschichte der Region gibt, das für die eigenen Erkenntnisinteressen nutzbar gemacht werden kann, und dass Akteure existieren, die sich über die Beschäftigung mit ihrer Familie eine profunde historische Expertise angeeignet haben, die in den Kommunikationskanälen geteilt wird. Zum anderen wird deutlich: Auch, wenn die *online* nutzbaren Instrumentarien eine Ent-Lokalisierung und interregionale Vernetzung der Familienforscher fördern, sorgt doch der auf konkrete Individuen und Verwandtschaftsverbände konzentrierte Ansatz für eine eher die Kleinräumigkeit und Regionalität in den Blick nehmende Praxis und für eine enge Verbindung des genealogisch Forschenden zu einer oder zu mehreren konkreten „Regionen“, wie auch immer diese im Einzelfall definiert sind.

Landesgeschichte und Genealogie: historisch betrachtet

Die Verbindungen von regionaler Geschichte und der damit verknüpften Geschichtsbilder einerseits und genealogischer Forschungspraxis andererseits sind allerdings keineswegs auf die Gegenwart beschränkt, sondern besitzen eine lange Tradition, die nun – mit Blick von beiden Seiten aus – knapp betrachtet werden soll. Populäre Genealogie und wissenschaftliche Landesgeschichte waren, so die These, zeitweise durch eine enge Verflechtung geprägt, die sowohl als Teil regionaler Geschichtskultur als auch als Teil der Wissen(schaft)sgeschichte des Faches Landesgeschichte noch immer einer vertieften Analyse harrt.

Die Beschäftigung mit der Geschichte der eigenen Familie war bis ins 19. Jahrhundert zumeist, wenn auch nicht ganz ausschließlich, eine Domäne gelehrter Kreise sowie des Adels, der das Herkunftswissen für den Zugang zu Ämtern und Privilegien und die Steigerung familiärer Reputation im Rahmen ständischer Gesellschaftsvorstellungen zu funktionalisieren vermochte. Im späten Kaiserreich und in der Weima-

Mailadressen nicht genau die Zahl der Nutzer spiegeln, da einige Personen mit mehreren Adressen angemeldet sind. Die zehn teilnehmerstärksten Listen (mit Zahl der registrierten Adressen) sind: Niederschlesien-Liste (2541), Ost- und Westpreußen-Liste (2411), Pommern-Liste (2201), Oberschlesien-Liste (1860), Sachsen-Liste (1733), Sudeten-Liste (1679), Neumark-Liste (1612), Hessen-Liste (1598), BaWue-Liste (1537) und Bavaria-Liste (1407).

27 Zur Analyse von genealogischen Mailinglisten (hier an Beispielen aus Österreich) vgl. Timm: Meine Familie (wie Anm. 15); Timm: Reverenz (wie Anm. 16).

rer Republik kam es dann zu einem regelrechten Boom privater bürgerlicher Genealogie, der sich u. a. in der Gründung einer Vielzahl genealogischer Vereinigungen (vgl. die Daten in Tabelle 1), aber auch in der Entstehung zahlreicher Familien- und Geschlechterverbände und in der Veröffentlichung unzähliger individueller Familiengeschichten widerspiegelte.[28] Neben der verbesserten Zugänglichkeit von historischen Quellen waren es wohl vor allem Verarbeitungsmuster von Umbruchserfahrungen und politischen Krisen, die der Genealogie einen großen Zulauf bescherten. Dies wird bereits in den zeitgenössischen Diagnosen des gestiegenen familienkundlichen Interesses deutlich.[29] Wie „Heimat" und „Volkstum" gerann auch die zur „Sippenkunde" verdichtete Familiengeschichte zum idealisierten, modernitätskritischen Sehnsuchtsort breiter Schichten.

Der immense Aufschwung der Genealogie, der im späten Kaiserreich einsetzte und im zweiten Viertel des 20. Jahrhunderts noch einmal an Fahrt aufnahm, fällt nicht zufällig mit der Hochphase einer neuformierten Landesgeschichte zusammen, die sich in Abkehr von der älteren Territorialgeschichte „kulturhistorisch" und interdisziplinär konstituierte.[30] Beide Entwicklungen waren durch gemeinsame Ideen, Akteure und Autoritäten miteinander verflochten. Karl Lamprecht (1856–1915), der 1906 die Einrichtung des „Seminars für Landesgeschichte und Siedlungskunde" an der Universität Leipzig initiierte und die „moderne" Landesgeschichte auch methodisch prägte, wurde gleichfalls unter Genealogen als Vordenker wahrgenommen. Von seinen Schülern wurde er unter anderem als „Anreger" und „Organisator" der Genealogie geehrt, da er in der Familiengeschichte eine wertvolle Ergänzung seiner eigenen Studien gesehen habe.[31] Dem 1913 vom Archivar und Oberregierungsrat Eduard Heydenreich (1852–1915) herausgegebenen „Handbuch der praktischen Genealogie", einer umfangreichen Quellenkunde und Rechercheanleitung für Familienforscher, steuerte Lamprecht eine Einführung bei, in der er die „Wichtigkeit der genealogischen Studi-

28 Zu den Geschlechterverbänden vgl. David Warren SABEAN: Constructing lineages in Imperial Germany: eingetragene Familienvereine, in: Michael FENSKE (Hg.): Alltag als Politik – Politik im Alltag. Dimensionen des Politischen in Vergangenheit und Gegenwart, Berlin 2010, S. 143–157. Einen Zugang zum immensen populärgenealogischen Schrifttum der Zeit ermöglicht die von der Zentralstelle für Deutsche Personen- und Familiengeschichte in Leipzig herausgegebene Familiengeschichtliche Bibliographie, erschienen 1925–1938 (mit späteren Folgeserien).

29 Wilhelm Hussong (1887–1934) sah die durch die „Notzeiten" seiner Generation hervorgerufene „seelische Vertiefung und Selbstbesinnung" als Motor der genealogischen Bewegung, Wilhelm HUSSONG: Familienkunde. Ihre Bedeutung und Ziele, Leipzig 1928, S. 2; Johannes Hohlfeld (1888–1950) nannte rückblickend die Fronterfahrungen im Ersten Weltkrieg und die besondere Situation des „Auslandsdeutschtums" nach dem Krieg als Motoren der populären Genealogie, Johannes HOHLFELD: Von der Genealogie zur Sippenkunde, in: Archiv für Kulturgeschichte 32 (1944), S. 278–287, hier S. 283.

30 Vgl. Matthias WERNER: Zwischen politischer Begrenzung und methodischer Offenheit. Wege und Stationen deutscher Landesgeschichtsforschung im 20. Jahrhundert, in: Peter MORAW, Rudolf SCHIEFFER (Hgg.): Die deutschsprachige Mediävistik im 20. Jahrhundert (Vorträge und Forschungen, Bd. 62), Ostfildern 2005, S. 251–364, hier S. 256–303.

31 Rudolf KÖTZSCHKE (mit einem Nachwort von Armin TILLE): Karl Lamprecht, in: Deutsche Geschichtsblätter 16 (1915), S. 159–193, hier S. 193.

en" als „Beitrag zur Kulturgeschichte des deutschen Volkes" hervorhob.[32] Arbeiten zur Familiengeschichte, welche ihr Augenmerk auch auf die die Ahnen umgebende Umwelt richteten, ließen sich für Fragen der Siedlungsgeschichte, der Sozialtopografie, der Wirtschaftsgeschichte und der materiellen wie geistigen Kultur heranziehen. Da „zwischen der Familie und dem Boden, in dem sie wurzelt, eine außerordentlich enge Verbindung" bestehe, bilde die genealogische Forschung einen wichtigen „Unterbau" für die Landesgeschichte.[33]

Eng verbunden mit dem Aufschwung der Genealogie in der Wissenschaft und mit ihrer erfolgreichen Popularisierung als Freizeitbeschäftigung war auch hier eine epistemologische Neufundierung zu Beginn des 20. Jahrhunderts. Eine große Bedeutung dafür hatte das 1898 veröffentlichte „Lehrbuch der gesamten wissenschaftlichen Genealogie" des Jenaer Gelehrten Ottokar Lorenz (1832–1904). Hierin wurde der Versuch unternommen, die Genealogie gewissermaßen als Disziplin eigener Dignität im Übergangsbereich der historischen, soziologischen und naturwissenschaftlichen Fächer zu etablieren.[34] Zahlreiche Einführungen und Überblicke, die das Selbstverständnis von Genealogie verhandelten, wurden in den Folgejahren publiziert; sie untermauerten in der Regel den Brückenschlag zu den sich im Aufschwung befindlichen Wissensfeldern der Erbbiologie, Eugenik, Familienanthropologie und Rassenkunde.[35] Zwar verorteten sich die einzelnen Genealogen durchaus unterschiedlich im Koordinatensystem der Wissenschaftsbereiche bzw. Fächer und bildeten verschiedene „Schulen" aus, gemeinsam war ihnen gleichwohl die Überzeugung, dass genealogisches Forschen ein nützliches und verbindendes Instrument von Geistes- und Naturwissenschaften sei.

Dieses Verständnis von Genealogie findet sich auch in den populären Ratgebern und Führern wieder, die sich an die große Schar derjenigen wandten, die ihre Fami-

---

32 Karl LAMPRECHT: Einleitung, in: Eduard HEYDENREICH (Hg.): Handbuch der praktischen Genealogie, Leipzig 1913, Bd. 1, S. VIIf. Zu Heydenreich und seinen Verbindungen nach Leipzig vgl. Beate KAISER: Eduard Heydenreich (1852–1915). Leiter des Stadtarchivs Mühlhausen 1899–1902, in: Lebensbilder Thüringer Archivare, Rudolstadt 2001, S. 118–121.

33 Justus HASHAGEN, Familiengeschichte – Industriegeschichte – Landesgeschichte, in: Deutsche Geschichtsblätter 18 (1917), S. 187–198, die Zitate S. 195 und 197.

34 Ottokar LORENZ: Lehrbuch der gesammten wissenschaftlichen Genealogie. Stammbaum und Ahnentafel in ihrer geschichtlichen, sociologischen und naturwissenschaftlichen Bedeutung, Berlin 1898. Vgl. hierzu Bernd GAUSEMEIER: Auf der „Brücke zwischen Natur- und Geschichtswissenschaft". Ottokar Lorenz und die Neuerfindung der Genealogie um 1900, in: Florence VIENNE, Christina BRANDT (Hgg.): Wissensobjekt Mensch. Humanwissenschaftliche Praktiken im 20. Jahrhundert, Berlin 2008, S. 137–164.

35 Robert SOMMER: Familienforschung und Vererbungslehre, Leipzig 1907 (die dritte Aufl. 1927 unter dem Titel „Familienforschung, Vererbungs- und Rassenlehre"); Otto FORST-BATTAGLIA: Genealogie, Leipzig 1913; Friedrich FRHR. VON GAISBERG-SCHÖCKINGEN: Genealogie und Heraldik. Ein Mahnwort, Neumünster 1913; Ernst DEVRIENT: Familienforschung, Leipzig[2] 1919; Wilhelm Karl PRINZ VON ISENBURG: Genealogie als Lehrfach. Zugleich Einführung in ihre Probleme, Leipzig 1928; HUSSONG: Familienkunde (wie Anm. 29); Gottfried ROESLER: Allgemeine Genealogie, Leipzig 1932.

liengeschichte als Freizeitvergnügen erforschten.[36] Stichworte wie „Hebung des Familiensinns", „Erbgesundheit" und „Rassenhygiene" gehörten nun ebenso selbstverständlich zum Vokabular des Genealogen wie „Kirchenbücher" und „Ahnentafel". Dabei darf die Durchsetzung entsprechender Deutungsrahmen nicht als einfacher Top-Down-Prozess missverstanden werden. Vielmehr spielten die zahlreichen von „Laien" erforschten und publizierten Stammfolgen und Ahnenreihen, welche mit Biologismen operierten und individuelle Familiengeschichten in Vorstellungen von der deutschen Nation einschrieben, die über Narrative von Blut, Volk und Abstammung definiert wurden, für die Verbreitung dieser Denkfiguren eine wichtige Rolle. Dies zeigen auch die Aktivitäten in den regionalen genealogischen Vereinen: Vorträge von Vereinsmitgliedern und Aufsätze in den Vereinszeitschriften zeugen von einem Genealogieverständnis, das in deutlich erkennbarer Biologisierung und Politisierung die „Sippenkunde" zum überindividuellen Ideal erhob.[37] Jahre bevor in der Zeit des Nationalsozialismus eine staatlich betriebene Förderung und politische Instrumentalisierung von Genealogie zur Ausgrenzung und schließlich Vernichtung von Juden, Erbkranken und anderen nicht zur „Volksgemeinschaft" gezählten Personen Einzug hielt, hatten sich antiliberale, eugenische und rassistische Überzeugungen in der populären Genealogie etabliert.[38]

In diesem Diskursraum trafen sich Landesgeschichte und populäre Genealogie vor allem dort, wo im Sinne einer „Volksgeschichte" mit Blut-und-Boden-Argumenten operiert wurde und diese empirisch zu untermauern waren.[39] Denn für die Genealogen war unzweifelhaft, dass „die Geschichte einer jeden Landschaft gerade mit den Geschicken und der Entwicklung ihres Volkstums, d. h. der hier bodenständigen Sip-

---

36 Friedrich WECKEN: Taschenbuch für Familiengeschichtsforschung, Leipzig 1919 (mit zahlreichen veränderten Folgeauflagen); Erich WENTSCHER: Einführung in die praktische Genealogie, Görlitz 1933; Paul MICHLIGK: Ahnenforschung – leicht gemacht. Wege zur Ahnentafel und Familienkunde, Berlin 1934.

37 Für die Westdeutsche Gesellschaft für Familienkunde zeigt dies eindrücklich Martin ZWILLING: 100 Jahre genealogische Forschung zwischen Wissenschaft, Gesellschaft und Politik. Die Westdeutsche Gesellschaft für Familienkunde 1913–2013, in: 100 Jahre Westdeutsche Gesellschaft für Familienkunde 1913–2013. Festschrift, Köln 2013, S. 15–128, hier S. 50–68. Eine von mir betreute Masterarbeit hat dies jüngst vergleichend für die Publikationen unterschiedlicher Vereine untersucht, vgl. Jan RIPKE: Genealogie zwischen Familie, Volk und Rasse. Forschungskonzepte familiengeschichtlicher Vereine zwischen 1870 und 1945, unveröffentlichte Masterarbeit, Universität Münster, 2020.

38 Hierzu vgl. Hans-Walter SCHMUHL: Familiengeheimnisse. Genealogie, Rassenforschung und Politik in Deutschland, 1890–1939, in: Olaf HARTUNG, Katja KÖHR (Hgg.): Geschichte und Geschichtsvermittlung. Festschrift für Karl Heinrich Pohl, Bielefeld 2008, S. 71–84; Jason TEBBE: From Memory to Research: German Popular Genealogy in the Early Twentieth Century, in: Central European History 41 (2008), S. 205–227; Amir TEICHER: „Ahnenforschung macht frei", On the Correlation between Research Strategies and Socio-Political Bias in German Genealogy, 1898–1935, in: Historische Anthropologie 22/1 (2014), S. 67–90.

39 Für die völkische Imprägnierung der Landesgeschichte vgl. Willi OBERKROME: Volksgeschichte. Methodische Innovation und völkische Ideologisierung in der deutschen Geschichtswissenschaft 1918–1945 (Kritische Studien zur Geschichtswissenschaft, Bd. 101), Göttingen 1993; WERNER: Begrenzung (wie Anm. 30).

pen, Geschlechter und Familien" eng verknüpft sei und dass die genealogische Forschung die „innige Verbundenheit mit Blut und Boden, Liebe zur Heimat und zum Vaterland" fördere.[40] Konkret waren es vor allem die Projekte einer Zusammenführung der einzelnen familiären Genealogien eines Ortes zu sogenannten Dorfsippenbüchern, die seit Beginn der 1920er Jahren in vielen Regionen in Angriff genommen wurden. Pfarrer, Heimatforscher und Freizeitgenealogen verkarteten dazu die lokalen Kirchenbücher und verknüpften die so gewonnenen Informationen familienweise.[41] Die wissenschaftliche Weiternutzung solcher Massendaten, unter anderem in der Landesgeschichte, war mit dem Begriff der „Volkskörperforschung" verbunden. Dieser hatte durch eine im Jahr 1930 veröffentlichte und durch die Leipziger „Stiftung für deutsche Volks- und Kulturbodenforschung" angeregte programmatische Schrift Verbreitung gefunden – die genealogische Grundlagenarbeit solle „ein durchsichtiges Bild [...] des Volkskörpers abgegrenzter Gemeinschaften" liefern, das sich in demografischer, familienbiologischer und rassenkundlicher Perspektive interpretieren ließe.[42] In mehreren empirischen Untersuchungen wurden diese Impulse aufgenommen und orts- bzw. regionalhistorisch angewandt.[43]

Viele Genealogen präferierten für diese Forschungsrichtung die Begriffe „Bevölkerungsgenealogie", „Volksgenealogie" oder „Volkssippenkunde".[44] Auch unter diesen Schlagworten erschienen spezielle Anleitungen, die den individuellen Forschern die Techniken des Verzettelns und Verkartens der Kirchenbücher näherbrachten und den grundsätzlichen Wert einer „sippenkundlichen Bestandsaufnahme" der Bevölkerung

---

40 Die Zitate bei HUSSONG: Familienkunde (wie Anm. 29), S. 3f.; MICHLIGK: Ahnenforschung (wie Anm. 36), S. 16. Prägnant dazu auch Johannes HOHLFELD: Genealogie und völkische Frage, in: Vierteljahrsschrift für Politik und Geschichte 2 (1929), S. 131–137.

41 Zur Geschichte dieser Forschungen vgl. Jürgen SCHLUMBOHM: Family Reconstitution before Family Reconstitution: Historical Demography in the Context of Racial Science and Racial Policy, in: Annales de Démographie Historique 136 (2018), S. 213–247; sowie die Einleitung in: Volkmar WEISS, Katja MÜNCHOW: Ortsfamilienbücher mit Standort Leipzig in Deutscher Bücherei und Deutscher Zentralstelle für Genealogie, Neustadt/Aisch[2] 1998, S. 11–73.

42 Johann BREDT: Volkskörperforschung, Breslau 1930, das Zitat S. 5. Vgl. auch Hans LINDE: Zur Volkskörperforschung, in: Archiv für Bevölkerungswissenschaft und Bevölkerungspolitik 8 (1938), S. 316–326.

43 Vgl. exemplarisch Herbert GÖLLNER: Volks- und Rassenkunde der Bevölkerung von Friedersdorf (Kreis Lauban/Schlesien) (Deutsche Rassenkunde, Bd. 9), Jena 1932; Felix VON SCHROEDER: Der Zufluß ortsfremden Blutes in die Bevölkerung des Kirchspiels Döhlen 1648–1799. Eine bevölkerungsgenealogische Untersuchung aus dem Plauenschen Grunde bei Dresden (Mitteilungen der Zentralstelle für Deutsche Personen- und Familiengeschichte, Bd. 56), Leipzig 1935; Hans MAUERSBERG: Beiträge zur Bevölkerungs- und Sozialgeschichte Niedersachsens (Studien zur Volkskörperforschung Niedersachsens, Bd. 1), Hannover 1938.

44 An programmatischen Schriften hierzu vgl. Heinrich BANNIZA VON BAZAN: Familie – Rasse – Volk. Grundlagen und Aufgaben der Volkssippenforschung, Leipzig 1934; Willy KLENCK: Bevölkerungsgenealogie. Aufgaben der Familienkunde im Dritten Reich (Praktikum für Familienforscher, Bd. 27), Leipzig 1934; Armin TILLE: Bevölkerungsgenealogie (Flugschriften für Familiengeschichte, Bd. 26), Leipzig 1935. Zum Kontext vgl. Alexander PINWINKLER: Historische Bevölkerungsforschungen. Deutschland und Österreich im 20. Jahrhundert, Göttingen 2014.

priesen.[45] „Volksgenealogie" ließ sich dabei durchaus in einem doppelten Sinn verstehen: Der Begriff verwies einerseits auf die genealogische Betätigung als Massenbewegung, auf Familienforschung als Aufgabe aller Deutschen. Bereits in den 1920er Jahren wurde Genealogie in dieser Hinsicht als „volkstümliche Wissenschaft" konzeptualisiert, die die „innere Verbundenheit von Leben und Wissenschaft" verkörpere und „zum Gemeingut des ganzen Volkes" zu machen sei.[46] Andererseits ging es der Genealogie um eine historische Erfassung der gesamten deutschen Bevölkerung. So wie die Landesgeschichte in der Erforschung und der Zusammenschau einzelner „Kulturräume" und „Kulturprovinzen" auf eine Nationalgeschichte auf völkischer Grundlage zielte,[47] sollte aus der „sippenkundlichen" Lokal- und Regionalforschung am Ende ein größeres Bild entstehen: „Unser letztes Forschungsziel ist das Volk. Der Weg vom Einzelfall zur Gruppe und zur vergleichenden Betrachtung ist nur der selbstverständliche Entwicklungsweg des reiferen Forschers."[48]

Wie landesgeschichtliche Narrative und genealogische Einzelforschungen zusammenkamen, lässt sich auch am Beispiel des „Deutschen Geschlechterbuchs" beobachten, einer der erfolgreichsten und langlebigsten Publikationsunternehmungen populärer Genealogie. Zwischen 1889 und 1943 erschienen 119 Bände (und über einhundert weitere zwischen 1955 und 2012), in denen vor allem Stammfolgen bürgerlicher Familien als Ergebnisse privater genealogischer Forschungen zum Abdruck kamen. Herausgegeben wurde das „Deutsche Geschlechterbuch" ab 1898 vom Berliner Juristen Bernhard Koerner (1875–1952), der ein umtriebiger Akteur innerhalb der völkischen Bewegung war und in den Vorworten, die er den einzelnen Bänden beigab, bereits im Kaiserreich die Genealogie mit dezidiert rassistischen und antisemitischen Stereotypen verknüpfte.[49] Im Hinblick auf die Landesgeschichte ist entscheidend, dass die

45 Josef DEMLEITNER, Adolf ROTH: Der Weg zur Volksgenealogie. Anleitung zur übersichtlichen Darstellung des sippenkundlichen Inhalts der Kirchenbücher in Familienbüchern, München[2] 1936; Willy KLENCK, Ernst KOPF: Deutsche Volkssippenkunde, Berlin 1938, hier S. 8. Zur Organisation dieser Forschungen und zur Konkurrenz der NS-Institutionen in diesem Feld vgl. Manfred GAILUS (Hg.): Kirchliche Amtshilfe. Die Kirche und die Judenverfolgungen im „Dritten Reich", Göttingen 2008; sowie (mit zuweilen problematischen Deutungen) Volkmar WEISS: Vorgeschichte und Folgen des arischen Ahnenpasses. Zur Geschichte der Genealogie im 20. Jahrhundert, Neustadt/Orla 2013.

46 Vgl. ZWILLING: Forschung (wie Anm. 37), S. 57 (hier Teilzitat aus einem Vortrag des Wilhelm Josef Zander von 1924); Meinhard PAESLACK: Familien- und Ahnenschaftsforschung. Wesen, Ziele und Wege einer volkstümlichen Wissenschaft, in: Archiv für Sippenforschung und alle verwandten Gebiete 11 (1934), S. 97–103 (Teilzitat S. 97).

47 Vgl. Rudolf KÖTZSCHKE: Nationalgeschichte und Landesgeschichte, in: Thüringisch-Sächsische Zeitschrift für Geschichte und Kunst 13 (1923/24), S. 1–22; Erich KEYSER: Deutsche Landesgeschichte, in: Historische Zeitschrift 139 (1929), S. 252–272.

48 WENTSCHER: Einführung (wie Anm. 36), S. 151. Noch pointierter einige Jahre später HOHLFELD: Genealogie (wie Anm. 29), S. 285: „Es ist klar, daß die moderne Sippenkunde allein in der Lage ist, das feinmaschige Netz der Versippungen im Volksganzen bloßzulegen und einer wahrhaften Volksgeschichte lebendigen Inhalt zu geben."

49 Vgl. Joist GROLLE: „Deutsches Geschlechterbuch". Ahnenkult und Rassenwahn, in: Peter FREIMARK, Alice JANKOWSKI, Ina S. LORENZ (Hgg.): Juden in Deutschland. Emanzipation, Integration, Verfolgung und Vernichtung, Hamburg 1991, S. 207–228; Alexandra GERSTNER:

Bände des „Deutschen Geschlechterbuchs“ ab 1910 vorwiegend in regionalen Unterreihen erschienen („Hamburger Geschlechterbuch“ ab 1910, „Bergisches Geschlechterbuch“ und „Ostfriesisches Geschlechterbuch“ ab 1913, „Hessisches Geschlechterbuch“ und „Obersächsisches Geschlechterbuch“ ab 1920 usw.). Die Einleitungen zu diesen Bänden lassen erkennen, wie raumbezogene Geschichtsbilder (re)produziert und mit genealogischen Deutungen in Zusammenhang gebracht wurden. So ließ sich beispielsweise durch die Familienforscher das „kernige Deutschtum“ der Niedersachsen, das „aus der engen Gemeinschaft der Heimat und der Sippe entstanden ist“, aus dem Fehlen von „Rassenmischungen“ erklären, oder es konnte die „altgermanische Freiheit“, die sich in den Bürgerfamilien der Hansestädte erhalten habe, mit der Forderung nach künftiger „Reinerhaltung des Blutes“ verknüpft werden.[50]

Eine weitere Möglichkeit, die Verklammerung von Landesgeschichte und populärer Genealogie zu verfolgen, liegt in der Beschäftigung mit Grenzgängern beider Bereiche. An dieser Stelle kann nur auf einige dieser Personen hingewiesen werden. Eine große Breitenwirkung erzielte etwa der vor allem im Westfälischen tätige Friedrich von Klocke (1891–1960). Hatte ihn die „innere Ergriffenheit“ bei der Beschäftigung mit den eigenen Vorfahren zur wissenschaftlichen Beschäftigung mit diesen „Geschlechterkreisen“ geführt – Promotion (1921) und Habilitation (1931) galten der Genealogie und Ständegeschichte des Soester Patriziats und des Werler Erbsälzertums –,[51] beschäftigte er sich zunehmend konzeptionell mit genealogischen Fragen, wobei vor allem der Heimatbegriff zur Verklammerung von Familie und Land Verwendung fand: „Auch zwischen Geschlecht und Heimat spinnen sich wechselseitig die Fäden, oftmals vermittelt von den Webschiffchen heimatlicher Gesellschaft. Die Eigenheiten der Heimat, wie Menschenschlag, Bodenbeschaffenheit, Klima, ihre wirtschaftlichen und politischen Bedingtheiten sind für Wesen und Werden ihrer Geschlechter ebenso bedeutsam wie das Wesen und Wirken der Geschlechter für die Entwicklung der Heimat. Bei solcher Wechselwirkung zwischen Geschlecht und Heimat tritt dann die Familienforschung und Geschlechterkunde ein in den Kreis der Heimatkunde und stellt sich als ein gewiss nicht unnützer Mitarbeiter an den Heimatbestrebungen vor, die ja ständig an Ausdehnung und Beachtung gewinnen.“[52] Klocke war für zahlreiche westfälische Kulturinstitutionen tätig und bekam 1942 eine außerplanmäßige Professur

---

Neuer Adel. Aristokratische Elitekonzeptionen zwischen Jahrhundertwende und Nationalsozialismus, Darmstadt 2008, S. 69–77 und 376–420.

50 Die Zitate aus den Vorworten in: Bernhard KOERNER (Hg.): Hamburger Geschlechterbuch, Bd. 1 (Deutsches Geschlechterbuch, Bd. 18), Görlitz 1910, S. VII–XI; DERS. (Hg.): Niedersächsisches Geschlechterbuch, Bd. 1 (Deutsches Geschlechterbuch, Bd. 46), Görlitz 1926, S. VII–X.

51 Vgl. hierzu die Ausführungen in Klockes autobiografischen Notizen: Friedrich VON KLOCKE: Auf den Wegen der Genealogie als Wissenschaft. Autoergographie zum 65. Geburtstag, in: Familie und Volk 5 (1956), S. 90–97 und 217–222, das Zitat S. 91.

52 Friedrich VON KLOCKE: Familienkunde, Gesellschaftskunde, Heimatkunde. Umrisse einer Einführung in die Grundlagen der Genealogie (Flugschriften für Familiengeschichte, Bd. 1), Leipzig 1920, S. 14. Zur Bedeutung der Heimatbewegung für die Landesgeschichte vgl. mit weiteren Nachweisen Winfried MÜLLER, Martina STEBER: „Heimat“. Region und Identitätskonstruktionen im 19. und 20. Jahrhundert: Sachsen / Bayerisches Schwaben, in: FREITAG u. a. (Hgg.): Handbuch (wie Anm. 3), S. 646–676.

für Geschichte, Westfälische Landesgeschichte und Genealogie an der Universität Münster übertragen.[53] Für seine Wirkungen in der und für die Öffentlichkeit ist zudem seine Rolle in der westfälischen Vereinsgenealogie wichtig – hier war er als Redner, Autor und Organisator tätig, der genealogisches Wissen bündelte, vermittelte und popularisierte.[54]

Zahlreiche andere Personen, die für eine enge Verbindung von Genealogie und Landesgeschichte über geteilte (völkische) Grundhaltungen und Methoden standen, ließen sich nennen, etwa der Volksschullehrer Willi Klenck (1890–1959), der nach 1933 zum Beauftragten für Sippenforschung des NS-Lehrerbundes und später zum Leiter der Forschungsstelle „Rasse und Raum" im Gau Ost-Hannover aufstieg und regionale genealogische mit „rassenbiologischen" Forschungen verband, oder Karl Wülfrath (1904–1981), dem die Gründung eines „Rheinischen Provinzialinstituts für Sippen- und Volkskörperforschung" in Köln gelang, das für die Verbindung von Kulturraum-, Genealogie- und Rassenkonzepten stand.[55] Gerade für Personen aus der „zweiten Reihe", die als Vereinsvorsitzende oder Publizisten an der Schnittstelle von populärer Familienforschung und Landesgeschichte standen, fehlen allerdings noch wissenschaftshistorische und kollektivbiografische Forschungen.

Die Machtübernahme der Nationalsozialisten brachte der populären Genealogie weiteren Aufschwung – nicht zuletzt die nun von vielen „Volksgenossen" geforderten „Nachweise arischer Abstammung" ließen die Zahl der „Ahnenforscher", jetzt jedoch auch jenseits bloßer Freiwilligkeit, kräftig steigen.[56] Für die mit der Genealogie verknüpften Konzepte und Deutungsrahmen waren hingegen die Kontinuitäten zwischen Weimarer Zeit und „Drittem Reich" frappierend. Auch die Zäsur des Jahres 1945 ist ambivalent zu beurteilen. Viele Genealogen betonten nach dem Krieg den „Missbrauch" der Familienforschung durch die Nationalsozialisten, ohne ihre eigene Rolle im völkisch-rassistischen Diskurs kritisch zu reflektieren. Unter der Devise, nun wieder zur vermeintlich „unpolitischen", rein wissenschaftlich motivierten Genealogie

---

53 Hierzu und zu seinen Verbindungen zum Nationalsozialismus vgl. Katja FAUSSER: „Das Institut zu neuem Leben erweckt"? Entwicklungen am Historischen Seminar 1920–1960, in: Hans-Ulrich THAMER, Daniel DROSTE, Sabine HAPP (Hgg.): Die Universität Münster im Nationalsozialismus. Kontinuitäten und Brüche zwischen 1920 und 1960, Münster 2012, Bd. 2, S. 647–688, hier S. 659–667; zu Klockes wissenschaftlichem Ansatz auch PINWINKLER: Bevölkerungsforschungen (wie Anm. 44), S. 160–174.

54 Vgl. Niklas REGENBRECHT: Genealogische Vereinsarbeit zwischen Geschichtspolitik und populärer Forschung. Die Westfälische Gesellschaft für Genealogie und Familienforschung 1920–2020 (Beiträge zur Volkskultur in Nordwestdeutschland, Bd. 130), Münster 2019, passim.

55 Für Klenck fehlt biografische Grundlagenforschung, vgl. die in Anm. 44f. genannten Arbeiten von ihm; zu Wülfrath vgl. Ralph KLEIN: Karl Wülfrath und das ‚Rheinische Provinzialinstitut für Sippen- und Volkskörperforschung', in: Burkhard DIETZ, Helmut GABEL, Ulrich TIEDAU (Hgg.): Griff nach dem Westen. Die „Westforschung" der völkisch-nationalen Wissenschaften zum nordwesteuropäischen Raum (1919–1960), Münster 2003, Bd. 2, S. 791–817.

56 Vgl. Wolfgang RIBBE: Genealogie und Zeitgeschichte. Studien zur Institutionalisierung der nationalsozialistischen Arierpolitik, in: Herold-Jahrbuch N.F. 3 (1998), S. 73–108; Eric EHRENREICH: The Nazi Ancestral Proof. Genealogy, Racial Science, and the Final Solution, Bloomington 2007; GAILUS: Amtshilfe (wie Anm. 45).

zurückzukehren, wurden überkommene Methoden und Deutungsschemata – zum Teil sprachlich bereinigt – fortgeschrieben.[57] Beispielhaft sei hier nur auf Hermann Mitgau (1895–1980) verwiesen, der seit den 1920er Jahren wichtiger Vertreter einer soziologisch orientierten Genealogie war, die er später – u. a. als Dozent für Volkskunde und Familienforschung an NS-Hochschulen für Lehrerbildung und als SS-Mitglied – gleichwohl mit völkischen und nationalsozialistischen Ideen verband.[58] Nach dem Krieg wurde Mitgau Professor für Geschichtsdidaktik in Göttingen, publizierte aber weiter vor allem zu familienkundlichen Themen und übte einen großen Einfluss auf die (populär-)genealogische Forschung in Niedersachsen aus.[59] Grundsätzlich verblieb er bei seinem Ansatz, aus lokalen und regionalen Studien zu einer übergreifenden „Sozialgenealogie" (so nun der das Wort „Volksgenealogie" ersetzende Begriff) zu gelangen, der er eine weitreichende Erklärungskraft für historische Prozesse zuschrieb.[60]

Auch die landesgeschichtliche Sicht auf die Genealogie war zunächst von Kontinuität geprägt. Der österreichische Landeshistoriker Karl Lechner (1897–1975) hob beispielsweise in einem programmatischen Aufsatz aus dem Jahr 1950 explizit die „Volkskörperforschung" für die „Herausstellung von geschichtlichen Landschaften und Kulturräumen" hervor, da sie biologische, soziologische und „kulturkundliche" An-

---

57 Vgl. Hermann MITGAU: Zum Geleite, in: Genealogie und Heraldik 1 (1948/49), S. 1f.; Friedrich VON KLOCKE: Die Entwicklung der Genealogie vom Ende des 19. bis zur Mitte des 20. Jahrhunderts. Prolegomena zu einem Lehrbuch der Genealogie, Schellenberg 1950; Karl DEMETER: Genealogie als Grundlage für Historie und Soziologie, in: Genealogie und Heraldik 2 (1950), S. 165–169. Als Beispiel für eine erfolgreiche Umdeutung sei hier auch auf Friedrich Wilhelm Euler (1908–1995) verwiesen, der im Rahmen der (auch genealogisch betriebenen) nationalsozialistischen „Judenforschung" aktiv an Verfolgungspraktiken beteiligt war und nach dem Krieg über das von ihm gegründete „Institut zur Erforschung historischer Führungsschichten" in Bensheim sich der (auch genealogisch verstandenen) historischen Personenforschung und der jüdischen Sozialgeschichte widmete. Zu weiteren Fällen vgl. PINWINKLER: Bevölkerungsforschungen (wie Anm. 44), S. 170–174.

58 Vgl. u. a. Hermann MITGAU: Familienschicksal und soziale Rangordnung. Untersuchungen über den sozialen Aufstieg und Abstieg (Flugschriften für Familiengeschichte, Bd. 10), Leipzig 1928; DERS.: Fünf Jahre Volks- und Sippenkunde an der Hochschule für Lehrerbildung in Cottbus (Familienkundliche Hefte für die Niederlausitz, Bd. 12), Cottbus 1941.

59 Zu Mitgau vgl. Horst KUSS: Genealogie als Gesellschaftswissenschaft. Hermann Mitgau (1895–1980), in: Blätter für deutsche Landesgeschichte 118 (1982), S. 261–263; Hans-Christian HARTEN, Uwe NEIRICH, Matthias SCHWERENDT: Rassenhygiene als Erziehungsideologie des Dritten Reichs. Ein bio-bibliographisches Handbuch, Berlin 2006, S. 254f. und 438.

60 Vgl. Hermann MITGAU: Genealogie als eine Sozialwissenschaft. Gesammelte Abhandlungen, Göttingen 1977. Zur späteren Rezeption dieser Konzepte – auch im Hinblick auf das Verhältnis von Region und Überregionalität – vgl. Walter SCHAUB: Sozialgenealogie: Probleme und Methoden, in: Blätter für deutsche Landesgeschichte 110 (1974), S. 1–28; Volkmar WEISS: Die Stellung der Genealogie in der wissenschaftlichen Forschung, in: Eckart HENNING, Regina ROUSAVY (Hgg.): Die Historischen Hilfswissenschaften in Forschung und Lehre, Neustadt/Aisch 2003, S. 91–100 („Genealogie ist von ihrer Datenlage her regional begrenzt und deshalb anscheinend zu einem Dasein als Provinzwissenschaft verdammt", während sie eigentlich auf die Suche nach „allgemein gültigen Regeln oder Gesetzen" ziele, so hier auch in Anlehnung an soziobiologische und populationsgenetische Ansätze, Zitate S. 92 und 96).

sätze vereinige. „Mag sein, daß diese Art der Forschung durch politische Mißbräuche einer vergangenen Zeit etwas diffamiert wurde. Das ist kein Grund für die geschichtliche Landeskunde, ihr auszuweichen. Im Gegenteil, Familien- und Häuserbücher, Dorfsippenbücher usw. müssen neu gepflegt werden."[61] Erst durch die Abkehr der Landesgeschichte von Konzepten der Kulturraumforschung schwand schließlich die Nähe zur Genealogie, auch wenn es nach wie vor Grenzgänger beider Disziplinen gab.[62] Für das von den Genealogen aus den Kirchenbüchern erhobene Datenmaterial interessierte sich seit den 1970er Jahren hingegen vermehrt die Historische Demographie, die sich allerdings nicht auf die deutschen Bevölkerungsforschungen der ersten Jahrhunderthälfte, sondern auf französische und angloamerikanische Theorieansätze berief.[63]

Wenig bekannt ist bislang über die konkrete Praxis in den genealogischen Vereinen und über die mit den Recherchen und Publikationen verbundenen Geschichtsbilder in der zweiten Hälfte des 20. Jahrhunderts.[64] Hier sind weitere systematische Forschungen notwendig. Erkennbar ist jedoch, dass sich das Feld der populären Genealogie in den letzten 20 bis 30 Jahren noch einmal spürbar verändert hat, was vor allem mit dem Medien- und Kommunikationswandel und den damit einhergehenden technischen Innovationen in Verbindung zu bringen ist.[65] Diese Veränderungsprozesse sind mit neuen Kontaktaufnahmen und Kooperationsperspektiven zwischen akademischer Landesgeschichte und Populärgenealogie verbunden, die abschließend knapp zu reflektieren sind.

Landeshistorisch-genealogische Kooperationen heute

Um aktuelle Schnittstellen zwischen Landesgeschichte und populärer Genealogie zu bestimmen und Kooperationsmöglichkeiten auszuloten, scheint es mir zunächst

61 Karl LECHNER: Sinn und Aufgaben geschichtlicher Landeskunde, in: Pankraz FRIED (Hg.): Probleme und Methoden der Landesgeschichte, Darmstadt 1978, S. 83–116, hier S. 106f. (der Aufsatz war zuerst in den Mitteilungen des Instituts für Österreichische Geschichtsforschung 1950 erschienen).

62 Zum Beispiel Hansmartin Decker-Hauff (1917–1992), der – bevor er 1956 den Lehrstuhl für Geschichtliche Landeskunde und Historische Hilfswissenschaften in Tübingen übernahm – Vorstandsmitglied im Verein für württembergische Familienkunde war und auch darüber hinaus intensiv zu seinen eigenen Vorfahren geforscht hat.

63 Arthur E. IMHOF: Einführung in die historische Demographie, München 1977; Peter BECKER: Leben, Lieben, Sterben. Die Analyse von Kirchenbüchern, St. Katharinen 1989.

64 Wichtige Hinweise für einzelne Vereine finden sich bei ZWILLING: Forschung (wie Anm. 37), S. 99–128, und REGENBRECHT: Vereinsarbeit (wie Anm. 54), S. 211–241.

65 Hierzu vgl. TIMM: Reverenz (wie Anm. 16), S. 226; DIES.: „Ich fühle mich absolut verwandt": Entgrenzung, Personalisierung und Gouvernementalität von Verwandtschaft am Beispiel der populären Genealogie, in: Edmuthe ALBER u.a. (Hgg.): Verwandtschaft heute. Positionen, Ergebnisse und Perspektiven, Berlin 2010, S. 47–71; Kylie H. VEALE: A Doctoral Study Of the Use of the Internet For Genealogy, in: Historia Actual Online 7 (2004), S. 7–14; Bharath M. JOSIAM, Richard FRAZIER: Who Am I? Where Did I Come From? Where Do I Go To Find Out? Genealogy, the Internet, and Tourism, in: Tourismos 3/2 (2008), S. 35–56.

wichtig, die unterschiedlichen Erkenntnisinteressen auf beiden Seiten anzuerkennen und als legitim zu akzeptieren. Während die Geschichtswissenschaft, wie beschrieben, Genealogie als Gegenstand in den Blick nimmt oder als „hilfswissenschaftliche" Methode nutzt, ist für die populäre Familienforschung die Ermittlung oder Herstellung genealogischer Verknüpfungen der eigentliche Zweck. Landesgeschichte wird damit für die Genealogen gewissermaßen zu einer „Hilfswissenschaft" für ihre Forschungspraxis, indem sie ihnen nützliche Kontextinformationen liefert und zur besseren Interpretation und Einordnung ihrer Funde beiträgt. Hieraus lässt sich ein potenzielles gegenseitiges Interesse von Landesgeschichte und populärer Genealogie ableiten.

Eine wichtige Verbindung zwischen Landesgeschichte und Genealogie wird über das Interesse an und die Arbeit mit den Quellen hergestellt. Auch wenn die für die Familienforschung zu nutzenden Quellen potenziell sehr vielfältig sind, stehen doch bestimmte personenzentrierte Dokumente – in erster Linie die Kirchenbücher – ganz besonders im Fokus der Genealogen. Der populären Genealogie ist es gelungen, ihr großes Interesse an der Arbeit mit diesen seriellen Massenquellen zu mobilisieren und die Digitalisierung von Kirchenbüchern bei den zuständigen Archiven im großen Maßstab anzustoßen. Im Webportal „Archion", einem Projekt der evangelischen Kirche in Deutschland, an dem die meisten evangelischen Landeskirchen beteiligt sind, können bereits über 95.000 Kirchenbücher online eingesehen werden; täglich kommen hier neue Digitalisate hinzu.[66] Ein Pendant für (zunächst einige) katholische Bistümer stellt das Portal „Matricula" dar, über das man – neben sehr vielen Dokumenten aus Österreich – auch große Teile der historischen Kirchenbuchbestände der (Erz-) Diözesen Hildesheim, Magdeburg, München-Freising, Münster, Osnabrück, Paderborn und Passau einsehen kann; bislang stehen 26 Millionen gescannter Kirchenbuchseiten in meist hervorragender Qualität zur kostenfreien Nutzung bereit.[67]

Von diesen immensen Digitalisierungen, die ohne die Nachfrage von Seiten der populären Genealogie nicht denkbar wären, kann die Landesgeschichte ebenfalls profitieren. Denn Kirchenbücher erweisen sich – auch jenseits klassischer demografischer Analysen – als wichtige Quellen für die Verfolgung aktueller Fragestellungen, etwa zu regionalen Verwaltungspraktiken, Netzwerkbildungen und Erinnerungskulturen.[68]

---

66 Die Zahlen finden sich auf https://www.archion.de/de/das-portal/ueber-uns/ (zuletzt aufgerufen am 28.01.2020). Die Nutzung des Portals, das von der Kirchenbuchportal GmbH betrieben wird, ist allerdings kostenpflichtig.

67 Vgl. http://data.matricula-online.eu/de/ (zuletzt aufgerufen am 28.01.2020).

68 Vgl. Stefan DORNHEIM: Der Pfarrer als Arbeiter am Gedächtnis. Lutherische Erinnerungskultur in der Frühen Neuzeit zwischen Religion und sozialer Kohäsion (Schriften zur sächsischen Geschichte und Volkskunde, Bd. 40), Leipzig 2013, S. 136–154; Eva Marie LEHNER: „einschreiben und vleißßig auffbehalten, auff daß man sich inn mancherlei fällen zeugnuß daraß zu gebrauchen habe". Dokumentieren als Praxisform in frühneuzeitlichen Kirchenbüchern, in: Jan-Hendryk DE BOER (Hg.): Praxisformen. Zur kulturellen Logik von Zukunftshandeln, Frankfurt 2019, S. 147–163. Die Vielfalt von Auswertungspotentialen verdeutlichen auch folgende Sammelbände: Klaus RIES (Hg.): Zwischen Universität und Stadt. Aspekte demographischer Entwicklung in Jena um 1800, Jena 2004; Peter PFISTER (Hg.): Pfarrmatrikeln im

Hier hat die Digitalisierungsoffensive das Potenzial, weitere wissenschaftliche Studien anzustoßen und zu ermöglichen. Hinzu kommt, dass auch andere Quellenarten durch das Nutzungsinteresse der populären Genealogie der Digitalisierung zugeführt werden. Aus dem kirchlichen Kontext wäre beispielhaft auf die *Status animarum* des Bistums Münster hinzuweisen, komplette Bevölkerungserfassungen der einzelnen Gemeinden aus dem 18. Jahrhundert, die ebenfalls über das Portal „Matricula" einsehbar sind.[69] Auch andere, vor allem internationale (kommerzielle) Anbieter genealogischer Webinformationen wie „Ancestry" und „FamilySearch" reagieren auf die Nachfrage nach familiengeschichtlichen Quellendigitalisaten und haben – meist in Zusammenarbeit mit Kirchen-, Landes- und Kommunalarchiven – große Mengen personenzentrierter Archivalien gescannt, indiziert und zur Online-Nutzung bereitgestellt. Darunter befinden sich neben Kirchenbüchern und städtischen Akten (z. B. Bürgerbücher, Meldeunterlagen) auch die Standesamtsurkunden großer Städte wie Berlin, Dresden, Halle, Magdeburg und Nürnberg.[70]

Erweisen sich die durch genealogisches Interesse angestoßenen Quellendigitalisate als nützlich auch für die landeshistorische Arbeit, so haben auf der anderen Seite viele Familienforscher ein Interesse, von der landesgeschichtlichen Expertise zur Kontextualisierung der Dokumente und zur genuin wichtigen Quellenkritik zu profitieren. Um entsprechende Effekte zu erzielen, ist es notwendig, geeignete Formate der Interaktion von Landesgeschichte und Populärgenealogie zu finden, bei denen eine Begegnung der verschiedenen Akteure auf Augenhöhe möglich ist. In Westfalen sind hier in den letzten Jahren gute Erfahrungen mit unterschiedlichen Veranstaltungstypen gemacht worden. Hinzuweisen ist in erster Linie auf die Reihe der „Detmolder Sommergespräche", einer seit 2004 in regelmäßigen Abständen durchgeführten Vortrags- und Diskussionsveranstaltung am Landesarchiv in Detmold.[71] Genealogen, Fachwissen-

---

Erzbistum München und Freising. Geschichte – Archivierung – Auswertung (Schriften des Archivs des Erzbistums München und Freising, Bd. 19), Regensburg 2014.

69 Für die populäre Genealogie in Nordwestdeutschland stellen die *Status animarum* eine wichtige Quellengruppe dar, wie zahlreiche Editionsvorhaben beweisen, vgl. exemplarisch Norbert HENKELMANN, Jörg WUNSCHHOFER (Hgg.): Der Status animarum des Amtes Stromberg von 1749/50 (Der Status animarum 1749/50 des Fürstbistums Münster, Bd. 1), Bielefeld 2006; Ludger KOCK, Peter SIEVE (Bearb.): Der Status animarum des Amtes Vechta von 1749/50 (Die Rote Reihe, Bd. 17), Cloppenburg 2012; DIES. (Bearb.): Der Status animarum des Amtes Cloppenburg von 1749/50 (Die Rote Reihe, Bd. 18), Cloppenburg 2015.

70 Vgl. hierzu Bertram FINK: Familienforschung zwischen archivischer Dienstleistung und Kommerzialisierung. Indexierung und Digitalisierung der Kirchenbücher auf Kooperationsbasis – eine Perspektive für kirchliche Archive?, in: Aus evangelischen Archiven 47 (2007), S. 64–96; Carola SCHAUER: Aufbereitung für die Nutzung – archivfachliche Anforderungen an Digitalisierungsprojekte durch Ancestry, in: Marcus STUMPF, Katharina TIEMANN (Hgg.): Personen- und bevölkerungsgeschichtliche Quellen in Kommunalarchiven (Texte und Untersuchungen zur Archivpflege, Bd. 30), Münster 2015, S. 127–141; Thekla KLUTTIG: Archivgut aus Stadt- und Staatsarchiven in den ostdeutschen Bundesländern bei FamilySearch, in: Archivar 70 (2017), S. 26f.; Jerome DE GROOT: Ancestry.com and the Evolving Nature of Historical Information Companies, in: The Public Historian 42/1 (2020), S. 8–28.

71 Die „Detmolder Sommergespräche" wurden zwischen 2004 und 2017 vor allem von der Archivarin Bettina Joergens initiiert, die für ihr Engagement 2014 von der Deutschen Arbeitsge-

schaftler, Archivare und Standesbeamte kamen dabei unter einem jeweiligen Oberthema (z. B. Migration, Familienformen, jüdische Genealogie, Familiengeschichten) zusammen, um die verschiedenen Perspektiven auf die Thematik zu präsentieren und etwaige gegenseitige Voreingenommenheit und Berührungsängste abzubauen.[72] Wurden die „Sommergespräche" von archivischer Seite angeregt, so konnten darüber hinaus mehrere Einzelveranstaltungen aus Kooperationen zwischen Universität und Vereinsgenealogie realisiert werden. Auch dabei zeigte sich – bei Anerkennung der jeweils unterschiedlichen Erkenntnisinteressen von Genealogen und Universitätshistorikern – ein großes Interesse an gegenseitigem Austausch und Kooperation.[73]

Für die Landesgeschichte können nicht nur die durch familiengeschichtliches Interesse verfügbar gemachten Quellen, sondern auch die Forschungsergebnisse populärgenealogischer Provenienz eine Rolle für die eigene Arbeit spielen. Denn viele Familienforscher sind nicht nur „stille Konsumenten" der digital oder analog benutzten Kirchenbücher, sondern beteiligen sich an einer familienübergreifenden Weiterverarbeitung der gewonnenen Daten. Wichtig sind in diesem Zusammenhang nach wie vor die von Genealogen erstellten Ortsfamilienbücher, die für einzelne Dörfer bzw. Gemeinden durch die personen- und familienweise Verkartung der Kirchenbucheinträge Gesamtzusammenstellungen der in die kirchlichen Handlungen einbezogenen Bevölkerung des Ortes rekonstruieren. Solche Ortsfamilienbücher werden heute nicht mehr nur als klassische Printpublikationen, sondern immer häufiger als umfangreiche Personendatenbanken im Internet veröffentlicht. Über das Portal „Online-OFB" sind mittlerweile über 750 entsprechender Datenbanken mit zusammen mehr als 11 Millionen Personendatensätzen einsehbar.[74] Für aktuelle Fragen der Verwandtschaftsfor-

---

meinschaft genealogischer Verbände mit der Johann-Christoph-Gatterer-Medaille geehrt wurde. Vgl. Lupold von Lehsten: Zehn Jahre Detmolder Sommergespräche, in: Archiv für Familiengeschichtsforschung 19 (2015), S. 27f. Seit 2019 liegt die Organisation in den Händen des Archivars Johannes Burkardt.

72 Bislang sind fünf Tagungsbände aus der Veranstaltungsreihe hervorgegangen: Bettina Joergens, Christian Reinicke (Hgg.): Archive, Familienforschung und Geschichtswissenschaft. Annäherungen und Aufgaben, Norderstedt 2006; Bettina Joergens (Hg.): Biographie, Genealogie und Archive gemeinsam im digitalen Zeitalter, Insingen 2009; dies. (Hg.): Jüdische Genealogie im Archiv, in der Forschung und digital (Veröffentlichungen des Landesarchivs Nordrhein-Westfalen, Bd. 41), Essen 2011; dies., Thomas Brakmann (Hgg.): Familie? Blutsverwandtschaft, Hausgemeinschaft und Genealogie (Veröffentlichungen des Landesarchivs Nordrhein-Westfalen, Bd. 51), Essen 2014; Bettina Joergens (Hg.): Familiengeschichten, Schatztruhen und andere Archive (Veröffentlichungen des Landesarchivs Nordrhein-Westfalen, Bd. 63), Essen 2016.

73 Tagung „Populäre Genealogie, Geschichtswissenschaft und Historische Demographie" (veranstaltet vom Arbeitskreis Historische Demographie in Zusammenarbeit mit dem Seminar für Kulturanthropologie/Europäische Ethnologie der Universität Münster), Münster 16.-17.3. 2018; Tagung „Genealogie in der Moderne: Akteure – Praktiken – Perspektiven" (organisiert von Michael Hecht und Elisabeth Timm in Kooperation mit der Westfälischen Gesellschaft für Genealogie und Familienforschung und der Volkskundlichen Kommission des Landschaftsverbands Westfalen-Lippe), Münster 20.-21.3.2020. Ein Tagungsband ist in Vorbereitung.

74 Vgl. http://www.online-ofb.de/ (zuletzt aufgerufen am 28.01.2020). Zum Genre Ortsfamilienbuch vgl. Volkmar Weiss, Münchow: Ortsfamilienbücher (wie Anm. 41).

schung, etwa zur ländlichen Netzwerkbildung oder zur bäuerlichen Vererbungsökonomie, können solche kumulierten Familienrekonstitutionen wichtige Grundlagen liefern, wobei sich eine intensive Kommunikation zwischen (genealogischem) „Datenproduzent“ und (wissenschaftlichem) „Auswerter“ als hilfreich erweist, um die jeweiligen Interessen und Bedürfnisse zur Geltung zu bringen.[75] Die Rolle der Landesgeschichte sollte allerdings nicht nur darin bestehen, eine wissenschaftliche Weiternutzung der von den Genealogen in Ortsfamilienbüchern zusammengetragenen Daten anzustreben, sondern auch darin, die Familienforscher mit den Traditionslinien und der Historizität des Mediums vertraut zu machen, das als „Dorfsippenbuch“ – wie gezeigt – im Rahmen eines völkischen Geschichtsverständnisses entstand und lange Zeit sehr zweifelhaften wissenschaftlichen und politischen Zwecken diente.[76]

Genealogen generieren nicht nur eine Nachfrage, die zur Digitalisierung von seriellen Quellen führt, und sie sind nicht nur individuelle Akteure einer Auswertung und digitalen Weiterverarbeitung solcher Quellen, sondern sie sind auch als Kollektive im Prozess der Wissensschöpfung tätig – dies sei als Letztes kurz hervorgehoben. Die nutzergenerierte Erschließung von umfangreichen Quellenbeständen durch Gemeinschaften von „Hobbyforschern“, das sogenannte *Crowdsourcing*, hat in den letzten Jahren stark zugenommen. Zahlreiche Archive auf lokaler und regionaler Ebene kooperieren zu diesem Zweck mit den genealogischen Vereinen.[77] Das spiegelt auch ein neues Selbstverständnis im Verhältnis zwischen Archivaren und Genealogen wider. Letztere, die oft die Hauptnutzergruppe in Archiven bilden, werden nicht mehr als lästige oder skurrile Bittsteller, sondern als Partner gesehen.[78]

Das erste große und regionalübergreifende *Crowdsourcing*-Projekt der deutschen populären Genealogie war die Erfassung der sogenannten Verlustlisten des Ersten Weltkriegs, also die Aufnahme der in den Verordnungsblättern der Armee mitgeteilten Namenslisten der verwundeten, gefallenen und gefangenen Soldaten. Durch ca. 750 freiwillige Bearbeiter sind 31.000 Seiten erfasst und in 8,5 Millionen Personendatensätze überführt worden.[79] In den letzten Jahren sind zahlreiche regionale Projekt hin-

---

75 Beispielhaft sei hier nur auf ein Dissertationsprojekt verwiesen, das auf Familienrekonstitutionen in Löhne (Ostwestfalen) und Borgeln (Soester Börde) fußt: Christine FERTIG: Familie, verwandtschaftliche Netzwerke und Klassenbildung im ländlichen Westfalen (1750–1874) (Quellen und Forschungen zur Agrargeschichte, Bd. 54), Stuttgart 2012.

76 Vgl. oben bei Anm. 41ff.

77 Vgl. FINK: Familienforschung (wie Anm. 70); Marie-Luise CARL: Tiefenerschließung genealogischer Quellen – Möglichkeiten der Zusammenarbeit von Kommunalarchiven und genealogischen Vereinen, in: STUMPF, TIEMANN, Quellen (wie Anm. 70), S. 142–151; Stefan FLESCH: Geteiltes Wissen ist doppeltes Wissen: Blogs, Online-Editionen und genealogische Kooperationsprojekte im Archiv der Evangelischen Kirche im Rheinland, in: Aus evangelischen Archiven 56 (2016), S. 40–58.

78 Vgl. Thekla KLUTTIG: Neue Verwandtschaftsforschung oder: Die Eroberung der Archive?, in: Archivpflege in Westfalen-Lippe 84 (2016), S. 10–15; Gunnar TESKE: Workshop „Genealogen als Nutzer und Partner der Kommunalarchive“ am 9. September 2015 im LWL-Archivamt in Westfalen, in: ebd., S. 42–44.

79 Vgl. http://wiki-de.genealogy.net/Verlustlisten_Erster_Weltkrieg/Projekt (zuletzt aufgerufen am 28.01.2020).

zugekommen. So werden im Rheinland die Standesamtsregister von Köln namentlich indiziert, in Baden-Württemberg werden die Kriegsgräberlisten für beide Weltkriege aus dem Staatsarchiv transkribiert, in Sachsen wird eine umfangreiche Karteikartensammlung zu den Familien der Stadt Leipzig seit der Frühen Neuzeit online erfasst, und in Westfalen werden die sogenannten Juden- und Dissidentenregister von den handschriftlichen Akten in den Computer übertragen.[80] Diese und weitere Vorhaben zeigen, dass es ein großes Potenzial gibt, Forschende in der populären Genealogie für kollaborative Projekte der Quellenerschließung und Digitalisierung zu begeistern. Aus Sicht der universitären Landesgeschichte scheint es mir geboten, eine stärkere Offenheit gegenüber solchen Aktivitäten zu entwickeln und Spielräume auszuloten, in solchen oder ähnlichen Projekten als Partner aufzutreten, eigene Kompetenzen einzubringen, die historische Arbeit kritisch zu begleiten und eigene Interessen geltend zu machen.

Fazit

Für die verschiedenen Ansatzpunkte einer landesgeschichtlich orientierten *Public History* bietet die populäre Genealogie zahlreiche Anknüpfungsmöglichkeiten. Drei Perspektiven zum Verhältnis von Landesgeschichte und Genealogie möchte ich abschließend noch einmal hervorheben:

Erstens: Bei aller Heterogenität der Intentionen und Ansprüche sowie der Forschungs-, Vergemeinschaftungs- und Kommunikationsformen, die sich für das Feld der populären Genealogie festmachen lässt, kann gleichwohl konstatiert werden, dass es sich um einen keinesfalls unbedeutenden Teil nicht-akademischer Geschichtskultur, um eine Praxisform einer nicht bzw. nicht ausschließlich geschichtswissenschaftlich vorgebildeten Öffentlichkeit handelt, die über eine starke regionale Verankerung verfügt und daher zahlreiche potenzielle Berührungspunkte mit der universitären Landesgeschichte aufweist. Familienforschung sollte als legitime Form von Auseinandersetzung mit der Vergangenheit (mit vielen regionalen Bezügen) grundsätzlich anerkannt werden. Dabei ist es notwendig, die Unterschiedlichkeit von Landesgeschichte und populärer Genealogie in den Erkenntnisinteressen und in den Forschungspraktiken zu reflektieren, was auch bedeuten kann, sich kritisch mit bestimmten Erkenntnisweisen auseinanderzusetzen. In analytischer Hinsicht sollte sich die Landesgeschichte damit beschäftigen, wie in der genealogischen Forschung regionale Geschichtsbilder hervorgebracht und verhandelt werden – entsprechende Studien stehen bislang noch weitgehend aus.

80 Zu diesen Projekten vgl. die Hinweise und Bearbeitungsstände auf den Projekthomepages: http://wiki-de.genealogy.net/Köln/Standesamt; http://wiki-de.genealogy.net/Kriegsgräberlisten_Baden-Württemberg; http://wiki-de.genealogy.net/Kartei_Leipziger_Familien; https://vereine.genealogy.net/wggf/?Die_WGGF:Projekt_JuWeL (zuletzt jeweils aufgerufen am 28.01.2020).

Zweitens: Landesgeschichte und populäre Genealogie verfügen vor allem in der ersten Hälfte des 20. Jahrhunderts über eine enge Verflechtungsgeschichte. Eine gleichzeitige Konjunktur, vor allem in den 1920er und 1930er Jahren, verweist auf zahlreiche methodische, personelle und institutionelle Verbindungslinien und geteilte politische Grundüberzeugungen. Der Boom einer völkisch imprägnierten Genealogie und die daraus resultierenden Forschungsergebnisse wurden in der Landesgeschichte aufgenommen und fortentwickelt; gleichzeitig war die Landesgeschichte behilflich, der florierenden genealogischen Betätigung ein hohes Maß an Wissenschaftlichkeit zuzuschreiben. Dieses Wechselverhältnis kann einerseits Anlass geben, auch in heutiger Perspektive *Public History* ganz allgemein nicht nur in emphatischer Weise als pluralisierende und daher wünschenswerte Erweiterung der Perspektiven auf Geschichte zu verstehen, sondern sich auch mit den Grenzen und Risiken öffentlicher Geschichtsdeutungen sowie der Dignität einer fachwissenschaftlichen Eigenlogik im Verhältnis zur *Public History* zu beschäftigen.[81] Andererseits harrt die Verzahnung von Landesgeschichte und regionaler populärer Genealogie in historischer Perspektive noch einer vertieften Aufarbeitung. Die zahlreichen Gründungsjubiläen der familienkundlichen Vereine, die in den Zwanzigerjahren anstehen (vgl. Tabelle 1), können vielleicht zum Anlass genommen werden, die Geschichte der Vereinsgenealogie als Teil regionaler *Public History* wissenschaftlich zu erforschen. Viele Vereine würden eine solche kritische Aufarbeitung ihrer Vergangenheit sicherlich begrüßen und unterstützen.

Drittens: Im Bereich der digitalen Quellennutzung und -erschließung haben Genealogen eine Kompetenz entwickelt, die beachtlich ist. Genealogisches Interesse war maßgeblich dafür verantwortlich, dass serielle Quellen wie Kirchenbücher in hoher Zahl digitalisiert und im Internet verfügbar gemacht wurden. Auch die große Bereitschaft von Familienforschern, kollektiv an *Crowdsourcing*-Projekten mitzuarbeiten, ist in den letzten Jahren durch viele erfolgreiche Vorhaben unter Beweis gestellt worden. Entsprechende Projekte sollten vonseiten der Landesgeschichte stärker wahrgenommen und mitgestaltet werden. Auch ließen sich weitere Kooperationsprojekte denken, die landesgeschichtlichen Fragestellungen einen größeren Platz einräumen. Entsprechende Formen der Zusammenarbeit zwischen akademischer Landesgeschichte und populärer Genealogie verheißen Win-Win-Effekte für alle Beteiligten.

---

81 Zu solchen Diskussionen vgl. auch die Beiträge in Christiane CANTAUW, Michael KAMP, Elisabeth TIMM (Hgg.): Figurationen des Laien zwischen Forschung, Leidenschaft und politischer Mobilisierung. Museen, Archive und Erinnerungskultur in Fallstudien und Berichten (Beiträge zur Volkskultur in Nordwestdeutschland, Bd. 127), Münster 2017.

„Auftragsforschung“ in der Landesgeschichte? Unternehmens- und Stadtgeschichte schreiben – Ein Erfahrungsbericht

Michael Kißener

Dass Unternehmen oder Städte/Gemeinden sich entschließen, professionell arbeitende Landeshistorikerinnen/Landeshistoriker mit der Aufarbeitung ihrer Geschichte zu betrauen und dies zu finanzieren, kommt seltener vor, als es der besondere Raumbezug, der landesgeschichtlichem Arbeiten eignet, vermuten lässt.

Unternehmen setzen häufig auf die spezifische Fachexpertise der Wirtschaftsgeschichte oder tendieren dazu, ihre Tätigkeit in einem supranationalen oder gar globalen Rahmen zu verorten, was die Einbeziehung von Zeithistorikerinnen/Zeithistorikern oder gar Globalhistorikerinnen/Globalhistorikern nahelegt. Städten und Gemeinden hingegen erscheint umgekehrt der Aufwand einer professionellen wissenschaftlichen Arbeit wie die Gefahr einer allzu akademischen Darstellungsweise häufig zu groß, sodass die Beauftragung von Heimat- und Lokalhistorikern vielfach als der kostengünstigere und für das Zielpublikum der Stadtbürgergesellschaft geeignetere Weg erscheint.

Entscheiden sich Unternehmen oder Städte dann doch dazu, die Hilfe von Landeshistorikern zu suchen, sind die Formen, in denen eine solche historische Aufarbeitung organisiert und durchgeführt wird, so unterschiedlich, dass der Begriff der „Auftragsforschung“ fragwürdig wird. „Auftragsforschung“ suggeriert in unserer Disziplin eine mit Wissenschaftlichkeit nicht zu vereinbarende Bereitschaft zu Tendenzhistoriographie oder gar Apologie, eben im Auftrag und gegen Bezahlung durch eine Person oder Institution, die deshalb abzulehnen ist. In der Realität kommt eine solche Form von „Auftragsforschung“ allerdings eher selten vor.

Im Folgenden soll vor diesem Hintergrund auf drei Fragenkomplexe näher eingegangen werden, ohne dabei Vollständigkeit und Allgemeingültigkeit behaupten zu wollen. Denn dieser Beitrag ist in erster Linie ein Erfahrungsbericht, also sehr praktisch orientiert. Er rekurriert auf Rahmenbedingungen, die in Rheinland-Pfalz und an der Johannes Gutenberg-Universität Mainz verbindlich sind – wenn auch im Grundsätzlichen diese Maßgaben überall Geltung haben, mögen im Speziellen von Bundesland zu Bundesland die Regeln und Verfahrensweisen etwas unterschiedlich ausfallen.

Zunächst sollen das Zustandekommen und die rechtliche Ebene einer Zusammenarbeit zwischen Geschichtswissenschaft und Stadt bzw. Unternehmen näher beleuchtet werden. Sodann soll es um Spezifika der wissenschaftlichen Arbeit und ihrer Organisation in solchermaßen geförderten Forschungsprojekten gehen. Und schließlich sei noch einen Blick auf die wissenschaftliche Unabhängigkeit bei solchen Unternehmungen geworfen. Die Ausführungen basieren auf Erfahrungen, die ich bei den nachfolgenden Publikationen sammeln konnte, die gelegentlich auch zur Veranschaulichung als Beispielfälle herangezogen werden:

1) Die Monographie „Boehringer Ingelheim im Nationalsozialismus“, die 2015 in der Reihe der Historischen Mitteilungen im Auftrag der Ranke-Gesellschaft veröffentlicht wurde, und ganz wesentlich vom Pharmakonzern Boehringer Ingelheim finanziert worden ist.[1]
2) Meine Mitarbeit an dem 2018 erschienenen Band „Merck 1668–2018. Von der Apotheke zum Weltkonzern“, den ich zusammen mit Joachim Scholtyseck, Hermann Schäfer und Carsten Burhop geschrieben habe.[2]
3) Die Herausgeberschrift „Germersheim im 20. Jahrhundert. Wege einer Festungsstadt in die Mitte Europas“, die 2008 veröffentlicht wurde mit maßgeblicher finanzieller Unterstützung durch die Stadt Germersheim.[3] Und
4) Der aktuell von meinem Mitarbeiter PD Dr. Markus Raasch bearbeitete Band „‚Volksgemeinschaft‘ in der Gauhauptstadt“, den die Stadt Neustadt a.d.W. fördert.[4]

1. Auftrags- oder Drittmittelforschung, Bindung oder Unabhängigkeit?

Die erste und bereits entscheidende Frage bei einer Kooperation zwischen professioneller Landesgeschichte und Städten bzw. Unternehmen ist jene nach dem Zustandekommen und den rechtlichen Rahmenbedingungen der Kooperation. Im Falle von Germersheim gab es eine Anfrage der Stadt, ob Interesse an einem völlig undefinierten Projekt zur Erforschung der Stadtgeschichte in der Neuzeit bestünde, ohne dass Themenschwerpunkte, Ausrichtung, zeitliche und räumliche Dimension auch nur annähernd festgelegt gewesen wären. Aus der Anfrage resultierte ein erstes Gespräch, das zeigte, dass die Stadt völlige Freiheit in der Gestaltung und Umsetzung eines solchen Vorhabens lassen würde und schließlich ein Konzept, das meinen Forschungsinteressen zum deutsch-französischen Grenzraum entsprach und das die Stadt schließlich zu fördern bereit war.

Im Falle von Boehringer Ingelheim hingegen war es ein langjähriger Kontakt, der im Rahmen einer wissenschaftlichen Beratung für eine Stadtgeschichte von Ingelheim geknüpft worden war,[5] und schließlich zur Bereitschaft des Unternehmens führte, die

1 Michael KISSENER: Boehringer Ingelheim im Nationalsozialismus. Studien zur Geschichte eines mittelständischen chemisch-pharmazeutischen Unternehmens (Historische Mitteilungen, Beihefte, Bd. 90), Stuttgart 2015.

2 Carsten BURHOP, Michael KISSENER, Hermann SCHÄFER, u. a.: Merck. 1668–2018. Von der Apotheke zum Weltkonzern, München 2018.

3 Michael KISSENER (Hg.): Germersheim im 20. Jahrhundert. Wege einer Festungsstadt in die Mitte Europas, Ubstadt-Weiher 2008.

4 Markus RAASCH (Hg.): „Volksgemeinschaft“ in der Gauhauptstadt. Neustadt an der Weinstraße und der Nationalsozialismus, Münster 2020.

5 Hans-Georg MEYER, Caroline KLAUSING (Hgg.): „Freudige Gefolgschaft und bedingungslose Einordnung ...“? Der Nationalsozialismus in Ingelheim, Ingelheim 2011. Der Kontakt mündete in einen ersten Beitrag unter dem Titel „Unter Aufsicht – Die Firma Boehringer Ingelheim 1936 bis 1944 im Spiegel der Werkszeitung“, der ebd. S. 311–342, abgedruckt wurde.

Aufarbeitung der eigenen Geschichte im Nationalsozialismus zu fördern. Boehringer Ingelheim war in den 1930er Jahren mit wenigen hundert Mitarbeitern noch ein mittelständisches Unternehmen, über dessen Haltung zum Nationalsozialismus kaum etwas bekannt war. Zudem waren die Akten des Firmenarchivs bislang noch nicht ausgewertet worden. Und hinzu kam schließlich noch ein landesgeschichtlicher Aspekt, der das Thema reizvoll machte: Rheinhessen war (und ist) ziemlich industriearm, es war lange französisch besetzt (bis 1930) und damit in den Krisenjahren der Weimarer Republik in einer regelrechten Überwachungssituation, die verspricht, über Entstehung und Ausbreitung des Nationalsozialismus unter solch besonderen Bedingungen Aufschluss zu geben.[6] Die Forschungsförderung unterstützte damit in geeigneter Weise den Forschungsschwerpunkt Nationalsozialismus in der Mainzer Zeitgeschichte.

Solch variantenreiche Verläufe sind typisch und kennzeichnen die Spannbreite, innerhalb derer eine Zusammenarbeit zustande kommen kann. In allen hier angezeigten vier Fällen ist dieser Kontakt nicht in einer *Auftragsforschung*, sondern schließlich in einem regelrechten *Drittmittelprojekt* geendet.

Der Unterschied liegt in den vertrags- und steuerrechtlichen Rahmenbedingungen.[7] Wird eine *Auftragsforschung* organisiert, ist die Forschung an den spezifischen Interessen des Auftraggebers orientiert, die Hochschule übernimmt einen Forschungs*auftrag*, den in diesem Fall der zuständige Landes- oder Zeithistoriker umsetzt. Es erfolgt ein regelrechter Leistungstausch: Der Geldgeber hat einen spezifischen Bedarf, den die Hochschule und ihr Fachpersonal gegen Bezahlung befriedigen. In dieser Bezahlung können Sach- und Personalmittel zur Durchführung des Auftrages ebenso enthalten sein wie etwa Honorare. Steuerrechtlich ist das als „Betrieb gewerblicher Art" zu werten und hat zur Folge, dass Umsatzsteuer anfällt. Vertraglich stehen dem Geldgeber in aller Regel erhebliche Rechte bei der Vereinbarung einer Auftragsforschung zu: Er verlangt zumeist die Verwertungsrechte an dem Produkt und kann z. B. auf Änderungen dringen, wenn das Ergebnis den Erwartungen nicht entspricht.[8] Vorsorglich sei darauf hingewiesen, dass das Finanzamt bei einer Steuerprüfung bereits geringfügige Einflussmöglichkeiten, beispielsweise die im Vertrag vereinbarte vorherige Abstimmung des Ergebnisses, als Indiz für eine Auftragsforschung wertet.

Bei Drittmittelprojekten hingegen stehen die völlige Freiheit der wissenschaftlichen Forschung und das Forschungsinteresse des Landes- oder Zeithistorikers ganz im Vordergrund. In der Regel geht die Initiative von der forschenden Institution aus und die Stadt oder das Unternehmen entschließt sich, dieses wissenschaftliche Interesse

---

6 Zu diesen Zusammenhängen siehe Gunter MAHLERWEIN: Rheinhessen 1816–2016. Die Landschaft – Die Menschen, Mainz[3] 2016, S. 259–318; sowie Michael KISSENER (Hg.): Rheinhessische Wege in den Nationalsozialismus. Studien zu rheinhessischen Landgemeinden von der Weimarer Republik bis zum Ende der NS-Diktatur, Worms 2010.

7 Für ihre Unterstützung zur Darstellung der nachfolgenden vertrags- und steuerrechtlichen Hinweise bin ich Annette SELIGER, Abteilung Finanzen der Johannes Gutenberg-Universität Mainz, zu Dank verpflichtet.

8 Siehe hierzu §§ 1 und 2 Umsatzsteuergesetz (UStG; Ausfertigungsdatum: 26. November 1979; neugefasst durch Bek. vom 21. Februar 2005 I 386), sowie § 1 Körperschaftssteuergesetz (KStG; Ausfertigungsdatum: 31. August 1976; neugefasst durch Bek. vom 15. Oktober 2002 I 4144).

uneigennützig zu fördern. Diese Förderung stellt folglich eine *Zuwendung* zur Verwirklichung gemeinnütziger Zwecke dar, die vertraglich so geregelt werden muss, dass alle im Rahmen der Forschung entstandenen Schutz-, Urheber-, Nutzungs- und Verwertungsrechte bei der Hochschule und der/dem Forschenden verbleiben. Weitere vertragliche Gegenstände einer solchen Forschungsförderung sind etwa der uneingeschränkte Zugang zu den vorhandenen Archivalien, ein Kostenplan, der den Umfang der Sachmittel und den Einsatz von forschungsstützendem Personal regelt sowie Zeitpunkt und Umfang von Berichtspflichten über den Einsatz der Mittel und Arbeitsfortschritte. Eine Entlohnung des Antragstellers über Honorare ist wie bei DFG-geförderter Forschung ausgeschlossen. Ein Leistungstausch zwischen Geldgeber und Forschungseinrichtung entsteht folglich auf diese Weise nicht, eine solche Förderung ist steuerbefreit.[9]

In der Summe entstehen dem Geldgeber bei einer Auftragsforschung im Vergleich etwa 1,6-mal so viele Kosten wie bei einer Drittmittelförderung, wie folgende Beispielrechnung zeigt, die in beiden Fällen noch einen Overhead für die Gemeinkosten (Infrastruktur) der wissenschaftlichen Einrichtung einberechnet, der mittlerweile für alle Drittmittelprojekte (in freilich variabler Größe) üblich geworden ist:

Zuwendung			
Personalkosten geschätzt		0,5 EG 13	36.000,00 €
Verbrauchsmittel (Reisen usw.)			4.000,00 €
	direkte Kosten		40.000,00 €
zzgl. Overhead		20,00%	8.000,00 €
Gesamt			48.000,00 €
Auftragsforschung			
Personalkosten geschätzt		0,5 EG 13	36.000,00 €
Verbrauchsmittel (Reisen usw.)			4.000,00 €
zzgl. Aufschlag für Vollkosten			
	hier: FB 07(JGU)	62,98%	22.672,80 €
(nur auf das wiss. Personal)			

9 Siehe dazu Bundeshaushaltsordnung § 44, Landeshaushaltsordnung § 44. Der Begriff des gemeinnützigen Zweckes wie weitere relevante Definitionen finden sich in § 52 Abgabenordnung Abs. 1 und §§ 55–59.

insgesamt			62.672,80 €
zzgl. Gewinnaufschlag		3,00%	1.880,18 €
ergibt	Netto		64.552,98 €
zzgl. UST			12.265,07 €
GESAMT			76.818,05 €

Zu berücksichtigen ist bei dieser Beispielrechnung, dass bei Unternehmen, die vorsteuerabzugsberechtigt sind, der Nettobetrag relevant ist, wodurch sich der Kostenfaktor bei Auftragsforschung auf das 1,35-fache der Drittmittelforschung vermindert. Gemeinnützige Einrichtungen, wie etwa eingetragene Vereine, verfügen gewöhnlich über eine solche Berechtigung zum Vorsteuerabzug nicht.

Das Unternehmen oder die Stadt, die eine *Drittmittelförderung* landesgeschichtlicher Forschung unternimmt, stellt sich also mit dieser Förderungsart finanziell günstiger. Doch das hat auch seinen Preis: Der Geldgeber kauft, wenn man etwas salopp formulieren möchte, gleichsam die „Katze im Sack“. Ob am Ende die Ergebnisse gefallen oder nicht, spielt keine Rolle, der Wissenschaftler hat die alleinige Entscheidungsgewalt und Verantwortung. Stadt und Unternehmen haben aber den Vorteil, dass sie eine steuerbegünstigte und kostengünstigere Wissenschaftsförderung betrieben haben und dass das Produkt der Förderung ganz unabhängig und unbeeinflusst entstanden ist, die Darstellung der eigenen Geschichte also gleichsam wissenschaftliche Weihe erlangt, weil keinerlei Einfluss auf Inhalte und Darstellungsweise genommen wird. Das kann nicht zuletzt auch ein relevanter Vorteil für Stadt und Unternehmen in der Außendarstellung sein.

Diese vertraglich abgesicherte Unabhängigkeit und Freiheit halte ich aus der Perspektive des Wissenschaftlers für essenziell, denn sie ermöglicht eigene Schwerpunktsetzungen, eigene Methodenauswahl und Einpassung in den jeweiligen Forschungsstand, ohne Rücksicht auf anderweitige Belange des Geldgebers. Sie ist die Grundlage für unbeeinflusste wissenschaftliche Forschung. Freilich ist es nicht immer leicht, eine Kooperation zwischen Stadt oder Unternehmen und Wissenschaft in die vorteilhaften Bahnen eines Drittmittelprojektes zu lenken. Gerade bei Städten besteht oft der Wunsch, die am Ende erstellten Texte in unterschiedlichen Zusammenhängen nutzen zu dürfen, sodass urheberrechtliche und verwertungstechnische Probleme auftreten können, die spätestens bei den Verhandlungen mit den Verlagen aufkommen. Ist hier nicht die ausschließliche Verfügungsgewalt der wissenschaftlichen Einrichtung gesichert, kann dies nicht nur zu Konflikten mit dem Geldgeber führen, sondern eben auch steuerrechtliche Probleme aufwerfen. Letztere können unter Umständen erst Jahre später im Rahmen von Steuerprüfungen auftreten und zu Nachzahlungsforderungen führen, obwohl die Projekte längst abgewickelt und abgerechnet sind.

Es ist daher zu empfehlen, die Forschungsförderung im Vorhinein klar zu regeln und in Zweifelsfällen lieber auf eine unklare Forschungsförderung, und sei sie noch so attraktiv, zu verzichten, als sich derartigen Problemlagen auszusetzen. Als Alternative bietet sich dann nur der Weg der offiziellen Auftragsforschung an, was wegen der zusätzlichen Kosten aber viele Geldgeber scheuen, oder man muss z. B. die Durchführung des Projektes in Eigenregie, etwa der Stadt, planen, ggf. mit einer begleitenden wissenschaftlichen Beratung. Solche Projekte sind dann allerdings schon von ihrer Anlage her anfechtbar – aber sie liegen dann ja auch nicht mehr in der alleinigen Verantwortung des wissenschaftlichen Landeshistorikers, sondern der Geldgeber muss sich dieser Anfechtbarkeit seines Vorhabens bewusst sein.

2. Organisation von Forschungsprojekten bei städtischer oder industrieller Förderung

An sich unterscheiden sich solchermaßen geförderte Drittmittel-Forschungsprojekte in ihrer Durchführung natürlich in keiner Weise von jenen, die etwa durch die DFG oder andere bekannte öffentliche Förderorganisationen bezuschusst werden. In Drittmittelverträgen werden üblicherweise, wie bei der DFG, z. B. die Einhaltung der Grundsätze guter wissenschaftlicher Praxis vom Zuwendungsempfänger zugesichert und die freie Überprüfbarkeit der Ergebnisse garantiert.

Allerdings ergeben sich nicht selten durch die spezielle Konstellationen Probleme, die man sonst vielleicht weniger oder gar nicht hat. So ist etwa die Überprüfbarkeit der Forschungsergebnisse problematisch, wenn eigentlich kein wirkliches Archiv im Unternehmen oder in der Behörde existiert. In solchen Fällen muss Sorge dafür getragen werden, dass die genutzten Archivalien an einen Ort kommen, wo sie von der wissenschaftlichen Öffentlichkeit späterhin auch eingesehen und die Ergebnisse der Forschung überprüft werden können. In der Regel findet sich ein gangbarer Weg, nur empfiehlt es sich, das von Anfang an festzulegen – ist die Studie erst mal erstellt, sinkt meist das Interesse der Drittmittelgeber an historischer Forschung drastisch.

Häufiger noch kommt es vor, dass es zwar ein Archiv gibt, sogar eine Person vorhanden ist, die mit der Pflege des Archivgutes betraut ist, aber eine professionelle Aufstellung oder gar ein Findbuch für die Archivalien nicht vorliegt. In solchen Fällen empfiehlt es sich, der eigentlichen Forschungsphase eine Erschließungsphase für die Archivalien voranzustellen, die ebenso vom Drittmittelgeber zu finanzieren ist. Das sichert zum einen wiederum die spätere Überprüfbarkeit der Ergebnisse, es hilft aber auch bei den inhaltlichen Planungen, weil so etwa gewisser wird, was die Quellen überhaupt bieten und welche Teilthemen zu bearbeiten sind. Im Falle von Boehringer Ingelheim war diese Erschließungsphase der Anstoß für eine komplette Neuordnung des Firmenarchivs und hat dazu geführt, dass sehr schnell klar wurde, was thematisch quellenfundiert bei einer Bearbeitung der Unternehmensgeschichte im Nationalsozialismus überhaupt zu leisten ist. Die Monographie wurde infolgedessen wie eine Aufsatzsammlung zu einzelnen Themen der Unternehmensgeschichte angelegt, zu denen die Quellenbasis hinreichend war, und der Anspruch einer Gesamtgeschichte fallen gelassen. Im Falle des traditionsreichen Archivs der Firma Merck hingegen waren die Bestände archivfachlich sehr gut aufbereitet, sodass es keiner weiteren Vorrecherche bedurfte.

Aber selbst bei Behördenschriftgut, das ja eigentlich bestimmten Abgabe- und Verzeichnungsautomatismen unterliegen sollte, kann eine solche Erschließungsphase sinnvoll, ja notwendig sein. Sie sollte dann in enger Absprache mit den zuständigen staatlichen Aufnahmearchiven erfolgen, um womöglich schon eine Zitierfähigkeit der Archivalien nach ihrem späteren Lagerungsort zu ermöglichen.

Ein ganz anders gelagertes Quellenproblem begegnet immer wieder bei der Zusammenarbeit mit Kommunen. Auch hier gibt es leider oft genug nicht jenes professionell geführte Kommunalarchiv, das man sich als Historiker wünschen würde, und oft ist auch hier das Forschungsprojekt gerade der Anstoß für den Aufbau halbwegs hinlänglicher Archivstrukturen. Viel problematischer sind aber die örtlichen Quellensammler, meist Heimathistoriker, die ohne geschichtswissenschaftliche Ausbildung, aber mit großem Eifer sich für die lokale Geschichte interessieren und dabei unbestritten manchmal auch wichtige Arbeit leisten. Es kommt nicht selten vor, dass solche Personen über Jahre hinweg Quellen aus privaten oder halbprivaten Nachlässen gesammelt haben, Zeitzeugeninterviews durchführen, von ehemaligen Behördenleitern Unterlagen erhalten und diese dann wie ihren „Schatz" hüten. Die Abgabe an das Kommunalarchiv wird gerne herausgezögert, bis die Person verstirbt und die Erben die als unwichtig eingestuften Papiere einfach entsorgen.

Es ist deshalb vorteilhaft, gerade bei solchen Projekten neben einem drittmittelfinanzierten Forschungsassistenten auch eine mitzufinanzierende Person vorzusehen, die Kontakt zu diesen Personenkreisen hält, sie durch Gesprächskreise und Projektbesprechungen mit einbindet und so auch Hemmnisse für die Zurverfügungstellung dieses Sammlungsgutes abbaut. Tut man dies nicht, dann drohen bei stadtgeschichtlichen Projekten Probleme mit jenem Personenkreis, der sich rasch wegen seiner heimathistorischen Verdienste und Kenntnisse bei der Durchführung eines professionellen Forschungsprojektes zurückgesetzt fühlt. Es kann auch passieren, dass nach Fertigstellung des Vorhabens erst relevantes Quellenmaterial aus Sammlungsgut vorgelegt wird, das neue Perspektiven auf das Thema eröffnet hätte, wenn es denn vorher verfügbar gewesen wäre – wobei zu betonen ist, dass gerade bei diesem Schriftgut an den Historiker besondere Anforderungen im Hinblick auf die äußere Quellenkritik gestellt werden.

Im Übrigen aber empfiehlt sich auch der Kontakt zu Lokal- und Heimathistorikern, weil sie nicht selten eine erhebliche Bedeutung für die örtliche Erinnerungskultur haben – ihre Erzählungen und Erfahrungen bei der Aufarbeitung der lokalen NS-Geschichte beispielsweise sind wichtige Elemente für einschlägige erinnerungskulturelle Forschungen. Darüber hinaus verfügen sie oft über gute Kontakte zu relevanten Zeitzeugen, die sich professionellen Wissenschaftlern gegenüber nicht immer und ohne Weiteres öffnen.

So vertraglich abgesichert und unabhängig gerade *Drittmittelforschung* im Zusammenhang mit Geldgebern aus Kommunen und Wirtschaft sein sollte, so wenig schließt dies aus, während der Projektphase regelmäßigen Kontakt zu den Geldgebern zu halten und diese über den Fortgang der Arbeiten zu informieren. In vielen Fällen sind historische Aufarbeitungsprozesse für Unternehmen oder kleine oder mittlere Städte schon ein besonderes Ereignis, weil das, was Historiker tun, vielen Akteuren in diesen Zusammenhängen völlig fremd ist. Daher rührt manch ein Vorbehalt, aber auch Neugierde, ja Spannung, was im Rahmen des Projektes denn so alles herauskommen wird. Diese Erwartungshaltung sollte man aufgreifen, um einen guten Arbeitskontakt zu halten, der bei möglicherweise notwendigen Modifikationen des Projektes hilfreich ist. Diese regelmäßige Information muss mit Einflussnahme überhaupt nicht einhergehen, sondern kann unter Umständen auch Türen öffnen oder neue Perspektiven für die Forschungsarbeit bieten, wenn die Verantwortlichen genauer erfahren, was denn eigentlich Historiker so interessiert – das ist meistens etwas Anderes als das, was diese Akteure erwartet haben.

3. Unabhängigkeit der Forschung?

Die pauschale Vorstellung, die wissenschaftliche Beschäftigung mit der Geschichte einer Stadt oder eines Unternehmens könnte durch die Finanzierung solcher Forschung eben durch Städte und Unternehmen leiden, ist nach dem Gesagten also wenig überzeugend, und die häufig dafür genutzte Bezeichnung „Auftragsforschung" daher irreführend. Eine direkte Einflussnahme, wie viele sie sich vorstellen, etwa in der Form, dass bestimmte unangenehme Themen nicht angesprochen werden dürften oder definierte Personen in besonders gutem Licht zu erscheinen hätten, dürfte eher selten vorkommen. Wenn sich eine Stadt oder ein Unternehmen auf ein Drittmittelprojekt der beschriebenen Art einlässt, lässt sich im Gegenteil oft ein übergroßes Maß an Zurückhaltung beobachten, vermutlich aus der Furcht heraus, jede Intervention könnte schon als Einmischung interpretiert werden. Dass Quellen absichtlich und vertragswidrig nicht zugänglich gemacht oder gar vernichtet werden, um eine in irgendeiner Weise unerwünschte Darstellung zu verhindern – auch dafür habe ich bislang noch nie einen validen Anhaltspunkt gefunden. Was frühere Bürgermeister oder Konzernchefs absichtlich haben vernichten lassen, um es vorsorglich einer historischen Aufarbeitung zu entziehen, bleibt ohnehin meist unerkannt. Aktenvernichtung durch Unachtsamkeit oder Unkenntnis hingegen, gibt es sicherlich viel häufiger. Ebenso häufig ist allerdings die Erfahrung, dass, durch ein Forschungsprojekt angestoßen, angestrengt nach angeblich verlorenen Akten im Unternehmen oder in der Stadtverwaltung gesucht wird und nicht ganz selten diese angeblich verschwundenen Akten dann auch gefunden werden.

Zwei Ausnahmen wird man freilich in diesem Zusammenhang zu konstatieren haben:

1) Zu Produktionsgeheimnissen erhält der Historiker in den Unternehmen meist keinen Zugang – die Gefahr der Industriespionage wird dabei als zu hoch eingestuft. Freilich dürften diese Dinge auch nur dann interessieren, wenn ein technikgeschichtlicher Aspekt im Vordergrund der historischen Aufarbeitung steht.
2) Stadtgeschichtliche wie unternehmensgeschichtliche Arbeit wird immer schwieriger, je mehr sie an die Jetztzeit heranreicht. Nicht nur, dass fast kein amtierender Bürgermeister oder „Konzernlenker" von einer Historikerin/einem Historiker schlecht beurteilt werden will. Es ist oft auch schwer, diesseits

der üblichen archivischen 30-Jahresschwelle für den Aktenzugang die richtigen inhaltlichen Akzente zu setzen, auch wenn man ersatzweise eine Auswertung öffentlich zugänglichen Materials oder der Presseberichterstattung anstrebt. Die die Zeitgeschichte kennzeichnende Beschleunigung des politischen und gesellschaftlichen Wandels macht es für den/die wissenschaftlich arbeitende(n) Historikerin/Historiker extrem schwer, bei sehr kurzem zeitlichem Abstand zuverlässig herauszuarbeiten, was historisch relevant und über den Tag hinaus wirksam wird.

Darüber hinaus gibt es unter den Bedingungen kommunaler oder unternehmerischer Finanzierung von landesgeschichtlicher Forschung Einflussfaktoren auf den wissenschaftlichen Arbeitsprozess, die jenseits der gemeinhin unterstellten direkten Beeinflussung liegen.

Zum einen muss sich jeder, der solche Forschung unternimmt, immer wieder selbstkritisch fragen, ob er sich von „seinem" Gegenstand nicht mit der Zeit gefangen nehmen lässt, sich nicht durch das intensive Aktenstudium etwa zu sehr die Brille der beschriebenen Institution aufsetzt und nicht kritisch genug Distanz wahrt. Hinzu kommt der oft lange Aufenthalt im Stadt- oder Unternehmensarchiv, der zwangsläufig zu Gesprächen, zum gemeinsamen Mittagessen mit Mitarbeitern des Unternehmens u.Ä. führt und unmerklich dazu beitragen kann, dass man der zu untersuchenden Institution gewogener wird, als es für die unabhängige wissenschaftliche Forschung gut ist. Allerdings: Dieses Problem gibt es im Grunde bei jeder historischen Forschung, die Faszination der Quellen und ihrer Perspektiven kann in jeder Epoche den frei wertenden Blick des Historikers verstellen. Hiergegen hilft am Ende nur der fachwissenschaftliche Diskurs, den man bereits in der Arbeitsphase organisieren sollte. Erste Ergebnisse in Workshops mit auswärtigen Gästen etwa vorzustellen, hilft ebenso, wie den noch unbefangenen Blick neuer Projektmitarbeiter zu nutzen, die beim Einstieg in das Projekt gerne unbequeme kritische Fragen stellen sollten.

Sodann stellt die Gestaltung des Endprodukts, in der Regel die Buchpublikation, ein Einfallstor für Einflussnahmen der Geldgeber dar, gegen die man sich oft nur schwer wehren kann. Am Ende einer langjährigen Förderung angekommen, wollen auch die Geldgeber einer Drittmittelförderung oft gerne einen schön anzusehenden Ertrag ihrer Finanzierung in Händen halten, denken dabei aber oft an ein ganz anderes Lesepublikum als die Wissenschaftler. Schwer leserliche Methodenkapitel finden dann selten wohlwollende Aufnahme, eine nicht hinreichende Bebilderung des Textes wird ebenso gerne kritisiert, und auch beim Titel und der Umschlaggestaltung ist es manchmal für Geldgeber schwer, die notwendige Zurückhaltung zu üben. Hier gilt es abzuwägen und auszugleichen. Nicht jeder Wunsch und Vorschlag beeinträchtigt die Freiheit der Wissenschaft, es gibt aber auch Grenzen, die der Wissenschaftler/die Wissenschaftlerin gegebenenfalls auch hartnäckig verteidigen muss.[10]

---

10 Siehe hierzu vergleichend auch Michael KISSENER: Ein „Handbuch" für Rheinland-Pfalz – zwischen Landes- und Regionalgeschichte, zwischen Wissenschaft und Identitätsstiftung, in: Sigrid HIRBODIAN, Christian JÖRG, Sabine KLAPP (Hgg.): Methoden und Wege der Landesgeschichte, (Landesgeschichte, Bd. 1), Stuttgart 2015, S. 41–50, hier S. 48f.

Outreach-Aufgaben und Wissenschaftskommunikation an den Universitäten: Eine regionalhistorische Standortbestimmung im Herbst 2019[1]

Oliver Auge

Wenn es mir obliegt, auf den wenigen folgenden Seiten über Outreach-Aufgaben und Wissenschaftskommunikation an den gegenwärtigen Universitäten zu schreiben, dann mache ich dies zum einen aus persönlicher und kollegialer Verbundenheit der AG Landesgeschichte und nicht zuletzt dem derzeitigen Vorsitzenden und zugleich Herausgeber des Tagungsbandes „Landesgeschichte und Public History" Arnd Reitemeier gegenüber. Er bat mich im Vorfeld der betreffenden Tagung, diesen Beitrag zu übernehmen, und schlug mir im gleichen Atemzug dessen aparten Titel vor. Zum anderen tue ich dies mit einem gehörigen Magengrimmen. Denn im recht eigentlichen Sinn kann ich aus meiner doch irgendwie bescheidenen Wahrnehmung eines schleswig-holsteinischen Regionalhistorikers heraus gar kein Grundsatzreferat zum Thema halten bzw. eine allgemeine Standortbestimmung vornehmen, wie es der Beitragstitel verheißt. Dazu fehlt es mir vielleicht weniger an der nötigen Kompetenz und Expertise als an der erforderlichen funktionalen Vernetzung mit den verantwortlichen Stellen. Von diesen Bauchschmerzen habe ich Arnd Reitemeier berichtet, als wir uns seinerzeit über die Zielrichtung des Referats unterhalten haben, und wir sind dann miteinander so verblieben, dass ich die angekündigte Standortbestimmung im essayistischen Stil aus meiner subjektiven Kieler Perspektive vornehmen werde. Letztlich handelt es sich nun um einen praxisnahen, vielleicht auch etwas launigen Erlebnis- und Arbeitsbericht aus der Sicht dieses Regionalhistorikers im „echten" Norden. Dabei möchte ich mein Thema immer in der gut gemeinten und hoffentlich nicht allzu naiven Hoffnung angehen, dass sich die Dinge in Kiel und Schleswig-Holstein nicht allzu wesentlich von den Verhältnissen in anderen Teilen Deutschlands und weiteren deutschen Universitäten unterscheiden werden – vorausgesetzt, es existiert dort überhaupt eine funktionierende und wahrnehmbare universitäre Landes- oder Regionalgeschichte. Bekanntlich bestehen diesbezüglich leider an einigen deutschen Universitäten und in manchen deutschen Bundesländern schmerzliche Defizite.[2]

---

1 Mit Anmerkungen versehene und inhaltlich leicht modifizierte Fassung des am 25. September 2019 in Göttingen gehaltenen Vortrags. Der Vortragsstil wurde weitgehend beibehalten. Für die mir zuteil gewordene Unterstützung danke ich Tomke Jordan, Kiel, vielmals.

2 Zur Geschichte und Situation der Landesgeschichte(n) innerhalb der deutschen Wissenschafts- und Universitätslandschaft siehe grundlegend Matthias Werner: Zur Geschichte des Faches, in: Werner Freitag, Michael Kissener, Christine Reinle u. a. (Hgg.): Handbuch Landesgeschichte, Berlin 2018, S. 3–23.

Insgesamt kommen mir indes drei aktuelle Entwicklungen zustatten, dieses Ansinnen doch soweit allgemein abzufedern, dass das, was ich aus meinem nördlich der Elbe gesammelten persönlichen Erfahrungsschatz preiszugeben habe, auch für die Leserschaft aus München an der Isar oder aus Bonn am Rhein halbwegs von Interesse sein und sich für selbige als Anstoß zum Nachdenken und Mitdiskutieren eignen wird. Dies ist erstens die fortlaufende und merklich an Fahrt gewinnende Diskussion um das Beziehungsgeflecht von Wissenschaft, speziell Geschichtswissenschaft einer- und Public History andererseits, der letztlich auch das Göttinger Treffen vom Herbst 2019 zugrunde lag. Erfahrbares Resultat dieser Entwicklung ist eine länger werdende Liste an einschlägigen Publikationen.[3] Fast noch druckfrisch ist z. B. der Beitrag von Lena Krull, die im Band 37 des Jahrbuchs für Regionalgeschichte eine umsichtige Standortbestimmung der Landesgeschichte im Hinblick auf die Public History vorlegt hat.[4] Das wird nicht verwundern, da Krull als Angehörige der Münsteraner Abteilung für Westfälische Landesgeschichte unter anderem zu den Feldern Public History, Employability sowie Berufsorientierung forscht, sich lehrend in der an der Universität Münster eingerichteten „Schnittstelle Geschichte & Beruf" engagiert und am Blog

3 Christine GUNDERMANN, Wolfgang HASBERG, Holger THÜNEMANN (Hgg.): Geschichte in der Öffentlichkeit. Konzepte – Analysen – Dialoge (Geschichtsdidaktik inklusiv, Bd. 7), Berlin u. a. 2019; Habbo KNOCH: Wem gehört die Geschichte? Aufgaben der „Public History" als wissenschaftlicher Disziplin, in: Wolfgang HASBERG, Holger THÜNEMANN (Hgg.): Geschichtsdidaktik in der Diskussion. Grundlagen und Perspektiven, Frankfurt am Main 2016, S. 303–345; Oliver AUGE: Studium und Öffentlichkeit: Projektarbeit in der Landesgeschichte, in: Sigrid HIRBODIAN, Christian JÖRG, Sabine KLAPP (Hgg.): Methoden und Wege der Landesgeschichte (Landesgeschichte, Bd. 1), Ostfildern 2015, S. 51–64; Fabio CRIVELLARI: ‚History Marketing'. Geschichte zwischen Wissenschaft und Verkaufsargument, in: Akkumulation 32 (2012), S. 13–28; Sabine HORN, Michael SAUER (Hgg.): Geschichte und Öffentlichkeit. Orte – Medien – Institutionen, Göttingen 2009; Jerome DEGROOT: Consuming History. Historians and heritage in contemporary popular culture, Oxon 2009; Wolfgang HARDTWIG, Alexander SCHUG: History Sells! Angewandte Geschichte als Wissenschaft und Markt, Stuttgart 2009; Frank BÖSCH, Constantin GOSCHLER (Hgg.): Public History. Öffentliche Darstellungen des Nationalsozialismus jenseits der Geschichtswissenschaft, Frankfurt am Main 2009; Jan CARSTENSEN, Uwe MEINERS, Ruth MOHRMANN (Hgg.): Living History im Museum. Möglichkeiten und Grenzen einer populären Vermittlungsform, Münster 2008; Michele BARRICELLI, Julia HORNIG (Hgg.): Aufklärung, Bildung, „Histotainment"? Zeitgeschichte in Unterricht und Gesellschaft heute, Frankfurt am Main 2008; Arne SCHIRRMACHER: Nach der Popularisierung. Zur Relation von Wissenschaft und Öffentlichkeit im 20. Jahrhundert, in: Geschichte und Gesellschaft 34 (2008), S. 73–95; Sybilla NIKOLOW, Arne SCHIRRMACHER (Hgg.): Wissenschaft und Öffentlichkeit als Ressourcen füreinander. Studien zur Wissenschaftsgeschichte im 20. Jahrhundert, Frankfurt am Main u. a. 2007; Dieter LANGEWIESCHE: Die Geschichtsschreibung und ihr Publikum. Zum Verhältnis von Geschichtswissenschaft und Geschichtsmarkt, in: Dieter HEIN, Klaus HILDEBRAND, Andreas SCHULZ (Hgg.): Historie und Leben. Der Historiker als Wissenschaftler und Zeitgenosse, München 2006, S. 311–326; Constantin GOSCHLER: Wissenschaft und Öffentlichkeit in Berlin, 1870–1930, Stuttgart 2000. – Speziell zur Landesgeschichte siehe im Prinzip auch Johannes DILLINGER (Hg.): Die Vermittlung von Landesgeschichte. Beiträge zur Praxis der historischen Didaktik, Heidelberg u. a. 2010.

4 Lena KRULL: Landesgeschichte und Public History. Fachgeschichte und Perspektiven, in: Jahrbuch für Regionalgeschichte 37 (2019), S. 91–112.

„geschichte:beruf" beteiligt ist.[5] Krulls historische Rückschau verdeutlicht – und darin stimmt sie inhaltlich mit dem nicht minder weiterführenden Aufsatz von Walter Rummel zu Landes- und Regionalgeschichte im gesellschaftlichen Umfeld überein[6]-, dass Landes- und Regionalgeschichte als Komplementärdisziplinen und insbesondere die wesentlich ältere Landesgeschichte eigentlich von Anfang an einen „grundsätzliche(n) Öffentlichkeitsbezug"[7] aufwiesen. Ihre publikumswirksamen Potenziale verstanden sie in Kooperation mit Geschichtsvereinen, Geschichtswerkstätten oder sonst wie organisierter außeruniversitärer Beschäftigung mit der Geschichte kleiner Räume fortdauernd zu nutzen. In beiden Aufsätzen wird nicht von ungefähr auf Ludwig Petrys (1908–1998) wegweisenden Beitrag „In Grenzen unbegrenzt" von 1961 verwiesen, worin er vehement zur Überwindung des „lähmende(n) Trennungsdenken(s)" zwischen akademischer Geschichtswissenschaft und außeruniversitärem Geschichtsinteresse aufrief.[8] Die vermeintliche Kluft zwischen beiden Bereichen hielt er für eine bloße „Fiktion".[9] Wenn demgegenüber in der Vergangenheit moniert wurde, „dass sich die universitär betriebene Geschichtsforschung nicht ohne Weiteres auf die regionale oder lokale Ebene begebe" (Volker Rödel) oder dass „sich die Heimatforscher von den Wissenschaftlern nicht genügend gewürdigt, ja bisweilen verachtet sahen" (Carl-Hans Hauptmeyer)[10], dann galt das tendenziell für die Vertreter der Landes- und Regionalgeschichte zumindest noch am wenigsten. Sie hatten schon immer ein Bein außerhalb des sprichwörtlichen universitären Elfenbeinturms – und bekamen das dafür von den anderen Historikern und Historikerinnen auch oft genug unangenehm zu spüren. Die eben bereits zitierte Lena Krull spricht in Anlehnung an Pankraz Fried fast noch schmeichelnd davon, dass der Landesgeschichte ihre Öffentlichkeitsorientierung im allgemeinen Wissenschaftsbetrieb in der Vergangenheit nachteilig ausgelegt worden sei.[11]

Vor diesem von Krull und Rummel gewiss korrekt gezeichneten Hintergrund wird man diskutieren dürfen, ob es in Deutschland nicht zuletzt deswegen später als in den Vereinigten Staaten und anderswo zur Einrichtung und Etablierung der Public History

---

5 Siehe die Informationen zu Lena Krull auf der Münsteraner Homepage https://www.uni-muenster.de/Geschichte/histsem/LG-G/Organisation/krull.html (zuletzt aufgerufen am 17.12.2019, 15:35 Uhr).

6 Walter RUMMEL: Landes- und Regionalgeschichte – Komplementärdisziplinen im gesellschaftlichen Umfeld, in: Sigrid HIRBODIAN, Christian JÖRG, Sabine KLAPP (Hgg.): Methoden und Wege der Landesgeschichte (Landesgeschichte, Bd. 1), Ostfildern 2015, S. 29–40.

7 KRULL: Landesgeschichte (wie Anm. 4), S. 97.

8 Ludwig PETRY: In Grenzen unbegrenzt. Möglichkeiten und Wege der geschichtlichen Landeskunde. Jahresbericht 1960 (Institut für Geschichtliche Landeskunde an der Universität Mainz. Jahresgabe), Mainz 1961, nochmals abgedruckt in: Pankraz FRIED (Hg.): Probleme und Methoden der Landesgeschichte (Wege der Forschung, Bd. 492), Darmstadt 1978, S. 280–304, hier S. 292.

9 Ebd.

10 Vgl. dazu RUMMEL: Landes- und Regionalgeschichte (wie Anm. 6), S. 38.

11 KRULL: Landesgeschichte (wie Anm. 4), S. 97; Pankraz FRIED: Einleitung, in: DERS. (Hg.): Probleme und Methoden der Landesgeschichte (Wege der Forschung, Bd. 492), Darmstadt 1978, S. 1–12, hier S. 7.

als Methode zur Erforschung des Beziehungsgeflechts zwischen Geschichtsforschung und Öffentlichkeit und mehr noch als angewandte, publikumsbezogene Geschichtswissenschaft gekommen ist, weil es dieselbe hier, zumindest praktisch vollzogen, schon längst im Rahmen der – dafür vordem oft genug belächelten und als provinziell abgetanen – Landesgeschichte gab. Eine solche „Erfindung“ konnte demzufolge von der klassischen Landesgeschichte, die sich immer auch als ein wissenschaftlicher Dienstleister verstand, als solcher agierte und die betreffenden Wirkungszusammenhänge natürlich auch zumindest im Ansatz analysierte[12], so wohl gar als unnötig empfunden werden. Denn Landesgeschichte – und darin schließe ich weitaus mehr als Walter Rummel auch die Regionalgeschichte natürlich mit ein – war stets immer auch eine Public History! Aus einem solchen – gewiss korrekturbedürftigen – Blickwinkel trägt es dann gewisse pleonastische Züge nach dem Muster des sprichwörtlichen weißen Schimmels, wenn sich vor Kurzem das Institut für schleswig-holsteinische Regional- und Zeitgeschichte der Universität Flensburg, kurz IZRG, in eine Forschungsstelle für Regionale Zeitgeschichte und Public History, nun weitaus weniger einprägsam als frzph abgekürzt, umbenannte.[13] Freilich wissen auch nicht alle, insbesondere in den Führungsetagen unserer Universitäten, um die historischen Zusammenhänge, sodass ein solcher Pleonasmus durchaus wieder Sinn ergibt, um als relevant wahrgenommen zu werden und am Puls der Zeit stehend zu erscheinen. Im Übrigen möchte ich betonen, dass ich die Werthaftigkeit und Berechtigung der Public History als vergleichsweise junge universitäre Forschungsrichtung auf dem Weg zur eigenen Fachdisziplin keinesfalls in Abrede stellen und dass ich schon gar nicht den vielseitigen Nutzen derselben für die Landes- und Regionalgeschichte verneinen möchte. Ganz im Gegenteil können wir von der damit implizierten geschichtswissenschaftlichen Erforschung der öffentlichen Geschichtsrepräsentation und des öffentlichen Geschichtsinteresses bis hin zum sog. Geschichtsboom unserer Tage ungemein profitieren. An einer qualitativ derart breit fundierten Auseinandersetzung, auf deren Basis man die praktische Arbeit sinnvoll auf die tatsächlichen Bedürfnisse auszurichten und den gegebenen Umständen entsprechend anzupassen vermag, hat es im Bereich der Landes- und Regionalgeschichte dann eben doch oft genug, ja entscheidend gefehlt. Unter Heranziehung der Erkenntnisse und Verfolgung der Ziele der Public History[14] lässt sich künftig das der Landes- und Regionalgeschichte, wie gesagt, im Prinzip immanente Anliegen noch stärker prononcieren und verfeinern und lässt sich ihr damit womöglich gar ein größeres Gewicht im Konzert der historischen Teilfächer und –disziplinen verleihen.

---

12 Siehe dazu nochmals Petry: In Grenzen unbegrenzt (wie Anm. 8), S. 289. – Ein gutes Beispiel für solche Analysepotentiale und -bedürfnisse stellt der von Landeshistorikern immer wieder bediente Bereich der Ortschronistik dar. Siehe hierfür am Exempel Schleswig-Holsteins: Oliver Auge: Fokus Ortsgeschichte. Aufgabe und Herausforderung moderner Regionalgeschichtsforschung, in: Zeitschrift der Gesellschaft für Schleswig-Holsteinische Geschichte 142 (2017), S. 283–304.

13 Siehe die Informationen unter https://www.frzph.de/186.html (zuletzt aufgerufen am 16.12.2019).

14 Siehe den Beitrag von Stefan Grewe in diesem Band.

Damit sind wir bei meiner nächsten vorbemerkten Entwicklung angelangt: Landauf, landab spricht man zweitens eigentlich nicht oder zumindest weniger von dem von Arnd Reitemeier freundlicherweise als Titel vorgeschlagenen „Outreach". Es ist vielmehr, ebenso neudeutsch-modern, von der „Third Mission" die Rede.[15] Diese Third Mission, die im Folgenden weitaus weniger chic als „Dritte Mission" tituliert sei, meint alle neben den klassischen Feldern von Forschung und Lehre anfallenden akademischen Leistungen und Angebote. Nahezu bedeutungsgleich wird vom „Transfer" gesprochen, was die Überführung eines universitären Beitrags in die Gesellschaft und den Dialog mit selbiger meint. Die gemeine landeshistorische Zunft muss wieder darüber staunen, was uns hier als universitäre Innovation der Gegenwart verkauft werden soll, um die Sichtbarkeit von Hochschulen und ihrer Arbeit zu verbessern. Despektierlich kann man sogar von einem aktuellen Hype der „Dritten Mission" sprechen, die an der Universität Frankfurt 2015 gar zur Schaffung eines eigenen Vizepräsidiums für, wieder auf Englisch, Third Mission führte. Aufgabe desselben ist „die Pflege und Anbahnung von Kooperationsbeziehungen der Goethe-Universität mit Einrichtungen und Personen aus Politik, Kultur, Wirtschaft und Zivilgesellschaft", außerdem der „Wissens- und Technologietransfer und die Private Hochschulförderung".[16] Bis zum Jahr 2020 soll das Aufgabenfeld Third Mission am Main dauerhaft institutionell verankert sein. Es gibt freilich auch kritische Stimmen wie diejenige des Publizisten Magnus Klaue, der die Dritte Mission als „hochschulische Selbstdemontage" bezeichnet. Denn unter diesem Label seien Tätigkeiten zusammengefasst, „die Akademiker von ihrer Arbeit abhalten und mit ihrem Erkenntnisinteresse nichts zu tun haben, ihnen aber trotzdem ohne finanzielle Kompensation als Pflicht verordnet werden sollen".[17] Es würde an dieser Stelle zu weit gehen, noch tiefer in die laufende Debatte um Sinn und Unsinn der vermeintlich innovativen Idee einer Dritten Akademischen Mission einzugehen. Um jedenfalls allzu große Ängste, wie sie in dem gerade angeführten Zitat anklingen, abzumildern, beschwichtigt Peer Pasternack, Direktor des Instituts für Hochschulforschung der Universität Halle-Wittenberg: „Es muss nicht jeder Third Mission machen. Aber das an Third Mission, was an praktisch jeder Hochschule ohnehin getan wird, sollte dann auch kommunikationsfähig gemacht werden."[18] Und da kommt meiner Ansicht nach wieder unsere Landes- und Regionalgeschichte ins Spiel, die doch mit dem vorhin von mir etwas ausführlicher gestreiften, durchaus als traditionell zu charakterisierenden Schwerpunkt in histo-

---

15 Isabell ROESSLER: Third Mission. Die ergänzende Mission neben Lehre und Forschung, in: wissenschaftsmanagement 2 (2015), URL: https://www.wissenschaftsmanagement.de/weiterbildung/third-mission (zuletzt aufgerufen am 25.02.2020); Thomas KERSTAN: Die dritte Mission, in: DIE ZEIT 47 (2018), URL: https://www.zeit.de/2018/47/gesellschaftliches-engagement-hochschulen-universitaeten-arbeitsfeld-akademiker (zuletzt aufgerufen am 16.12.2019). Auch zum Folgenden.

16 Frank HIMPSL: Forschung, Lehre – und was noch? in: DUZ Magazin 5 (2017), URL: https://www.duz.de/beitrag/!/id/428/forschung-lehre-und-was-noch (zuletzt aufgerufen am 17.12.2019).

17 Ebd.

18 Ebd.

risch kompetenter Öffentlichkeitsarbeit, in ihrer Bereitschaft und Befähigung zum Transfer heraus aus dem vermeintlichen Elfenbeinturm doch der quasi geborene Dritte Missionar ist. Zur Exemplifizierung landeshistorischer Transferleistungen sei nur darauf verwiesen, dass am Bonner Institut für geschichtliche Landeskunde der Rheinlande ab 1922 mehrtägige thematische Ferienkurse zur Schulung geschichtsinteressierter Laien angeboten wurden.[19] 2005/2006 wurde das Institut bekanntlich aufgelöst – Third Mission impossible, wie man böswillig formulieren könnte. Was hätte man nicht alles von der etablierten Landesgeschichte lernen können! Immerhin blieb durch die 2016/17 erfolgte Fusion der Abteilung für Geschichte der Frühen Neuzeit und Rheinische Landesgeschichte ein landeshistorischer Nucleus gewahrt, was künftig vielversprechende Synergieeffekte – auch im Sinne der Public History – hervorrufen könnte.[20]

Und so sind wir beim dritten vorbemerkenden Aspekt angelangt, der Exzellenzinitiative, in deren Rahmen die miteinander um den Platz der besten konkurrierenden Universitäten ihre jeweils eigene Standortbestimmung vorgenommen haben. Zugegebenermaßen habe ich bei diesem Punkt aktuell die größte Magenverrenkung, weil ich persönlich an keiner Position in den Entstehungsprozess der entsprechenden Kieler Bewerbung vom Jahr 2019, um die es mir zuvorderst gehen muss, eingebunden gewesen bin und nach wie vor keine Einsicht in den betreffenden Antrag oder auch die Anträge der Konkurrenz nehmen konnte. Aber die am 19. Juli 2019 bekannt gewordene und dann am 8. August desselben Jahres von der Vorsitzenden des Wissenschaftsrats schriftlich bescheinigte Ablehnung für Kiel liegt mir im Wortlaut gemeinsam mit den gut gemeinten Empfehlungen für die Zukunft vor.[21] Sowohl bei der Zusammenfassung von Status Quo bzw. Vorleistungen der Kieler Christian-Albrechts-Universität (CAU) als auch bei der Einschätzung ihrer Planungen und Potenziale wird darin in der Tat an dritter Stelle der „Dritten Mission“, dem wissenschaftlichen Transfer also, gedacht. Und während der relevante Text in der ersten Abteilung vergleichsweise kurz ausfällt, ist er im zweiten Fall sogar um eine Zeile länger als derjenige zur Kieler Lehre. Konkret ist die Rede von Kiel.Science.City, KITE:ThinkPoints, KITE:ThinkTrailers, deren Kostenkalkulation im Antrag von den Gutachtenden als zu niedrig eingeschätzt worden ist. Um was es bei diesen schönen neudeutschen Labels eigentlich geht, tut für uns an dieser Stelle nichts zur Sache. Aber was auffällt, ist einerseits, dass das Universitätspräsidium die Dritte Mission mehr oder minder prominent ins Antragsgespräch gebracht haben wird, dass es aber bei seinem gescheiterten Antrag andererseits nicht näher auf Formen der Wissenschaftskommunikation mit der außeruniversitären Welt eingegangen zu sein scheint, die in Kiel und Schleswig-Holstein längst etabliert

---

19 KRULL: Landesgeschichte (wie Anm. 4), S. 99.

20 Michael ROHRSCHNEIDER: Neustart! Zur Fusion der Abteilungen Frühe Neuzeit und Rheinische Landesgeschichte der Universität Bonn, in: Rheinische Geschichte – wissenschaftlich bloggen, vom 23.01.2017, URL: http://histrhen.landesgeschichte.eu/2017/01/neustart/ (zuletzt aufgerufen am 20.12.2019).

21 Siehe dazu das Schreiben der Vorsitzenden des Wissenschaftsrats an den Präsidenten der Christian-Albrechts-Universität zu Kiel Herrn Lutz Kipp vom 08.08.2019.

sind – seit über 100 Jahren. Und damit bin ich endlich ans Ende meiner weit ausholenden Vorbemerkungen gelangt.

Mit diesen eben genannten elaborierten Formen meine ich die Schleswig-Holsteinische Universitätsgesellschaft, die auf Vereinsebene seit 1918 aus Freunden und Förderern der Kieler Universität besteht. Als Ziele verfolgt dieselbe, interessierten Bürgerinnen und Bürgern Einblick in die Forschungsarbeit der Universität zu ermöglichen, die Universität in die Jugend- und Erwachsenenbildung zu integrieren sowie die Beziehungen zwischen dem Land Schleswig-Holstein und der Universität auszubauen und zu pflegen.[22] Das Programm liest sich wie ein Lehrbuch zu Zielsetzungen der Dritten Mission, und man sieht: Alles ist schon längst da gewesen! In einem deutschlandweit zugegebenermaßen einzigartigen Modell werden Lehrende der CAU in rund 50 zwischen Apenrade in Dänemark und Geesthacht an der Elbe verorteten ehrenamtlich geleiteten Sektionen eingeladen, um dort Vorträge oder sonstige Präsentationen, auch Filme, zu ihrem universitären Fach zum Besten zu geben und zur Diskussion zu stellen. Daneben werden die Lehrenden im Rahmen des Programms „Uni kommt zur Schule" auch in diverse Schulaulen des Landes transportiert, um den Schülerinnen und Schülern Anliegen und Arbeiten an der Hochschule näherzubringen.[23] Ich sage bewusst „transportiert", weil man mit eigenen SHUG-Fahrerinnen und -Fahrern und -Autos aus Kiel zu den Sektionen gefahren wird, die ja teilweise, man denke an Nordschleswig oder die Insel Sylt, doch recht weit vom Universitätsstandort entfernt sind.[24] Zusammengenommen kommt die SHUG auf über 400 solcher Veranstaltungen pro Jahr. Schleswig-Holsteinische Universitätsgesellschaft klingt aber weitaus angestaubter und altmodischer als „Third Mission" oder „Outreach". Sie hatte im Kieler Exzellenzantrag, der recht schwungvoll mit neuen Markennamen daherkam, offenbar keinen vorderen oder gar überhaupt keinen Platz.

Ich habe dieses herausragende schleswig-holsteinische Beispiel für angewandten Transfer meinem Erfahrungsbericht an die Spitze gestellt, weil es dabei längst nicht nur um Regionalgeschichte geht. Somit kann man mir nicht vorwerfen, ich hätte mein Lamenti über augenscheinliche Defizite des Kieler Exzellenzantrages von 2019 aus einem menschelnden Gefühl der Zurücksetzung bei gleichzeitiger Überschätzung der Rolle des eigenen Faches an der CAU geäußert. Zwar zählen die historischen Vorträge im Programm der SHUG stets zu den von den Sektionen im Land besonders stark nachgefragten. Aber genauso interessiert man sich dort für Medizin, Literatur, Geographie, Theologie usw. Gleichwohl gestehe ich, dass ich das Angebot, das die SHUG der Regionalgeschichte – wohlgemerkt wie den anderen Fächern – macht, intensiv nutze, was nebenbei bemerkt dazu führt, dass ich im Schnitt bis zu zwanzig Vorträge

---

22 Ludwig STEINDORFF (Hg.): 100 Jahre SHUG. Schleswig-Holsteinische Universitäts-Gesellschaft. Brücke zwischen Universität und Land, Husum 2019, siehe speziell ebd. S. 220, Satzung Art. 2.; siehe zur Geschichte der SHUG auch Manfred JESSEN-KLINGENBERG, Kurt JÜRGENSEN (Hgg.): Universität und Land. Geschichte der Schleswig-Holsteinischen Universitätsgesellschaft 1918–1993, Neumünster 1995.

23 Zu den Sektionen und dem Vortragswesen der SHUG siehe STEINDORFF (Hg.): 100 Jahre SHUG (wie Anm. 22), S. 17–30; zum Programm „Uni kommt zur Schule" siehe ebd. S. 73–74.

24 Siehe zum Fahrdienst der SHUG ebd. S. 43–46.

pro Jahr in diesem Kontext halten darf.[25] Diese willkommene Option besteht darin, in Kooperation mit der SHUG und unter Ausnutzung ihrer bewährten Infrastruktur die Arbeit der Kieler Regionalgeschichte nun nicht unbedingt aus dem bereits zweimal genannten Elfenbeinturm, aber eben doch aus Kiel in alle möglichen Ecken und Enden Schleswig-Holsteins zu tragen. Das wäre in dieser Reichweite, Dichte und sparsamen Arbeitsökonomie sonst mittels Tagungen oder Einzelvortragsveranstaltungen gar nicht möglich, weil das die zur Verfügung stehenden eigenen Kräfte und Netzwerke überfordern würde. Umgekehrt verspreche ich mir und erfahre ich tatsächlich auch wertvolle Impulse aus den Begegnungen und Gesprächen vor Ort. Transfer ist ja nie nur einseitig und wirkt bereichernd, da er sich reziprok verhält.

Unsere Kieler Bemühungen um die Dritte universitäre Mission sind vielfach natürlich die allgemein üblichen, wie sie auch anderenorts mehr oder minder erfolgreich praktiziert werden. Bei ausführlicheren Darlegungen hierzu müsste ich zwangsläufig nur Eulen nach Athen tragen. Um mich also kurz zu fassen: Wir moderieren und gestalten anfallende Geschichtsjubiläen mit – gerade noch um eine Verschnaufpause wegen der vielseitigen Termine des Jahres 2018 zum Kieler Matrosenaufstand bemüht, steht nun die für Schleswig-Holstein mindestens ebenso wichtige 100-jährige Wiederkehr der Grenzziehung zwischen Dänemark und Deutschland von 1920 ins Haus. Dazu werden wir als universitäre Einrichtung neben einer eher für ein Fachpublikum bestimmten Tagung und einer an den akademischen Nachwuchs gerichteten Sommerschule eine öffentliche Vortragsreihe sowie eine ebenso publikumsoffene, studentische Ausstellung beisteuern. Wir halten Vorträge und veranstalten mit wechselnden Partnern Tagungen zu den verschiedensten sonstigen Themen, oft in Verbindung mit Exkursionen, im ganzen Land. Wir bringen uns bei der Planung und Realisierung von Ausstellungen ein. Wir pflegen den persönlichen Kontakt zu und den Austausch mit themenaffinen Institutionen, Gruppen oder Personen. Wir übernehmen die wissenschaftliche Betreuung und Abfassung von thematisch relevanten Chroniken und Ortsgeschichten usw. Und wir weisen jeweils auf die einzelnen Vorhaben und Events in den entsprechenden Organen und Medien, z. B. auf unserer eigenen Facebook-Seite, hin und bereiten sie mit entsprechenden Berichten nach. Zudem kümmern wir uns um möglichst weitreichende Werbemaßnahmen, die klassische Mittel wie Flyer und Plakate ebenso einbeziehen wie den digitalen Bereich.[26] Das alles kennt man allseits selbst zur Genüge, wie gesagt. Dies machen wir wie andere auch nicht bloß aus Bilanz- und Rechtfertigungsgründen, sondern natürlich immer auch, um möglichst in der Öffentlichkeit mit unserer Arbeit und unseren Anliegen wahrgenommen zu werden.

---

25 Innenansichten: Prof. Dr. Oliver Auge, in: Steindorff (Hg.): 100 Jahre SHUG. Schleswig-Holsteinische Universitäts-Gesellschaft. Brücke zwischen Universität und Land, Husum 2019, S. 144–146.

26 Siehe die gesammelten Informationen unter https://www.histsem.uni-kiel.de/de/das-institut-1/abteilungen/regionalgeschichte-mit-schwerpunkt-schleswig-holstein (zuletzt aufgerufen am 25.02.2020) sowie https://www.facebook.com/rg.sh.cau/ (zuletzt aufgerufen am 25.02.2020); siehe in gedruckter Form auch Oliver Auge: Was meint und macht Regionalgeschichte an der CAU zu Kiel?, in: Mitteilungen der Gesellschaft für Schleswig-Holsteinische Geschichte 90 (2016), S. 7–18.

Zu Wohl und Weh der Herausforderung von Ortschroniken habe ich jüngst eine längere Betrachtung publiziert, sodass ich mich hier nicht noch einmal wiederholen möchte.[27] Freilich sollte an dieser Stelle nicht verschwiegen werden, dass neben den vielen positiven Synergien, die aus solchen Transfervorhaben geschöpft werden können und die von der finanziellen Nutrierung des daran beteiligten wissenschaftlichen Nachwuchses bis zur Erschließung ganz neuartiger Erkenntniszusammenhänge und Wissensbestände reichen, aufzehrende Reibungsverluste trotz einer vermeintlich noch so guten Vorbereitung und Absicherung nie ganz zu vermeiden sind. Ohne allzu viel aus dem Kieler Nähkästchen zu plaudern, kann ich auf ein aktuelles Chronikprojekt verweisen, das wir auf Wunsch der Arbeiterwohlfahrt (AWO) Schleswig-Holstein in Angriff genommen haben: „Mit Herz! 100 Jahre Arbeiterwohlfahrt in Schleswig-Holstein." Ganz offensichtlich setzte sich bei dem betreffenden Auftraggeber erst im Lauf des Projekts die Erkenntnis durch, eine Image-Broschüre mit der ihr eigenen AWO-Werbesprache sei für den festlichen Anlass doch passender als eine wissenschaftlich erarbeitete Chronik, die man von uns zu Anfang des Auftrags haben wollte. Ab einem nicht mehr zu tolerierenden Stadium stellte ich mich in meiner Funktion als Herausgeber schützend vor die beiden am Buch beteiligten Jungautorinnen und suchte unter Verweis auf die wissenschaftliche Praxis und das allgemeine Urheberrecht die AWO-Absicht schwerwiegender Eingriffe in die Manuskripte zu verhindern. Selbige schaltete ihrerseits auf stur, entzog mir bei gleichzeitiger Verweigerung jedweder weiteren Gespräche trotz bestehender Verträge den Herausgeberauftrag und setzte die Verfasserinnen unter noch stärkeren Druck.[28] Die ganze Sache wäre beinahe vor Gericht gelandet, hätte nicht die von uns eingeschaltete Frankfurter Medienanwältin unsere Interessen und Rechte so juristisch fundiert gegenüber der AWO-Rechtsvertreterin zur Geltung gebracht, dass das Buch nun doch im November 2019 – im Übrigen jetzt so verspätet, dass es kaum mehr eine jubiläumswirksame Verwendung fand – in der ursprünglich beabsichtigten Form unter meiner Herausgeberschaft erscheinen konnte.[29] Ich kann die Lektüre der beiden Vorworte, das der AWO und das des Herausgebers, nur wärmstens anempfehlen, um interpretatorischen Fähigkeiten, zwischen den Zeilen zu lesen, zu testen.[30] Der vorhin zitierte Markus Klaue sähe sich jedenfalls durch diese negative Erfahrung gewiss in seiner kritischen Haltung der Dritten Mission gegenüber vollauf bestätigt. Der nervenaufreibende, unnütze Streit und vor allem die enormen Anwaltskosten, die beiden Seiten entstanden sind, sind mir eine Lehre, solche Projekte in Zukunft erst dann anzugehen, wenn die vertragliche Vereinbarung darüber juristisch absolut wasserdicht ist, was sie im AWO-Fall, wie sich zu spät herausstellte, trotz Verwendung eines Mustervertrages eben nicht gewesen war. Auch

---

27 AUGE: Fokus Ortsgeschichte (wie Anm. 12).

28 Summarisch kann ich hierzu auf eine Sammlung einschlägiger ausgedruckter Emails verweisen. Siehe dazu den Aktenordner „AWO – 100 Jahre AWO" im Sekretariat der Abteilung für Regionalgeschichte der CAU zu Kiel.

29 Oliver AUGE: Mit Herz! 100 Jahre Arbeiterwohlfahrt in Schleswig-Holstein 1919–2019, Kiel u. a. 2019.

30 Ebd. S. 6f., 8f.

müssen die Erwartungshorizonte der beteiligten Projektpartner künftig noch klarer von Anfang an definiert sein, um spätere Missverständnisse und Enttäuschungen gleich von Anfang auszuräumen. Dieses Erfahrungswissen schafft also neue, wichtige Kommunikation, um den Transfer fürderhin zu erleichtern.

Es gibt natürlich auch positive Beispiele, die mein AWO-Trauma konterkarieren. Hier ließe sich an den Plan eines digitalen Hauses der schleswig-holsteinischen Landesgeschichte denken. Das Kieler Ministerium für Bildung, Wissenschaft und Kultur griff rasch nach der letzten Landtagswahl im Rahmen der allgemeinen Digitalisierungsoffensive die von der Gesellschaft für Schleswig-Holsteinische Geschichte angeregte Idee eines Hauses der Landesgeschichte auf, wobei sie dieses erst einmal lediglich im digitalen Bereich zu realisieren wünschte und im letzten Jahr dazu eine entsprechende Machbarkeitsstudie ausschrieb.[31] Angesichts unseres Standortvorteils, seit Längerem im Land Inhalte und Themen in die Öffentlichkeit zu kommunizieren, die genau dieses Haus der schleswig-holsteinischen Landesgeschichte betreffen, und aufgrund unserer gründlichen Erfahrungen im Bereich der Digital Humanities, die wir im Rahmen unseres Langzeitprojekts des Kieler Gelehrtenverzeichnisses gesammelt haben[32], ermunterte ich eine Mitarbeiterin und zwei Mitarbeiter aus meinem Lehrstuhlteam dazu, sich um die betreffende Ausschreibung zu bewerben. Vergaberechtliche Hürden machten eine direkte Bewerbung der Professur nicht möglich, sodass diese dann eigens eine GbR unter dem Namen #RegionalDigital ins Leben riefen.[33] Die Bewerbung der universitären Ausgründung #RegionalDigital war trotz ernst zu nehmender Konkurrenz erfolgreich. Und das darauf verfasste innovative Ideenkonzept, dessen Details ich zum jetzigen Zeitpunkt noch nicht preisgeben darf, weil das Ministerium das Papier – sicher auch wegen des anvisierten realistischen Kostenrahmens – noch als Verschlusssache behandelt, fußt auf den vier Säulen der Kooperation, Partizipation, Transparenz und Modularität.[34] Dies alles sind wesentliche Bausteine zu einem erfolgreichen Outreach universitärer landesgeschichtlicher Arbeit der Gegenwart und Zukunft. Insbesondere die im Konzept entwickelten partizipativen Ideen, die die Teilhabe von Zielgruppen und Stakeholdern an der landesgeschichtlichen Arbeit sichern, eine Teilnahme an der Fortentwicklung landesgeschichtlicher Forschung ermöglichen, eine aktive Feedback-Kultur aufbauen und die Wahrnehmung von Partizipationsmöglichkeiten auf digitalem Wege fördern sollen, erscheinen in diesem Zu-

31 Siehe dazu die Pressemeldung „Kulturministerin Karin Prien: ‚Die neue Landesbibliothek mit dem Zentrum für Digitalisierung und Kultur ist ein innovativer Ort für Schleswig-Holstein'" vom 22.05.2019, URL: https://schleswig-holstein.de/DE/Landesregierung/III/Presse/PI/2019/Mai_2019/III_Landesbibliothek.html (zuletzt abgerufen am 18.12.2019).

32 Siehe https://cau.gelehrtenverzeichnis.de/?lang=de (zuletzt abgerufen am 17.12.2019), sowie auch den Wikipedia-Artikel zum Kieler Gelehrtenverzeichnis https://de.wikipedia.org/wiki/Kieler_Gelehrtenverzeichnis (zuletzt abgerufen am 17.12.2019).

33 Siehe dazu die Homepage https://regional-digital-sh.de/ (zuletzt abgerufen am 17.12.2019).

34 Das Konzept wurde unter dem Titel „Landesgeschichte.Digital.Denken." eingereicht. Anm. des Verfassers vom 4. September 2020: Mittlerweile ist die Studie aber an die nun zuständigen Parlamentsgremien weitergereicht und als entsprechende Vorlage auch öffentlich zugänglich gemacht worden.

sammenhang zukunftsträchtig zu sein. Nicht von ungefähr wurde eine innerhalb des Konzepts erdachte Teilentwicklung von #RegionalDigital eben erst mit dem dritten Platz des Landeswettbewerbs „Best of Digitales.SH 2019" ausgezeichnet.[35]

Ein solcher Ansatz eröffnet einen interaktiven Gesprächsraum für Geschichtsinteressierte auf allen denkbaren Ebenen. So besteht im Rahmen dieses ambitionierten Projekts, wenn es denn überhaupt weiter realisiert werden sollte, die mehr und mehr auch für alle anderen Vorhaben geltende Herausforderung, nicht nur die methodischen Turns der Zunft als galante Theorie-Wellenreiter kompetent synthetisierend zu bedienen, wie das einmal Werner Freitag klug umrissen hat.[36] Zusätzlich darf man nicht technisch-digital den Anschluss verlieren, sondern muss man im Gegenteil in enger Kooperation mit Informatik und Digital Humanities möglichst versuchen, zu ernst zu nehmenden Schrittmachern der Entwicklung zu werden. Umgekehrt freilich sind positive Rückwirkungen im Austausch mit der akademischen Außenwelt, verstanden als Citizen Science, für die eigene Forschungsarbeit ebenso hoffnungsvolle Schimmer am wissenschaftlichen Horizont. So ist etwa an ein integriertes Crowdsourcing im Rahmen großer landesgeschichtlicher Editionsvorhaben zu denken, wie es teilweise bereits durchaus erfolgreich praktiziert worden ist.[37]

Damit bin ich am Ende meiner inhaltlich und umfangmäßig natürlich ausbaufähigen Bemerkungen zu Outreach und Wissenschaftskommunikation an den heutigen Universitäten aus meiner regionalhistorischen Perspektive angekommen. Das Interesse an und das Geschäft mit Geschichte boomt, und die vergleichsweise junge Public History floriert. Von Tradition, Ausrichtung und Arbeitsweise her ist die Landes- und Regionalgeschichte an sich ein geradezu natürlicher Partner und Part dieser doch eigentlich ganz erfreulichen Entwicklung. Keine historische Teildisziplin und kaum ein anderes universitäres Fach weist derart elaborierte Erfahrungen im Bereich der sog. Dritten Mission auf. Daran ließe sich eigentlich sehr gut anschließen, wenn es um die digitale Herausforderung geht, die mit der Transferleistung im Kontext dieser Dritten Mission in einer engen wechselseitigen Beziehung steht. Woran es bisher vielfach mangelt, sind einmal die Ressourcen und Kenntnisse, die im Kontext des digitalen Wandels zu einem wirklich nachhaltigen Transfer erforderlich sind. Zum anderen erscheinen aber auch die Formen unserer landesgeschichtlichen Selbstdarstellung ausbaufähig, die uns erst für die interessierte Öffentlichkeit und Citizen Science zu gesuchten Ansprech- und Projektpartnern und für unsere eigenen Universitäten und Präsidien als ernsthafte Aktivisten im Bereich der Dritten Mission wahrnehmbar macht. Hierzu braucht es wiederum ein verfeinertes digitales Know how und nicht zuletzt eine gesunde, aber eigentlich auch mehr als verdiente Portion Selbstbewusstsein.

---

35 Siehe die Pressemeldung „Landesregierung verleiht Digitalisierungspreis ‚Best of Digitales. SH'" vom 11.09.2019 unter https://www.schleswig-holstein.de/DE/Landesregierung/V/Presse/PI/2019/0919/190911_Digitalisierungspreis.html (zuletzt abgerufen am 20.12.2019).

36 Werner Freitag: Landesgeschichte als Synthese – Regionalgeschichte als Methode?, in: Westfälische Forschungen 54 (2004), S. 291–305, hier besonders S. 293–297.

37 Siehe dazu etwa nochmals Krull: Landesgeschichte (wie Anm. 4), S. 112.

Praxisbezüge im Geschichtsstudium: Potentiale einer landeshistorischen Public History

Lena Krull

Für G. Wesley Johnson und Robert Kelley, die Pioniere der Public History in den USA, ging die Entstehung des Fachs auch mit einem überfälligen Wandel in der professionellen Identität von Historikerinnen und Historikern einher. „For too long we have thought of historians as teachers“,[1] konstatierte Johnson 1978, und erläuterte weiter: „The point of Public History is that historians need to have professional competence as consulting professionals beyond the world of the educator; that historical skills are just as important and usable whether one is called educator, research director, communications specialist, corporate monitor, record manager, or Public Historian."[2] Kelley ging sogar noch weiter und spitzte zu, Public History beziehe sich in der einfachsten Definition auf die Berufstätigkeit von Historikerinnen und Historikern sowie die Anwendung der historischen Methode „outside the academia.“[3]

Dieser knapp skizzierte Fokus auf die „non-teaching careers“ spielte eine zentrale Rolle bei der Entstehung der Public History in den USA und resultierte aus der Feststellung, dass Historikerinnen und Historiker erfolgreiche Karrieren in den unterschiedlichsten Bereichen außerhalb von Schule und Hochschule verfolgten, dabei jedoch eher isoliert von der akademischen Geschichtswissenschaft waren.[4] Zugleich reagierte die Idee der Public History damit auf die Krise des akademischen Arbeitsmarktes, die durch die Expansion des Bildungswesens seit dem Zweiten Weltkrieg befördert wurde. Das Konzept der Public History ermöglichte es nun erstmals, diese Karrieren unter einem konkreten Begriff zu fassen und produktiv damit umzugehen.[5] Eine Konsequenz aus dieser Genese ist, dass Public History in den USA bis heute vorwiegend praktisch definiert wird. So verortet die Webseite des *National Council on Public History* (NCPH) bis heute das Fach in Theorie und Methode in der historischen Disziplin und benennt keine originären theoretischen Ansätze.[6] Praxisbezug und Public

---

1 G. Wesley JOHNSON: Editor's Preface, in: The Public Historian 1/1 (1978), S. 4–10, hier S. 8.

2 Ebd., S. 8.

3 Vgl. Robert KELLEY: Public History. Its Origins, Nature, and Prospects, in: The Public Historian 1/1 (1978), S. 16–28, hier S. 16.

4 Vgl. Simone RAUTHE: Public History in den USA und der Bundesrepublik Deutschland, Essen 2001, S. 87–88.

5 Vgl. Arnita A. JONES: Organizing Public History, in: International Public History 1/1 (2018), S. 1–9; Rebecca CONARD: In Memoriam G. Wesley Johnson, Jr. April 28, 1932 – November 16, 2018, in: The Public Historian 41/1 (2019), S. 10–12.

6 Vgl. Irmgard ZÜNDORF: Zeitgeschichte und Public History. Version 1.0, in: Docupedia-Zeitgeschichte, 11.02.2010, URL: http://docupedia.de/zg/zuendorf_public_history_v1_de_2010 (zuletzt aufgerufen am 26.03.2020); sowie How is Public History different from "regular" histo-

History sind daher kaum voneinander zu trennen, allerdings sollte die Teildisziplin auch nicht auf diesen Zusammenhang reduziert werden. Im Gegenteil wurde besonders in Großbritannien das partizipatorische Potential der Public History im Kontext der „history from below“ und der „History Workshop“-Bewegung betont.[7]

In der Debatte um Public History in Deutschland spielen Fragen nach Praxisbezug und Employability aktuell eine eher nachgeordnete Rolle. Nach der ersten Institutionalisierung in Studiengängen, Professuren und Verbänden in den 2010er Jahren befindet die Public History sich in einem Prozess der Ausdifferenzierung, in dem besonders ihre fachliche Verortung und disziplinäre Stellung, ihre theoretische Ausformulierung und ihr thematischer und zeitlicher Fokus diskutiert werden.[8] Produktiv wurde vorgeschlagen, Public History zunächst als „Grenzgängerin und Brückenbauerin zwischen den Teildisziplinen“[9] oder als „Schirm“ bzw. „umbrella term“[10] für verschiedene Konzepte zu nutzen. Das Aufkommen der theoretischen Diskussionen fiel zwar mit Stimmen zusammen, die eher ein Zuviel an Employability in der Public History kritisierten[11] oder befürchteten, die Public History könnte auf spezialisierte Studienprogramme reduziert werden, deren primäres Ziel es sei, Absolventinnen und Absolventen Jobs zu verschaffen.[12] Im Gegensatz dazu wurde darauf verwiesen, dass es einen breiten inhaltlichen Konsens über die notwendige Kombination der Erforschung und Produktion von öffentlicher Geschichte in den Studienprogrammen gebe und die Public

---

ry?, hg. vom National Council on Public History, URL: https://ncph.org/what-is-public-history/about-the-field/ (zuletzt aufgerufen am 26.03.2020).

7 Vgl. James B. GARDNER, Paula HAMILTON: Introduction: The Past and Future of Public History – Developments and Challenges, in: DIES. (Hgg.): The Oxford Handbook of Public History, New York 2017, S. 1–22, hier S. 2; ZÜNDORF: Zeitgeschichte (wie Anm. 6).

8 Prägnante Zusammenfassungen der Entwicklung der letzten zehn Jahre liefern Christine GUNDERMANN: Public History. Vier Umkreisungen eines widerspenstigen Gegenstandes, in: DIES., Wolfgang HASBERG, Holger THÜNEMANN (Hgg.): Geschichte in der Öffentlichkeit. Konzepte – Analysen – Dialoge (Geschichtsdidaktik diskursiv – Public History und Historisches Denken, Bd. 7), Berlin 2019, S. 87–114; Thorsten LOGGE: Public History in Germany: Challenges and Opportunities, in: German Studies Review 39/1 (2016), S. 141–153; Jacqueline NIESSER, Juliane TOMANN: Public and Applied History in Germany. Just Another Brick in the Wall of the Academic Ivory Tower?, in: The Public Historian 40/4 (2018), S. 11–27; vgl. auch die Erwiderungen von Cord ARENDES und Thomas CAUVIN auf den letztgenannten Artikel im gleichen Heft der Zeitschrift. Die Debatte ab 2010 zeigen prägnant ZÜNDORF: Zeitgeschichte (wie Anm. 6), sowie die anderen Artikel im Cluster Public History – Angewandte Geschichte, in: Docupedia-Zeitgeschichte, URL: https://docupedia.de/zg/Docupedia:Public_History_-_Angewandte_Geschichte (zuletzt aufgerufen am 26.03.2020).

9 GUNDERMANN: Public History (wie Anm. 8), S. 102.

10 Marko DEMANTOWSKY: "Public History" – Sublation of a German Debate?, in: Public History Weekly 3/2 (2015), URL: https://public-history-weekly.degruyter.com/3-2015-2/public-history-sublation-german-debate/ (zuletzt aufgerufen am 26.03.2020).

11 Explizit Constantin GOSCHLER: „Gleichwohl heißt das im Ergebnis, dass es bei der Public History bislang weniger um Epistemologie, sondern vor allem um Employability ging.“ (05.02.2015), vgl. Kommentarsektion zu DEMANTOWSKY: Public History (wie Anm. 10).

12 Vgl. LOGGE: Public History (wie Anm. 8), S. 142.

History keineswegs eine „schleichende Transformation vom Geschichtsstudium in eine Ausbildung mit sich bringen könne [...] und solle[...]".[13]

Der vorliegende Beitrag möchte daran anschließend zeigen, wie die Auseinandersetzung mit Praxisbezügen in der Public History produktiv genutzt werden kann, um geschichtswissenschaftliche Studienprogramme allgemein weiterzuentwickeln. Der Fokus liegt dabei auf den Synergien, welche die Landesgeschichte als Teildisziplin schaffen kann. Hierbei knüpfe ich einerseits an meine Erfahrungen aus der Hochschullehre im Rahmen der „Schnittstelle Geschichte & Beruf" an der WWU Münster an, die sich schwerpunktmäßig mit dem Bereich der Berufsorientierung außerhalb der Lehramtsstudiengänge befasst,[14] sowie andererseits an meine an anderer Stelle formulierte Position zum Potential einer als Public History verstandenen Landesgeschichte für die Studiengangsgestaltung.[15] Zunächst sind jedoch einige Überlegungen zum Begriff der Employability notwendig.

Employability in den Geisteswissenschaften

Eine aktuelle Publikation fasst es prägnant zusammen: der Begriff Employability, auf Deutsch meist recht sperrig mit ‚Beschäftigungsfähigkeit' oder ‚Beschäftigungsbefähigung' übersetzt, war und ist an deutschen Universitäten allzu häufig „Schlagwort, Reizwort, Unwort".[16] Für die nachhaltige Präsenz des Begriffs an den Universitäten sorgt seit 20 Jahren der Bologna-Prozess zur Schaffung eines einheitlichen europäi-

---

13 GUNDERMANN: Public History (wie Anm. 8), S. 112.

14 Vgl. Jürgen BÜSCHENFELD, Lena KRULL: Geschichtsstudium und Praxisbezug – eine unmögliche Verbindung? Kooperationsmöglichkeiten und Perspektiven an den Universitäten Bielefeld und Münster, in: Lippische Mitteilungen aus Geschichte und Landeskunde 85 (2016), S. 245–251; Lena KRULL: Der Erste Weltkrieg im Seminarkontext – Praxisbezüge im Geschichtsstudium durch Projektlehre, in: Ulrike SENGER, Yvonne ROBEL, Thorsten LOGGE (Hgg.): Projektlehre im Geschichtsstudium. Verortungen, Praxisberichte und Perspektiven (Doktorandenbildung neu gestalten, Bd. 5), Bielefeld 2015, S. 237–259; sowie die Homepage der „Schnittstelle Geschichte & Beruf", URL: https://www.uni-muenster.de/geschichte/beruf (zuletzt aufgerufen am 26.03.2020).

15 Vgl. Lena KRULL: Landesgeschichte und Public History. Fachgeschichte und Perspektiven, in: Jahrbuch für Regionalgeschichte 37 (2019), S. 91–112. In Reaktion auf den Beitrag wurde infrage gestellt, ob die öffentlichkeitswirksamen Aktivitäten der universitären Landesgeschichte überhaupt als Public History bezeichnet werden könnten, vgl. Katrin MINNER: Public History als Pluralisierung regionaler Geschichte, in: Westfälische Forschungen 69 (2019), S. 1–27, hier S. 2. Abgesehen von den sehr pauschalen Behauptungen, die universitäre Landesgeschichte betreibe „reine Wissensvermittlung mit Top-Down-Modell in den üblichen akademischen Formaten von Publikationen und Vorträgen" und sei „vom Publikum her auf ein überschaubares Feld einer gewissermaßen vorgebildeten Klientel in Vereinen und Kommissionen beschränkt", führt Minner diese Annahme allerdings nicht aus.

16 Andreas EIMER, Jan KNAUER, Isabelle KREMER, u. a.: Employability als ein Ziel des Universitätsstudiums. Grundlagen, Methoden, Wirkungsanalyse, Bielefeld 2019, S. 4.

schen Hochschulraums (European Higher Education Area, EHEA).[17] Denn bereits in der gemeinsamen Erklärung der europäischen Bildungsminister von 1999 heißt es wörtlich, die geplanten gestuften Studiengänge beabsichtigten neben anderen Zielen, „die arbeitsmarktrelevanten Qualifikationen der europäischen Bürger [...] zu fördern" bzw. „to promote European citizens employability".[18] Tatsächlich wurde und wird Employability ganz unterschiedlich umschrieben, etwa mit „Berufsqualifizierung, Berufsbefähigung, Berufsfähigkeit, Berufsrelevanz, Berufsorientierung, Ausrichtung der Studieninhalte an der beruflichen Praxis, Anwendungsorientierung".[19]

Die heute gebräuchlichsten Termini ‚Beschäftigungsfähigkeit' oder ‚Beschäftigungsbefähigung' versuchen allerdings der Tatsache Rechnung zu tragen, dass Employability gerade nicht dasselbe wie Praxis- oder Berufsorientierung bedeutet, sondern weit darüber hinausgeht.[20] Ziel von Employability sollte es sein, den Absolventinnen und Absolventen die nötigen Kompetenzen zum Eintritt, aber gerade auch zur dauerhaften Behauptung auf dem Arbeitsmarkt zu vermitteln. Employability in diesem Sinne umfasst daher auch die Fähigkeit zum lebenslangen Lernen und sogenannte Selbstkompetenzen wie Resilienz und Anpassungsfähigkeit.[21]

Angesichts des sehr umfassenden Verständnisses ist es fast folgerichtig, dass eine angemessene Operationalisierung des Begriffs an den Hochschulen zunächst fehlte und sogar gefragt wurde, ob das Ziel Beschäftigungsfähigkeit durch einen sechssemestrigen Bachelor-Studiengang überhaupt systematisch sichergestellt werden könne.[22] Entsprechend heftig wurde Anfang der 2000er Jahre um den Employability-Begriff gestritten, wobei sich die Diskussion häufig auf die Gegenüberstellung von utilitaristischer Anpassung an einen neoliberalen Arbeitsmarkt und humanistischem Bildungsideal zuspitzte.[23] Angesichts der dramatischen Entwicklung der Jugendar-

17 Vgl. Fachgutachten. Employability und Praxisbezüge im wissenschaftlichen Studium, ausgearbeitet von Wilfried SCHUBARTH, Karsten SPECK, in: Projekt nexus – Übergänge gestalten, Studienerfolg verbessern, hg. von der Hochschulrektorenkonferenz (HRK), 2014, URL: https://www.hrk-nexus.de/fileadmin/redaktion/hrk-nexus/07-Down-loads/07-02-Publikationen/Fachgutachten_Employability-Praxisbezuege.pdf (zuletzt aufgerufen am 26.03.2020), S. 18–25.

18 Der Europäische Hochschulraum. Gemeinsame Erklärung der Europäischen Bildungsminister am 19. Juni 1999 in Bologna, URL: https://www.bmbf.de/files/bologna_deu.pdf (zuletzt aufgerufen am 26.03.2020), englische Fassung: http://www.ehea.info/Upload/document/ministerial_declarations/1999_Bologna_Declaration_English_553028.pdf (zuletzt aufgerufen am 26.03.2020).

19 Götz SCHINDLER: Employability und Bachelor-Studiengänge – eine unpassende Verbindung, in: Beiträge zur Hochschulforschung 26/4 (2004), S. 6–26, hier S. 16.

20 SCHINDLER: Employability (wie Anm. 19), S. 6.

21 Vgl. hierzu auch die Themenseite des EHEA, welche auch die Statements der Kommuniqués zusammenfasst: http://ehea.info/page-employability (zuletzt aufgerufen am 26.03.2020).

22 Vgl. ausführlich z. B. SCHINDLER: Employability (wie Anm. 19).

23 Vgl. EIMER/KNAUER/KREMER.: Employability (wie Anm. 16), S. 13–18. Speziell für die Public History formuliert wurde diese Befürchtung von Jerome DE GROOT: For what it is 'worth'? Neoliberalism and Public History, in: Public History Weekly 6/12 (2018), URL: https://public-history-weekly.degruyter.com/6-2018-12/neoliberalism-public-history/ (zuletzt aufgerufen am 26.03.2020).

beitslosigkeit in Teilen der Europäischen Union nahm Employability einen immer größeren Raum in den Kommuniqués der europäische Bildungsministerinnen und -minister ein, wurde in dem skizzierten weiten Verständnis definiert und kann seit 2015 sogar als eines der vier Hauptziele der Bologna-Reform beschrieben werden.[24] Universitäten und Hochschulen werden seitdem im Kommuniqué von Jerewan animiert, verschiedene Maßnahmen zur Erreichung des Ziels Employability zu erproben, wobei konkret Arbeitgeberkontakte, eine gute Balance von Theorie und Praxis im Studium, die Verfolgung der Karriereentwicklung von Absolventinnen und Absolventen sowie die Förderung von Unternehmergeist, Innovationsfähigkeit und internationaler Mobilität genannt werden.[25]

Diese Konkretisierung verdeutlicht, dass eine Vielzahl von universitären Akteuren für das Thema Employability relevant sind, beispielsweise zentrale Career Services, International Offices, Serviceeinrichtungen für Promovierende und Graduiertenschulen oder -kollegs, Alumniclubs oder -vereine, Sprachenzentren, Studienberatungen, Einrichtungen im Bereich Forschungstransfer und Unternehmensgründung und andere. Darüber hinaus und schwerpunktmäßig ist Employability jedoch Aufgabe der einzelnen Fächer, die sich selbst dazu positionieren und ihre Studiengänge gestalten. In den allermeisten Fällen geschieht dies in einem eher unbewusst ablaufenden Prozess, es gibt jedoch auch Modellprojekte, um die Haltung zur Employability zielgerichteter zu gestalten und sie den Studierenden besser kommunizieren zu können.[26]

Der Rechtswissenschaftler Jürgen Kohler diagnostizierte bereits 2004, dass in den Geisteswissenschaften angesichts der Employability-Debatte kein Grund für „Daseinssorgen" bestünde, da insbesondere geisteswissenschaftliche Fächer berufsrelevante Kompetenzen „erlebbar und studierbar" machten.[27] Aus der Praxis heraus lässt sich jedoch konstatieren, dass an den Historischen Instituten und Seminaren nach wie vor eine eher skeptische Sicht auf Employability dominiert,[28] die den Blick darauf verstellt, welche positiven Impulse eine Aneignung des Begriffs durch die Fächer setzen könnte. So verstehe ich Employability im Folgenden als Chance, über professionelles Handeln und Vorstellungen von Beruflichkeit in den Geschichtswissenschaften zu diskutieren. Eine wie auch immer geartete „arbeitsmarktorientierte" Ausbildung soll-

24 Vgl. EIMER/KNAUER/KREMER: Employability (wie Anm. 16), S. 24f.

25 Vgl. Yerevan-Communiqué, hg. von der EHEA ministerial conference Yerevan, Yerevan 2015, URL: http://www.ehea.info/media.ehea.info/file/2015_Yerevan/70/7/YerevanCommuniqueFinal_613707.pdf (zuletzt aufgerufen am 26.03.2020).

26 Z.B. das Projekt „Employability" des Career Service der Universität Münster, URL: https://www.uni-muenster.de/CareerService/uns/projekte/projekt-employability.html (zuletzt aufgerufen am 26.03.2020).

27 Vgl. Jürgen KOHLER: Schlüsselkompetenzen und „employability" im Bologna-Prozess, in: Schlüsselkompetenzen und Beschäftigungsfähigkeit. Konzepte für die Vermittlung überfachlicher Qualifikationen an Hochschulen, hg. vom Stifterverband für die Deutsche Wissenschaft, Essen 2004, S. 5–15, hier S. 8. Vgl. auch EIMER/KNAUER/KREMER: Employability (wie Anm. 16), S. 18.

28 Vgl. Mareike MENNE: Berufliche Orientierung im Fach Geschichte lehren (Kleine Reihe Hochschuldidaktik), Schwalbach/Ts. 2016, S. 5f.; allgemein EIMER/KNAUER/KREMER: Employability (wie Anm. 16, S. 5.

te jedenfalls nicht das Ziel eines geisteswissenschaftlichen Studiums sein.[29] Ausgehend von diesem Grundverständnis stellt sich die Frage, welche Rolle Employability oder auch ein allgemeiner verstandener Berufsbezug in der Landesgeschichte als Teildisziplin der Geschichtswissenschaft spielte und spielt.

Landesgeschichte und Employability

Schaut man in älteren Veröffentlichungen zum Stand der Landesgeschichte, so erfährt man eher selten etwas über die Berufstätigkeit von Landeshistorikerinnen und Landeshistorikern.[30] Ab und an angesprochen werden die klassischen Orte landesgeschichtlichen Arbeitens, neben universitären Instituten also explizit auch Museen, Archive, Bibliotheken, Verwaltungen, Historische Kommissionen und Geschichtsvereine. Zwar ist zu erwarten, dass die Absolventinnen und Absolventen hier auch beruflich tätig wurden, inwiefern sie durch ein Studium der Landesgeschichte hierzu befähigt wurden, bleibt jedoch offen.

Daneben wurde die Landesgeschichte als Ort gesehen, „wo die künftigen Beamten, Geistlichen, Lehrer und Ärzte neben ihrer Berufsausbildung noch jene Ausrüstung mit landeskundlichen Kenntnissen erfahren können, welche ihnen für ihr Leben ein Schatz höherer Interessen sein wird",[31] so Hermann Aubin 1920 in einer Denkschrift zur geplanten Gründung des Instituts für geschichtliche Landeskunde der Rheinlande. Landeshistorisches oder auch heimatkundliches Interesse wird von Aubin also eher als ergänzende Qualifikation zu anderen Berufen gedacht, wenngleich die Formulierung von einem „Schatz höherer Interessen" darauf hindeutet, dass diese Zusatzkenntnisse höchstens indirekt zur Beschäftigungsfähigkeit beitrugen, nämlich indem sie einen Ausgleich zur eigentlichen beruflichen Tätigkeit darstellten. Umgekehrt waren die genannten Berufsgruppen für die Landesgeschichte relevant, die stets hoffte, sich qualifizierte ehrenamtliche Mitarbeitende vor Ort heranzuziehen.

Wirklich explizit thematisiert wird der Aspekt Employability in der Landesgeschichte mit Blick auf die Lehrerausbildung. Bereits Ernst Bernheim forderte 1900 eine enge Verbindung von Heimatkundeunterricht und Lokalforschung bzw. Landesgeschichte.[32] Mit Blick auf das Studium führte Aubin diesen Zusammenhang 1925 weiter aus:

---

29 Vgl. hierzu auch „Humanismus" als Employability-Position, EIMER/KNAUER/KREMER: Employability (wie Anm. 16), S. 64.

30 Vgl. in chronologischer Reihung Pankraz FRIED (Hg.): Probleme und Methoden der Landesgeschichte (Wege der Forschung 492), Darmstadt 1978; Hans PATZE: Landesgeschichte, in: Jahrbuch der historischen Forschung 1980, S. 15–40 bzw. 1981, S. 11–33; Carl-Hans HAUPTMEYER (Hg.): Landesgeschichte heute (Kleine Vandenhoeck-Reihe 1522), Göttingen 1987; Werner BUCHHOLZ (Hg.): Landesgeschichte in Deutschland. Bestandsaufnahme – Analyse – Perspektiven, Paderborn u. a. 1998.

31 Zitiert nach Edith ENNEN: Hermann Aubin und die geschichtliche Landeskunde der Rheinlande, in: Rheinische Vierteljahrsblätter 34 (1970), S. 9–42, hier S. 36.

32 Vgl. Ernst BERNHEIM: Lokalgeschichte und Heimatkunde und ihre Bedeutung für Wissenschaft und Unterricht, in: Pommersche Jahrbücher 1 (1900), S. 17–32; zur Bedeutung Bern-

„Es ist dem Lehrer nicht möglich, die Kenntnisse in der Heimatgeschichte oder in der Mundart für jeden Ort, an welchem er einmal zu wirken berufen wird, enzyklopädisch mitzubringen." Aubin sah daher keine andere Lösung, „als daß der zukünftige Lehrer geschult wird, sich seine Kenntnisse aus den vorhandenen Hilfsmitteln selbst zu erarbeiten."[33] Das Ziel dieser Maßnahmen sollte dabei sein, die Identifikation der Schülerinnen und Schüler mit der „Heimat" zu fördern.[34] Wohlwollend mag man hieraus erkennen, dass Aubin hier den Aspekt der langfristigen Behauptung auf dem Arbeitsmarkt im Blick hatte, wie er im Begriff der Employability mitgedacht wird. In der Summe blieb die Forderung nach dem Engagement der Landesgeschichte in der Lehrkräfteausbildung auch in den folgenden Jahrzehnten bestehen und wurde etwa von Pankraz Fried 1977/1978 sowie von Roderich Schmidt 1998 wiederholt.[35] Der Befund, dass Beruflichkeit bis weit in das 20. Jahrhundert vorrangig mit Blick auf das Lehramt thematisiert wurde, dürfte dabei keineswegs einzigartig für die Landesgeschichte sein und sich in vergleichbarer Weise auf die Geschichtswissenschaft insgesamt übertragen lassen.

Als indirekten Beitrag zur Employability könnte man die interdisziplinäre Ausrichtung der Landesgeschichte als Geschichtliche Landeskunde werten, also die Zusammenarbeit mit Disziplinen wie Archäologie, Germanistik, Geographie, Kunstgeschichte oder Volkskunde (bzw. Europäischer Ethnologie/Kulturanthropologie).[36] Sicherlich hat das so entstehende Profil der Absolventinnen und Absolventen auch zu

---

heims vgl. Roderich SCHMIDT: Pommersche Landesgeschichte und die Historische Kommission für Pommern, in: Werner BUCHHOLZ (Hg.): Landesgeschichte in Deutschland. Bestandsaufnahme – Analyse – Perspektiven, Paderborn u. a. 1998, S. 75–92, hier S. 76f.

33 Hermann AUBIN: Aufgaben und Wege der geschichtlichen Landeskunde (1925/1965), in: Pankraz FRIED (Hg.): Probleme und Methoden der Landesgeschichte (Wege der Forschung 492), Darmstadt 1978, S. 38–52, hier S. 43f.

34 Zur Heimatkunde als Schulfach vgl. Gerhard SCHNEIDER: Heimat und Region in Geschichtsdidaktik und Geschichtsunterricht, in: Carl-Hans HAUPTMEYER (Hg.): Landesgeschichte heute (Kleine Vandenhoeck-Reihe 1522), Göttingen 1987, S. 97–123.

35 Vgl. Pankraz FRIED: Einleitung, in: DERS (Hg.): Probleme und Methoden der Landesgeschichte (Wege der Forschung 492), Darmstadt 1978, S. 1–12, hier S. 8; bzw. DERS.: Die Bedeutung der Landesgeschichte in Wissenschaft und Unterricht, in: Rudolf HASCH (Hg.): Landesgeschichte und Exkursion im Geschichtsunterricht, Donauwörth 1977, S. 15–24; SCHMIDT, Pommersche Landesgeschichte (wie Anm. 32), S. 78; zum aktuellen Stellenwert landesgeschichtlicher Themen im Unterricht vgl. Anke JOHN: Lokal- und Regionalgeschichte (Methoden historischen Lernens), Frankfurt a. M. 2018; DIES.: Lokalgeschichtliches Wissen statt Regionalfolklore, in: Public History Weekly 4/14 (2016), URL: https://public-history-weekly.degruyter.com/4-2016-14/knowledge-local-history-instead-regional-folklore/ (zuletzt aufgerufen am 26.03.2020). Die Universität Bielefeld bietet mit „Geschichtskultur in der Region" ein Portal mit landeshistorischen Ressourcen für Lehrerinnen und Lehrer an, https://www.uni-bielefeld.de/geschichte/regionalgeschichte/ (zuletzt aufgerufen am 26.03.2020).

36 Vgl. z. B. AUBIN: Aufgaben (wie Anm. 33), S. 39; Karl LECHNER: Sinn und Aufgaben Geschichtlicher Landeskunde (1950), in: Pankraz FRIED (Hg.): Probleme und Methoden der Landesgeschichte (Wege der Forschung 492), Darmstadt 1978, S. 83–116; Ludwig PETRY: In Grenzen unbegrenzt. Möglichkeiten und Wege der geschichtlichen Landeskunde (1961), in: Pankraz FRIED (Hg.): Probleme und Methoden der Landesgeschichte (Wege der Forschung 492), Darmstadt 1978, S. 280–304; Herbert SCHLENGER: Die Geschichtliche Landeskunde im

deren Beschäftigungsfähigkeit beigetragen. Jedenfalls ist eine spezifische Interdisziplinarität oder die Kombination von Bachelorstudiengängen heute ein wichtiger Aspekt bei der Ausbildung eines spezifischen Kompetenzprofils von Studierenden.[37]

Die „non-teaching careers" gerieten erst in den 1980er Jahren allmählich ins Blickfeld der Landesgeschichte, wofür insbesondere die Krise auf dem Lehrerarbeitsmarkt verantwortlich gemacht werden kann.[38] Aus ganz ähnlichen Motiven und Zielen heraus wie die Akteure der Public History in den USA initiierte Carl-Hans Hauptmeyer in Hannover eine „Angewandte Regionalgeschichte", welche praxisnahe Fragestellungen, Kooperation mit regionalen Partnern und Citizen Science im ländlichen Raum miteinander verband.[39] Ausgehend von diesen wenigen Befunden soll im Folgenden gefragt werden, welche Anregungen aus der Public History gezogen werden können, um Employability durch Praxisbezüge in Studiengängen zu verankern.

Instrumente für mehr Praxisbezug im Studium

Beispielhafte Maßnahmen zur Integration von Employability in Studienprogramme wurden im Rahmen des Bologna-Prozesses zwar erstmals im Jerewan-Kommuniqué von 2015 definiert, allerdings gab es auch zuvor eine Diskussion um die Umsetzung von Employability. So gelten besonders Praxisbezüge in der Fachliteratur als „Medium für mehr Employability".[40] In einem weiten Verständnis umfassen Praxisbezüge alle Ansätze und Maßnahmen, die sowohl die außeruniversitäre, berufliche Praxis als auch die wissenschaftliche Praxis in Studium und Lehre integrieren.[41] Deswegen reicht das Spektrum der Praxisbezüge von Fallbeispielen in der Lehre über Praxisseminare bis hin zu studentischen Initiativen; auch der Begriff des forschenden Lernens schließt hier an.

System der Wissenschaften (1950/51), in: Pankraz FRIED (Hg.): Probleme und Methoden der Landesgeschichte (Wege der Forschung 492), Darmstadt 1978, S. 53–82.

37 Vgl. Mareike MENNE: Berufliche Orientierung (wie Anm. 28), S. 16f.

38 Vgl. z. B. Michaela HÄNKE-PORTSCHELLER: Berufswerkstatt Geschichte. Lernorte für die Erinnerungskultur (Beiträge zur Geschichtskultur, Bd. 28), Köln 2003, S. 16f.

39 Vgl. Karl H. SCHNEIDER: Angewandte Regionalgeschichte oder: Erinnerungen an die Anfänge, in: Christiane SCHRÖDER, Heike DÜSELDER, Detlef SCHMIECHEN-ACKERMANN, u. a. (Hgg.): Geschichte, um zu verstehen. Traditionen, Wahrnehmungsmuster, Gestaltungsperspektiven. Carl-Hans HAUPTMEYER zum 65. Geburtstag, Bielefeld 2013, S. 43–54; Karl H. SCHNEIDER, Anna QUELL: 30 Jahre Heimatforscherfortbildung in Niedersachsen. Bilanz und Ausblick, in: Kristin OSWALD, René SMOLARSKI (Hgg.): Bürger Künste Wissenschaften. Citizen Science in Kultur und Geisteswissenschaften, Gutenberg 2016, S. 103–117; KRULL: Landesgeschichte (wie Anm. 15), S. 107–108.

40 Vgl. SCHUBARTH/SPECK: Employability (wie Anm. 17), S. 68.

41 Vgl. SCHUBARTH/SPECK: Employability (wie Anm. 17), S. 69–70; Johannes WILDT: Praxisbezug der Hochschulbildung – Herausforderung für Hochschulentwicklung und Hochschuldidaktik, in: Winfried SCHUBARTH, Karsten SPECK, Andreas SEIDEL, u. a. (Hgg.): Studium nach Bologna: Praxisbezüge stärken?! Praktika als Brücke zwischen Hochschule und Arbeitsmarkt, Wiesbaden 2012, S. 261–278.

Als Anregung für die Schaffung von Praxisbezügen kann ein Blick auf Studienprogramme im Bereich Public History hilfreich sein, spielen Praxisbezüge hier doch zumeist eine wichtigere Rolle als in anderen Geschichtsstudiengängen.[42] Nimmt man die NCPH-Webseite als Ausgangspunkt, so existieren weltweit mindestens 133 Studiengänge auf Master-Niveau und 102 Bachelor-Studiengänge mit dem Studienfach Public History, wovon der ganz überwiegende Teil (209) in den USA angeboten wird.[43] Daneben sind Großbritannien und Kanada mit mehreren Studiengängen vertreten; Australien, Belgien, Frankreich, Hongkong, Indien, Irland, Italien, Polen, die Niederlande und Deutschland folgen mit jeweils ein bis zwei Programmen.[44] Ein aktuelles Handbuch skizziert die Programme in den USA typischerweise als Masterstudiengänge, die an die Abteilungen für Geschichte angegliedert sind.[45] Sie enthielten meist Themen aus dem Bereich der amerikanischen Geschichte, orientierten sich an einem breiten Kompetenzbereich und integrierten Praktika bei lokalen Institutionen, Museen oder historischen Stätten (historic sites). Serge Noiret und Thomas Cauvin ergänzen, die Studiengänge vermittelten eine theoretische Basis und konfrontierten Studierende gleichzeitig mit praktischen Fragen, um Theorie und Praxis ausgewogen zu behandeln.[46] Dabei kann die US-amerikanische Public History an eine bereits seit den 1980er Jahren geführte Debatte über die systematische Curriculums-Entwicklung im Feld zurückblicken.[47] Bedenkenswert sind dabei auch heute noch die Überlegungen von Robert Kelley, der vor einer zu starken Fokussierung auf einzelnen Berufsfelder

42 In den USA werden Pubic History-Studiengänge daher explizit für fachnahe Berufsfelder empfohlen, vgl. Melissa BINGMANN: Advising Undergraduates about Career Opportunities in Public History, in: Perspectives on History 47/3 (2009), URL: https://www.historians.org/publications-and-directories/perspectives-on-history/march-2009/advising-undergraduates-about-career-opportunities-in-public-history (zuletzt aufgerufen am 26.03.2020).

43 Vgl. Guide to Public History Programs, https://ncph.org/program-guide/ (zuletzt aufgerufen am 26.03.2020). Die Datenbank wird von den Anbietern der Studiengänge selbst gepflegt, daher sind veraltete Informationen nicht auszuschließen und die Angaben vermutlich nicht vollständig. Generell schwankt die Zahl der dort hinterlegten Studienprogramme gestiegen, so waren es 2015 noch 124 Master- bzw. 80 Bachelorprogramme, vgl. ZÜNDORF: Zeitgeschichte (wie Anm. 6); 2013 waren 220 Programme verzeichnet, vgl. Thomas CAUVIN: Public History. A Textbook of Practice, London/New York 2016, S. 207.

44 In Deutschland sind die FU Berlin (M.A. Public History) und die Universität Köln (M.A. Geschichte mit Studienrichtung Public History) enthalten, in der Datenbank fehlt die Ruhr-Universität Bochum (M.A. Public History). Weitere geschichtswissenschaftliche Studiengänge mit praktischem Fokus im Namen sind der 2-Fach-M.A. Geschichtspraxis interkulturell (Universität Duisburg-Essen), der M.A. Geschichte in Wissenschaft und Praxis (Universität Bayreuth), der M.A. Public History und Kulturvermittlung (Universität Regensburg) und das Studienfach Fachjournalistik Geschichte (Justus-Liebig-Universität Gießen). Zu nennen sind außerdem Studienschwerpunkte im Bereich Public History, die z. B. in Hamburg, Bremen und Heidelberg bestehen.

45 Vgl. GARDNER/HAMILTON: Past and Future (wie Anm. 7), S. 4.

46 Vgl. Serge NOIRET, Thomas CAUVIN: Internationalizing Public History, in: James B. GARDNER, Paula HAMILTON (Hgg.): The Oxford Handbook of Public History, New York 2017, S. 25–43, hier S. 34; CAUVIN: Public History (wie Anm. 43), S. 210.

47 Vgl. Themenheft The Field of Public History: Planning the Curriculum, in: The Public Historian 9/3 (1987).

warnt und stattdessen übergreifende Kompetenzen wie zielgruppenorientiertes Schreiben, projektförmiges Arbeiten, Organisations- und Teamfähigkeit hervorhebt.[48]

Wie Beiträge im Blog des NCPH zeigen, haben jedoch auch Absolventinnen und Absolventen von Public History-Studiengängen in den USA in den letzten Jahren mit typischen Hürden des Berufseinstiegs zu kämpfen, etwa mit fehlender Berufserfahrung als Ausschlusskriterium bei Stellenausschreibungen und der sich daran anschließenden Diskussion um unbezahlte Arbeit oder Praktika zur Qualifizierung.[49] Diese Diskussion mündete in der Frage nach der Qualität der vorhandenen Studienprogramme und in Kritik an ihrer (stetig steigenden) Zahl.[50] Auch in Deutschland werden nach wie vor neue Public History-Studiengänge eingerichtet, die Diskussion um die Employability verläuft jedoch etwas anders als in den USA. So sehen Praxisvertreterinnen und -vertreter einen Masterabschluss in Public History als gutes Fundament für den Berufseinstieg, betonen jedoch nach wie vor die Bedeutung klassischer Einstiegspositionen (z. B. Volontariat, Referendariat).[51] Praxisbezüge im Studium sind damit ein Medium für mehr Employability, mildern die Herausforderung des Übergangs in den Beruf aber allenfalls ab.

Im Folgenden werden zwei Instrumente vorgestellt, die Anknüpfungspunkte für die Studiengangsgestaltung in Deutschland bieten, nämlich Praktika und Projektlehre. Als erstes typisches Instrument zur Umsetzung von Praxisbezug im Studium der Public History lässt sich zunächst das außeruniversitäre Praktikum identifizieren, welches, nach den Best Practice-Richtlinien des NCPH, beispielsweise ein klares Bildungsziel, eine Praktikumsvereinbarung, Reflexionsphasen sowie die Begleitung durch Lehrende umfassen sollte.[52] In dieser oder ähnlicher Form ist es fester Bestandteil US-amerikanischer Public History-Programme,[53] und auch deutsche Public History-Studiengänge integrieren Pflichtpraktika in das Curriculum.[54] Damit unterscheiden

---

48 Vgl. Robert Kelley: On the Teaching of Public History, in: The Public Historian 9/3 (1987), S. 38–46.

49 Vgl. Matthew Exline: Looking for a job in public history: an outsider's perspective, in: History@Work. The NCPH-Blog, 04.07.2013, URL: https://ncph.org/history-at-work/looking-for-a-job-in-public-history-an-outsiders-perspective/ (zuletzt aufgerufen am 26.03.2020); Unpaid internships: A foot in the door or a step backward?, in: History@Work. The NCPH-Blog, 19.08.2013, URL: https://ncph.org/history-at-work/unpaid-internship-roundtable/ (zuletzt aufgerufen am 26.03.2020).

50 Vgl. Robert Weyneth: A Perfect Storm? Part 1–4, in: History@Work. The NCPH-Blog, 06.09.2013, https://ncph.org/history-at-work/a-perfect-storm-part-1/ (Teil 1, dort Verlinkung zu den weiteren Teilen des Beitrags, zuletzt aufgerufen am 26.03.2020).

51 Vgl. Tagungsbericht: Public History in der Lehre, 02.12.2019–03.12.2019 Bochum, in: H-Soz-Kult, 12.03.2020, URL: www.hsozkult.de/conferencereport/id/tagungsberichte-8686 (zuletzt aufgerufen am 26.03.2020).

52 Vgl. auch die Best-Practice-Richtlinien der NCPH, https://ncph.org/wp-content/uploads/2010/08/Internship-Best-Practice.pdf (zuletzt aufgerufen am 26.03.2020).

53 Vgl. Noel J. Stowe: Developing a Public History Curriculum beyond the 1980s: Challenges and Foresight, in: The Public Historian 9/3 (1987), S. 20–37, hier S. 32–33; Cauvin: Public History (wie Anm. 43), S. 211–213.

54 Z. B. in Bochum, https://www.ruhr-uni-bochum.de/public-history/bochum/praktikum.html.de (zuletzt aufgerufen am 26.03.2020) und Berlin.https://www.geschkult.fu-berlin.de/e/phm/

sie sich jedoch nicht zwangsläufig von anderen Studiengängen der Geschichtswissenschaft, die mehrheitlich die Anrechnung von Pflichtpraktika oder zumindest freiwilligen Praktika ermöglichen.[55] Denn bereits seit Beginn der 1990er Jahre gab es an deutschen Universitäten Initiativen, mit denen Praktika, verstanden als berufspraktische Phasen bei Arbeitgebern außerhalb der Universität, an geschichtswissenschaftliche Studiengänge angebunden wurden, so etwa an den Standorten Bochum, Essen und Aachen.[56] In diesem Zusammenhang verwiesen die Verantwortlichen auf die außeruniversitäre Berufstätigkeit vieler Absolventinnen und Absolventen und besonders Geschichtskultur als Berufsfeld, sodass deutliche Parallelen zur Ausgangsidee der US-amerikanischen Public History erkennbar werden.

Durchaus aktuell bleibt dabei die 1997 von Dorothea Bessen und Heinrich Theodor Grütter formulierte Kritik, im Fach bestehe „die irrationale Befürchtung, durch die Integration von praxisbezogenen Elementen den wissenschaftlichen Anspruch des Studiums zu gefährden", die Bessen und Grütter unter anderem mit der weit verbreiteten Praxisferne unter den Hochschullehrenden begründen.[57] Solche Haltungen erschweren eine produktive Auseinandersetzung mit dem Begriff Employability ebenso wie die Umsetzung sinnvoller Praxisbezüge in der Lehre. Konsequenterweise wurde für das Fach Geschichte noch 2016 Nachholbedarf bei der Anbindung von Praktika an die Studiengänge diagnostiziert.[58] Lohnende Anknüpfungspunkte hierfür kann die Diskussion über Qualität und angemessene Begleitung von Praktika, wie sie im Rahmen der Employability-Debatte geführt wird, liefern.[59] Sollen Praktika lediglich der Berufsorientierung dienen oder einen konkreten Transfer von Studieninhalten in die Praxis ermöglichen?[60] Wie sollen sie vor- und nachbereitet werden, z. B. durch Informationsveranstaltungen, begleitende Übungen, Praktikumsberichte oder Reflexionen, und welche Rolle spielen dabei die Lehrenden? Gibt es konkrete Absprachen zwischen den Universitäten und den Praktikumsgebern, oder müssen Praktikums-

---

studium/Studienaufbau/index.html#faq_Modul-5-_Praxisfelder-der-Geschichte (zuletzt aufgerufen am 26.03.2020).

55 Vgl. MENNE: Berufliche Orientierung (wie Anm. 28), S. 29; Martin LÜCKE, Irmgard ZÜNDORF: Einführung in die Public History, Göttingen 2018, S. 163f.

56 Vgl. Heinrich Theodor GRÜTTER: Historisches Praktikum. Ein Modellversuch, in: Jahrbuch für Geschichtsdidaktik 3 (1992), S. 251–257; Dorothea BESSEN, Heinrich Theodor GRÜTTER: Das Historische Praktikum, in: Wolfgang SCHMALE (Hg.): Studienreform Geschichte – kreativ, Bochum 1997, S. 337–349; Jeanette DROSSARD: Fit for Life. Das Berufsorientierende Praktikum für Geisteswissenschaftlerinnen und Geisteswissenschaftler an der RWTH Aachen, in: Handbuch Hochschullehre (1994), Beitrag C 2.2.

57 BESSEN/GRÜTTER: Praktikum (wie Anm. 56), S. 339.

58 Vgl. MENNE: Berufliche Orientierung (wie Anm. 28), S. 29–30.

59 Vgl. Andrea KOPP, Andreas SEIDEL, Wilfried SCHUBARTH, u. a.: Praxisbezüge stärken! – Empfehlungen zur Professionalisierung von Praxisphasen, in: Winfried SCHUBARTH, Karsten SPECK, Andreas SEIDEL, u. a. (Hgg.): Studium nach Bologna: Praxisbezüge stärken?! Praktika als Brücke zwischen Hochschule und Arbeitsmarkt, Wiesbaden 2012, S. 299–314, hier S. 304–309; SCHUBARTH/SPECK: Employability (wie Anm. 17), S. 78–84.

60 Konkrete Handlungsvorschläge hierfür liefert z. B. EIMER/KNAUER/KREMER: Employability (wie Anm. 16), S. 84–97.

plätze von den Studierenden eigenverantwortlich organisiert werden? Diese und andere Fragen müssen bei der Integration in Studienprogramme berücksichtigt werden.

Die Erfahrungen aus Münster zeigen, dass durchaus einzelne Studierende Praktika als Möglichkeit für Auslandsaufenthalte oder den Aufenthalt in einer weiter entfernten Großstadt nutzen. Der weitaus größte Teil der Praktika wird aber in Münster selbst oder im näheren Umfeld absolviert, sodass hier ein höheres Interesse an Praktikumsplätzen besteht. Ausschlaggebend hierfür ist auch die Vereinbarkeit von Studium, Praktikum, Nebenjobs und familiären Verpflichtungen, die im regionalen Rahmen besser umgesetzt werden kann. Gerade die Landesgeschichte mit ihrer Vernetzung im Nahraum kann dazu beitragen, Netzwerke mit potenziellen Arbeitgebern aufzubauen und zu pflegen, über ihre Erwartungen an Absolventinnen und Absolventen ins Gespräch zu kommen und auch Praktikums- und Stellenangebote zu kommunizieren.

Ein zweites zentrales Instrument zur Umsetzung von Praxisbezügen sind (Lehr-) Projekte, die bereits seit den 1990er Jahren durch Studienreforminitiativen in der Geschichtswissenschaft etabliert wurden.[61] Zu nennen sind hier besonders die „Berufswerkstatt Geschichte" (heute „Geschichte als Beruf") der Universität Bielefeld sowie das Projekt „Historiker in der Praxis" an der Universität Kiel.[62] In beiden Initiativen stand zunächst das Projektergebnis im Fokus: „Die Intentionen der Berufswerkstatt Geschichte bündelten sich insbesondere in Projektseminaren, bei denen Studierende in Kooperation mit Praktikern zu ‚Ernstfallbedingungen' Produkte für eine universitäre und außeruniversitäre Öffentlichkeit erarbeiten."[63] Auf diese Weise sollten, so die Bielefelder Idee, Studierende ihre Fachkompetenz sinnvoll erproben und gleichzeitig Methoden- und Sozialkompetenz erwerben.[64] Als wesentlichen Vorteil gegenüber dem direkten Einstieg in den Beruf sahen die Initiatoren die Absicherung der Studierenden durch den Seminarkontext, sozusagen einen „Praxisschock auf Raten",[65] dem trotzdem reale Erfahrungen gegenüberstanden.

Weiter vertieft wurde die Diskussion um Projektlehre im Geschichtsstudium in einer Sektion des Historikertages 2004 in Kiel.[66] Der daraus hervorgegangene Sammel-

61 Vgl. zur Projektlehre allgemein Thorsten LOGGE: Universitäre Projekte im Fach Geschichte lehren (= Kleine Reihe Hochschuldidaktik), Schwalbach/Ts. 2017; SENGER/ROBEL/LOGGE: Projektlehre (wie Anm. 14); Simone LÄSSIG, Karl Heinrich POHL (Hgg.): Projekte im Fach Geschichte. Historisches Forschen und Entdecken in Schule und Hochschule, Schwalbach/Ts. 2007; Thomas HILL, Karl Heinrich POHL (Hgg.): Projekte in Schule und Hochschule. Das Beispiel Geschichte, Bielefeld 2002.

62 Vgl. HÄNKE-PORTSCHELLER: Berufswerkstatt (wie Anm. 38); Thomas HILL: Projekte an der Hochschule. Das Beispiel HIP: „Historiker in der Praxis" (mit einem Erfahrungsbericht von Ole HAGEMANN), in: Geschichte in Wissenschaft und Unterricht 57 (2006), S. 237–246.

63 Michaela HÄNKE-PORTSCHELLER: Berufswerkstatt Geschichte. Berufsorientiertes Studium der Geschichte an der Universität Bielefeld, in: Handbuch Hochschullehre (1998), Beitrag GS C 2.3, S. 3.

64 Vgl. HÄNKE-PORTSCHELLER: Berufsorientiertes Studium (wie Anm. 63), S. 3–4 u. 10–11.

65 Ebd., S. 4.

66 Vgl. Simone LÄSSIG, Karl Heinrich POHL: Projekt statt Paukerei? Historisches Lernen im 21. Jahrhundert, in: DIES, Karl Heinrich POHL (Hgg.): Projekte im Fach Geschichte. Histori-

band[67] ordnete das Projekt auch didaktisch ein, als „spezielles Forschungs- und Lernverfahren, [...] das sich zumindest an Kompetenzen orientiert, die über strikt fachbezogene Fähigkeiten herausreichen.“[68] Idealerweise verlassen die Studierenden dabei die Universität zugunsten anderer Lernorte und sammeln Erfahrungen im realen gesellschaftlichen Umfeld.[69] Auch hier lag der Schwerpunkt auf den Ergebnissen: „die öffentliche Präsentation und die Bewährung der Projektergebnisse spielen eine wichtige, ja eigentlich die zentrale Rolle.“[70] Trotz der positiven Bewertung von Projektlehre im Geschichtsstudium wurden auch Herausforderungen thematisiert, etwa die Selbstorganisation aller Beteiligten, bei der in den vorgestellten Projekten „deutliche Abstriche“[71] gemacht worden seien.

Die Brücke zur Public History schlug zuletzt ein aus einer Oldenburger Tagung hervorgegangener Sammelband, der besonders die Entwicklung der Projektlehre und ihre Einsatzmöglichkeiten in den Blick nahm.[72] Praxisbezüge im Geschichtsstudium, Projektlehre und Public History stehen also in enger Verbindung miteinander.[73] Aus der Perspektive der Public History wird als zentral angesehen, dass Studierende die Möglichkeit erhalten, den theoretisch reflektierten Zusammenhang von Geschichte und Öffentlichkeit auch selbst in der Praxis zu erproben.[74] Neben den bereits genannten Eigenschaften Produkt-, Wirklichkeits- und Handlungsorientierung hob Thorsten Logge die Lernendenzentrierung als wichtiges Element der Projektlehre hervor.[75] Nimmt man diese Forderung ernst, müssen Studierende bereits in der Ideenfindung und Konzeption Teil von Projekten sein. Die große Offenheit solcher Lehrprojekte kann die Studierenden einerseits zu kreativen Höchstleistungen herausfordern und Projekte sehr bereichern, andererseits kann sie Studierende auch überfordern. Individuelle Wege sind hier ebenso gefragt wie in Situationen, in denen Projekte zu scheitern drohen.[76] Die Forderung nach individuellen und neuen Wegen in der Projektlehre bleibt – verstärkt durch die aktuelle „Coronakrise“ – mehr denn je relevant und könnte einen weiteren Schub für die Entwicklung digitaler Lehrprojekte bedeuten.[77]

---

sches Forschen und Entdecken in Schule und Hochschule, Schwalbach/Ts. 2007, S. 5–17, hier S. 6.

67 Lässig/Pohl: Projekte (wie Anm. 61).

68 Lässig/Pohl: Projekt statt Paukerei (wie Anm. 66), S. 7.

69 Vgl. ebd., S. 8f.

70 Ebd., S. 9.

71 Ebd., S. 13.

72 Senger/Robel/Logge: Projektlehre (wie Anm. 14).

73 Vgl. Marita Krauss: „Public History“ – Geschichtsstudium und Praxisbezug. Ein Erfahrungsbericht, in: Geschichte in Wissenschaft und Unterricht 53 (2006), S. 498–509.

74 Vgl. Cauvin: Public History (wie Anm. 43), S. 211.

75 Vgl. Logge: Universitäre Projekte (wie Anm. 61), S. 5–7.

76 Vgl. ebd., S. 34–36.

77 Vgl. Julia Bruch, Ursula Giessmann: Digitale Lehre in der Geschichtswissenschaft (Kleine Reihe Hochschuldidaktik Geschichte), Schwalbach/Ts. 2017, S. 42–49.

Bereits die Pionierinitiativen in Kiel und Bielefeld orientierten sich, wohl eher aus pragmatischen Gründen, bevorzugt am Nahraum, um ihre Projekte zu realisieren.[78] Doch auch in der Landesgeschichte besitzt Projektlehre eine längere Tradition, wie zuletzt für die Arbeit von Sönke Lorenz in Tübingen nachdrücklich hervorgehoben wurde.[79] Oliver Auge sieht landeshistorische Lehrprojekte in der Konsequenz als ein besonders geeignetes Mittel an, um Studierende an die Teildisziplin der Landesgeschichte heranzuführen und langfristig dafür zu begeistern.[80] Neben Kiel können noch mindestens Augsburg, Eichstätt-Ingolstadt und Münster als Standorte mit dezidiert landeshistorischer Projektlehre genannt werden.[81] Die universitäre Landesgeschichte ist hier in der komfortablen Lage, ihr Netzwerk gewinnbringend für die Umsetzung von Lehrprojekten einsetzen zu können.

Fazit

Der Blick auf Praktika und Projektlehre hat verdeutlicht, dass diese Instrumente für mehr Praxisbezug nicht nur in der Public History, sondern auch in der Geschichtswissenschaft im Allgemeinen und in der Landesgeschichte im Speziellen eingesetzt werden. Es bleibt zu fragen, ob eine spezifisch landeshistorische Public History Vorteile bieten könnte. Für Public History-Studiengänge wird die Existenz einer guten lokalen Vernetzung mit Institutionen vor Ort stets als besonders bedeutsam hervorgehoben:[82] „Because of project-oriented courses and internship policies, teaching public history often means focusing on local history and local networks and fostering on-campus activities for students."[83] Die thematische Nähe von Public History und Lokalgeschichte (Local History) in den USA führte bereits in der 1980er Jahren zu Auseinandersetzungen,[84] aber auch zur Betonung der Gemeinsamkeiten beider Bereiche,

78 Vgl. die Nennung der Projektpartner bei HILL: Projekte (wie Anm. 62), S. 240–241, sowie die Auflistung der seit 2000 realisierten Ausstellungsprojekte im Bereich „Geschichte als Beruf" in Bielefeld, https://www.uni-bielefeld.de/geschichte/studium/gb/ausstellungen.html (zuletzt aufgerufen am 26.03.2020).

79 Vgl. Oliver AUGE: Studium und Öffentlichkeit. Projektarbeit in der Landesgeschichte, in: Sigrid HIRBODIAN, Christian JÖRG, Sabine KLAPP (Hgg.): Methoden und Wege der Landesgeschichte (Landesgeschichte, Bd. 1), Ostfildern 2015, S. 51–64.

80 Vgl. AUGE: Studium (wie Anm. 79), S. 53.

81 Vgl. AUGE: Studium (wie Anm. 79); BÜSCHENFELD/KRULL: Geschichtsstudium (wie Anm. 14); KRAUSS: Public History (wie Anm. 73); KRULL: Der Erste Weltkrieg (wie Anm. 14); Netzwerk „Projektlehre in der Region", hg. von der Katholische Universität Eichstätt-Ingolstadt, URL: https://www.ku.de/ggf/geschichte/landesgeschichte/lehre/netzwerk-projektlehre-in-der-region/ (zuletzt aufgerufen am 26.03.2020).

82 CAUVIN: Public History (wie Anm. 43), S. 208.

83 NOIRET/CAUVIN: Internationalizing Public History (wie Anm. 46), S. 35.

84 Vgl. RAUTHE: Public History (wie Anm. 4), S. 136–137.

etwa im exemplarischen Arbeiten im lokalen Umfeld oder zur Kooperation mit außeruniversitären Einrichtungen.[85]

Speziell im Netzwerk liegt auch die Stärke der Landesgeschichte für die Umsetzung von Praxisbezügen: Archive, Museen, Kommissionen und Vereine haben nun einmal häufig einen lokalen oder regionalen Arbeitsschwerpunkt, der inhaltlich zunächst von der Landesgeschichte bedient wird. Dadurch ist die universitäre Landesgeschichte Ansprechpartner für Fachfragen – etwa für Ortsjubiläen –, Vortragsanfragen, Publikationen für die Öffentlichkeit und Projekte und in der Regel in der Region besser eingebunden als die Geschichtswissenschaft als Ganzes. Zurecht beruft sich die Landesgeschichte daher darauf, durch ihre Vernetzung und ihren regionalen Bezug in hohem Maße die dringend notwendige berufliche Orientierung von Studierenden fördern zu können.[86] Das landesgeschichtliche Netzwerk ist umgekehrt besonders geeignet, um zur Konzeption und Umsetzung von Public History-Projekten noch stärker nutzbar gemacht zu werden als bisher.

Diese Stärken können auch in geschichtswissenschaftlichen Studiengängen Berücksichtigung finden und sind keineswegs auf Public History-Programme zu beschränken.[87] Eine landeshistorische Public History leistet somit einen zentralen Beitrag zur Integration von Praxisbezügen in geschichtswissenschaftliche Studiengänge und trägt damit langfristig zur Employability von Absolventinnen und Absolventen bei.

---

85 Vgl. Marty A. Myron: The Place of Local History in the Training of Public Historians, in: The Public Historian 5/4 (1983), S. 77–87; Raymond Starr: The Role of the Local History Course in a Public History Curriculum, in: The Public Historian 9/3 (1987), S. 80–95.

86 So im Rahmen des Workshops „Landesgeschichte im Masterstudium" der AG Landesgeschichte (20.02.2015), vgl. Lena Krull: Kleinräumige Spezialisierung und transnationaler Vergleich – Landesgeschichte im Masterstudium, in: beruf:geschichte. Blog zur Praxis- und Berufsorientierung für Historikerinnen und Historiker, URL: https://beruf.hypotheses.org/171 (zuletzt aufgerufen am 26.03.2020).

87 Zur Diskussion hierzu in der Public History vgl. Thomas Cauvin: Why We Should all Become Public Historians, in: Public History Weekly 4/42 (2016), URL: https://public-history-weekly.degruyter.com/4-2016-42/why-we-should-all-become-public-historians/ (zuletzt aufgerufen am 26.03.2020); Joanna Wojdon: Do We Need Public History Study Programs?, in: Public History Weekly 4/33 (2016), URL: https://public-history-weekly.degruyter.com/4-2016-33/do-we-need-public-history-study-programs/ (zuletzt aufgerufen am 26.03.2020).

Zwischen Quelle, Bildungsmedium und Histotainment – Film in der Landesgeschichte

Markus Köster

Einführung

Film ist längst ein zentrales Medium der Vermittlung von Geschichte. Stärker als Museen, der Schulunterricht und allemal als wissenschaftliche Publikationen prägen Spielfilme und Dokumentationen in Kino, Fernsehen und Internet Geschichtsbilder, Faktenwissen und Geschichtsbewusstsein der breiten Öffentlichkeit.[1] Unter landeshistorischer Perspektive sind die Rolle und das Potenzial bewegter Bilder aber bislang kaum untersucht und beschrieben worden.[2]

Der folgende Beitrag möchte ausgehend von der landeskundlichen Medienproduktion des LWL-Medienzentrums für Westfalen die generellen Herausforderungen medialer Vermittlung regionaler Geschichte und insbesondere das Spannungsfeld zwischen wissenschaftlichem Anspruch und außerwissenschaftlichen Rahmenbedingungen solcher Art von Public History skizzieren.[3]

Nach kurzen allgemeinen Überlegungen zum Verhältnis von Film und Geschichte und den Spezifika von Film als Quelle und Medium der Geschichtserzählung wird der zweite Teil des Aufsatzes beispielhafte Einblicke in das Spektrum von Filmproduktionen geben, die seit den 1910er Jahren die Geschichte Westfalens darzustellen versuchten – und damit auch in die diesbezügliche Rolle und Zielsetzung der früheren Landesbildstelle Westfalen. Im dritten Teil werden dann einige aktuelle Ansätze zur Darstellung von Themen westfälischer Landesgeschichte vorgestellt. Den Abschluss bildet ein Fazit, das versucht, wissenschaftlichen Anspruch und außerwissenschaftliche Eigenlogiken einer auf eine breite Öffentlichkeit zielenden landeskundlichen Medienproduktion in einen Dialog zu bringen und damit Chancen und Grenzen des Mediums Film für die Vermittlung von Landesgeschichte zu benennen.

---

1 Vgl. dazu zusammenfassend Bernd KLEINHANS: Filme im Geschichtsunterricht. Formate, Methoden, Ziele, St. Ingbert 2016, S. 8–10.

2 Als erste Ansätze vgl. Peter STETTNER: Schatzsucher und Fensterputzer. Regionalgeschichtliche Filmdokumente am Beispiel Hannovers, in: DERS., Wilfried KÖPKE (Hgg.): Non-fiktionale historische Bewegtbilder in Wissenschaft und Medienpraxis, Köln 2018, S. 45–59; sowie jüngst Beate SCHLANSTEIN: NRW-Geschichte(n) im Fernsehen des WDR, in: Geschichte im Westen 34 (2019), S. 29–48; und Ralf SPRINGER: Burgen, Denkmäler, Lichtgestalten. Der Einsatz von Geschichte in filmischen Stadt- und Landschaftsporträts aus Westfalen in den 1920er bis 1950er Jahren, in: Westfälische Forschungen 69 (2019), S. 221–240.

3 Zum Konzept der Public History und seiner Übertragung auf die Regionalgeschichte vgl. jetzt Katrin MINNER: Public History als Pluralisierung regionaler Geschichte, in: Westfälische Forschungen 69 (2019), S. 1–27.

Film und Geschichte – Ein „Verhältnis voller Missverständnisse"?

Seit mehr als 100 Jahren spiegelt Film unser Leben, unsere Welt, unsere Zeit, unsere Geschichte. Wie Fotografien prägen, ja konstituieren Filme unsere Vorstellungen von historischen Räumen, Ereignissen, Personen und sozialen Verhältnissen, sie formen gleichsam das visuelle Gedächtnis der Menschheit. Und sie sind – nach Frank Bösch – „zentrale Instanzen bei der rückwirkenden historischen Vermessung des 20. Jahrhunderts."[4]

Angesichts der Relevanz von bewegten Bildern für unsere historische Erinnerung überrascht, dass die Geschichtswissenschaft sich lange wenig mit ihnen beschäftigt hat, sie zum Teil sogar bis heute kritisch beäugt. Die Gründe für die Skepsis der Historikerzunft gegenüber dem Medium Film liegen offenbar in ganz grundsätzlichen Differenzen zwischen beiden begründet. Günther Riederer sprach 2006 von einem „methodisch unklare[n] Verhältnis voller Missverständnisse"[5] und benannte als Gründe dafür vor allem drei Punkte: Erstens sei die Beschäftigung mit Bildern traditionell eine Domäne der Kunstgeschichte, während Clio sich primär als Schriftwissenschaft verstehe. Zweitens seien Filmbilder emotional, flüchtig und komplex – immerhin besteht ein einziger Spielfilm in Kinolänge aus rund 130.000 Einzelbildern. Das sei mit den primär an Kausalität orientierten Analyseinstrumentarien der Geschichtswissenschaft kaum zu fassen. Vor allem aber stehen nach Riederer die Geschichtswissenschaft und der Film in einer gewissen Rivalität zueinander; sie konkurrieren um die Hoheit in der Deutung von Geschichte. Beide – so Riederer – „organisieren den Diskurs über die Vergangenheit und reklamieren für sich, Experte für die kollektive Erinnerung zu sein."[6] Das führt in der Geschichtswissenschaft immer wieder zu Abwehrreflexen. Auf dem Historikertag von 2006 fiel mit Blick auf die Fernsehserien der ZDF-History-Redaktion sogar das böse Wort von der „Geschichtspornographie".[7]

Seit rund 15 Jahren zeigt sich allerdings eine zunehmende Öffnung der Geschichtswissenschaft gegenüber Film und generell gegenüber visuellen Quellen. Das gewachsene Interesse verbindet sich mit einem Begriff, den in Deutschland vor allem der Flensburger Geschichtsdidaktiker Gerhard Paul popularisiert hat: dem der „Visual History", also der visuellen Geschichte.[8] Paul versteht darunter sehr bewusst ein breites Spektrum von Methoden, visuellen Praktiken und Quellen: von Fotografien über Plakate und Filme bis zu Plattencovern, Briefmarken, Landkarten und Piktogrammen.

---

4 Frank BÖSCH: Medienumbrüche und politische Zäsuren im 20. Jahrhundert, in: Martin SABROW, Peter-Ulrich WEISS (Hgg.): Das 20. Jahrhundert vermessen. Signaturen eines vergangenen Zeitalters, Bonn 2017, S. 179–198, hier S. 181.

5 Günter RIEDERER: Film und Geschichtswissenschaft. Zum aktuellen Verhältnis einer schwierigen Beziehung, in: Gerhard PAUL (Hg.): Visual History. Ein Studienbuch, Göttingen 2006, S. 96–113, hier S. 98.

6 Ebd. S. 101. Vgl. dazu KLEINHANS: Filme (wie Anm. 1), S. 13–16.

7 Vgl. Sven Felix KELLERHOFF: Zu viel Geschichtspornographie im Fernsehen, in: Die Welt, 22.09.2006; URL: www.welt.de/kultur/article154735/Zu-viel-Geschichtspornografie-im-Fernsehen.html (zuletzt aufgerufen am 30.12.2019).

8 Vgl. grundlegend PAUL: Visual History (wie Anm. 5).

Er definiert den Begriff wie folgt: „In Erweiterung der Historischen Bildforschung markiert Visual History ein [...] Forschungsfeld, das Bilder in einem weiten Sinne sowohl als Quellen als auch als eigenständige Gegenstände der historiografischen Forschung betrachtet und sich gleichermaßen mit der Visualität von Geschichte wie mit der Historizität des Visuellen befasst. Ihren Exponenten geht es darum, Bilder über ihre zeichenhafte Abbildhaftigkeit hinaus als Medien und Aktiva mit einer eigenständigen Ästhetik zu begreifen, die Sehweisen konditionieren, Wahrnehmungsmuster prägen, Deutungsweisen transportieren, die ästhetische Beziehung historischer Subjekte zu ihrer sozialen und politischen Wirklichkeit organisieren und in der Lage sind, eigene Realitäten zu generieren. Visual History in diesem Sinne ist damit mehr als eine additive Erweiterung des Quellenkanons der Geschichtswissenschaft oder die Geschichte der visuellen Medien; sie thematisiert das ganze Feld der visuellen Praxis sowie der Visualität von Erfahrung und Geschichte.“[9] Wichtig ist nach Paul außerdem, dass visuelle Quellen „nicht nur Repräsentationen oder gar Spiegel von etwas Geschehenem sind und Geschichte nicht nur passivisch widerspiegeln, sondern selbst mitprägen, zum Teil erst generieren.“[10]

Visuelle Überlieferungen machen also gleichsam Geschichte. Sie formen Wahrnehmungen, verändern Erinnerungen, beeinflussen den Blick auf die Vergangenheit, auch in der Landesgeschichte. Sie sind dabei selbstverständlich nie einfach „Abbildungen“ von Realität, sondern transportieren immer eine Deutungsabsicht, sind Instrumente sozialer Selbstvergewisserung und Identitätsstiftung. Das gilt nicht zuletzt für die visuellen Darstellungen von Orten, Landschaften, Regionen und deren Bewohnern. Auch sie haben bestimmte Deutungsintentionen, folgen festen Bildprogrammen, sozusagen visuellen Mustern in den Köpfen, und kreieren diese auch.

Dieser Befund trifft sich mit einem zweiten Trend der Geschichtswissenschaft, der im vergangenen Jahrzehnt unter dem Schlagwort des ‚Spatial Turn‘, also der räumlichen Wende, Eingang in die Forschung gefunden hat.[11] Angesichts der damit verbundenen Erkenntnis, dass Räume – oder besser Raumvorstellungen – per se aus Selbst- und Fremdwahrnehmungen konstruiert, also kulturell vermittelt sind, gewinnt die Beschäftigung mit Filmen als Manifestationen dieser ‚Mental Maps‘ zusätzlich an Forschungsrelevanz. Denn Filme sind in mehrfacher Hinsicht raumbezogene Medien: Sie entstehen in Räumen und sie zeigen Räume bzw. stellen sie dar. Entsprechend können wir uns unter einem räumlichen, lokalen oder regionalen Fokus mit ihnen beschäftigen. Beispielsweise kann es durchaus lohnend sein, in kultur- oder wirtschaftshistorischer Perspektive die Geschichte der Filmproduktion oder Kinoentwicklung in Niedersachsen oder Westfalen zu untersuchen.[12] In diesem Beitrag steht aber

9 Gerhard PAUL: Visual History, Version 3.0, URL: http://docupedia.de/images/c/c2/Visual_History_Version_2.0_Gerhard_Paul.pdf, S. 1f. (zuletzt aufgerufen am 31.12.2019).

10 Ebd., S. 9.

11 Riccardo BAVAJ: Was bringt der „spatial turn“ der Regionalgeschichte? Ein Beitrag zur Methodendiskussion, in: Westfälische Forschungen 56 (2006), S. 457–484.

12 Vgl. dazu z. B. die Ansätze von Karl DITT: Zweite Industrialisierung und Konsum. Energieversorgung, Haushaltstechnik und Massenkultur am Beispiel nordenglischer und westfälischer

eine andere Fragestellung im Zentrum, die spezifische Darstellung der Region Westfalen im Film, und zwar sowohl hinsichtlich ihres Zeugnischarakters für die Realgeschichte als auch als Quelle der sozialen Konstruktion von Räumen.

Anfänge und Entwicklung des landesgeschichtlichen Films in Westfalen

Die Geschichte des landeshistorischen Films reicht in Westfalen immerhin schon gut einhundert Jahre zurück. Am Anfang standen sogenannte Historienfilme, also Spielfilme, die ihre Handlung in einer fernen oder nahen Vergangenheit ansiedeln. Der vielleicht älteste dieser Filme stammt aus dem Herbst 1918. In jenen turbulenten Monaten der Endphase des Ersten Weltkriegs drehte die drei Jahre zuvor als staatsnahes Propagandaunternehmen gegründete Deutsche Lichtbild-Gesellschaft (DLG) in Münster und dem Münsterland unter der Regie von Hans Werckmeister den Film „Der Friedensreiter",[13] der die Zuschauer in die Endphase eines anderen, des Dreißigjährigen Krieges entführte und den Ritt des niederländischen Gesandten Adrian Pauw zu den Friedensverhandlungen nach Münster beschrieb. [Abb. 1] Der Streifen ist eine heute gewöhnungsbedürftige Mischung aus Kriegsepos, Agententhriller und Sagenfilm mit eindeutig antifranzösischer Tendenz; die französische Agentin wird zum Schluss vom westfälischen ‚Friedensreiter' gerichtet, einer schemenhaften Sagengestalt, die an entscheidenden Stellen immer wieder in die Handlung eingreift.

Abb. 1: „Der Friedensreiter" – Filmplakat (1919)
Bild: Stadtmuseum Münster

Städte 1880–1939, Paderborn 2011, der darin u. a. die Kinoentwicklung und -rezeption in Dortmund und Münster vergleicht.

13 Vgl. Volker Jakob: Gesucht: „Der Friedensreiter", in: Westfalenspiegel 2 (1998), S. 30–31. Erst 2018 gelang es dem Stadtmuseum Münster, eine Kopie des jahrzehntelang verschollenen Films wiederaufzufinden.

Fünf Jahre nach diesem Streifen kam „Die Hermannschlacht" auf die Leinwand. Entstanden u. a. in einem aufgelassenen Steinbruch bei Detmold und damit nach zeitgenössischer Interpretation nahe des Originalschauplatzes der Schlacht, thematisierte der erste und einzige Film von Theater-Regisseur Leo König einen deutschen und auch westfälischen Gründungsmythos, den Sieg des Cheruskerfürsten Arminius alias Hermann über die Legionen des Varus im Jahr 9 n. Chr. Der Streifen, damals als großartiges Epos gefeiert, heute wegen seines bemühten Pathos unfreiwillig komisch wirkend, verklärte Hermann zum Befreier Germaniens und zum Gründervater der deutschen Nation. Ziemlich plakativ vermittelte der Film den Zeitgenossen – wenn er von „Söldnerheeren" und „gallischem Hass" sprach – auch eine tagesaktuelle politische Botschaft, die sich eindeutig gegen die Franzosen richtete, die 1923 das Ruhrgebiet besetzt hielten. Gerade wegen dieser Bezüge zur damaligen Gegenwart ist der Streifen, ungeachtet seiner dramaturgischen Schwächen, heute nicht nur ein Stück Filmgeschichte, sondern auch ein bemerkenswertes Zeugnis für die Irrungen und Wirrungen nationaler und westfälischer Identitätssuche im 20. Jahrhundert.[14]

Die 1920er Jahren waren in Deutschland übrigens nicht nur die große Zeit des Spielfilms. Nahezu gleichberechtigt fand neben ihnen der sogenannte Kulturfilm seinen Platz in den Kinos. Kulturfilme waren populärwissenschaftliche Dokumentationen von meist etwa zehn bis 15 Minuten Länge, die als Vorprogramm zum Hauptfilm in den Kinos liefen. Das konnten Tier- und Naturporträts sein, aber ebenso Kunst- oder Reisefilme.[15] Geschichte oder gar Landesgeschichte spielte in diesen Produktionen allerdings kaum eine Rolle, was zunächst daran lag, dass es sich um diese Zeit noch durchweg um Stummfilme handelte, denn der Tonfilm trat erst am Ende der 1920er Jahre seinen Siegeszug an. Bis dahin fehlte die Möglichkeit, den aktuell gedrehten Bildern mithilfe eines Kommentars eine historische Ebene zu unterlegen; die Vergangenheit ließ sich höchstens mittels historischer Abbildungen oder Texttafeln visualisieren.

Nach Erfindung des Tonfilms wagten sich der Kultur- und speziell der Landschaftsfilm stärker an das Thema Geschichte heran. Exemplarisch lässt sich das an einem Kulturfilm aus Westfalen zeigen, der 1957 unter dem Titel „Westfalenlied" in die Kinos kam.[16] Der im 35 mm-Kinoformat gedrehte Streifen wurde trotz seines dokumentarischen Charakters mit einigem Recht als „Heimatfilm der roten Erde" beworben, schließlich wollte er die Schönheiten und Besonderheiten Westfalens für ein breites Publikum ins rechte Licht rücken. Dazu gliederten Regisseur und Produzent Karl-Heinz Kramer und sein Drehbuchautor Dr. Stephan Selhorst ihr 85-minütiges Land-

---

14 Vgl. Volker JAKOB: Die Hermannschlacht. Ein Stummfilm in fünf Akten aus dem Jahr 1924. Begleitheft zur DVD, hg. vom LWL-Medienzentrum für Westfalen, Münster 2009.

15 Vgl. Klaus KREIMEIER: Ein deutsches Paradigma. Die Kulturabteilung der Ufa, in: DERS., Antje EHMANN, Jeanpaul GOERGEN (Hgg.): Weimarer Republik. 1918–1933 (Geschichte des dokumentarischen Films in Deutschland, Bd. 2), Ditzingen 2005, S. 67–86.

16 Vgl. Westfalenlied. Ein Heimatfilm vom Land der roten Erde von 1957. DVD mit Begleitheft, hg. vom LWL-Medienzentrum für Westfalen, Münster 2015; außerdem Markus KÖSTER, „Ihr mögt den Rhein, den stolzen preisen". Westfalenbilder in zwei Kulturfilmen aus den Jahren 1929 und 1957. in: Westfälische Zeitschrift 163 (2013), S. 139–156.

schaftsporträt in sechs thematische Kapitel, denen sie kurze einprägsame Titel gaben: „Stilles Land“ mit einem Überblick über Natur und Landschaft, „Altes Land“ zu Geschichte und Baudenkmälern; „Westfalenfleiß“, das die Region als „Land der Arbeit“ beschreibt; „Westfalenglauben“, das ihre christliche Prägung herausstellt und „Westfalengeist“, das Persönlichkeiten und Kulturzeugnisse vorstellt. Der Schlussteil „Heimatland“ spannte dann einen Bogen vom Brauchtum über westfälische Gastronomie bis zum Tourismus. Der Filmtitel „Westfalenlied“ bezog sich auf die eingängige Melodie, die gleich im Vorspann auf den Grundtenor des Films einstimmte. Das 1869 von Emil Rittershaus gedichtete Lied galt seit der Kaiserzeit als inoffizielle Westfalen-Hymne.[17]

Der Landesgeschichte widmeten Kramer und Selhorst ein eigenes, insgesamt 18-minütiges Kapitel. Unter dem Titel „Altes Land“ beschwor es zunächst das laut Autor Stephan Selhorst „allen Westfalen eigene Geschichtsbewusstsein, die Quelle des alten ‚Sachsenstolzes“,[18] und spannte dann den Bogen von den „ersten Westfalen“ der Steinzeit, die ihre Zuflucht in Tropfsteinhöhlen gefunden hätten, bis in die Gegenwart. Als Ahnherren der Westfalen wurden – nicht überraschend – Hermann, der „auf der freien Erde des Westfalenlandes“ Rom geschlagen habe, und noch pointierter „Sachsenherzog Wittekind“ bemüht.[19] Mit dessen Bekehrung zum Christentum und Unterwerfung unter Karl den Großen sei „eine neue deutsche Geschichtszeit auf westfälischem Boden“ angebrochen. Entsprechend beschrieb der Filmkommentar das mutmaßliche Grab Widukinds im ostwestfälischen Enger als „Pilgerziel aller, denen Westfalens Geschichte etwas bedeutet.“ Auf diese Weise verklärte der Film die Ereignisse um den fränkischen Kaiser Karl und den sächsischen Herzog Widukind ganz in der Tradition stammesgeschichtlicher westfälischer Mythenbildung seit dem Mittelalter zu einer „Heils- und Erlösungsgeschichte“, die dem Stamm der Westfalen die letzte Weihe gegeben und seine besondere Stellung bestätigt habe.[20] Gleichzeitig schürte das Filmkapitel über die Einblendung ‚typisch westfälischer‘ Köpfe die Vorstellung rassischer Kontinuitäten zwischen den alten Sachsen und den heutigen Bewohnern Westfalens. Im Anschluss folgte eine Tour d’Horizon über Döme, Klöster, Burgen, Wasserburgen und Stadttürme, die allesamt als ruhmreiche Zeugen der mittelalterlichen Geschichte Westfalens präsentiert wurden. Auch das bekanntlich im Bundesland Niedersachsen gelegene Osnabrück wurde nicht ausgespart, sondern als „Hauptort Altwestfalens“ präsentiert.

Mit dem kommentierenden Satz „Düstere Schatten der Geschichte nisten manchmal noch in ihren Mauern“ leitete der Film dann zum Thema Hexenverfolgung über, das er mit besonderer Anschaulichkeit ins Bild setzte. Mit einer großen Gruppe von

---

17 Vgl. Karl Ditt: Was ist ‘westfälisch’? Zur Geschichte eines Stereotyps, in: Westfälische Forschungen 52 (2002), S. 45–94, hier S. 68f.

18 Stephan Selhorst: „Westfalenlied“. Ein Filmstreifen umschlingt Westfalenland, in: Westfalenspiegel 11 (1956), S. 10–13, hier S. 11.

19 Dieses und alle folgenden Zitate zum „Westfalenlied“ stammen – sofern nicht anders beschrieben – aus dem Filmkommentar (wie Anm. 16).

20 Ditt: Was ist ‘westfälisch‘? (wie Anm. 17), S. 53, mit Blick auf die Geschichtsschreibung des Mönches Rolevinck im 15. Jahrhundert.

Abb. 2: „Hexenverbrennung" – Spielszene aus dem Kulturfilm „Westfalenlied" (1957)
Bild: Karl-Heinz Kramer/LWL-Medienzentrum

Laienschauspielern der Freilichtbühne Hamm-Heessen ließ Regisseur Kramer die Folterung und Verbrennung einer jungen als Hexe verurteilten Frau aus Lemgo nachspielen. [Abb. 2] Damit bediente er sich eines filmischen Mittels, das heute als Reenactment bezeichnet wird; für einen dokumentarischen Film der 1950er Jahre aber durchaus ungewöhnlich war. Zur Reformation bemerkte der Kommentar, sie habe „unruhige Zeiten" beschert, vor allem durch den „Wahn der Wiedertäufer" in Münster. Die Täufer hätten vergeblich versucht, „die bestehende Ordnung zu stürzen": „Der Wiedertäuferkönig Jan van Leiden musste nach kurzer Schreckensherrschaft endlich die zerschundene Stadt dem Bischof übergeben und wurde dann mit seinen Gesellen hingerichtet. [...] Vor Münsters Rathaus erhob sich das Blutgerüst, in dem schreckliches Gericht über diese Ausschweifung der Geschichte gehalten wurde". Kaum verhohlen wurden hier die biedermeierlichen Normvorstellungen der Ära Adenauer in die frühe Neuzeit projiziert.

Dem Dreißigjährigen Krieg und speziell dem Westfälischen Frieden räumte das „Westfalenlied" nur rund 45 Sekunden ein. Zu Bildern der Friedenssäle in Münster und Osnabrück erläuterte der Kommentar: „Hier [...] siegte Vernunft über dämonische Geschichtskräfte, in denen sich Mittelalter und Neuzeit noch einmal auseinandergesetzt hatten." Breiteren Raum nahm anschließend das Thema Femegerichte ein. Die als Ausdruck des ausgeprägten westfälischen Gerechtigkeitsempfindens beschriebene Feme war dem Film noch einmal eine kleine Spielhandlung wert: Ein Reiter überbringt eine Femeladung, dann werden Schwert und Strick präsentiert, die bei einem Gerichtsverfahren zum Einsatz kamen und schließlich eine Femeeiche gezeigt, die gerade von einer Schulklasse begutachtet wird.

Zwar warf der Film danach noch einen kurzen Blick auf Baudenkmale des Barock, doch im Prinzip schien die westfälische Geschichte im 17. Jahrhundert zu enden. Bemerkenswert ist insbesondere die fast vollständige Ausblendung der jüngsten Geschichte im „Westfalenlied". Selbst die zur Entstehungszeit des Films noch unübersehbaren Zerstörungen des Zweiten Weltkriegs wurden mehr angedeutet als ausgesprochen. Offenkundig wollte Kramer diese Kriegszerstörungen nicht thematisieren. So behalf er sich zum Teil mit Fotografien, die den unzerstörten Vorkriegszustand der Rathäuser zeigten. Fast skurril wirkt das Ende des Geschichtskapitels. Zu Bombengedröhn und züngelnden Flammen, die über Fotos des zerstörten münsterschen Schlosses montiert waren, heißt es lakonisch: „Auch Weltkriege haben Westfalen nicht erschüttern können. Immer blieb der Glaube an eine kommende Friedenszeit. Uralter Sage nach wird sie anbrechen, wenn die letzte große Schlacht am Birkenbaum bei Werl geschlagen ist und der Friedensfürst seine Herrschaft antritt, um die deutsche Geschichte dort zu beenden, wo sie begann: auf Westfalens Boden."

Insgesamt stellte sich der Film mit seiner Grundbotschaft einer als naturhaft beschriebenen Einheit von Landschaft und Mensch bemerkenswerter Weise ganz in die Tradition der Kulturraumideologie der 1920er und 1930er Jahre, die gerade in Westfalen starken Widerhall gefunden hatte und die Karl Ditt in seiner grundlegenden Studie über die Kulturpolitik des Provinzialverbandes im Begriffspaar „Raum und Volkstum" gebündelt hat.[21] Das Kulturraumdenken ging davon aus, dass sich in Deutschland „unter dem Einfluss von biologischem Erbe, Natur und Landschaft, politisch-militärischer Herrschaft und religiösem Glauben, Verkehrswegen und Austauschbeziehungen" fest determinierte Kulturräume mit einem spezifischen, in allen Lebensbereichen wirksamen „Volkstum" bzw. „Stammescharakter" herausgebildet hätten.[22] Drehbuchautor Stephan Selhorst griff diese Vorstellungen 1957 fast wörtlich auf, wenn er betonte, der Film gehe „von der Überzeugung aus, dass Westfalen kein Konglomerat, sondern von Natur aus eine Einheit" sei.[23]

Etwa zeitgleich mit dieser aus heutiger Sicht sehr fragwürdigen Geschichtserzählung im Film „Westfalenlied" begann auch die Landesbildstelle Westfalen, das heutige LWL-Medienzentrum für Westfalen, mit der Produktion von landeshistorischen Filmen. Die Landesbildstelle war schon 1928 als Einrichtung des damaligen Provinzialverbandes Westfalen gegründet worden, ausdrücklich mit der Zweckbestimmung, neben der schulischen und außerschulischen Medienberatung und -versorgung auch die regionale Identität und Kulturpflege zu fördern.[24] Anfangs beschränkte sich das auf Diaserien, also Fotografien. Die Produktion von Filmen hatte die neue Landesbildstelle hingegen noch nicht im Programm. Das änderte sich auch nicht, als 1934 mit dem Runderlass „Unterrichtsfilm und amtliche Bildstellen" des Reicherziehungsministeriums das Bildstellenwesen zentralistisch neu geordnet und mit der Reichsstelle für den Unterrichtsfilm (RfdU) eine zentrale Einrichtung an die Spitze des Systems gestellt wurde.[25] Denn der Erlass von 1934 behielt die Produktion von Unterrichtsfilmen ausdrücklich der Berliner Reichsstelle – ab 1940 Reichsanstalt für Film und Bild in Wissenschaft und Unterricht – vor. Die produzierte zwar bis 1944 über 300 Unterrichtsfilme für allgemeinbildende Schulen, davon aber nur zwölf, die dezidiert historische Themen für den Geschichtsunterricht bzw. nationalpolitischen Unterricht be-

---

21 Karl DITT: Raum und Volkstum. Die Kulturpolitik des Provinzialverbandes Westfalen 1923–1945, Münster 1988. Vgl. dazu DERS.: Raumbilder als politische Kampfinstrumente, in: Westfälische Forschungen 69 (2019), S. 69–100.

22 DITT: Was ist 'westfälisch'? (wie Anm. 17), S. 69f.

23 SELHORST: „Westfalenlied" (wie Anm. 18), S. 11.

24 Vgl. dazu Markus KÖSTER: Film und Bild als Jugenderzieher. Die Geschichte der Bildstellen in Westfalen (und dem Rheinland) bis 1945, in: Geschichte im Westen 25 (2010), S. 59–87.

25 Runderlass Unterrichtsfilm und amtliche Bildstellen. 26.6.1934, in: Zentralblatt für Unterrichtsverwaltung 76 (1934), S. 195–200.

handelten, darunter eine vierteilige Serie über die „Deutsche Westgrenze" zwischen 800 und 1936 und fünf Filme mit „Aufnahmen aus dem Weltkrieg", dem Ersten natürlich.[26] Immerhin wurde die Landesbildstelle Westfalen bei mehreren Produktionen des RfdU/RWU unterstützend tätig, darunter die Unterrichtsfilme „Kokerei" (1938) und „Vom Korn zum Brot" (1940).[27] Beide wurden in Westfalen gedreht, hatten aber keinen explizit landeskundlichen oder gar landesgeschichtlichen Bezug.

Nach dem Zweiten Weltkrieg gingen zwar die preußischen Provinzialverbände mit dem Ende Preußens unter, in Nordrhein-Westfalen traten aber an ihre Stelle die beiden Landschaftsverbände Rheinland und Westfalen-Lippe und mit ihnen zwei in der Landschaftsverbandsordnung gesetzlich verankerte Landesbildstellen. Die verschrieben sich ab Mitte der fünfziger Jahre verstärkt der historisch-politischen Bildung durch Filme. Das betraf zum einen den Verleih von 16 mm-Filmen über die jüngste Zeitgeschichte an Schulen und Bildungseinrichtungen. In ihrem Tätigkeitsbericht für den Zeitraum 1956 bis 1960 hielt die Landesbildstelle Westfalen fest: „Ein besonderer Schwerpunkt lag bei der Materialbeschaffung zur Geschichte des Nationalsozialismus und zur staatsbürgerlichen Erziehung. Hier wurden alle zurzeit verfügbaren Filme, Diareihen, Tonbänder und Schallplatten auf ihre Brauchbarkeit ... überprüft, teilweise im Unterricht getestet und, soweit möglich, für die Landesbildstelle beschafft. Neben dokumentarischen Filmen wie Alain Resnais Meisterwerk „Nacht und Nebel" über den Holocaust umfasste das auch Spielfilme wie „Rotation" oder „Ehe im Schatten".[28] Die beiden letztgenannten waren bemerkenswerterweise DEFA-Produktionen, also in der DDR entstanden.

Zum anderen begann die Landesbildstelle Ende der 1950er Jahre auch mit eigenen Filmproduktionen zu landeskundlichen und landeshistorischen Themen. Den Anfang machte 1959 – vermutlich auf Initiative des aus dem Siegerland stammenden Fotografen und Filmemachers Klaus Messerschmidt (1920–2003), der 1958 Produktionsleiter der Landesbildstelle in Münster geworden war – ein Film mit dem Titel „Der Schellenschmied von Grund" über den letzten Kuhschellenschmied im Siegerland.[29]

Danach versuchte sich die Landesbildstelle unter Produktionsleitung von Messerschmidt gleich an mehreren Filmen, die sich der Geschichte und Vorgeschichte der Region widmeten: Zunächst startete Messerschmidt unter dem Arbeitstitel „Eisenland" ein aufwendiges Filmprojekt zur Dokumentation frühgeschichtlicher Eisengewinnung im Siegerland. [Abb. 3] Dazu wurde – in einer Form früher experimenteller Archäologie – mit Unterstützung von Heimatforschern ein latène-zeitlicher Eisenschmelzofen rekonstruiert und ein Verhüttungsversuch unternommen. Ein von Messerschmidt selbst verfasster Artikel in der Zeitschrift „Westfalenspiegel" berichtete 1963, die Landesbildstelle Westfalen habe sich „zur Bearbeitung des Themas ‚Westfä-

26 Vgl. die Produktionsliste bei Malte Ewert: Die Reichsanstalt für Film und Bild in Wissenschaft und Unterricht (1934–1945), Hamburg 1998, S. 345–350.

27 Vgl. Köster: Film (wie Anm. 24), S. 76.

28 Vgl. Landschaftsverband Westfalen-Lippe: Tätigkeitsbericht 1956–1960, Münster 1961, S. 90.

29 Filmarchiv LWL-Medienzentrum 16 FA 405. 1996 wurde der Film von der Landesbildstelle Westfalen als VHS-Edition neu herausgeben.

Abb. 3: Dreharbeiten zum Dokumentarfilm „Frühgeschichtliche Eisenverhüttung im Siegerland“ (1961) Bild: Hans Hild/ LWL-Medienzentrum

lische Geschichte des Eisens‘ entschlossen“ mit dem Ziel, „auch dem Laien oder der Schule dieses gewichtige Teilgebiet westfälischer Geschichte“ zu erschließen. Zwar habe beim dokumentierten Versuch „aus technischen Gründen zwangsläufig mehr Wert auf ein optisches als auf ein metallurgisches Endergebnis gelegt werden“ müssen; trotzdem sei Eisen „erschmolzen“ worden; für Messerschmidt „ein erfreuliches Endergebnis, das den Wert der vom Verhüttungsversuch hergestellten Aufnahmen zweifellos dokumentarisch erhärtet.“[30] Als Berater der Produktion fungierte übrigens der Lehrer, Heimatforscher und autodidaktische Prähistoriker Otto Krasa (1890–1972), ein ehemaliger lokaler NSDAP-Funktionär, der sich seit den 1930er Jahren der Erforschung der frühen Eisenverhüttung im Siegerland gewidmet hatte.[31] Er trat auch vor der Kamera auf. Erstaunlich ist, dass sich die Produktion zwar über mehrere Jahre hinzog und Presse und Öffentlichkeit sie aufmerksam verfolgten, der Film aber offenbar nie fertiggestellt wurde.[32]

Abgeschlossen wurde hingegen 1964 ein Film mit dem Titel „Die heimliche Feme“.[33] Der 16-minütige Spielfilm beschreibt in einer von Laiendarstellern der Heimatbühne Heiden bei Borken in Plattdeutsch inszenierten Handlung die Vorladung und Ge-

30 Klaus MESSERSCHMIDT: Eisenverhüttung wie vor 2000 Jahren, in: Westfalenspiegel 2 (1963), S. 1f.

31 Vgl. Manuel ZEILER: Otto Krasa, ein Heimatforscher in der Pionierphase der prähistorischen Archäologie, in: Siegener Beiträge. Jahrbuch für regionale Geschichte 17 (2012), S. 247–270.

32 Rohschnitte der entstandenen Aufnahmen sind im Filmarchiv des LWL-Medienzentrums für Westfalen überliefert.

33 Überliefert im Filmarchiv des LWL-Medienzentrums.

richtsverhandlung eines des Mordes angeklagten Knappen anno 1441, die für den Delinquenten an einer ‚westfälischen Eiche' endet. Der regionalhistorische Erkenntniswert des Films ist aus heutiger Sicht mit Blick auf das dargestellte Ereignis wohl gleich null. Immerhin illustriert er aber, wie noch in den 1960er Jahren durch mythische Erzählungen westfälische Erinnerungsorte – denn ein solcher ist das mittelalterliche Rechtsinstrument der „Feme" – filmisch konstruiert und tradiert wurden.[34]

Der 1965/66 von der Landesbildstelle gedrehte Film „Die Zöger von Altena"[35] setzte ebenfalls auf ‚Reenactment', also Spielfilmelemente. Der 30-minütige Film kontrastierte die moderne Drahtherstellung mit der des 17. Jahrhunderts. Hauptfigur ist der Drahtziehergeselle Albrecht, der im Jahr 1682 seinen Eid bricht, das Drahtzieher- oder Zöger-Gewerbe allein für seine Stadt Altena und im Dienst des Vogtes auszuüben und in Richtung Münster flieht, um sich dort als freier Zöger eine Existenz aufzubauen. Doch die Häscher des Vogtes finden ihn und schleifen ihn gefesselt nach Altena zurück. Nach diesen aufwendigen Filmprojekten ließ die Produktivität der Landesbildstelle wieder deutlich nach. In den nächsten 15 Jahren entstanden keine eigenen landeshistorischen Filme mehr.

Erst am Beginn der 1980er Jahre setzte dann eine sehr viel intensivere landeskundliche Medienproduktion der Landesbildstelle Westfalen ein. Dafür waren sowohl eine fachliche und personelle Neuaufstellung der Landesbildstelle als auch technische Entwicklungen verantwortlich.

Einerseits hatte Ende 1980 eine externe Organisationsprüfung dem LWL bescheinigt, dass in der Landesbildstelle „unsystematisch und planlos Zufallsproduktionen durchgeführt oder Produktionen nicht zu Ende geführt"[36] würden und empfohlen, die Eigenproduktion von Filmen aufzugeben. Anders als vorgeschlagen entschieden Politik und Verwaltungsspitzen aber, die bisher vor allem auf die pädagogische und technische Unterstützung der Schulen ausgerichtete Landesbildstelle stärker in den Dienst der „landschaftsbezogenen Kulturpflege" zu stellen und dafür vor allem die Medienproduktion zu nutzen.[37] Fast zeitgleich mit diesem Beschluss wurde neben dem Produktionsleiter Klaus Messerschmidt auch der langjährige Direktor der Landesbildstelle Adolf Lensing (1921–2005) in den Ruhestand verabschiedet. Der gelernte Lehrer wurde durch den Geographen Dr. Wolfgang Linke (1938–2020) ersetzt, der zuvor die 1978 gegründete Stelle für Museumspädagogik in der LWL-Kulturabteilung geleitet hatte und damit für eine stärker kultur- und speziell museumsorientierte Ausrichtung

---

34 Zum Konzept der Erinnerungsorte und ihrer Übertragung auf die Landesgeschichte vgl. Lena Krull (Hg.): Westfälische Erinnerungsorte. Beiträge zum kollektiven Gedächtnis einer Region, Paderborn 2017. Ein Beitrag zur „Feme" fehlt allerdings in dem Band.

35 Der Film ist im Filmarchiv des LWL-Medienzentrums überliefert und im Verleihkatalog von 1966 verzeichnet: Landschaftsverband Westfalen-Lippe/Landesbildstelle: 2. Nachtrag zum Filmkatalog 1966, S. 4.

36 Organisations- und Wirtschaftlichkeitsuntersuchung der Landesbildstelle Westfalen beim Landschaftsverband Westfalen-Lippe in Münster. Ausgearbeitet durch Knight Wegenstein AG Düsseldorf, Dezember 1980, S. 7.

37 Beschlussvorlage der Landschaftsversammlung Westfalen-Lippe 7/609 betreffend der Landesbildstelle Westfalen – Aufgabenstellung, Struktur und Organisation.

der Einrichtung prädestiniert war. Er trat mit dem Auftrag an, die Ergebnisse landeskundlicher Forschung medial aufzuarbeiten und so „für Schulen und außerschulische Bildungseinrichtungen, aber auch für Privatpersonen" verfügbar zu machen.[38] An Linkes Seite trat mit dem erst 29-jährigen Dr. Hermann Josef Höper als neuer Stellvertreter und Produktionsleiter ebenfalls ein promovierter Geograph.

Technisch wurde die Neuausrichtung durch den Siegeszug der 1976 in Japan entwickelten VHS-Videokassetten anstelle der bisherigen 16 mm-Filmtechnik begünstigt. Damit war es nun möglich, preiswerte Kopien zu fertigen, die sich auch an interessierte Privatpersonen veräußern ließen. Auf dieser Basis entstanden bis zur Jahrtausendwende rund hundert Videoproduktionen, von denen sich ungefähr ein Viertel regional- und lokalhistorischen Themen widmete.[39] Dazu zählten historische Stadtporträts, technikgeschichtliche Produktionen wie „Damaszenerstahl: Das Schmieden eines mittelalterlichen Schwertes" (1984), kunst- und baugeschichtliche Porträts wie „Heinrich Aldegrever – ein Künstler der Reformationszeit" (1985), „Die Paderborner Königspfalzen" (1987) oder „Die Weserrenaissance" (1996) und etwas später auch räumlich und thematisch breiter angelegte historische Dokumentationen, z. B. „Die Römer in Westfalen" (1990), „Kulturkampf in Westfalen" (1992), „Nationaldenkmäler in Westfalen" (1994), „1648 – Krieg und Frieden in Europa" (1998) oder „Westfalen in der Revolution 1948/49" (1999). Mit Filmen wie „Spuren jüdischen Lebens in Westfalen" (1988), „Wewelsburg – Kult- und Terrorstätte der SS" (1996), sowie „Freut Euch des Lebens. Das ‚Dritte Reich' im Fest" (1997) wandte sich die Landesbildstelle auch zeithistorischen Themen und speziell der Geschichte des Nationalsozialismus zu. Im Jahr 2001 wurde in diesem Kontext auch das erste Zeitzeugenporträt produziert: „Die Last der Erinnerung" über den jüdischen Holocaust-Überlebenden Helmuth Noach.

Noch systematischer widmete sich die Landesbildstelle in den 1980er und 1990er Jahren der Landesgeschichte durch entsprechende thematische Unterrichtsbildreihen in Form von Diaserien: zur Archäologie, zur Vor- und Frühgeschichte, Antike, Mittelalter und Frühen Neuzeit, zur Handwerks- und Technikgeschichte, Agrar-, Wirtschafts- und Sozialgeschichte, zu westfälischen Biographien und auch zur Zeitgeschichte. Die letzte Diaserie erschien im Jahr 2000, vier Jahre später trat an die Stelle des alten analogen Bildmediums ein Online-Bildarchiv, in dem inzwischen unter rund 60.000 Fotografien Vergangenheit und Gegenwart Westfalens veranschaulichen; von Daguerreotypen der 1840er Jahre bis zu aktuellen Fotodokumentationen der hauseignen Fotografen.[40]

Im Filmbereich bildete und bildet seit der Jahrtausendwende die Zeitgeschichte einen ausgesprochenen Schwerpunkt der Medienproduktion des LWL-Medienzentrums für Westfalen, wie die frühere Landesbildstelle seit 2006 heißt. Dazu trug vor allem ein

---

38 Vgl. das Vorwort von Landesdirektor Manfred SCHOLLE, in: Westfalen im Bild. Eine Bildmediensammlung zur westfälischen Landeskunde. Gesamtkatalog 1983–1993, hg. im Auftrag des Landschaftsverbandes Westfalen-Lippe von Wolfgang Linke, Münster 1993.

39 Vgl. die Liste der Videoproduktionen der Landesbildstelle unter: www.lwl-medienzentrum.de/de/Medienproduktion/vergriffene_medien/Liste_der_VHS/ (zuletzt aufgerufen am 10.1.2020).

40 URL: www.bildarchiv-westfalen.lwl.org (zuletzt aufgerufen am 10.01.2020).

Format bei, das Mitte der 1990er unter dem Titel „Westfalen in historischen Filmen" entwickelt worden war: die Neuedition von Komplettfilmen der 1920er bis 1970er Jahre bzw. die Produktion von neuen Filmen durch die Kompilation und Kommentierung entsprechenden Filmmaterials unter thematischen Gesichtspunkten.[41] Inzwischen sind in der populären Reihe über fünfzig Filme wieder oder erstmals für die Öffentlichkeit zugänglich gemacht worden – von privaten Familienfilmen bis zu professionellen Kinoproduktionen.

Ein zweites wichtiges Format der Geschichtsproduktionen des LWL-Medienzentrums bildeten seit der Jahrtausendwende biographische Dokumentationen, vor allem im Kontext der NS-Geschichte. Neben der retrospektiven Aufbereitung des Lebens und Wirkens von Persönlichkeiten wie dem münsterischen Bischof und Kardinal Clemens August Graf von Galen, der vor allem durch seinen Protest gegen die nationalsozialistischen Euthanasie-Mordaktionen überregionale Bekanntheit erlangte,[42] oder den evangelischen Christen, SS-Mann und Holocaust-Zeugen Kurt Gerstein[43] entstand auch eine Reihe von Porträts mit noch lebenden Zeitzeugen der NS-Diktatur. Dazu gehört das biographische Doppelporträt über den katholischen Priester und KZ-Häftling Hermann Scheipers und seine Zwillingsschwester Anna, die ihn 1943 mit beeindruckender Zivilcourage vor der Ermordung bewahrte,[44] [Abb. 4] ebenso wie die biographischen Dokumentationen über die Jüdin Marga Spiegel, die in den Jahren 1943 bis 1945 versteckt bei Bauernfamilien im Münsterland überlebte,[45] über das NS-Rassenhygiene-Opfer Paul Brune[46] und über den Hitlerjungen und Wehrmachtsoffizier Walter Baltes, der erst spät den verbrecherischen Charakter des NS-Regimes erkannte.[47]

Solche biographischen Zugänge bieten didaktisch großes Potenzial, weil sie nicht mit abstrakten Daten und Fakten über die nationalsozialistische Zeit und deren Verbrechen konfrontieren, sondern mit Personen, die dieses System am eigenen Leibe erlebt haben. Es ist speziell für junge Menschen ein gewichtiger Unterschied, ob sie in

41 Vgl. dazu Volker JAKOB: Die visuelle Reflexion der Vergangenheit: Film als Bewahrer regionaler Erinnerung – Ein westfälischer Arbeitsbericht, in: Diethelm KNAUF, Jochen CORDES (Hgg.): Bildung – Schule – Medien. Eine Festschrift für Rudi Geisler, Bremen 2004, 234–244; demnächst auch Markus KÖSTER: Filme als Quellen der Landeszeitgeschichte. Annäherungen und Einblicke aus westfälischer Perspektive, in: Sabine Mecking (Hg.): Landeszeitgeschichte: Perspektiven, Chancen, Herausforderungen (Hessisches Jahrbuch für Landesgeschichte, Bd. 70), 2020.

42 Nicht Lob noch Furcht. Clemens August Graf von Galen. Ein Filmporträt in sechs Kapiteln. DVD, hg. vom Westfälischen Landesmedienzentrum, Münster 2005.

43 Kurt GERSTEIN. Der Christ, das Gas und der Tod. DVD mit Begleitheft, hg. vom LWL-Medienzentrum für Westfalen, Münster 2007.

44 Dir gehört mein Leben. Die Geschichte von Anna und Hermann Scheipers. DVD mit Begleitheft, hg. vom LWL-Medienzentrum für Westfalen, Münster 2011.

45 Eine Herzenssache. Marga Spiegel und ihre Retter. DVD mit Begleitheft, hg. vom LWL-Medienzentrum für Westfalen, Münster 2014.

46 Lebensunwert. Paul Brune. NS-Psychiatrie und ihre Folgen. DVD mit Begleitheft, hg. vom LWL-Medienzentrum für Westfalen, Münster 2005.

47 Von einem der mitgemacht hat. Eine Jugend unter Hitler. DVD, hg. vom Westfälischen Landesmedienzentrum, Münster 2005.

Abb. 4: Zeitzeuge Hermann Scheipers in Dachau (2002)
Bild: Hermann-Josef Pape/LWL-Medienzentrum

z. B. einem Text lesen, dass Juden sukzessive aus dem gesellschaftlichen Leben ausgeschlossen, entrechtet und schließlich mit dem Tode bedroht wurden oder ob sie diese Entwicklung ganz konkret in der filmischen Begegnung mit einem jüdischen Zeitzeugen nachvollziehen können. Die quasi-persönliche Begegnung mit Diskriminierung und Verfolgung regt nicht zuletzt zur Frage nach eigenem Verhalten an und vermittelt den elementaren Stellenwert von Rechtsstaatlichkeit für eine Gesellschaft. Darüber hinaus stellt ein Zeitzeuge durch seine Person eine unmittelbare Brücke zwischen der Geschichte und der Jetztzeit und damit zur Lebenswelt der Jugendlichen her, umso mehr, wenn er oder sie aus der gleichen Region wie diese stammt. Besonderes Identifikationspotenzial entsteht dann, wenn ein Zeitzeuge über seine eigene Jugendzeit berichtet, die Schülerinnen und Schüler also mit den Erfahrungen eines damals Gleichaltrigen vertraut gemacht werden.

Dabei sind Zeitzeugenberichte natürlich nie authentische Schilderungen der Vergangenheit, sondern immer an Standort und Perspektive gebundene Geschichtsnarrationen, die wie andere subjektive Quellen auch kritisch hinterfragt und in den historischen Kontext eingeordnet werden müssen.[48] Deshalb sollten Zeitzeugenaussagen

48 Zur Problematik von Zeitzeugendokumentationen aus geschichtswissenschaftlicher Sicht vgl. Thomas FISCHER: Erinnern und Erzählen. Zeitzeugen im Geschichts-TV, in: DERS., Rainer WIRTZ (Hgg.): Alles authentisch? Popularisierung der Geschichte im Fernsehen, Konstanz 2008, S. 33–49; Rainer GRIES: Vom historischen Zeitzeugen zum professionellen Darsteller. Probleme einer Medienfigur im Übergang, in: Martin SABROW, Norbert FREI (Hgg.): Die Ge-

in historischen Filmdokumentationen weniger „zur Verifizierung von Fakten" als „zur Veranschaulichung subjektiven Erlebens der Betroffenen" eingesetzt werden.[49] Dann aber haben sie einen wichtigen Wert. Sie bringen, so Bernd Kleinhans, einen in der Geschichtswissenschaft [...] oft vernachlässigten Aspekt zur Geltung, nämlich, dass es immer konkrete einzelne Menschen sind, die Geschichte erleben und erleiden."[50]

Ein drittes Format der zeithistorischen Medienproduktion des LWL-Medienzentrums neben Zeitzeugenporträts und historischen Editionen bildeten in den ersten zehn Jahren des 21. Jahrhunderts didaktische DVDs, die sich verschiedenen Themen der NS- und Nachkriegsjahre in Westfalen annäherten. So setzte sich das Medium „Ausgebeutet für die Volksgemeinschaft" 2004 im Kontext der Entschädigungsdebatte mit dem Schicksal der ausländischen Zwangsarbeiterinnen und Zwangsarbeiter im Münsterland während des Zweiten Weltkriegs auseinander.[51] Das zweisprachige Medium „Unter deutscher Besatzung – Onder Duitse bezetting" thematisierte 2006 am Beispiel der niederländischen Stadt Aalten den Alltag des Zweiten Weltkriegs im deutsch-niederländischen Grenzgebiet.[52] Die didaktische DVD „Aufbau West" beschrieb im gleichen Jahr den Anteil der Flüchtlinge und Vertriebenen an Wiederaufbau und Wirtschaftswunder in Nordrhein-Westfalen und damit ein bis dahin wenig thematisiertes Kapitel der Landesgeschichte.[53] „Brief an eine verlorene Freundin" vereinte 2010 – ausgehend von dem im LWL-Freilichtmuseum Detmold wieder aufgebauten „Haus Uhlmann" und seinen Bewohnern – verschiedene biographische Zugänge zur Geschichte jüdischen Lebens und besonders der Judenverfolgung der NS-Zeit in Westfalen-Lippe.[54] [Abb. 5] Als letzte didaktische DVD erschien 2011 „Wewelsburg – Ideologie und Terror der SS", das diesen zentralen Erinnerungsort westfälischer Zeitgeschichte vorstellte.[55]

---

burt des Zeitzeugen nach 1945, Göttingen 2012, S. 49–70; Judith KEILBACH: Geschichtsbilder und Zeitzeugen. Zur Darstellung des Nationalsozialismus im bundesdeutschen Fernsehen, Münster 2008.

49 KLEINHANS: Filme (wie Anm. 1), S. 72.

50 Ebd.

51 Gaby FLEMNITZ,Karl REDDEMANN: Ausgebeutet für die Volksgemeinschaft. Zwangsarbeit im Münsterland während des Dritten Reiches. Didaktische DVD mit Begleitheft, hg. vom Westfälischen Landesmedienzentrum und dem Geschichtsort Villa ten Hompel, Münster 2004.

52 Gerhard SCHILLER, Volker JAKOB: Unter deutscher Besatzung – Onder Duitse bezetting. Aalten, een Nederlandse grensplaats 1940–45 – Aalten, eine niederländische Grenzstadt 1940–45. Didaktische DVD mit Begleitheft, hg. vom Westfälischen Landesmedienzentrum und dem Geschichtsort Villa ten Hompel, Münster 2006.

53 Hermann-Josef HÖPER, Anja KUHN, Björn ZECH: Aufbau West. Neubeginn zwischen Vertreibung und Wirtschaftswunder. Didaktische DVD mit Begleitheft, hg. vom Westfälischen Landesmedienzentrum (LWL) und dem Westfälischen Industriemuseum, Münster 2006.

54 Brief an eine verlorene Freundin. Biographische Zugänge zur Geschichte jüdischen Lebens in Westfalen. Didaktische DVD mit Begleitheft, hg. vom LWL-Medienzentrum für Westfalen und dem LWL-Freilichtmuseum Detmold, Münster 2010.

55 Wewelsburg. Ideologie und Terror der SS/Ideology and Terror of the SS. Didaktische DVD mit Begleitheft, hg. vom LWL-Medienzentrum für Westfalen in Kooperation mit dem Kreismuseum Wewelsburg, Münster 2011.

Abb. 5: „Brief an eine verlorene Freundin" – Coverfoto der Didaktischen DVD (2010) Bild: LWL-Medienzentrum

Alle genannten Medien enthielten neben einem oder mehreren Hauptfilmen ein Paket mit unterrichtlichem Begleitmaterial zum behandelten Thema. Dieses bestand aus multimedialen Materialien – Fotos, Tondokumenten und Schriftquellen – sowie Unterrichtshinweisen, Literatur und Weblinks. Für den Geschichtsunterricht sollten diese Materialien mehrkanalige Formen der Vermittlung von historischen Inhalten eröffnen, multiperspektivische Betrachtungsweisen ermöglichen und die Etablierung entdeckender und selbstständiger Lernmethoden unterstützen. Weil die Produktion dieser komplexen didaktischen DVDs sehr aufwendig war und die Materialfülle im unterrichtlichen Einsatz kaum genutzt wurde, führte das LWL-Medienzentrum die Reihe nach 2011 nicht fort.

Insgesamt hat die Einrichtung, seit das VHS-Videoformat 2003 ausgedient hatte, über hundert DVDs produziert. Seit 2004 werden fast alle Produktionen für Schulen über den Online-Bildungsmediendienst Edmond NRW landesweit kostenlos bereitgestellt und seit einigen Jahren entstehen auch reine Online-Filme. Fast immer erfolgt die Produktion in Kooperation mit anderen Kultur- und Bildungseinrichtungen der Region: Stadtarchiven und Heimatvereinen ebenso wie Gedenkstätten und Museen. Dabei folgt die Produktionsplanung der landesgeschichtlichen Dokumentationen keiner thematischen Systematik. Das liegt nicht nur daran, dass historische Themen unterschiedlich gut visualisierbar sind, sondern auch an Rahmenbedingungen der Finanzierung und natürlich an Vorgaben, die aus Gedenkjahren, großen Sonderausstellungen und ähnlichen Faktoren entstehen. Alle Medien folgen aber der Grundidee, allgemein interessierende Inhalte durch lokale und regionale Bezüge konkret fassbar und erfahrbar zu machen.

Abb. 6: Jan van Leiden und Elisabeth Wandscherer – Szenenfoto aus dem Film „Die Täufer von Münster“ (2016/17) Bild: Patrick Schulte/ LWL-Medienzentrum

Neue Entwicklungen und filmische Vermittlungsformen

Aufgrund technischer Entwicklungsschübe, veränderter Sehgewohnheiten und neuer didaktischer Anforderungen hat sich das LWL-Medienzentrum für Westfalen in jüngster Zeit auch an unkonventionelle filmische Formate zur Vermittlung von Geschichte herangewagt. So entstand 2016/17 ein für den Schulunterricht konzipierter zweiteiliger Kurzfilm über die „Täufer von Münster“, der in insgesamt 22 Minuten einen Abriss über dieses populäre Thema münsterscher und westfälischer Geschichte bietet.[56] [Abb. 6] In einem Reenactment inszeniert der Film eine Szene um Täuferkönig Jan van Leiden und seine von ihm hingerichtete „Lieblingsfrau“ Elisabeth Wandscherer. Die Episode greift die jahrhundertelange Wahrnehmung der „Wiedertäufer“ und ihres Anführers Jan van Leiden auf und charakterisiert ihn als Herrscher, der aus Wahn und Grausamkeit heraus handelte. Anschließend lässt der Film dann aber Elisabeth im Stil eines Brecht'schen Verfremdungseffekts buchstäblich aus ihrer Rolle heraustreten. Kritisch kommentiert und dekonstruiert sie selbst ihr durch historische Forschung kaum belegbares Bild im populären Geschichtsbewusstsein. Ergänzt wird dies durch Experteninterviews mit verschiedenen Historikerinnen und Historikern, die ein differenziertes Bild der Täuferbewegung zeichnen. So versucht der Film tradierte Darstellungen über diese religiöse Bewegung zu hinterfragen und ein kritisches Geschichts-

56 Vgl. Erinnerungsorte in Münster – Die Täufer/Der Westfälische Frieden. DVD mit Begleitheft, hg. vom LWL-Medienzentrum für Westfalen, Münster 2017.

und Medienbewusstsein zu fördern. Regisseur Mark Lorei beschrieb seine Intention und auch die zwangsläufige Kontingenz seiner Inszenierung so:

„Ein leerer, schwarzer Raum, den es zu füllen gilt. So stelle ich mir Geschichte vor. Denn das historisch Vergangene – das, was wirklich einmal stattgefunden hat – ist unwiderruflich verloren. Was bleibt, sind die Erinnerungen von Zeitzeugen/innen sowie deren Hinterlassenschaften [...] Das Problem ist oft allerdings, dass es zu manchen historischen Themen nur wenige Quellen gibt. Dies gilt auch für die Geschichte von Elisabeth Wandscherer und Jan van Leiden. Der schwarze Raum bleibt also verhältnismäßig leer. Um dennoch eine zusammenhängende Geschichte darstellen zu können, müssen die Leerstellen auf andere Art gefüllt werden. Wir haben die wenigen schriftlichen Quellen über Jan und Elisabeth gelesen, verglichen und Aussagen aus ihnen ausgewählt. Durch die Leerstellen wurde unsere Phantasie angeregt und wir stellten uns vor, was zwischen den beiden damals vielleicht passiert sein könnte, bevor Jan Elisabeth hingerichtet hat. Auf diese Weise haben wir nach und nach den schwarzen Raum gefüllt – sowohl mit unseren Interpretationen der Quellen als auch mit unserer Phantasie. [...] Ob Elisabeth tatsächlich so mutig war, wie von uns gezeigt, wissen wir nicht, da sie in jeder Quelle, in der sie erwähnt wird, unterschiedlich beschrieben wird. Auch wissen wir nicht, wie Jan van Leiden wirklich war, ob er wirklich so brutal und ungerecht handelte, wie es bei uns und in vielen anderen Darstellungen gezeigt wird. Vielleicht war Jan auch ein zwar strenger, aber ansonsten ‚vernünftiger' Herrscher, der um das Wohl seiner Glaubensgenossen/innen bemüht war. Der schwarze Raum hätte also auch ganz anders gefüllt werden können."[57]

Die Täufer-Dokumentation von 2016/17 bildete übrigens den Auftakt für eine neue Kurzfilmreihe des LWL-Medienzentrums mit dem Titel „Westfälische Erinnerungsorte im Film". Sie soll nach und nach zu einer Serie von filmischen Kurzdokumentationen werden, die mit ergänzendem Textmaterial im Geschichtsunterricht eingesetzt werden können. In jeder Episode soll ein historisches Thema in Zusammenhang mit einem Erinnerungsort in Westfalen behandelt werden. Ausgehend von konkreten regionalen Orten sollen so allgemeinere historische Themen und damit auch die Wechselwirkungen zwischen Mikro- und Makroebene veranschaulicht werden. Neben dem Film über die Täufer von Münster haben bis Ende 2019 auch Kurzdokumentationen über den Westfälischen Frieden sowie das Kaiser-Wilhelm-Denkmal an der Porta Westfalica Aufnahme in die Reihe gefunden.[58]

Die letztgenannte Produktion entstand als rund zehnminütiger Kurzfilm im Kontext der Schaffung eines Besucherzentrums für dieses Denkmal ganz im Nordosten Westfalens, das der Landschaftsverband Westfalen-Lippe in den Jahren 2014 bis 2018 mit hohem Aufwand restauriert hat. Das 1896 zu Ehren Kaiser-Wilhelms I. errichtete

---

57 Mark LOREI: Geschichte als Rekonstruktion. Regiekommentar zum Reenactment aus dem Film „Die Täufer von Münster", in: Erinnerungsorte in Münster (wie Anm. 56), Münster 2017, S. 8.

58 Ein Monument mit Geschichte. Das Kaiser-Wilhelm-Denkmal an der Porta Westfalica. Download-Medium. https://westfalen-medien-shop.lwl.org/download-medien/189/download-ein-monument-mit-geschichte (zuletzt aufgerufen am 10.1.2020).

Abb. 7: Animation aus dem Film „Ein Monument mit Geschichte. Das Kaiser-Wilhelm-Denkmal an der Porta Westfalica" (2018) Bild: Bildungsfilm/ LWL-Medienzentrum

Monument an der Porta Westfalica gilt heute als ein wichtiger historischer Erinnerungsort an die Geschichte des Kaiserreiches und den Nationalismus jener Epoche. Im Zusammenhang mit seiner Restaurierung erhielt das LWL-Medienzentrum der Auftrag, als zentrales Element für das Besucherzentrum einen Kurzfilm zu realisieren, der die Besucher mit der Geschichte des Denkmals und seinen wechselnden politisch-gesellschaftlichen Deutungen vertraut macht. [Abb. 7] Der von den beiden Berliner Filmemachern Oliver Hoffmann und Delf Woischnig realisierte Film nähert sich seinem Thema auf bewusst unkonventionelle Weise in einer Mischung aus Graphic Novel und Reenactment. So erscheinen u. a. Architekt Bruno Schmitz, Bildhauer Carl Zumbusch und Kaiser Wilhelm II. als Cartoonfiguren im Film. Parallel dazu treten zwei von Schauspielern verkörperte Protagonisten aus dem Volk – eine Näherin und ein Arbeiter – buchstäblich aus den historischen Bildern heraus und erläutern aus ihrer Sicht ‚von unten' die Entstehungs- und Wirkungsgeschichte des Denkmals. Auf diese Weise bricht der Film das ursprüngliche nationalistische Herrscherpathos des Monuments, orientiert sich an den heutigen Sehgewohnheiten junger Menschen und setzt neue Formate medialer Geschichtsdarstellung kreativ um. Gleichzeitig liefert er eine anschauliche und leicht verständliche Einführung in die Denkmalhistorie.

Ebenfalls 2018 entstand für das zwei Jahre zuvor als Verbund von rund 35 Museen und Kultureinrichtungen gegründete „Netzwerk Preußen in Westfalen" eine Webserie „Preußen & Westfalen".[59] [Abb. 8] Hinter diesem schlichten Titel verbirgt sich eine von vornherein für Youtube produzierte Filmstaffel aus drei aufeinander aufbauenden Episoden von jeweils acht Minuten Länge, die alle an einem Abend des Jahres 1871 in einem westfälischen Wirtshaus spielen. Dort unterhalten und streiten sich ein preußischer Soldat, der mit seinen Kameraden auf dem Weg zurück vom siegreichen Krieg gegen Frankreich nach Berlin ist, und eine westfälische Wirtin, die in diesem Krieg ihren Verlobten verloren hat und der preußischen Herrschaft insgesamt kritisch gegenübersteht. Im Dialog der beiden werden die zurückliegenden Jahrzehnte und Jahr-

59 Die komplette Serie, bestehend aus drei Hauptfilmen sowie drei „Making of's" und fünf Experteninterviews, steht online unter URL: www.youtube.com/channel/UCj4yDfwc4whIiCfdW-FaYmmQ. Weitere Informationen unter www.netzwerk-preussen-in-westfalen.de (beide zuletzt aufgerufen am 30.12.2019).

Abb. 8: Der Soldat und die Wirtin – Dreharbeiten zur Webserie „Preußen & Westfalen" (2018) Bild: David Lensing/LWL-Medienzentrum

hunderte westfälisch-preußischer Geschichte pointiert ausgebreitet. In Episode 2 liefern sie sich ein geradezu schwindelerregendes, von der Kamera im Rundschwenk aufgenommenes verbales Streitgespräch. Während Soldat Gustav die militärischen, wirtschaftlichen und kulturellen Leistungen Preußens hervorhebt, geißelt Wirtin Clara die Hohenzollern als skrupellose Kriegstreiber, die Westfalen „schon so viele Söhne, Brüder und Gatten weggenommen" hätten. In allen drei Episoden treten die beiden Hauptdarsteller immer wieder aus ihrer Rolle heraus und wenden sich mit historischen Hintergrundinformationen direkt ans Publikum. Hinzu kommen noch kurze, mit Animationen hinterlegte Erläuterungen eines Off-Kommentators.

Die Kulturdezernentin des federführenden Landschaftsverbandes Westfalen-Lippe Dr. Barbara Rüschoff-Parzinger erläuterte in einer Pressemitteilung zur Intention der Webserie, diese solle „auch Zuschauer ansprechen, die bislang wenig Berührungspunkte mit dem Thema Preußen hatten. Damit verfolgt das Netzwerk das Ziel, diesem doch oft als sperrig betrachteten Thema neu zu begegnen".[60] Kritiker haben der Serie indes neben einem lockeren Umgang mit historischen Fakten eine a-historische Vergegenwärtigung der Vergangenheit vorgeworfen. Soldat und Wirtin argumentierten – so ihr Vorwurf – nicht mit dem gedanklichen Horizont und Rollenverständnis von Menschen des Jahres 1871, sondern auf Basis des Wissens und der Normvorstellungen des 21. Jahrhunderts.[61] Dem lässt sich entgegnen, dass eine solche Vergegenwärtigung des historischen Themas „Preußen in Westfalen" gerade das didaktische Ziel der vor allem für ein junges Zielpublikum konzipierten Serie war und speziell über die Rolle der jungen selbstbewussten Wirtin die kritischen und umstrittenen Aspekte der preußischen Herrschaft in Westfalen vermittelt werden sollten. Inwieweit junge Menschen geübt und in der Lage seien, den fiktionalen Charakter der Serienfiguren zu durch-

60 Web-Serie „Preußen & Westfalen". LWL-Pressemitteilung vom 13.11.2018, URL: www.lwl.org/pressemitteilungen/nr_mitteilung.php?urlID=46481(zuletzt aufgerufen am 30.12.2019).

61 Diese Einwände wurden u. a. auf der Fachtagung „Landesgeschichte und public history" am 26.09.2019 in Göttingen, die diesem Tagungsband zugrunde liegt, aus dem Publikum vorgebracht.

schauen oder ob sich ihnen damit eine falsche, anachronistische Vorstellung vom Denken und Fühlen der Menschen des 19. Jahrhunderts vermittle, lässt sich kontrovers diskutieren.

Fazit: Landesgeschichte und Film – Mehr Chancen als Herausforderungen

Mit den skizzierten Diskussionspunkten sind einige grundlegende Fragen und Herausforderungen angesprochen, mit denen landeshistorische Filmdokumentationen sich – wie geschichtliche Dokumentarfilme insgesamt[62] – regelmäßig konfrontiert sehen. Das hängt unter anderem mit einer ganz grundsätzlichen Differenz zwischen Film und Geschichte zusammen: Film ist von seinem Wesen her ein „Präsens-Medium" und so kann die Kamera im strengen Sinne keine Vergangenheit, sondern nur Gegenwart dokumentieren. „Weil die Vergangenheit also selbst nicht abgebildet werden kann, muss sie in Geschichtsdokumentationen auf Basis zuverlässiger Erkenntnisse und Quellen rekonstruiert werden",[63] formuliert Bernd Kleinhans. Das wirft Fragen wie die folgenden auf:

- Mit welchen filmischen Bildern und in welcher Filmsprache lassen sich geschichtliche Narrationen adäquat visualisieren?
- Wie finden in einer filmischen Darstellung Zwischen- und Untertöne, abweichende Forschungsmeinungen und kontextualisierende Hintergrundinformationen einen angemessenen Platz?
- Wie geht man mit vorhandenen historischen Bildern und Filmen quellengerecht um? Muss man deren Urheber, Ort und Zeitpunkt ihrer Entstehung, jeweils wissenschaftlich korrekt benennen? Darf man das Material zusammenschneiden, vertonen, verlangsamen, einfärben, wenn es schwarz-weiß war, oder umgekehrt farbiges Material entfärben?
- Welchen Status hat die Tonspur? Konkret: Bis zu welchem Grad ist der Einsatz von Musik und Geräuschen als Mittel der Emotionalisierung und Dramatisierung erlaubt?

---

62 Vgl dazu z. B. Bodo von Borries: Was ist dokumentarisch am Dokumentarfilm? Eine Anfrage aus geschichtsdidaktischer Sicht, in: Geschichte in Wissenschaft und Unterricht, 52 (2001), S. 220–227; Andreas Dörner: Geschichtsfernsehen und der historisch-politische Eventfilm in Deutschland, in: Ders., Ludgera Vogt (Hgg.): Unterhaltungsrepublik Deutschland. Medien, Politik und Entertainment, Bonn 2012, S. 82–95; Fabio Crivellari: Lernort Sofa. Vom Nutzen und Nachteil des Geschichtsfilms für die Bildung, in: Albert Drews (Hg.): Zeitgeschichte als TV-Event. Erinnerungsarbeit und Geschichtsvermittlung im deutschen Fernsehfilm, Rehburg-Loccum 2008, S. 145–168; Fischer, Wirtz: Alles authentisch? (wie Anm. 48); Jan Lorenzen: Zeitgeschichte im Fernsehen. Theorie und Praxis historischer Dokumentationen, Wiesbaden 2015; Oliver Näpel: Film und Geschichte: „Histotainment im Geschichtsunterricht", in: Michele Barricelli, Martin Lücke (Hgg.): Handbuch Praxis des Geschichtsunterrichts Bd. 2., Schwalbach im Taunus 2012, S. 146–171.

63 Kleinhans: Filme (wie Anm. 1), S. 62.

- Nach welchen Kriterien werden Zeitzeugen und Experten ausgewählt? Welche Rolle dürfen dabei beispielsweise Unterhaltungswert, Eloquenz, Exotik und Streitbarkeit ihrer Positionen spielen? Entscheidet man sich für Polarisierung oder Differenzierung?
- Wie weit darf man komplexe Sachverhalte „didaktisch reduzieren“, um sie prägnant, unterhaltsam und vor allem verständlich zu vermitteln?
- Sind kostümische Reenactments, also filmische Nachinszenierungen, legitim? Wenn ja, bis zu welchem Grad und unter welchen Kriterien?[64]
- Wie viele referierende Geschichtswissenschaftler verträgt andererseits eine Doku, die ein breites Publikum erreichen möchte?
- Und wie differenziert darf eine Darstellung ausfallen, wenn sie sich z. B. an Menschen richtet, die als Wandertouristen eher zufällig den Weg ins Besucherzentrum des Kaiser-Wilhelm-Denkmals gefunden haben?

Auf all diese Fragen gibt es keine einfachen und vor allem keine allgemeingültigen Antworten. Sie müssen letztlich für jeden Einzelfall spezifisch betrachtet werden und je nach Zielgruppen und Einsatzzweck werden die Antworten auch unterschiedlich ausfallen. Wichtig ist aus Sicht eines Historikers, grundsätzlich große Sorgfalt in der Recherche und Transparenz hinsichtlich der gewählten Stilmittel, der Herkunft und Auswahl der visuellen Quellen walten zu lassen. Hinzu kommen die Offenlegung der Subjektivität der filmischen Geschichtsnarration und eine möglichst große Multiperspektivität und Kontroversität der Quellen und Aussagen.[65]

Gerade für die Schule gilt: Schülerinnen und Schüler müssen auch angeleitet werden, mithilfe kritisch-methodischer Reflexion den affektiven Einflüssen von Filmen rational zu begegnen und den Konstruktcharakter der immer nur scheinbar authentischen Bilder zu erkennen. Eine solche medienkritische Auseinandersetzung mit filmisch vermittelten Geschichtsbildern beschreibt aber nur die eine Seite des Verhältnisses von Film und historischer Bildung. Die andere liegt in dem großen positiven Potenzial, das bewegte Bilder bieten, um junge Menschen zur Auseinandersetzung mit Geschichte anzuregen. Denn kaum ein Medium kann vergangene Zeiten so intensiv lebendig werden lassen wie der Film – Geschichte wird durch ihn sichtbar, nachvollziehbar, spürbar. Filme können plastische Brücken in die Vergangenheit schlagen, sie vermitteln eine unmittelbar beeindruckende, anschauliche Vorstellung von historischen Ereignissen und bauen damit Distanz zum vergangenen Geschehen ab; sie sind imstande, Empathie und so Interesse an einer vertiefenden Beschäftigung mit Geschichte zu wecken – auch und gerade mit der Regional- und Landesgeschichte.

---

64 Zur Debatte darüber vgl. Wilfried KÖPKE: Authentischer als das Original. Reenactment im Fernsehdokumentarismus, in: DERS., Peter STETTNER: Bewegtbilder (wie Anm. 2), S. 147–161.

65 Vgl. dazu grundsätzlich schon 1991 Klaus BERGMANN: Multiperspektivischer Geschichtsunterricht, in: Hans SÜSSMUTH (Hg.): Geschichtsunterricht im vereinten Deutschland. Auf der Suche nach Neuorientierung (Teil 1), Baden-Baden 1991, S. 80–91.

An der Schnittstelle von Wissenschaft und Öffentlichkeit? Fachjournale, Blogs und Soziale Medien in der Landesgeschichte

Martin Göllnitz

Die Publikationskultur in der Geschichtswissenschaft steckt seit einigen Jahren in einem grundlegenden Wandlungsprozess, bei dem die Stichwörter *Peer Review*, *Open Access* und *Blogs*, aber auch die Faktoren Unterhaltung, Öffentlichkeit und Soziale Medien in Bezug auf das publizistische Repertoire der HistorikerInnen eine große Rolle spielen. Diese Entwicklung lässt sich freilich über Epochengrenzen, Methodenschwerpunkte und Themenzuschnitte hinweg beobachten, wobei die Erkenntnisse, Ansätze und Methoden der *Public History* zunehmend an Bedeutung gewinnen. Im Vergleich zu anderen geschichtswissenschaftlichen Professuren bildet die Landesgeschichte jedoch in besonderem Maße die Schnittstelle zwischen universitärer Geschichtswissenschaft und außeruniversitären Akteuren und bedient sich seit jeher diverser Vorgehensweisen, die in den letzten Jahrzehnten in Form der *Public History* bzw. der Angewandten Geschichte institutionalisiert wurden.[1]

Bekanntlich hat sich die Landesgeschichte bereits früh aus dem sogenannten „Elfenbeinturm“ herausgewagt und sich aufgrund der regionalen und lokalen Verankerung ihrer Themen den Voraussetzungen einer modernen Wissenschaftskommunikation geöffnet.[2] So fungieren Tageszeitungen und Radiointerviews vielfach als

---

1 Die starke Einbindung der universitären Landesgeschichte in den öffentlichen Diskurs über Geschichte wird vielfach auch in Beziehung zu den Feldern von *Public History* und Angewandter Geschichte gesetzt. Aus diesem Grund seien an dieser Stelle einige knappe Bemerkungen zu diesen beiden Termini gestattet, da sie in der deutschsprachigen Wissenschaftsgemeinde bislang nicht eindeutig definiert sind und oftmals sogar synonym verwandt werden. So argumentiert Irmgard Zündorf in Bezug auf die angedeutete Begriffsverwirrung von Angewandter Geschichte und *Public History*, dass sich deren Arbeitsfelder in weiten Teilen überschneiden und sich Unterschiede vor allem in der Zielsetzung sowie den daraus resultierenden Ansprüchen und Schwerpunkten ausmachen lassen. Als deutlichste Divergenzen macht Zündorf die unterschiedlich starke Gewichtung des regionalgeschichtlichen Fokus und den Umgang mit der Öffentlichkeit aus. Während der Raum nur einen möglichen Zugang für die *Public History* darstellt, steht dieser im Mittelpunkt der Angewandten Geschichte, die zudem die Öffentlichkeit in die geschichtswissenschaftliche Arbeit einbeziehen will. Vgl. Irmgard ZÜNDORF: Public History und Angewandte Geschichte – Konkurrenten oder Komplizen?, in: Jacqueline NIESSER, Juliane TOMANN (Hgg.): Angewandte Geschichte. Neue Perspektiven auf Geschichte in der Öffentlichkeit, Paderborn 2014, S. 63–76, hier S. 63, 73–76; DIES.: Die Vermarktung historischen Wissens. Geschichtsmagazine als Produkte der Public History, in: Susanne POPP, Jutta SCHUMANN, Fabio CRIVELLARI, u.a. (Hgg.): Populäre Geschichtsmagazine in internationaler Perspektive. Interdisziplinäre Zugriffe und ausgewählte Fallbeispiele, Frankfurt a.M. 2016, S. 53–69, hier S. 53–57.

2 Ein programmatischer Beitrag aus dem Jahr 2016 bedient sich der Metapher des „Elfenbeinturms“ vor allem in Bezug auf eine Öffnung der Landesgeschichte hinsichtlich digitaler Ver-

öffentliche Träger landesgeschichtlicher Ergebnisse, doch sind diese fast immer an die spezifischen Erfordernisse des gewählten Mediums angepasst:[3] Komplexe historische Sachverhalte müssen auf ein verständliches Maß heruntergebrochen und der hermetische Fachjargon an einen pointierten, spannend zu lesenden und allgemein verständlichen Schreibstil angepasst werden.[4]

Folgt man indes den Ausführungen des Journalisten Reinhard Kallenbach, sind aber bei Weitem nicht alle VertreterInnen des Faches bereit, sich mit den Anforderungen dieser journalistischen Darstellungsformen anzufreunden. Im Jahr 2010 konstatierte dieser sogar eine weitgehende Skepsis, in Einzelfällen sogar eine Abneigung der landesgeschichtlichen Zunft gegenüber den traditionellen Massenmedien wie Zeitung und Radio.[5] Hinter der „pauschalen Abqualifizierung der mediengerechten Geschichtsaufbereitung" verberge sich laut Kallenbach „oft nichts anderes als Trägheit und die fehlende Bereitschaft, neue Wege zu gehen". Als Beleg für seine Fundamen-

---

mittlungsangebote. Vgl. Joachim KEMPER: Heraus aus dem Elfenbeinturm! Warum Landesgeschichte und historische Vermittlungsarbeit digital gedacht und praktiziert werden müssen, in: Kaiserslauterer Jahrbuch für pfälzische Geschichte und Volkskunde 16 (2016), S. 511–518.

3 Zum Genre des Geschichtsjournalismus siehe dagegen Andrea KOLPATZIK: Der Spion, der aus dem Internet kam. Geschichtsjournalismus in den neuen Medien, in: Susanne POPP, Michael SAUER, Bettina ALAVI, u.a. (Hgg.): Zeitgeschichte – Medien – historische Bildung (Zeitschrift für Geschichtsdidaktik, Beihefte Bd. 2), Göttingen 2010, S. 321–338; Sven Felix KELLERHOFF: Geschichte muss nicht knallen – Zwischen Vermittlung und Vereinfachung: Plädoyer für eine Partnerschaft von Geschichtswissenschaft und Geschichtsjournalismus, in: Michele BARRICELLI, Julia HORNIG (Hgg.): Aufklärung, Bildung, „Histotainment"? Zeitgeschichte in Unterricht und Gesellschaft heute, Frankfurt a.M. 2008, S. 147–158; Saskia HANDRO: Geschichte im Fernsehen – Lernfalle oder Lernchance?, in: hero.dot. Das Magazin für den Geschichtsunterricht 2 (2009), S. 3–7; DIES.: „Wie es euch gefällt!" Geschichte im Fernsehen, in: Zeitschrift für Geschichtsdidaktik 6 (2007), S. 213–231; Oliver NÄPEL: Historisches Lernen durch „Histotainment"? – ein geschichtsdidaktischer Aufriss. Chancen und Grenzen einer neuen Ästhetik populärer Geschichtsdokumentationen, analysiert am Beispiel der Sendereihen Guido Knopps, in: Zeitschrift für Geschichtsdidaktik 2 (2003), S. 213–244.

4 Zur narratologischen Perspektive und Unterhaltung in den Geisteswissenschaften siehe Werner FAULSTICH: „Unterhaltung" als Schlüsselkategorie von Kulturwissenschaft: Begriffe, Probleme, Stand der Forschung, Positionsbestimmung, in: DERS., Karin KNOP (Hgg.): Unterhaltungskultur, München 2006, S. 7–20; Stephan JAEGER: Populäre Geschichtsschreibung. Eine narratologische Perspektive, in: Susanne POPP, Jutta SCHUMANN, Fabio CRIVELLARI, u.a. (Hgg.): Populäre Geschichtsmagazine in internationaler Perspektive. Interdisziplinäre Zugriffe und ausgewählte Fallbeispiele, Frankfurt a.M. 2016, S. 71–100, hier S. 71–80; und immer noch grundlegend Lawrence STONE: The Revival of Narrative: Reflections on a New Old History, in: Past and Present 85 (1979), S. 3–24.

5 Reinhard KALLENBACH: Journalisten und Historiker in der Landesgeschichte: Fremde oder Freunde?, in: Johannes DILLINGER (Hg.): Die Vermittlung von Landesgeschichte. Beiträge zur Praxis der historischen Didaktik, Heidelberg 2010, S. 114–124, hier S. 115, 120. Dort finden sich auch die folgenden Zitate. Zur Skepsis der Geschichtswissenschaft gegenüber der Geschichtsdarstellung in traditionellen Massenmedien siehe auch KELLERHOFF: Geschichte (wie Anm. 3), S. 153f. Als Beleg führt Kellerhoff ein Urteil des Zeithistorikers Norbert Frei an, für das Frei auf dem 46. Historikertag 2006 in Konstanz zahlreichen Applaus vom akademischen Nachwuchs erhielt: „Das Zeitzeugenfernsehen des ZDF macht Lust auf Erkenntnis, befriedigt sie aber nicht – und so etwas darf man ja wohl als Pornografie bezeichnen."

talkritik führt er in erster Linie die landesgeschichtlichen Publikationen an, die in seiner Perspektive „durch sperrige Texte [glänzen]“ und sich „gestalterisch auf dem Niveau der 60er-Jahre [bewegen]“.

Da hier aber weder der Raum noch der Anlass ist, Kallenbachs zugespitzte Thesen im Einzelnen zu überprüfen, soll lediglich eine Bemerkung herausgegriffen und im Folgenden diskutiert werden. Mir erscheint vor allem die These interessant, wonach es der Landesgeschichte an der Bereitschaft fehle, „neue Wege“ in der Kommunikation mit einer interessierten Öffentlichkeit einzuschlagen. Zugleich legt diese Behauptung die Vermutung nahe, unser Fach würde sich dem bereits erwähnten Wandel in der geschichtswissenschaftlichen Publikationskultur verweigern. Eine indirekte Bestätigung findet Kallenbachs Postulat durch eine Feststellung Winfried Speitkamps, der zum „Dilemma der [...] Landesgeschichte“ bemerkt, diese beharre auf „hergebrachten Institutionen, Ansätzen, Methoden“ und erhalte „Anschübe und Innovationen“ eher von außen als von innen.[6]

In der vorliegenden Untersuchung sollen daher alte und neue Formen des landeshistorischen Wissenstransfers in den Blick genommen werden, um konkret an analogen wie digitalen Medien die Chancen, Probleme und Herausforderungen aufzuzeigen, die mit der Vermittlung von Landesgeschichte im Sinne der *Public History* einhergehen. Der Beitrag ist dabei nur bedingt empirisch angelegt. Vielmehr soll es darum gehen, das Terrain auszuloten und Potenziale aufzuzeigen. Im Mittelpunkt stehen dabei traditionelle Fachjournale, aber auch neue Spielarten des digitalen Wissenstransfers wie Blogs, Podcasts und Soziale Medien.

Public History, Öffentlichkeit und Landesgeschichte

Aus Platzgründen erscheint es nicht sinnvoll, den Begriff der *Public History* in seiner Entstehungsgeschichte, ambivalenten Verwendung oder facettenreichen Ausprägung hier erneut zu diskutieren. Da der Terminus im Hintergrund der folgenden Überlegungen jedoch immer mitgedacht wird, soll er in Anlehnung an Paul Nolte als Hinwendung der Fachwissenschaft zur Öffentlichkeit verstanden werden.[7] Nach Nolte

---

6 Winfried SPEITKAMP: Grenzen der Landesgeschichte. Bemerkungen zu neuen Standortbestimmungen, in: Hessisches Jahrbuch für Landesgeschichte 51 (2001), S. 233–256, hier S. 238. Zum Eindruck mangelnder Innovationskraft vgl. ferner Werner FREITAG: Was ist wissenswert? Alte und neue Fragen einer Landesgeschichte für Westfalen, in: DERS., Peter JOHANEK (Hgg.): Bünde – Städte – Gemeinden. Bilanz und Perspektiven der vergleichenden Landes- und Stadtgeschichte, Köln 2009, S. 1–15, hier S. 2.

7 Zur Geschichte des Begriffs, dessen unterschiedlicher Verwendung und zum Aufgabenfeld der *Public History* vgl. beispielhaft Habbo KNOCH: Wem gehört die Geschichte? Aufgaben der „Public History“ als wissenschaftlicher Disziplin, in: Wolfgang HASBERG, Holger THÜNEMANN (Hgg.): Geschichtsdidaktik in der Diskussion. Grundlagen und Perspektiven (Geschichtsdidaktik diskursiv: Public History und historisches Denken, Bd. 1), Frankfurt a.M. 2016, S. 303–345; und insb. für den deutschen Kontext Frank BÖSCH, Constantin GOSCHLER (Hgg.): Public History. Öffentliche Darstellungen des Nationalsozialismus jenseits der Geschichtswissenschaft, Frankfurt a.M. 2009; Sabine HORN, Michael SAUER (Hgg.): Geschichte und Öf-

haben sich seit den 1980er Jahren fünf Trends in der *Public History* herauskristallisiert, die teils untereinander verknüpft sind und – in einem Satz komprimiert – als Hinwendung zu einer narrativen, auf Individuen fokussierten, anschaulich aufbereiteten, Bilder und Erinnerungen einbeziehenden Geschichtsvermittlung verstanden werden können.[8] Oder anders gesagt: *Public History* meint jene Form der Geschichtsvermittlung für *die* Öffentlichkeit bzw. *in* der Öffentlichkeit, die sich an breite, nichtgeschichtswissenschaftlich vorgebildete RezipientInnen richtet.[9]

Um diese von der *Public History* forcierte Relation zwischen Wissenschaft und Öffentlichkeit, bezogen auf die universitäre Landesgeschichte, charakterisieren zu können, ist es freilich notwendig, zusätzlich den Begriff „Öffentlichkeit" stärker zu konkretisieren. Dazu wird auf ein gestuftes Modell der Öffentlichkeit zurückgegriffen, das von Arne Schirrmacher stammt.[10] Insgesamt sechs Ebenen umfasst das Stufenmodell, wobei sich diese in Bezug auf das Vorwissen unterscheiden: *erstens* die „breite Öffentlichkeit", die sich in aller Regel nicht für wissenschaftliche Bildung interessiert, *zweitens* die „gelegentlich interessierte Öffentlichkeit", die vereinfachte, wissenschaftsferne Darstellungsformen bevorzugt, *drittens* die „gebildete/interessierte Öffentlichkeit", die sich einen Nutzen durch wissenschaftliche Forschung verspricht, *viertens* die „Fachöffentlichkeit", die Teil der Wissenschaftsgemeinde, aber einem anderen Fachgebiet zugehörig ist, *fünftens* die „Fachkreise außerhalb des engeren Forschungsgebietes", worunter etwa Allgemeinhistoriker zu verstehen sind, und schließlich *sechstens* die „Fachwissenschaft" selbst, womit in unserem Fall andere Landes- und RegionalhistorikerInnen gemeint sind.

Je größer die anvisierte Zielgruppe ist, je mehr sie also der „breiten Öffentlichkeit" entspricht, desto geringer sind die historischen oder methodischen Vorkenntnisse, die von der Landesgeschichte vorausgesetzt werden können. Und an diesem Punkt wird es kompliziert, denn hier treffen gewissermaßen unterschiedliche Partikularin-

---

fentlichkeit: Orte, Medien, Institutionen, Göttingen 2009; Marko DEMANTOWSKY: Public History. Sublation of a German debate?, in: Public History Weekly 3 (2015), H. 2, URL: https://public-history-weekly.degruyter.com/3–2015–2/public-history-sublation-german-debate/ (zuletzt aufgerufen am 10.10.2019); Stefanie SAMIDA: Public History als Historische Kulturwissenschaft, in: Docupedia-Zeitgeschichte, 17.06.2014, URL: http://docupedia.de/zg/Public_History_als_Historische_Kulturwissenschaft (zuletzt aufgerufen am 10.10.2019).

8 Paul NOLTE: Öffentliche Geschichte. Die neue Nähe von Fachwissenschaft, Massenmedien und Publikum: Ursachen, Chancen und Grenzen, in: Michele BARRICELLI, Julia HORNIG (Hgg.): Aufklärung, Bildung, „Histotainment"? Zeitgeschichte in Unterricht und Gesellschaft heute, Frankfurt a.M. 2008, S. 131–146, hier S. 138–142.

9 Vgl. dazu auch Irmgard ZÜNDORF: Zeitgeschichte und Public History. Version: 2.0, in: Docupedia-Zeitgeschichte, 06.09.2016, URL: http://docupedia.de/zg/Zuendorf_public_history_v2_de_2016 (zuletzt aufgerufen am 10.10.2019); Marko DEMANTOWSKY: What is Public History, in: DERS. (Hg.): Public History and School: International Perspectives, Berlin 2018, S. 1–37; sowie Hilda KEAN, Paul ASHTON: Introduction: People and their Pasts and Public History Today, in: DIES. (Hgg.): People and their Pasts. Public History Today, Basingstoke 2009, S. 1–19.

10 Vgl. dazu und zum Folgenden Arne SCHIRRMACHER: Nach der Popularisierung. Zur Relation von Wissenschaft und Öffentlichkeit im 20. Jahrhundert, in: Geschichte und Gesellschaft 34 (2008), S. 73–95, hier S. 84–86.

teressen aufeinander: Insbesondere die „breite und gelegentlich interessierte Öffentlichkeit“ ist primär an einer Geschichtsvermittlung interessiert, die als kurzweilig, einfach zu lesen und emotionalisierend beschrieben werden kann. Diese Leserschaft zeigt zumeist wenig Verständnis für einen hermetischen Fachjargon oder einen überbordenden Anmerkungsapparat, in dem Nachweise oder fachspezifische Diskussionen abgehandelt werden. Demgegenüber ist die an Universitäten verankerte Landesgeschichte wissenschaftlichen Standards wie einer elaborierten Heuristik, einem methodischen Bewusstsein und operationalisierbaren Fragestellungen verpflichtet und sie strebt danach, mithilfe vernetzten Wissens den Einzelfall in größere historische Zusammenhänge einzubetten.[11]

Gewiss muss die professionelle Landesgeschichtsschreibung im Sinne einer modernen *Public History* künftig stärker formale und stilistische Konzessionen eingehen, etwa in Bezug auf ein zeitgemäßes Layout, eine vereinfachte Darstellungsweise oder das Bemühen um ansprechende Illustrationen.[12] Dabei dürfen die Grundlagen der Wissenschaftlichkeit oder eine quellenbasierte Tiefenschärfe aber nicht außen vor gelassen werden, will sich die universitäre Landesgeschichte nicht selbst vom innerfachlichen Diskurs abschneiden. Es kann daher also gar nicht im Interesse der LandeshistorikerInnen liegen, ihre Erkenntnisse marktschreierisch anzupreisen und einer auf Showeffekten basierenden Vermittlung den Vorrang zu geben, wie es etwa bei populären Geschichtsmagazinen zu beobachten ist.[13]

---

11 Siehe dazu auch Daniel SCHLÄPPI: Angewandte und akademische Geschichte – keine Gegensätze, in: Wolfgang HARDTWIG, Alexander SCHUG (Hgg.): History Sells! Angewandte Geschichte als Wissenschaft und Markt, Stuttgart 2009, S. 31–41, hier S. 36f.

12 Ebd., S. 37; Christoph KÜHBERGER: Verkaufte Zunft? Ein Beitrag zur Ethik des History Consulting, in: Wolfgang HARDTWIG, Alexander SCHUG (Hgg.): History Sells! Angewandte Geschichte als Wissenschaft und Markt, Stuttgart 2009, S. 43–53, hier S. 43–46.

13 Siehe u.a. ZÜNDORF: Vermarktung (wie Anm. 1); Claudius SPRINGKART: Populäre Geschichtsmagazine in Deutschland. Marktüberblick und Themenschwerpunkte, in: Susanne POPP, Jutta SCHUMANN, Fabio CRIVELLARI, u.a. (Hgg.): Populäre Geschichtsmagazine in internationaler Perspektive. Interdisziplinäre Zugriffe und ausgewählte Fallbeispiele, Frankfurt a.M. 2016, S. 237–275; Marlene P. HILLER: Der Spagat zwischen Öffentlichkeit und Wissenschaft. Oder: Geschichte schreiben für Liebhaber, in: Sabine HORN, Michael SAUER (Hgg.): Geschichte und Öffentlichkeit: Orte, Medien, Institutionen, Göttingen 2009, S. 161–168; Christian SPIESS: Zwischen Wissenschaft und Unterhaltungsanspruch. Aktuelle Geschichtsmagazine im Vergleich, in: Sabine HORN, Michael SAUER (Hgg.): Geschichte und Öffentlichkeit: Orte, Medien, Institutionen, Göttingen 2009, S. 169–176. Für ein französisches Beispiel vgl. Laurène Pain PRADO: La question de l'histoire grand public. Étude comparée de deux magazines d'histoire: *Historia* et *L'Histoire*, 2004–2008, Grenoble 2010, URL: https://dumas.ccsd.cnrs.fr/dumas-00584023/document (zuletzt aufgerufen am 10.10.2019). Eine kritische Perspektive auf die gängige Vermarktung von Geschichte bietet Fabio CRIVELLARI: ‚History Marketing‘. Geschichte zwischen Wissenschaft und Verkaufsargument, in: Akkumulation 32 (2012), S. 13–28.

Wenn der Titel des Beitrages mithin suggeriert, dass die universitäre Landesgeschichte eine Schnittstelle zwischen Wissenschaft und Öffentlichkeit bildet, ist damit in Anlehnung an Schirrmacher folglich eine zumindest „gebildete/interessierte Öffentlichkeit" gemeint. Aus praktischen Erwägungen erscheint es nicht zielführend, diese als eigenständige, homogene Akteursgruppe zu interpretieren; vielmehr soll sie als „Raum oder Sphäre", in dem ein Interesse an Landesgeschichte prinzipiell vorhanden ist, gedacht werden.[14]

Einen solchen öffentlichen Raum stellen im Besonderen die regional- und landesgeschichtlichen Zeitschriften dar, die unter Hinzunahme von heimatkundlichen Jahrbüchern allein für das deutschsprachige Gebiet hunderte Periodika umfassen.[15] Eine derart große Menge kann im Rahmen des vorliegenden Aufsatzes natürlich nicht betrachtet werden, weshalb der Blick vor allem auf einigen ausgewählten, in der universitären Landesgeschichte etablierten Fachjournalen liegt. Folgt man indes den Erkenntnissen von Olaf Blaschke und Peter Weingart zu wissenschaftlichen Journalen, offenbart sich ein ziemlich ernüchterndes Bild: Demnach hat jeder wissenschaftliche Aufsatz im Durchschnitt nur einen Leser und die Hälfte aller Artikel wird, so die Annahme, niemals zitiert und „wohl von fast niemandem je wahrgenommen".[16] In Zahlen ausgedrückt kommt Weingart sogar zu dem Ergebnis, dass „80 Prozent aller Zitate" auf nur „20 Prozent aller Aufsätze" entfallen.[17]

So erschreckend diese Erkenntnis auch sein mag, trifft sie doch für landesgeschichtliche Zeitschriften nur bedingt zu, da diese sich vom Typus des allgemeinhistorischen Periodikums durch eine räumliche Begrenzung sowohl in Bezug auf die Zielgruppe als auch auf den Inhalt unterscheiden.[18] Ihr relativer Erfolg basiert zu einem hohen Maß auf dem Prinzip von Förderung und Gegengabe durch die Vereinsmitglieder, die ihr

---

14 SCHIRRMACHER: Popularisierung (wie Anm. 10), S. 76; siehe auch Jörg REQUATE: Öffentlichkeit und Medien als Gegenstände historischer Analyse, in: Geschichte und Gesellschaft 25 (1999), S. 5–32, hier S. 6f.

15 Rudi MECHTHOLD: Landesgeschichtliche Zeitschriften 1800–2009. Ein Verzeichnis deutschsprachiger landesgeschichtlicher und heimatkundlicher Zeitschriften, Zeitungsbeilagen und Schriftenreihen (Zeitschrift für Bibliothekswesen und Bibliographie, Sonderbände Bd. 101), Frankfurt a.M. 2011, S. 9. Vgl. für französische Journale mit regionalem Schwerpunkt insb. Gabriele LINGELBACH: Klio macht Karriere. Die Institutionalisierung der Geschichtswissenschaft in Frankreich und den USA in der zweiten Hälfte des 19. Jahrhunderts, Göttingen 2003, S. 212; DIES.: Historical Journals, in: Ilaria PORCIANI, Lutz RAPHAEL (Hgg.): Atlas of the Institutions of European Historiographies 1800 to the Present, Houndmills 2010, S. 21.

16 Olaf BLASCHKE: Der Beitrag der historischen Zeitschriften zur Wissenskommunikation im 19. und 20. Jahrhundert, in: Thomas KÜSTER (Hg.): Medien des begrenzten Raumes. Landes- und regionalgeschichtliche Zeitschriften im 19. und 20. Jahrhundert (Forschungen zur Regionalgeschichte, Bd. 73), Paderborn 2013, S. 43–54, hier S. 52.

17 Peter WEINGART: Die Stunde der Wahrheit? Zum Verhältnis der Wissenschaft zu Politik, Wirtschaft und Medien in der Wissensgesellschaft, Weilerswist 2001, S. 105.

18 Vgl. dazu und zum Folgenden Thomas KÜSTER: Landes- und regionalgeschichtliche Zeitschriften zwischen Wissenschaft und Öffentlichkeit – Befunde und Perspektiven, in: DERS. (Hg.): Medien des begrenzten Raumes. Landes- und regionalgeschichtliche Zeitschriften im

Journal meist per Abonnement beziehen und die bezahlte Lektüre wenigstens teilweise auch konsumieren. Weiterhin ist es ihrem räumlich-territorialen Zuschnitt zu verdanken, dass es unter ihnen nur selten Konkurrenz gibt und sie eine quasi-monopolistische Stellung in ihrer Region besitzen.

Außerhalb der eigenen Region, insbesondere aber außerhalb des deutschsprachigen Raumes, werden sie aufgrund ihres räumlichen Fokus allerdings so gut wie gar nicht rezipiert. Fehlende englischsprachige Abstracts oder Artikel verstärken dieses Dilemma zusätzlich.[19] Eng damit verknüpft ist ihre eingeschränkte Zugänglichkeit. Denn oft sind landesgeschichtliche Journale nur in wenigen regionalen Universitäts- und Fachbibliotheken einsehbar. Für KollegInnen im Ausland oder eine interessierte Leserschaft in anderen Teilen Deutschlands ergeben sich somit strukturelle Hürden, die nur im Einzelfall per Fernleihe überwunden werden können. Die eingeschränkte Zugänglichkeit steht zudem in einem gewissen Spannungsverhältnis zu jener Form der Geschichtsvermittlung für die bzw. in der Öffentlichkeit, von der anfänglich gesprochen wurde.

Eine von etlichen allgemeinhistorischen und immer mehr landesgeschichtlichen Fachzeitschriften bereits erfolgreich erprobte Vergrößerung des Rezipientenkreises mittels digitaler Praktiken stellt die freie Bereitstellung wissenschaftlicher Literatur im Internet dar.[20] Durch den sogenannten *Open Access* wird die Zugangsschwelle zu wissenschaftlichen Texten niedriger und die Verbreitungs- wie Rezeptionsmechanismen von Forschungsergebnissen werden unkomplizierter.[21] Konkret wird der Gebrauch landeshistorischer Elaborate und Erkenntnisse sowohl durch eine wissenschaftliche wie nicht-wissenschaftliche Öffentlichkeit vereinfacht – Barrieren wie kostenpflichtige Abonnements oder sogenannte *Paywalls* und die Verfügbarkeit von Nutzungslizenzen in Bibliotheksnetzwerken entfallen. *Open Access* steht somit für kostengünstige, schnelle, ubiquitäre und verbesserte Auffindbarkeit.

Dies hat auch die Deutsche Forschungsgemeinschaft (DFG) erkannt, die bereits seit 1995 „gezielt die Erstellung und Verbreitung entgeltfrei zugänglicher Publikationen

---

19. und 20. Jahrhundert (Forschungen zur Regionalgeschichte, Bd. 73), Paderborn 2013, S. 11–26, hier S. 18–20.

19 Diese Feststellung findet sich schon bei Peter STEINBACH: Territorial- oder Regionalgeschichte: Wege der modernen Landesgeschichte. Ein Vergleich der „Blätter für deutsche Landesgeschichte" und des „Jahrbuchs für Regionalgeschichte", in: Geschichte und Gesellschaft 11 (1985), S. 528–540, hier S. 539.

20 Vgl. dazu ferner Wolfgang SCHMALE, Wolfgang HASBERG, Robert DITTRICH: Digitalität und Public History. Digitale Kommunikation über Geschichte, in: Christine GUNDERMANN, Wolfgang HASBERG, Holger THÜNEMANN (Hgg.): Geschichte in der Öffentlichkeit. Konzepte – Analysen – Dialoge (Geschichtsdidaktik diskursiv: Public History und historisches Denken, Bd. 7), Berlin 2019, S. 151–179, hier S. 154f.

21 Vgl. dazu neuerdings Christian HEISE: Von Open Access zu Open Science: Zum Wandel digitaler Kulturen der wissenschaftlichen Kommunikation, Lüneburg 2018, URL: https://meson.press/books/von-open-access-zu-open-science/ (zuletzt aufgerufen am 10.10.2019); Ulrich HERB: Offenheit und wissenschaftliche Werke: Open Access, Open Review, Open Metrics, Open Science & Open Knowledge, in: DERS. (Hg.): Open Initiatives: Offenheit in der digitalen Welt und Wissenschaft, Saarbrücken 2012, S. 11–44.

über das Internet“[22] unterstützt und auf diese Weise wissenschaftspolitischen Druck ausgeübt hat. Weiteren Auftrieb erhielt die *Open Access*-Bewegung 2001 durch die „Budapester Erklärung“ europäischer und amerikanischer Wissenschaftler, die das Ziel verfolgten, ihre Forschungsergebnisse einer interessierten Öffentlichkeit frei zugänglich zu machen.[23] Auch die „Berliner Erklärung“ vom Oktober 2003 identifiziert sich mit diesen Absichten.[24]

Noch im Jahr 2013 bemerkte der Mediävist und Landeshistoriker Thomas Vogtherr, dass Retrodigitalisierung und *Open Access* in der Geschichtswissenschaft zwar mittlerweile Standard seien, die Landesgeschichte es aber weitgehend versäumt habe, im Rahmen zahlreicher Förderperioden die Gelegenheit zu ergreifen, ihre Journale mithilfe von Drittmitteln zu digitalisieren und der Öffentlichkeit kostenfrei zur Verfügung zu stellen.[25] Eine beispielhafte Stichprobe macht allerdings deutlich, dass Vogtherrs Feststellung nicht mehr aktuell ist. Gleichwohl eine recht uneinheitliche Praxis vorherrscht und einige Journale ihren LeserInnen lediglich Inhaltsverzeichnisse und/oder Abstracts zur Verfügung stellen, haben zahlreiche etablierte landesgeschichtliche Zeitschriften ihre älteren und historischen Ausgaben bereits digitalisiert und im Internet frei zugänglich gemacht. Für das Gros der kleineren landes- und regionalhistorischen Heimatjahrbücher lässt sich diese Tendenz hingegen derzeit aber noch nicht ausmachen, was einerseits auf fehlende Kenntnisse bzw. Expertise, andererseits auf mangelnde ökonomische wie apparativ-institutionelle Ressourcen zurückzuführen ist – zumal die Retrodigitalisierung aus dem Normalbetrieb heraus organisiert werden muss und die Ansprüche der Nutzenden erheblich gewachsen sind: Notlösungen oder gar Laienhaftigkeit werden kaum noch akzeptiert.[26] Vereinzelt scheint auch die Notwendigkeit einer nachhaltigen Digitalisierung noch nicht erkannt worden zu sein.

An der Tabelle wird sichtbar, dass die landesgeschichtlichen Periodika aus nachvollziehbaren Gründen auch weiterhin dem traditionellen Medium des Druckes verhaftet sind und daher den „grünen Weg“ des *Open Access* vorziehen. Diese hybride Form zeichnet sich dadurch aus, dass ältere oder historische Bestände mit einem gewissen

22 Johannes FOURNIER: Open Access in der Deutschen Forschungsgemeinschaft. Positionen, Projekte, Perspektiven, in: Zeitschrift für Bibliothekswesen und Bibliographie 54 (2007), S. 224–229, hier S. 224.

23 Einzusehen ist das Plädoyer für *Open Access* der „Budapester Erklärung“ unter der URL: https://www.budapestopenaccessinitiative.org/translations/german-translation (zuletzt aufgerufen am 10.10.2019).

24 Die „Berliner Erklärung über den offenen Zugang zu wissenschaftlichem Wissen“ findet sich unter der URL: https://openaccess.mpg.de/Berliner-Erklaerung (zuletzt aufgerufen am 10.10.2019).

25 Thomas VOGTHERR: Regionalhistorische Zeitschriften und universitäre Landesgeschichte, in: Thomas KÜSTER (Hg.): Medien des begrenzten Raumes. Landes- und regionalgeschichtliche Zeitschriften im 19. und 20. Jahrhundert (Forschungen zur Regionalgeschichte, Bd. 73), Paderborn 2013, S. 55–66, hier S. 65.

26 Vgl. diesbezüglich ebd.

zeitlichen Abstand zum Erscheinen der Printausgabe frei zugänglich gemacht werden (Stichwort: *moving wall*).[27]

Zeitschrift	Digitalisate mit Verzögerung			Inhalts-verzeichnis/ Abstract
	unter 3 Jahren	3 bis 5 Jahre	über 5 Jahre	
Baltische Studien			X	
Blätter für deutsche Landes-geschichte			X	
Geschichte in Köln				X
Geschichte im Westen		X		
Hessisches Jahrbuch für Landes-geschichte				X
Jahrbuch für brandenburgische Landesgeschichte				X
Jahrbuch für Regionalgeschichte				X
Mitteilung des oberhessischen Geschichtsvereins Gießen	X			
Niedersächsisches Jahrbuch		X		
Rheinische Vierteljahrsblätter	X			
Südosteuropa-Mitteilungen	(Paywall)			
Storia e regione / Geschichte und Region		X		
Zeitgeschichte regional. Mitteilungen aus Mecklenburg-Vorpommern				X
Zeitschrift der Gesellschaft für Schleswig-Holsteinische Geschichte			X	
Zeitschrift für bayerische Landes-geschichte			X	

27 Die Diskussionssektion „Open Access. Gespaltene Geschichtswissenschaft?" beim Münsteraner Historikertag 2018 befasste sich ebenfalls mit dieser Thematik. Vgl. Jonas BECHTOLD: HT 2018: Open Access. Gespaltene Geschichtswissenschaft?, 25.09.2018–28.09.2018 in Münster, in: H-Soz-Kult, 20.10.2018, URL: www.hsozkult.de/conferencereport/id/tagungsberichte-7897 (zuletzt aufgerufen am 10.10.2019). Siehe ferner Ludger CLASSEN: Analog oder digital? Die Zukunftsperspektiven wissenschaftlicher Zeitschriften, in: Thomas KÜSTER (Hg.): Medien des begrenzten Raumes. Landes- und regionalgeschichtliche Zeitschriften im 19. und 20. Jahrhundert (Forschungen zur Regionalgeschichte, Bd. 73), Paderborn 2013, S. 325–332.

Zeitschrift für siebenbürgische Landeskunde	(Paywall)			
Zeitschrift für württembergische Landesgeschichte	X			

Es ist somit also keineswegs nötig, den „goldenen Weg" des *Open Access* zu beschreiten, der eine ausschließlich online erscheinende Publikation mit freiem Zugang vorsieht. Bisherige Initiativen wie „Einblicke. Online-Zeitschrift für Regionalgeschichte" (2001–2004) haben entweder nur kurzzeitig Bestand oder es fehlt ihnen wie im Fall des seit 2005 im Internet freiverfügbaren Periodikums „Rosenland – Zeitschrift für lippische Geschichte" an ausreichend AutorInnen.[28]

Weiterhin kann der Tabelle entnommen werden, dass immer noch einige renommierte Fachorgane auf eine Digitalisierung ihrer älteren Ausgaben verzichten. In Bezug auf zusätzliche Kosten fallen aber lediglich die „Südosteuropa-Mitteilungen" sowie die „Zeitschrift für siebenbürgische Landeskunde" aus dem Rahmen, da sie als einzige sämtliche älteren Ausgaben mit einer sogenannten *Paywall* vor dem kostenfreien Zugang schützen.[29] Insgesamt ist jedoch eine allgemeine Hinwendung landesgeschichtlicher Zeitschriften zur digitalen *Public History* zu konstatieren, ohne dabei etwaige Vorbehalte der universitären LandeshistorikerInnen zu ignorieren.[30] Denn die Wahrnehmung und Sichtbarkeit von wissenschaftlichen Beiträgen innerhalb des eigenen Faches wird auch in absehbarer Zukunft am ehesten über die Printform gewährleistet. Zudem sehen viele VertreterInnen der Landesgeschichte zu Recht die Notwendigkeit der Begutachtung und sorgfältigen Bearbeitung von Manuskripten, die häufig nur bei gedruckten Publikationen – durch HerausgeberInnen oder Verlage – gesichert ist und somit eine Hybridpublikation sinnvoll erscheinen lassen. Schließlich sind sie

28 Dieser Umstand wird u.a. dadurch sichtbar, dass ungefähr die Hälfte aller Beiträge von den beiden Herausgebern verfasst wurde. Vgl. die Bestandsaufnahme bei Andreas RUPPERT: Ein E-Journal für die regionale Geschichte: Gründung und Entwicklung der Zeitschrift „Rosenland" (www.rosenland-lippe.de), in: Thomas KÜSTER (Hg.): Medien des begrenzten Raumes. Landes- und regionalgeschichtliche Zeitschriften im 19. und 20. Jahrhundert (Forschungen zur Regionalgeschichte, Bd. 73), Paderborn 2013, S. 315–323, hier S. 320.

29 Die *Paywalls* der „Südosteuropa-Mitteilungen" (2002–2019) und auch der „Zeitschrift für siebenbürgische Landeskunde" (1978–2015) umschließen alle älteren Ausgaben, wobei sich die Kosten für den Erwerb eines einzelnen Aufsatzes im Schnitt auf 3,50 Euro belaufen. Vgl. URL: https://www.ceeol.com/search/journal-detail?id=515 (zuletzt aufgerufen am 10.10.2019); sowie die URL: https://www.ceeol.com/search/journal-detail?id=206 (zuletzt aufgerufen am 10.10.2019).

30 Zu etwaigen Partikularinteressen vgl. Oliver BAUMANN: Zwischen Deutungshoheiten und digitaler Offenheit. Ein Kommentar, in: Marko DEMANTOWSKY, Christoph PALLASKE (Hgg.): Geschichte lernen im digitalen Wandel, München 2015, S. 169–174, hier S. 171. Vgl. dazu auch die älteren Beiträge von Winfried SCHULZE: Zur Geschichte der Fachzeitschriften. Von der „Historischen Zeitschrift" zu den „zeitenblicken", in: Historical Social Research 29(1) (2004), S. 123–137; und Klaus GRAF: Wissenschaftliches E-Publizieren mit „Open Access" – Initiativen und Widerstände, in: Historical Social Research 29(1) (2004), S. 64–75.

in erster Linie Fachorgane, konzipiert für eine interne Kommunikation mit der eigenen *scientific community*.

Trotz der beachtlichen Zunahme landeshistorischer Digitalisate in den letzten Jahren scheint eine weitere Forderung an die geschichtswissenschaftlichen Zeitschriften im deutschen Raum, die mit *Open Access* nicht selten Hand in Hand geht und die ein wesentliches Merkmal jener Umbruchsituation darstellt, der sich zahlreiche publizistische Fachorgane seit einigen Jahren verstärkt ausgesetzt sehen, in der Landesgeschichte bislang nur vereinzelt Gehör gefunden zu haben.[31] Gemeint ist die in den Naturwissenschaften längst gängige und auch in den Geisteswissenschaften allmählich etablierte *Peer Review*-Praxis, durch die es möglich ist, sich in internationalen Rating-Verfahren kategorisieren zu lassen. Nun mag der internationale Zeitschriftenvergleich für viele landesgeschichtliche Periodika freilich nur eine untergeordnete und kaum relevante Rolle spielen, doch wird die Umsetzung dieser sozialen Praxis von großen Wissenschaftsorganisationen und Universitätsleitungen immer vehementer gefordert, da auf diese Weise nach innen (fachintern) wie außen (öffentlich) eine gewisse Qualitätssicherung demonstriert und gewährleistet wird. Noch ist nicht absehbar, welche Relevanz *Peer Review*-Verfahren für die Ausbildung des landeshistorischen Nachwuchses künftig besitzen werden oder welche Auswirkungen sie auf die fachinterne Rezeption mit sich bringen. Gleichwohl deutet sich schon seit einigen Jahren eine zunehmende Akzeptanz und Adaptierung dieser Praxis in den deutschsprachigen Sozial- und Geisteswissenschaften an, weshalb die Landesgeschichte möglicherweise in einen verstärkten Zugzwang geraten könnte – beispielsweise in Bezug auf Fachdiskurse und die allgemeine fachliche Rezeption in den Geschichtswissenschaften.

Freilich soll hier nicht einem umfassenden *Peer Review* das Wort geredet werden, sind die damit verbundenen Schwierigkeiten und Zusatzbelastungen doch allzu gut bekannt. Es sei nur an den „totalitären Schäferhund“ erinnert, der es im Rahmen eines *fake*-Beitrags sogar über die *Peer Review*-Hürde der Zeitschrift „Totalitarismus und Demokratie“ im Jahr 2015 geschafft hat.[32] Dennoch hat sich dieses Verfahren weitgehend als soziale Praxis etabliert, die „bestimmten Publikationen eine besondere Legitimität verleiht“, wie der Frankfurter Neuzeithistoriker Andreas Fahrmeir betont.[33] In der

31 Claudia Zey: Wissenschaftliche Zeitschriften. Aktuelle Situation und Perspektiven. Eine Einführung, in: Discussions 3 (2010), URL: https://www.perspectivia.net/publikationen/discussions/3–2010/zey_zeitschriften (zuletzt aufgerufen am 10.10.2019).

32 Vgl. Christiane Schulte: Der deutsch-deutsche Schäferhund. Ein Beitrag zur Gewaltgeschichte des Jahrhunderts der Extreme, in: Totalitarismus und Demokratie 12(2) (2015), S. 319–334. Vgl. ferner den Diskussionsbeitrag von Florian Peters: Von totalitären Schäferhunden und libertären Mauerkaninchen. Alles von Relevanz? Ein Beitrag über zweifelhafte wissenschaftliche Standards und die angezogene Handbremse in der akademischen Debattenkultur, in: Zeitgeschichte-online, Februar 2016, URL: https://zeitgeschichte-online.de/kommentar/von-totalitaeren-schaeferhunden-und-libertaeren-mauerkaninchen (zuletzt aufgerufen am 10.10.2019).

33 Andreas Fahrmeir: Bloggen und Open Peer Review in der Geschichtswissenschaft: Chance oder Sackgasse?, in: Peter Haber, Eva Pfanzelter (Hgg.): historyblogosphere. Bloggen in den Geschichtswissenschaften, München 2013, S. 23–35, hier S. 31. Auf die umfangreiche Diskussion über den Nutzen und Nachteil von *Peer Review*-Verfahren kann an dieser Stelle nicht

Landesgeschichte ist bislang aber noch eine äußerst ambivalente Haltung zum *Peer Review* zu beobachten. So wirbt von den erwähnten Zeitschriften einzig die deutsch-italienische „Storia e regione" mit einem anonymisierten und standardisierten *double blind*-Verfahren, während das Gros zumeist relativ unkonkret von einem *Peer Review*-Prozess spricht, ohne diesen näher zu definieren, oder sogar gänzlich auf Angaben zu dieser Praxis verzichtet. In anderen Fällen werden Fachredaktionen und Herausgeberschaften als Gutachtergremien deklariert. Und obgleich GutachterInnen weder allwissend noch unfehlbar sind, dürfte mittlerweile unstrittig sein, dass ein *Review*-Prozess dazu beitragen kann, eingereichte Aufsätze zu verbessern und offenkundig mangelhafte Beiträge abzulehnen.[34] Die Vorteile liegen dabei auf der Hand: Während der hauseigene Nachwuchs eine weitere Qualifikation in Form von *Peer Review*-Aufsätzen erhält, man denke nur an künftige DFG-Anträge (Punkt 1.1.1 bei Anträgen zur Sachbeihilfe), präsentieren sich die Zeitschriften in ihrer Funktion als Transporteure und Speicher landeshistorischer Forschung mithilfe von Orientierungsmarken und Qualitätsmessung.

Doch sollte hier kein vermeintlicher Königsweg unkritisch übernommen werden, sondern eine Pluralität von Verfahren (von der Redaktionsbegutachtung bis hin zu *double blind*-Verfahren) der Qualitätssicherung verfolgt werden. Schließlich ist Qualität weder wertneutral noch mit nur einem Instrument messbar. Sie ist vielmehr eng verknüpft mit gewachsenen Fach- respektive Wissenschaftskulturen und bezieht sich darüber hinaus natürlich immer auch auf die spezifisch inhaltliche wie räumliche und epochale Ausrichtung der jeweiligen Zeitschrift.[35]

Es verwundert weiterhin, dass nahezu ausschließlich die wissenschaftlichen Fachjournale mit der Forderung eines *Peer Review*-Prozesses konfrontiert werden, obwohl sie in der Regel bereits sehr hohe Qualitätsstandards haben und der Annahme von Manuskripten vielfach ohnehin eine Begutachtung vorangeht, wohingegen für Sammelbände, die das Feld akademischer Aufsätze dominieren, diese Standards weit weniger vordringlich zu sein scheinen.[36] Doch auch in diesem Segment zeichnet sich allmählich ein Wandel ab.[37]

---

näher eingegangen werden. Siehe exemplarisch Stefan Hornbostel, Dagmar Simon (Hgg.): Wie viel (In-)Transparenz ist notwendig? Peer Review Revisited, in: iFQ-Working Paper 1 (2006), URL: http://www.forschungsinfo.de/Publikationen/Download/working_paper_1_2006.pdf (zuletzt aufgerufen am 10.10.2019).

34 Fahrmeir: Bloggen (wie Anm. 33), S. 30.

35 Vgl. auch „Zur Podiumsdiskussion ‚Qualitätssicherung' auf dem Historikertag 2008", in: Werkstatt*Geschichte* 49 (2008), S. 7–8, hier S. 7; ferner Steven W. Sowards: What is peer review, and does it have a future?, in: Bibliothek Forschung und Praxis 39(2) (2015), S. 200–205.

36 Zey: Zeitschriften (wie Anm. 31).

37 Ein Beispiel ist die vom Autor mitherausgegebene und bei „V&R unipress" erscheinende Schriftenreihe „Beiträge zur Geschichte der Johannes Gutenberg-Universität Mainz, Neue Folge", die bereits mit einem *Peer Review*-Verfahren arbeitet: „Die Beiträge werden durch die Bandherausgeber redigiert und anschließend Peers zur Begutachtung vorgelegt. Allfällige Empfehlungen sind einzuarbeiten." URL: https://www.forschungsverbund-universitaetsgeschichte.uni-mainz.de/publikationen-des-forschungsverbundes/ (zuletzt aufgerufen am 10.10.2019).

Bloggen in der Landesgeschichte als Wissenstransfer?

Neben den traditionellen Fachjournalen haben sich mittlerweile weitere Medien im öffentlichen Raum des Internets etabliert, die zunehmend von der Geschichtswissenschaft im Rahmen des digitalen Wissenstransfers genutzt werden. Dazu zählen unter anderem Blogs, Podcasts und natürlich die Sozialen Medien.[38] Bislang ist es diesen vergleichsweise neuen Medien aber noch nicht gelungen, aus dem Schatten etablierter Wissenschaftstexte zu treten. In der Geschichtswissenschaft gelten verständlicherweise und auch zu Recht weiterhin die klassischen Textgattungen wie Qualifikationsschriften, Artikel in *peer reviewed*-Publikationen sowie Texte, deren Ziel nicht die Veröffentlichung, sondern die Akquise von Drittmitteln ist, als besonders wertvoll und karrierefördernd.[39] Blogs, Podcasts und Soziale Medien erfüllen derzeit keines dieser Kriterien, sie tragen kaum zur fachlichen Reputation bei und sie spielen in wissenschaftlichen Evaluationsverfahren schlicht keine Rolle.

Wenn es aber darum geht, einer interessierten Öffentlichkeit im digitalen Raum landeshistorische Erkenntnisse und Ergebnisse frei zugänglich und ohne Barrieren zu vermitteln, dann führt an ihnen kaum ein Weg vorbei. Denn mit den neuen Medien, allen voran dem wissenschaftlichen Bloggen, verfügt die universitäre Landesgeschichte über einen bisher kaum genutzten Kanal, der sich geradezu aufdrängt, neue Synthesen zwischen der fachlichen und einer fachfremden Öffentlichkeit zu knüpfen. Vor allem Weblogs und Blogs wurden in der Anfangszeit der sogenannten *Blogosphäre* verstärkt als geeignete „Lösung für immer größere Publikationshürden gesehen", die ferner dem „Postulat der ‚schnellen Publikation' entgegenkämen."[40] Doch obwohl sie einfach einzurichten und leicht mit Inhalt zu füllen sind, revolutionierten sie nicht das Publikationsverhalten in den Wissenschaften. In vielen akademischen Disziplinen sind sie heute aber ein immer stärker genutztes Mittel zur Positionierung im universitären Milieu und zur Teilhabe der Öffentlichkeit an neuen Forschungsergebnissen. Besonders im anglo-amerikanischen Raum stellen bloggende HistorikerInnen längst eine Normalität dar.[41]

Die deutschsprachige Zunft betrachtet Blogs aufgrund ihrer technischen wie inhaltlichen Unbeschränktheit zwar immer noch mit einer gewissen Skepsis, doch wächst

---

38 Zu anderen Medien populärer Geschichtsvermittlung – wie beispielsweise Fernsehen, Kino, Comic, historischen Romanen oder Computerspielen – vgl. die Beiträge in Barbara KORTE, Sylvia PALETSCHEK (Hgg.): History goes Pop. Zur Repräsentation von Geschichte in populären Medien und Genres (Historische Lebenswelten in populären Wissenskulturen, Bd. 1), Bielefeld 2009.

39 FAHRMEIR: Bloggen (wie Anm. 33), S. 29.

40 Vgl. dazu und zum Folgenden Eva PFANZELTER: Rezensieren, kommentieren, bloggen: Wissenschaftliche Onlinekommunikation, in: Daniel BERNSEN, Ulf KERBER (Hgg.): Praxishandbuch Historisches Lernen und Medienbildung im digitalen Zeitalter, Opladen 2017, S. 158–166, hier S. 163.

41 Nick POYNTZ: History Blogs, in: History Today 60(5) (2015), S. 37; Jill WALKER: Blogging from inside the Ivory Tower, in: Axel BRUNS, Joanne JACOBS (Hgg.): Uses of Blogs (Digital formations, Bd. 38), New York 2007, S. 127–138.

auch hierzulande die Zahl von geschichts- und sozialwissenschaftlichen Blogs in beeindruckendem Maß.[42] So hat etwa das Portal „de.hypotheses.org" für ein regelrechtes Aufblühen von Blogs in den Geschichtswissenschaften gesorgt.[43] Dort sind zurzeit 122 Blogs mit historischen Themen gelistet, von denen immerhin 14 landesgeschichtlichen und elf stadtgeschichtlichen Fragestellungen gewidmet sind. Dass dieses Medium zudem in der universitären Landesgeschichte angekommen ist, belegen die Blogs „Mittelalter am Oberrhein", betrieben von der Abteilung Landesgeschichte an der Universität Freiburg, und „Geschichte Bayerns", das seinen Ursprung an der Universität Regensburg hat.[44] Nicht auf der Community-Plattform gelistet ist der überwiegend von Bonner NachwuchshistorikerInnen verfasste Blog „Histrhen – Rheinische Geschichte wissenschaftlich bloggen", deren 50 AutorInnen ein fast paritätisches Geschlechterverhältnis aufweisen.[45] Mit Blick auf den akademischen Grad kann des Weiteren konstatiert werden, dass mehrheitlich HistorikerInnen auf dem Weg zur Promotion oder in der Postdoc-Phase ihre Forschungen auf Blogs teilen.

Dafür gibt es mehrere Gründe: Unter anderem eröffnen Blogs einen „fachwissenschaftlich relevanten Informationsraum", der sich virtuell darstellen lässt, und sie erlauben die Vernetzung untereinander – beispielsweise mithilfe von Links und Kommentaren.[46] Das erklärt aber auch, weshalb viele LeserInnen von Blogs selbst BloggerInnen sind und daher nur scheinbar eine Ausweitung der Öffentlichkeit stattfindet. Eine neuere Untersuchung spricht sogar von einer Begrenzung der Öffentlichkeit, weil „Produzenten und Rezipienten häufiger als in anderen Bereichen des (wissenschaftlichen) Publizierens identisch sind."[47]

Trotz dieser Einschränkungen können Blogs durchaus unterschiedliche Geschichtsinteressen bedienen oder als digitale Speicher landesgeschichtlicher Quellen und Forschungen fungieren, wie am Blog des Kreisarchivs Siegen-Wittgenstein augenscheinlich wird. Das „siwiarchiv.de" versteht sich als dezidiert digitale Plattform der Regionalgeschichte, da bereits drei regionalhistorische Zeitschriften im Kreis existieren und ein konkurrierendes Print-Organ vermieden werden sollte.[48] Sämtliche

---

42 Jan HECKER-STAMPEHL: Bloggen in der Geschichtswissenschaft als Form des Wissenstransfers, in: Peter HABER, Eva PFANZELTER (Hgg.): historyblogosphere. Bloggen in den Geschichtswissenschaften, München 2013, S. 37–49, hier S. 37f.

43 Zu der Community-Plattform vgl. Mareike KÖNIG: Die Entdeckung der Vielfalt: Geschichtsblogs der europäischen Plattform hypotheses.org, in: Peter HABER, Eva PFANZELTER (Hgg.): historyblogosphere. Bloggen in den Geschichtswissenschaften, München 2013, S. 181–197; sowie die URL: https://de.hypotheses.org/ (zuletzt aufgerufen am 10.10.2019).

44 Vgl. die Blogs „Mittelalter am Oberrhein", URL: https://oberrhein.hypotheses.org/ (zuletzt aufgerufen am 10.10.2019); und „Geschichte Bayerns", URL: https://histbav.hypotheses.org/credits (zuletzt aufgerufen am 10.10.2019).

45 Vgl. die „AutorInnen"-Seite des Blogs „Histrhen", URL: http://histrhen.landesgeschichte.eu/autoren/ (zuletzt aufgerufen am 10.10.2019).

46 Peter HABER: Digital Past. Geschichtswissenschaft im digitalen Zeitalter, München 2011, S. 125.

47 SCHMALE, HASBERG, DITTRICH: Digitalität (wie Anm. 20), S. 156.

48 Vgl. dazu Thomas WOLF: siwiarchiv.de – erster Versuch eines regionalen Archiv-Weblogs in Deutschland, in: Peter HABER, Eva PFANZELTER (Hgg.): historyblogosphere. Bloggen in den

Archive im Kreisgebiet sind aufgefordert, eigene Beiträge zu archivischen oder regionalhistorischen Themen zu schreiben – besondere Berücksichtigung finden die Informationswünsche der LeserInnen zu Fragen des Archivwesens, regionaler Quellenbestände und natürlich der speziellen Landesgeschichte.[49] Denkbar und von Vorteil kann hier das Aufgreifen tagesaktueller und geschichtspolitischer Themen sein. Mit dreistelligen Besucherzahlen und vierstelligen Seitenaufrufen im Monat belegt der Blog ein nicht zu unterschätzendes Interesse an diesem Medium im Bereich der Landesgeschichte.

Durch ihren interaktiven Charakter sind Blogs also Publikations- und Kommunikationsmedien zugleich und sie regen dazu an, öffentlich an kollektiven Wissensbildungsprozessen mitzuwirken.[50] Oder anders ausgedrückt: Sie vereinen die fachinterne Kommunikation mit der externen, öffentlichen Kommunikation an einem einzigen, frei zugänglichen Veröffentlichungsort.[51] Kritische Gegenstimmen wie jene des Gründers der Werbeagentur „Jung von Matt" aus dem Jahr 2006, der die Welt der Blogs als „Klowände des Internets"[52] klassifizierte, sind zumindest in der Wissenschaft längst Vergangenheit. Zur erhöhten Zitierfähigkeit und professionellen Sichtbarkeit haben feste URL-Adressen und die ISSN-Vergabe für wissenschaftliche Blogs erheblich beigetragen.[53] Weiterhin nähern sich viele Wissenschaftsblogs in ihrer Konzeption zunehmend dem traditionellen Fachjournal an, beispielsweise wenn Autorenkollektive die Plattformen mit Inhalt füllen und zudem redaktionell bearbeiten. Anmerkungsapparate und Literaturverzeichnisse gehören bei geschichtswissenschaftlichen Blogs freilich ohnehin zum Standardrepertoire. Exemplarisch ist hier der Blog zur „Docupedia-Zeitgeschichte" zu nennen, der auf die Artikel des Online-Nachschlagewerkes „Docupedia" verweist, dessen Ziel die Publikation „zentraler Begriffe, Konzepte, Forschungsrichtungen und Methoden der zeithistorischen Forschung" ist.[54] Die derzeit

---

Geschichtswissenschaften, München 2013, S. 161–169, hier S. 161; sowie die URL: http://www.siwiarchiv.de/ (zuletzt aufgerufen am 10.10.2019).

49 Wolf: Archiv-Weblogs (wie Anm. 48), S. 161f.

50 Vgl. dazu auch Lisa Rosa: Geschichte und Geschichtslernen in Blogs, sozialen Netzwerken und Foren, in: Daniel Bernsen, Ulf Kerber (Hgg.): Praxishandbuch Historisches Lernen und Medienbildung im digitalen Zeitalter, Opladen 2017, S. 193–205, hier S. 193.

51 Siehe diesbezüglich ferner Pierre Mounier: Ouvrir l'atelier de l'historien. Médias sociaux et carnets de recherche en ligne, in: Revue d'histoire moderne et contemporaine 58(5) (2011), S. 101–110; Ders.: Die Werkstatt öffnen: Geschichtsschreibung in Blogs und Sozialen Medien, in: Peter Haber, Eva Pfanzelter (Hgg.): historyblogosphere. Bloggen in den Geschichtswissenschaften, München 2013, S. 51–59, hier S. 52.

52 Holger Dambeck: Von Matt entschuldigt sich bei den „Klowänden des Internets", in: Spiegel-Online, 26.01.2006, URL: https://www.spiegel.de/netzwelt/web/weblogs-von-matt-entschuldigt-sich-bei-den-klowaenden-des-internets-a-397397.html (zuletzt aufgerufen am 10.10.2019).

53 König: Geschichtsblogs (wie Anm. 43), S. 186.

54 Vgl. die URL: http://docupedia.de/zg/Hauptseite (zuletzt aufgerufen am 10.10.2019). Zu den AutorInnen gehören u.a. Frank Bajohr, Wolfgang Benz, Christoph Cornelißen, Ulrike Jureit, Dirk van Laak, Achim Landwehr, Gabriele Metzler, Herfried Münkler, Kiran Klaus Patel, Martin Sabrow, Axel Schildt und Michael Wildt. Der Kreis der HerausgeberInnen umfasst derzeit 36 Personen, die ferner alle eingereichten Artikel einem anonymen Begutachtungsprozess (*blind Peer Review*-Verfahren) unterziehen.

insgesamt 162 Fachartikel weisen einen hohen wissenschaftlichen Standard auf und in der Liste der 150 AutorInnen finden sich viele renommierte ZeithistorikerInnen deutscher wie europäischer Hochschulen und Forschungsinstitutionen (Stand: Oktober 2019).

Als Medium des Wissenstransfers können Blogs in der Landesgeschichte somit zahlreiche Funktionen wahrnehmen, die im Wesentlichen von subsidiärem Charakter sind, indem sie beispielsweise zusätzlich zu etablierten Online-Plattformen wie „H-Soz-Kult", Instituts- und Verlagsseiten auf Neuerscheinungen, Konferenzen und Ausstellungen hinweisen oder indem sie andernorts bereits publizierte Erkenntnisse – die zuvor in Fachjournalen, Monographien oder digitalen Nachschlagewerken wie „Docupedia" erschienen sind – pointiert, griffig und verständlich wiedergeben. In Konkurrenz zu landesgeschichtlichen Zeitschriften treten sie mit eigenen historischen Artikeln dagegen selten, dann aber meist den elaborierten Gepflogenheiten im Fach folgend. Bloggen ist – kurz gesagt – eine „distinkt andere Form der Autorenschaft", in der verschiedene Textgenres mit unterschiedlichen medialen Inhalten (Ton, Bild, Video) aggregiert werden und die „nicht-linear und konzentrisch" funktioniert.[55] Die klassischen Publikationskanäle der deutschen Geschichtswissenschaft werden Blogs somit schwerlich verdrängen oder revolutionieren. Sie stellen vor allem ein Addendum und Mittel dar, um das, was in der *scientific community* erarbeitet wurde, für die Konsumgewohnheiten vieler RezipientInnen aufzubereiten und ggf. vor dem Hintergrund des digitalen Wandels die BürgerInnen im Sinne einer *Citizen Science* in Forschungsprozesse zu integrieren.[56] In ihrer Freiheit hinsichtlich Themenwahl, Veröffentlichungsrhythmus, Beitragslänge und Stil macht Pierre Mounier auch das größte Potenzial geschichtswissenschaftlicher Blogs aus, da sie eine hybride Leserschaft erreichen, die auf nur einem einzigen Kanal – unabhängig ob analog oder digital – gar nicht erreicht werden könnte.[57]

Social Media und Podcasts in der Landesgeschichte

Jüngst hat Lena Krull die partizipatorische Perspektive einer Landesgeschichte als *Public History* betont, indem sie dem Fach eine Dienstleistungsfunktion für die jeweilige Region, in der es institutionalisiert ist, attestiert.[58] Als „Dienstleister" falle den LandeshistorikerInnen die Aufgabe zu, „in Kommunikation mit Geschichtsinteressierten

---

55 HECKER-STAMPEHL: Bloggen (wie Anm. 42), S. 41. Martin WELLER: The digital scholar. How technology is transforming scholarly practice, London 2011, S. 67, nennt in diesem Zusammenhang die Funktionen Hyperlinks, Blogroll, Pingbacks und Embedding.

56 Cord ARENDES: Historiker als „Mittler zwischen den Welten"? Produktion, Vermittlung und Rezeption historischen Wissens im Zeichen von Citizen Science und Open Science, in: Heidelberger Jahrbücher online 2 (2017), S. 19–58, URL: http://dx.doi.org/10.17885/heiup.hdjbo.2017.0.23691 (zuletzt aufgerufen am 10.10.2019).

57 MOUNIER: Ouvrir l'atelier (wie Anm. 51), S. 102f.

58 Lena KRULL: Landesgeschichte und Public History. Fachgeschichte und Perspektiven, in: Jahrbuch für Regionalgeschichte 37 (2019), S. 91–112, hier S. 112. Dort findet sich auch das folgen-

auf allen Ebenen zu treten", nicht nur in Form elaborierter geschichtswissenschaftlicher Vermittlungsangebote, womit im Wesentlichen Publikationen und Vorträge gemeint sind, sondern zunehmend auch „über digitale Medien wie interaktive Projekthomepages und in sozialen Medien". Krull ist grundsätzlich zuzustimmen, dass insbesondere mit den Sozialen Medien ein öffentlicher Kommunikationsraum entstanden ist, in dem ein Geschichtsbewusstsein existiert und *Public History* stattfindet.[59] Freilich sind kurze und schnelllebige digitale Medienformate wie „Twitter", „Instagram" und „Facebook" zwar für landesgeschichtlich arbeitende *Public Historians* durchaus geeignete Plattformen, doch werden sie von einem digitalen Rauschen begleitet – schließlich sind diese neuen Medienformate weder inhaltsneutral noch setzen sie bestimmte sozial vereinbarte Normen und Werte voraus.[60] Während traditionelle Medien, über die Geschichte wissenschaftlich und/oder öffentlich vermittelt wird, dieses Rauschen herausfiltern bzw. gar nicht erst entstehen lassen, gilt dies für „Twitter" und Co. nicht unbedingt. Allgemeine Regeln im Gebrauch mit Geschichte lassen sich im digitalen Raum, besonders in Sozialen Medien, schneller und leichter verletzen; Fake News, Verschwörungstheorien und alternative Fakten bzw. wertefeindliche, anti-humanistische, untergriffige oder persönlich beleidigende Kommentare – meist anonym gepostet – stellen zum Leidwesen vieler *Public Historians* eine fast schon erschreckende Normalität im digitalen Raum dar.[61]

Hierin ist wohl auch ein Grund zu sehen, weshalb die meisten „Facebook"-Seiten oder „Twitter"-Profile, die von LandeshistorikerInnen oder von ihren Abteilungen mit Inhalt gefüllt werden, überwiegend der zusätzlichen Repräsentation und Verbreitung schon bekannter Artikel und Angebote auf den Institutshomepages dienen. Denn in

---

de Zitat. Leider fallen die Perspektiven bei Krull nur äußerst knapp aus, wohingegen der Fachgeschichte breiter Raum geboten wird.

59 Konkrete Beispiele liefern die „Facebook"-Gruppe „Du lebst schon lange in Paderborn, wenn..." (URL: https://www.facebook.com/groups/499126790103587/ [zuletzt aufgerufen am 10.10.2019]) sowie die Projekthomepage „Die Geschichte der Landesministerien in Baden und Württemberg in der Zeit des Nationalsozialismus" (URL: https://ns-ministerien-bw.de/ [zuletzt aufgerufen am 10.10.2019]). Vgl. dazu auch aus fachwissenschaftlicher Perspektive Mareike MENNE: Die neuen Barfußhistoriker?, in: Paderborner Historische Mitteilungen 29 (2016), S. 107–110; und Sina SPEIT: Public History und historische Grundlagenforschung. Das Projekt „Die Geschichte der Landesministerien in Baden und Württemberg in der Zeit des Nationalsozialismus", in: Kristin OSWALD, René SMOLARSKI (Hgg.): Bürger Künste Wissenschaft. Citizen Science in Kultur und Geisteswissenschaften, Gutenberg 2016, S. 119–137.

60 Vgl. dazu und zum Folgenden SCHMALE, HASBERG, DITTRICH: Digitalität (wie Anm. 20), S. 173.

61 Vgl. dazu auch PFANZELTER: Rezensieren, kommentieren, bloggen (wie Anm. 40), S. 161; Benno HAFENEGER: Fake News, Verschwörungstheorien und alternative Fakten. Phänomene, Medien und Akteure, in: Sebastian BARSCH, Andreas LUTTER, Christian MEYER-HEIDEMANN (Hgg.): Fake und Filter. Historisches und politisches Lernen in Zeiten der Digitalität, Frankfurt a.M. 2019, S. 137–154; Hannes BURKHARDT: Social Media im Geschichtsunterricht. Gegenwarts- und lebensweltnahe kontroverse Geschichtsdeutungen auf Twitter, Instagram und Facebook, in: Sebastian BARSCH, Andreas LUTTER, Christian MEYER-HEIDEMANN (Hgg.): Fake und Filter. Historisches und politisches Lernen in Zeiten der Digitalität, Frankfurt a.M. 2019, S. 191–217.

solchen Facebook-Repräsentanzen wird vergleichsweise wenig „gelikt", kommentiert oder gar diskutiert.[62] Beispielhaft ist hier die von Oliver Auge und seinem Mitarbeiterteam betriebene „Facebook"-Seite der Abteilung für Regionalgeschichte mit Schwerpunkt Schleswig-Holstein zu nennen, auf der regelmäßig über Neuerscheinungen, Exkursionen oder kommende Tagungen (im Nachgang meist mit kurzer Zusammenfassung) informiert wird; bisweilen posten die MitarbeiterInnen zudem kurze Beiträge zu historischen Ereignissen mit aktuellem Bezug.[63] Mit 254 AbonnentInnen (Stand: Oktober 2019) und durchschnittlich zwei oder drei Posts pro Woche verfügt die *Social Media*-Präsenz der Kieler Abteilung über einen durchaus nennenswerten Vernetzungsgrad und somit einen etablierten Kanal für ihren digitalen Wissenstransfer landesgeschichtlicher Erkenntnisse und Ergebnisse.

Offenkundig orientiert sich der Umgang der universitären Landesgeschichte mit „Facebook" an den beiden Hauptfunktionen sozialer Netzwerke: einerseits an der Vernetzung von Personen und andererseits an der Verbreitung von Informationen. Auch auf „Twitter" werden allein aufgrund der begrenzten Zeichenanzahl der Nachrichten vor allem Informationen distribuiert, die zur zeitnahen, im besten Fall live geführten Diskussion anregen sollen.[64] Während „Twitter" und „Facebook" aber weitgehend auf das Teilen von Informationen und Materialen beschränkt sind, wissen wir über die Potenziale, die Podcasts möglicherweise für die Landesgeschichte bieten können, kaum etwas. Zwar existiert eine Handvoll deutschsprachiger Geschichts-Podcasts, doch haben diese entweder einen populärwissenschaftlichen Schwerpunkt, wie „Zeitgeschichte" von „NDR Info", oder bewegen sich nur noch am Rande universitärer Geschichtswissenschaft, wie der von den beiden Historikern Daniel Meßner und Richard Hemmer betriebene Podcast „Zeitsprung", in dem „vergessene Ereignisse, überraschende Anekdoten und Zusammenhänge der Geschichte in kurzen Episoden" erzählt werden – nach eigener Aussage „kompetent, knallhart und quellennah recherchiert".[65] Da über die Hörerzahlen der beiden genannten wie auch weiterer Pod-

---

62 Siehe dazu auch Rosa: Geschichte (wie Anm. 50), S. 200, die überdies vermutet, „Twitter" und „Facebook" würden den „Zugang zum professionellen Austausch in einem Fachkollegenkreis, der weit über den der eigenen Schule oder Kommune hinausgeht", eröffnen. Diese These konnte im Rahmen der Recherche für den vorliegenden Beitrag, bezogen auf die universitäre Landesgeschichte, nicht bestätigt werden.

63 Vgl. dazu die URL: https://de-de.facebook.com/rg.sh.cau/ (zuletzt aufgerufen am 10.10.2019). Auch andere VertreterInnen der universitären Landesgeschichte nutzen „Facebook" zum Zweck eines digitalen Wissenstransfers – u.a. das Göttinger Institut für Historische Landesforschung mit 157 AbonnentInnen (URL: https://de-de.facebook.com/instlafo/ [zuletzt aufgerufen am 10.10.2019]), und der Bonner Lehrstuhl für Geschichte der Frühen Neuzeit und Rheinische Landesgeschichte mit 680 AbonnentInnen (URL: https://de-de.facebook.com/fnzrlg.unibonn [zuletzt aufgerufen am 10.10.2019]).

64 Das Hashtag #landesgeschichte (URL: https://twitter.com/hashtag/landesgeschichte [zuletzt aufgerufen am 10.10.2019]) vermittelt ein Bild davon, welche Inhalte primär über „Twitter" verbreitet werden. Likes, Retweets und Kommentare halten sich dabei aber in Grenzen und erreichen nur selten einen zweistelligen Wert.

65 Vgl. dazu die URL: https://podcast.app/zeitsprung-p111616/ (zuletzt aufgerufen am 10.10.2019).

casts keine Statistiken vorliegen, lässt sich über die Reichweite dieses Mediums freilich nur spekulieren.[66] Auffällig für dieses Genre ist aber die Konzentration auf zeithistorische Themen, die oft spannend und emotionalisierend präsentiert werden und zumeist mit aktuellen Gegenwartsbezügen aufwarten, um, wie es beispielsweise der NDR-Podcast formuliert, „zum Verständnis des heutigen Weltgeschehens bei[zu]-tragen".[67] Auch der vom LWL-Institut für westfälische Regionalgeschichte betriebene Podcast „Regionalgeschichte auf die Ohren" setzt verstärkt auf Themen der Neueren und Zeitgeschichte, die in unregelmäßigen Abständen von HistorikerInnen der Forschungseinrichtung gemeinsam mit der hauseigenen Presseabteilung für eine interessierte Öffentlichkeit aufbereitet werden.[68] Ob dieses Format eine geeignete Plattform für die Vermittlung landeshistorischer Erkenntnisse darstellt, bleibt aufgrund fehlender Angebote vorerst aber unklar. Es wäre jedoch denkbar, neue Forschungsergebnisse mithilfe dieses Mediums anschaulich zu präsentieren und somit die HörerInnen auf jüngst erschienene Publikationen aufmerksam zu machen.

Fazit

Einen Beleg für Peter Habers These, gesellschaftliche Kommunikation sei nur noch medial vermittelt möglich, liefern die hier genannten Beispiele allerdings nicht.[69] Der Kreis von an Landesgeschichte Interessierten dürfte erheblich größer sein als die Abonnentenzahlen von landeshistorischen „Facebook"-Seiten oder „Twitter"-Profilen, wenn man sich beispielsweise die Mitgliederstatistiken historischer Vereine vor Augen führt.[70] Dagegen ist Haber in dem Punkt zuzustimmen, dass Interaktion und Partizipation durch das Web 2.0 auch im Bereich der Geschichtswissenschaft, nicht zuletzt aufgrund neuer kommunikativer Medien und Praktiken, stetig zunimmt und auch für eine formalisierte Fachkommunikation an Bedeutung gewinnt.

Abschließend bleibt ferner festzuhalten, dass landesgeschichtliche Medien, egal ob digital oder analog, durchaus als an die Gesellschaft gerichtete wissenschaftliche Dienstleistungen verstanden werden können. Sie informieren aus ihrem Fachgebiet,

---

66 Eine Zusammenstellung von Wissens- und Wissenschafts-Podcasts, die sich mit Geschichte befassen, findet sich etwa unter der URL: https://wissenschaftspodcasts.de/podcasts/ (zuletzt aufgerufen am 10.10.2019).

67 URL: https://www.ndr.de/info/podcast3008.html (zuletzt aufgerufen am 10.10.2019).

68 Vgl. dazu die URL: https://www.lwl-regionalgeschichte.de/de/projekte/podcast-reihe (zuletzt aufgerufen am 04.09.2020).

69 Vgl. HABER: Digital Past (wie Anm. 46), S. 139.

70 Den 254 AbonnentInnen der „Facebook"-Seite der Kieler Abteilung für Regionalgeschichte stehen immerhin knapp 850 Mitglieder der Gesellschaft für Schleswig-Holsteinische Geschichte entgegen. Hinzu kommen die vielen lokalen wie regionalen Heimat- und Geschichtsvereine, die zum Teil auch über erhebliche Mitgliederzahlen verfügen. Allein die Gesellschaft für Kieler Stadtgeschichte zählt mehr als 1.500 Mitglieder (Stand: 2018), wobei natürlich berücksichtigt werden muss, dass Mehrfachmitgliedschaften in historischen Vereinen keine Seltenheit darstellen. Zu den Zahlen der Kieler Gesellschaft vgl. die URL: https://kieler-stadtgeschichte.de/ueber-uns/geschichte (zuletzt aufgerufen am 10.10.2019).

punktuell, aktuell und mit einem Blick über die fachliche Sphäre oder spezielle Subdisziplin hinaus. Zudem helfen sie, sich in der unübersichtlichen Welt des „Histotainments“ und der digitalen Geschichtskultur zu orientieren. Eine stärkere Hinwendung der Landesgeschichte zur *Public History* könnte somit die Relevanz regionalgeschichtlicher Forschung betonen und die Mauer zwischen akademischem Elfenbeinturm und öffentlicher Diskussion wenigstens ein Stück weit einreißen. Insbesondere die Nutzung des digitalen Raumes birgt die Chance, das Fach in einer sehr viel größeren Bandbreite nach außen zu repräsentieren. Dass die universitäre Landesgeschichte nicht bereit sei, „neue Wege zu gehen“, wie der Journalist Kallenbach noch 2010 behauptete, lässt sich dagegen nicht bestätigen. Sie mag vielleicht nicht als Motor der Digitalisierung innerhalb der deutschen Geschichtswissenschaft gewirkt haben, doch hat sie sich dem Trend auch nicht vollständig verschlossen. Offenbar hat sie die Entwicklung aus sicherer Entfernung beobachtet und sich nach und nach der *Digital Public History* geöffnet – abgeschlossen ist dieser Prozess, wie gezeigt werden konnte, allerdings noch nicht.

Wieder „modern“? Regionale Geschichtsbilder und Regionalportale

Ute Engelen

Forschen – Vermitteln – Mitmachen – so lautet seit fast 20 Jahren der Leitsatz der Arbeit des Instituts für Geschichtliche Landeskunde an der Universität Mainz e. V. Seine Grundausstattung wird vom Land Rheinland-Pfalz finanziert, dessen (Vor-)Geschichte das IGL erforscht. Seit der Gründung im Jahr 1960 fand die Vermittlung von Forschungsergebnissen über Publikationen, Vorträge und später auch Exkursionen statt.

In den 1980er Jahren hielt die Alltagsgeschichte Einzug.[1] Nun wirkten auch Bürgerinnen und Bürger stärker an der Geschichtsschreibung mit und forschten vor ihrer Haustüre.[2] Gleichzeitig bewahrte im Institut der landesgeschichtliche Ansatz davor, sich zu sehr im „Klein-klein“ zu verlieren. Gerade die lokalen Geschichten machten den Vergleich und wiederum die Weitung des historischen Blicks notwendig[3], wollte man weiterführende Erkenntnisse erhalten. In Büchern war die umfassende Präsentation der regionalen Forschungsergebnisse kaum zu bewerkstelligen. So war es naheliegend und in der Retrospektive weitsichtig, dass das Institut bereits im Jahr 2002 mit dem Webportal *RegioNet History* online ging.

Im Folgenden werden zehn Regionalportale vorgestellt, die im November und Dezember 2019 an einer qualitativen Befragung teilgenommen haben. Diese wurden zwischen 2001 und 2019 gelauncht. Anschließend werden diese Portale in Bezug auf ihre Strukturen und Inhalte miteinander verglichen und im dritten Teil deren Nutzen und Herausforderungen, auch unter Einbeziehung externer Stimmen, bewertet.

Der Blick in die Entwicklung von Regionalportalen zeigt, dass es mehrere Gründungswellen gab und das Thema immer noch „modern“ ist. Neuere Portale wie Saxorum und Kulthura zeugen davon. Lokale und regionale Geschichte sowie Landesgeschichte helfen, Geschichte von unten zu schreiben und ermöglichen erst viele Dimensionen der Geschichtsschreibung über nationale Zusammenhänge, wie die neuere Sozialgeschichte. Sie bringen Bürgerinnen und Bürgern geschichtliche Themen näher, als dies große nationale Studien und Überblicke vermögen. Gerade die individuellen Einzelfälle interessieren die Öffentlichkeit, z. B. frühere Nachbarinnen und Nachbarn. Das bedeutet nicht, dass gesamtgesellschaftliche Phänomene wie der Erste Weltkrieg in jeder Gemeinde ganz andere Auswirkungen hatten. Aber das Bild lässt sich stets detaillieren.

---

1 Walter RUMMEL: Landes- und Regionalgeschichte. Komplementärdisziplinen im gesellschaftlichen Umfeld, in: Sigrid HIRBODIAN/Christian JÖRG/Sabine KLAPP (Hgg.): Methoden und Wege der Landesgeschichte (Landesgeschichte Bd. 1): Ostfildern 2015, S. 29–40, S. 34ff.

2 Vgl. Winfried SCHULZE: Sozialgeschichte, Alltagsgeschichte, Mikro-Historie, Göttingen 1994.

3 Michael MATHEUS: Bleiben wir „In Grenzen unbegrenzt“? Eine (persönliche) Standortbestimmung zur vergleichenden Landesgeschichte in europäischer Perspektive, in: Sigrid HIRBODIAN, Christian JÖRG (Hgg.): Zwischen Region, Nation und Europa. Deutsche Landesgeschichte in europäischer Perspektive (Landesgeschichte, Bd. 3), Ostfildern (im Erscheinen).

Es sei nicht verschwiegen, dass landesgeschichtliche Betrachtungen stets konstruiert sind[4]: So betreffen politische Zugehörigkeiten immer nur bestimmte Zeiträume. Häufig wird von der heutigen Einordnung nach Bundesländern ausgegangen. Diese ist für die Bürgerinnen und Bürgern der Räume am naheliegendsten. Andere Portale, wie die Rheinische Geschichte, wählen den Zugang über eine historische Zugehörigkeit, nämlich zur preußischen Rheinprovinz. Dies lässt sich nicht zuletzt mit dem gemeinsamen Quellenkorpus und der Zeit begründen, die hauptsächlich in den Blick genommen wird. Selten nur behandeln Portale übergreifend, gar über nationale Grenzen hinaus ihre Sachverhalte, wie das ab 2001 im Rahmen einer DFG-Förderung bearbeitete Rhein-Maas-Netz. Die Herausforderungen länderübergreifender Finanzierung und die benötigte Qualifikation der Mitarbeiterinnen und Mitarbeiter erschweren die Verbreitung dieses spannenden Ansatzes.

1. Der Aufbau von Regionalportalen von 2001 bis heute[5]

1.1 Die Frühphase

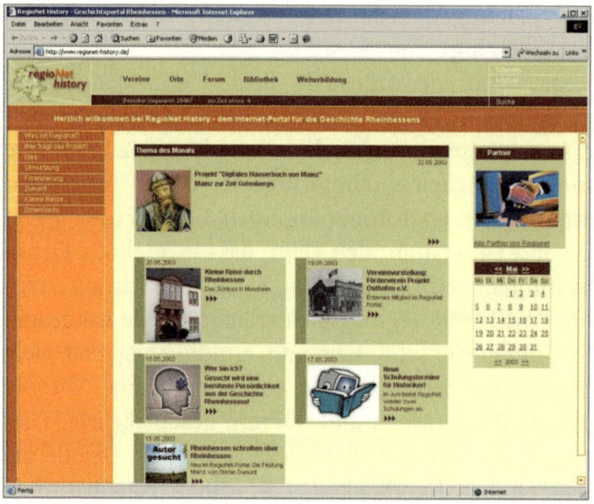

Abb. 1: Screenshot von RegioNet History, Mai 2003

Anfangs konzentrierte sich das Webportal *RegioNet History* aufgrund gebundener Gelder vor allem auf Ortsgeschichten einer Region, nämlich Rheinhessen. Bald aber wur-

4 RUMMEL: Landes- und Regionalgeschichte (wie Anm. 1), S. 30.

5 Aus Gründen des Umfangs mussten zahlreiche Portale ausgeklammert werden: so diejenigen Portale zu Berlin, zum Historischen Unterfranken, zu Mecklenburg-Vorpommern (http://www.mv-terra-incognita.de/, zuletzt aufgerufen am 06.06.2019, inzwischen vom Netz), die Linksammlung zur niedersächsischen Geschichte, Zeitstimmen (Brandenburg), Wossidlo uvm. Auch ausschließlich Kulturgüter zeigende Portale wie Kuladig, Kulturerbe Niedersachsen, das zweisprachige Virtuelle Museum zur Geschichte Schleswig-Holsteins und Süddänemarks oder das Kulturportal Nordwest konnten nicht behandelt werden.

den die Prinzipien auf weitere Teile des Landes Rheinland-Pfalz und zum Teil auch das Saarland übertragen. Hierbei griff man u. a. auf die Einträge des Historischen Ortslexikons Rheinland-Pfalz zurück, dessen erster Band 1985 erschienen war. Hierin war auch die Geschichte von Höfen, Burgen und Klöstern beschrieben, Basis des heutigen Bereichs Kulturdenkmäler. Thematische Aufsätze waren bereits zu Beginn in der Bibliothek abrufbar. Ebenso war der Gedanke des Mitmachens konstitutiv. So waren lokale und regionale historische Vereine auf der Hauptseite zu finden. Sie erhalten nach wie vor auf Anfrage auf der Domain, oder auch mit eigener Domain, eine Internetpräsenz.

Abb. 2: Screenshot von Regionalgeschichte.net, 14. September 2019

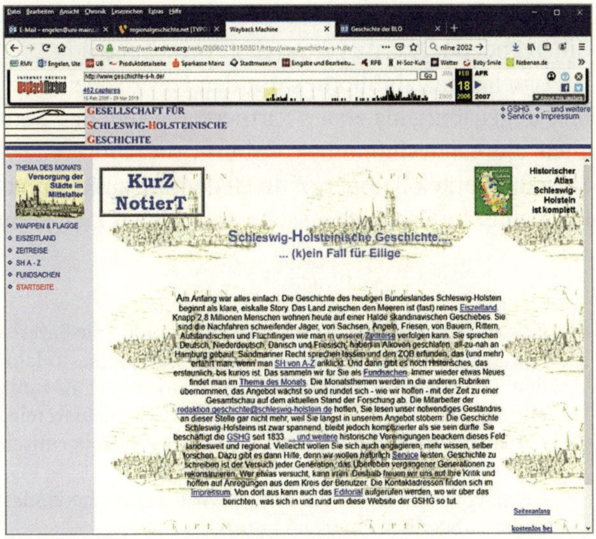

Abb. 3: Screenshot von Schleswig-Holsteinische Geschichte, 18. Februar 2006

Im gleichen Zeitraum wurden für mehrere andere Gebiete Geschichtsportale ins Leben gerufen. Das erste[6] war wohl die *Schleswig-Holsteinische Geschichte* der gleichnamigen Gesellschaft, die seit 2001 unter der URL http://www.geschichte-s-h.de/ im Netz verfügbar ist und sukzessiv aufgebaut wurde. Im Vergleich zu anderen Regionalportalen ist ihr Umfang eher gering. Suchen kann man sowohl nach Stichworten als auch nach Epochen. Neben politischer Geschichte wird hier schwerpunktmäßig Alltagsgeschichte in den Blick genommen. Bereits im Jahr 2005 verzeichnete das Portal über 300.000 Zugriffe.[7] Allerdings war es früher gängige Praxis, im Internet den Begriff Zugriff für jeden Klick zu verwenden, wohingegen heute nur die sogenannten „echten" Zugriffe gezählt werden. Die im Folgenden angegebenen Zahlen sind daher untereinander nicht unbedingt vergleichbar. Nach eigenen Angaben fehlt es an finanzieller und personeller Unterstützung für die Seite, um diese inhaltlich bei gleichbleibend hoher Qualität der Beiträge zu erweitern und sie optisch zu modernisieren.

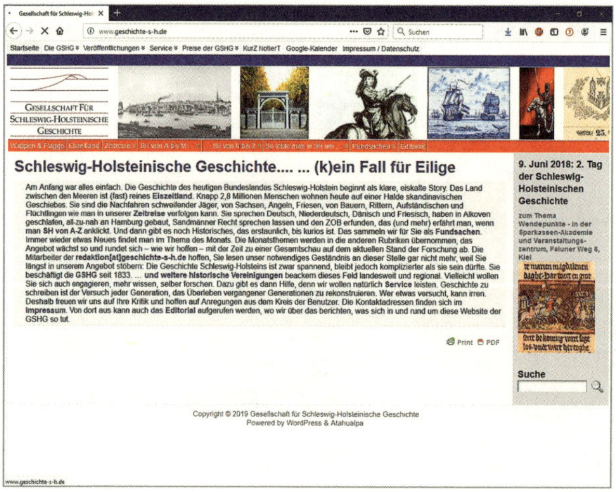

◀ Abb. 4: Screenshot von Schleswig-Holsteinische Geschichte, 7. Juni 2019

▲ Abb. 5: Screenshot der Bayerischen Landesbibliothek online, 2002

Einen anderen Ansatz vertrat das Portal *Bayerische Landesbibliothek online* BLO, das die Bayerische Staatsbibliothek mit den bayerischen Universitätsbibliotheken Augsburg und Regensburg als ersten Partnern 2002 an den Start brachte. Bald beteiligten sich auch die Landesbibliothek Coburg, die Universitätsbibliothek Würzburg und die Staatsbibliothek Bamberg.[8] Im Gegensatz zu Regionalgeschichte.net und Schleswig-Holsteinische Geschichte setzte es sich zum Ziel, „umfangreiche und vielfältige digi-

6 Florian Sepp verweist darauf, dass bereits 1997 die Bayerische Landesgeschichte in der Virtual Library Geschichte online zugänglich war. Ders., 10 Jahre Bayerische Landesbibliothek Online. Bilanz einer Erfolgsgeschichte Das Internet als Informationsmedium für Historiker, in: Mitteilungen des Verbandes bayerischer Geschichtsvereine Nr. 25/2011, S. 21–44, hier S. 22.

7 Mitteilungen der Gesellschaft für Schleswig-Holsteinische Geschichte, Nr. 69 (April 2006), S. 5.

8 Geschichte der BLO, in: https://www.bayerische-landesbibliothek-online.de/geschichteblo (zuletzt abgerufen am 06.06.2019).

tale Ressourcen zur Geschichte Bayerns"[9] zusammenzufassen. So schloss es von vornherein den Historischen Atlas, die Zeitschrift für bayerische Landesgeschichte sowie eine Orts- und eine Personendatenbank mit ein. Nur kurze Zeit später kamen die Landesbibliographie, zahlreiche Zeitschriften sowie digitalisierte Dokumente hinzu.[10] 2011 waren online bei BLO ca. 40.000 alte, d. h. vor 1870 gedruckte, Bücher zu Bayern eingebunden.[11] Immer wieder wurde die Website überarbeitet.

Im Jahr 2006 ging das Historische Lexikon Bayerns online, ein Kooperationsprojekt der Bayerischen Staatsbibliothek, der Kommission für bayerische Landesgeschichte und der Konferenz der Landeshistoriker an den bayerischen Universitäten, an dem die landeshistorischen Lehrstühle beteiligt sind.[12]

Seit Schaffung des umfassenden Portals *bavarikon* im Jahr 2013, das von der Bayerischen Staatsbibliothek im Auftrag der bayerischen Staatsregierung betrieben wird und auch Archiven, Museen und ihren Objekten, Urkunden etc. eine Plattform bietet, werden die Projekte bzw. Datensätze von BLO dorthin transferiert. Hier sollen die Digitalisate vollintegriert werden. Die BLO verzeichnete auf ihrem Höhepunkt 150.000 Besucher im Jahr, bei rund 500.000 Seitenaufrufen. Zusammen erreichten das Historische Lexikon Bayerns, bavarikon und BLO 2014 850.000 Besucher bei 3 Mio. Seitenaufrufen. 2019 sind es ca. 1,4 Mio. Besucher bei 4 Mio. Seitenaufrufen.[13] Hiervon macht das Historische Lexikon mit einer Million Besuchern den größten Anteil aus.

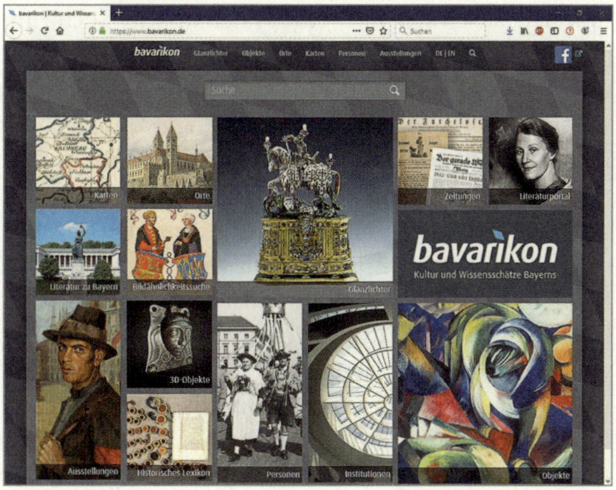

Abb. 6: Screenshot von bavarikon, 7. Juni 2019

9 Bayerische Landesbibliothek online, in: www.bayerische-landesbibliothek-online.de (zuletzt aufgerufen über Internet Archive am 04.06.2004).

10 Ebd.

11 Geschichte der BLO (wie Anm. 8).

12 Vgl. Historisches Lexikon Bayerns, in: https://www.historisches-lexikon-bayerns.de/ (zuletzt abgerufen am 06.06.2019).

13 Florian SEPP, Mitarbeiter von bavarikon, 12.12.2019; abweichende Zahlen bei Klaus CEYNOWA, Stephan KELLNER: Das bayerische Kulturportal bavarikon – digital, vernetzt, spartenübergreifend, in: Ellen EULER, Gerald MAIER, Monika HAGEDORN-SAUPE, u.a. (Hgg.): Handbuch Kulturportale. Online-Angebote aus Kultur und Wissenschaft (De Gruyter Reference), Berlin/Boston 2015, S. 292–300, hier S. 292.

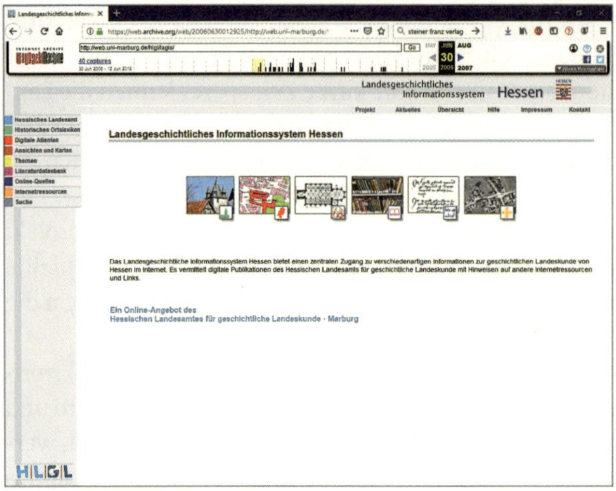

Abb. 7: Screenshot von LAGIS, 28. Dezember 2005

2004 folgten zwei neue Regionalportale. Das *Landesgeschichtliche Informationssystem Hessen* (LAGIS) wird vom Hessischen Landesamt für geschichtliche Landeskunde betrieben. LAGIS bietet neben Ortsgeschichten, Biographien und Flurnamendatenbanken sowohl thematische als auch chronologische Abrisse und Ereignisgeschichten. Auch historische Karten, Archivgut und Abbildungen sind hier integriert. Kulturinstitutionen lassen sich über eine systematische Suche unter „Landeskunde im Netz" finden. Laut eigener Aussage sind „[d]igitale Schnittstellen" zum Bibliothek- und Archivinformationssystem „bereits großteils realisiert"[14]. Wer sich registriert, kann Inhalte kommentieren. Diesen Service nutzen im Durchschnitt täglich mehrere Besucher. Ein Relaunch mit modulübergreifender Suche wird vorbereitet.[15] Insbesondere Schülerinnen und Schüler, Lehrerinnen und Lehrern sind als Adressaten in den Fokus gerückt. 2019 wurden monatlich ca. 430.000 Aktionen durchgeführt.[16]

Das Portal *Westfälische Geschichte* wird seit 2004 vom Landschaftsverband Westfalen-Lippe (LWL)-Institut für westfälische Regionalgeschichte betrieben, anfangs in Verbindung mit der Stiftung Westfalen-Initiative für Eigenverantwortung und Gemeinwohl. Bezugsraum ist ein Teil von Nordrhein-Westfalen, nämlich Westfalen und Lippe. Der Zugang zu Informationen ist chronologisch und thematisch möglich. Auch Biographien, kurze Ortsgeschichten sowie historische Karten sind vorhanden. Auch Archivgut ist hier zu finden; gut 90.000 Regesten umfasst die Digitale Westfälische Urkunden-Datenbank[17], die in Zusammenarbeit mit dem LWL-Archivamt für West-

---

14 Faltblatt Landesgeschichtliches Informationssystem Hessen LAGIS, https://www.lagis-hessen.de/downloads/LAGIS-Faltblatt.pdf (zuletzt aufgerufen am 06.06.2019).

15 Vgl. TAGUNG 11 – München, 15.-17.05.2017, http://www.ag-regionalportale.de/tagung-11-muenchen/ (zuletzt abgerufen am 06.06.2019).

16 Auskunft des Hessischen Landesamts für geschichtliche Landeskunde, 07.06.2019.

17 Marcus WEIDNER: Das Internet-Portal „Westfälische Geschichte", in: Ellen EULER, Gerald MAIER, Monika HAGEDORN-SAUPE, u. a. (Hgg.): Handbuch Kulturportale. Online-Angebote aus Kultur und Wissenschaft (De Gruyter Reference), Berlin/Boston 2015, in: S. 330–337, hier S. 333.

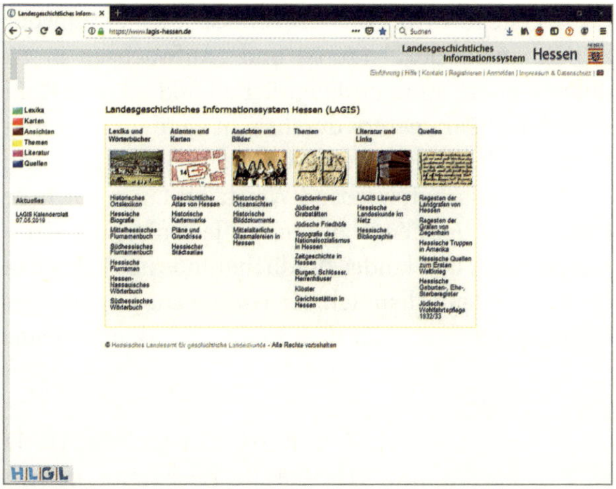

Abb. 8: Screenshot von LAGIS, 7. Juni 2019

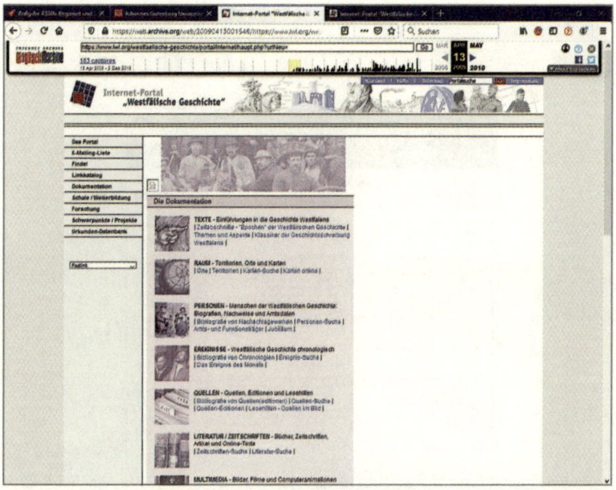

Abb. 9: Screenshot von Westfälische Geschichte, 13. April 2009

Abb. 10: Screenshot von Westfälische Geschichte, 7. Juni 2019

falen erstellt wird. Die Ergebnisse einiger universitärer Forschungsprojekte, so „Kirchhof im Dorf“ (2004) und „Aufwachsen in Westfalen 1945“ (2009), werden dokumentiert. Eine umfangreiche Linkliste von Kulturinstitutionen kann nach verschiedenen Parametern durchsucht werden. Bürgerinnen und Bürger haben über ein Formular die Möglichkeit, jede Webseite zu kommentieren.

Dem Landschaftsverband Westfalen-Lippe sowie der Bayerischen Staatsbibliothek kommt das Verdienst zu, 2007 die Gründung der Arbeitsgemeinschaft landesgeschichtlicher und landeskundlicher Internet-Portale in Deutschland initiiert zu haben (seit 2017: deutschsprachiger Portale zur Regionalgeschichte und Landeskunde). In dieser tauschen sich jährlich zahlreiche Akteure deutschsprachiger Websites aus.[18]

1.2 Zweite Gründungsphase: Die Jahre 2010ff.: Die Portale, die bereits „gelernt“ haben

Abb. 11: Screenshot von Rheinische Geschichte, 2. Oktober 2010

Für einige Jahre kamen keine neuen Regionalportale hinzu. Dann ging im September 2010 die Plattform „Rheinische Geschichte“ des Landschaftsverbands Rheinland online und füllte nicht nur die Lücke zum südlich-westlichen NRW. „Ziel des Portals ist es, das Rheinland als ‚Geschichtslandschaft‘ einer breiten Öffentlichkeit vorzustellen.“[19] 2017 wurde das Portal relauncht und die Gliederung verschlankt. Ein-

18 Nähere Informationen unter www.ag-regionalportale.de/; Marcus WEIDNER: 10 Jahre „Arbeitsgemeinschaft landesgeschichtlicher und landeskundlicher Internet-Portale in Deutschland“ (AG Regionalportale/www.ag-regionalportale.de), in: Bibliotheksdienst 51.9 (2017), S. 793–805, in: DOI: 10.1515/bd-2017–0086 und DERS.: Internet und Regionalgeschichte. Die „Arbeitsgemeinschaft landesgeschichtliche und landeskundliche Internet-Portale in Deutschland“ (AG Regionalportale), in: Westfälische Forschungen 60 (2010), S. 617–629.

19 Das Projekt Portal Rheinische Geschichte, hg. vom LVR Rheinland, in: https://rheinische-landeskunde.lvr.de/de/geschichte/internetportal_rheinische_geschichte/detailseite_229.html# (zuletzt aufgerufen am 23.05.2019).

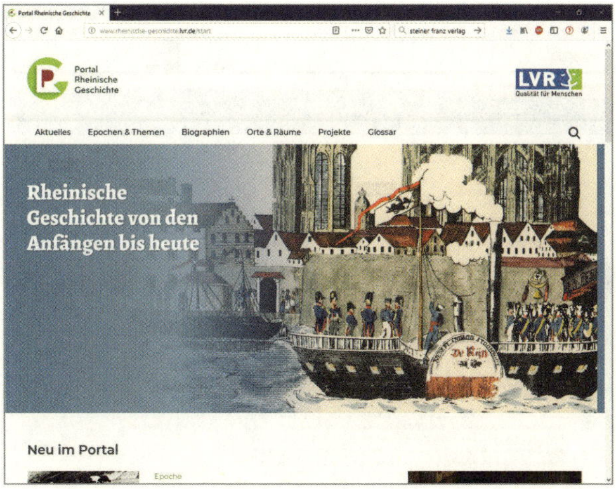

Abb. 12: Screenshot von Rheinische Geschichte, 7. Juni 2019

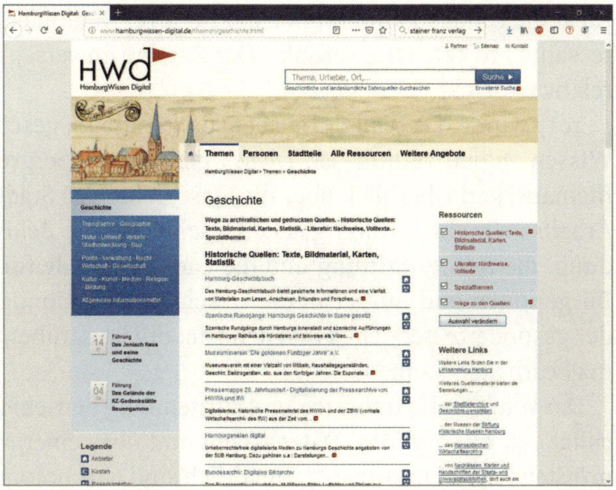

Abb. 13: Screenshot von HamburgWissen Digital, 7. Juni 2019

stiegsthemen sind jetzt Aktuelles, Epochen & Themen, Biographien, Orte & Räume, Projekte, die Gesellschaft für Rheinische Geschichtskunde sowie ein (verstecktes) Glossar. Das Portal versteht sich als Vermittlungsangebot an die gesamte Bevölkerung. Bürgerinnen und Bürger stellen u. a. über Facebook, Twitter und Instagram regelmäßig Fragen zu Portalinhalten und geben Anregungen.

Anfang der 2010er erblickten mit *HamburgWissen Digital* (2011) und *Leo-BW* für Baden-Württemberg (2012) zwei neue Regionalportale das Licht der Welt. HamburgWissen Digital ist als Einstiegsseite konzipiert, die auf hochwertige digitale Ressourcen verweist. Insbesondere der Themenbereich Geschichte, aber auch die übergeordneten Gliederungspunkte Personen und Stadtteile informieren über historische Aspekte. Auch relevante Ressourcen, die von außerhalb des Bundeslandes stammen, wie das Bildarchiv Marburg, werden bei Recherchen mitberücksichtigt.

Hervorzuheben ist der Link auf das umfangreiche digitalisierte Pressearchiv des Hamburger Weltwirtschaftsarchivs und des Leibniz-Informationszentrum Wirtschaft.

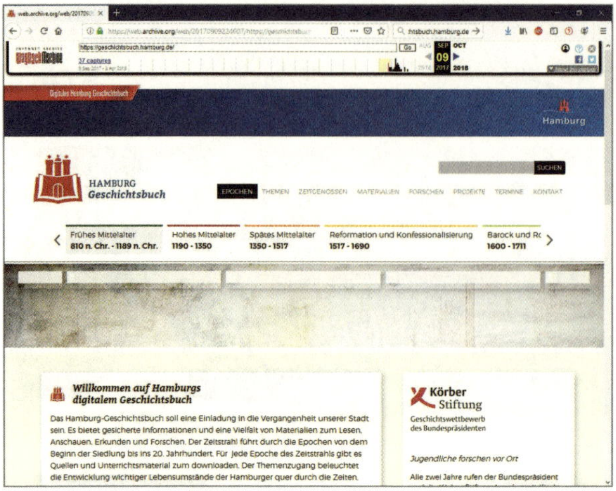

Abb. 14: Screenshot des Digitalen Hamburg Geschichtsbuchs, 9. September 2017

Auch die Landesbibliographie, die Archive, Denkmäler sowie zahlreiche andere interessante Projekte sind verlinkt. Der Zugang zu verschiedenen Kulturinstitutionen ist relativ versteckt.

2017 wurde das *Digitale Hamburg Geschichtsbuch* geschaffen, das auch auf Hamburg-Wissen Digital verlinkt ist. Dieses gibt einen übergreifenden chronologischen und thematischen Überblick über die Geschichte des Stadtstaats. Die Projektpartner, die Arbeitsstelle für Hamburgische Geschichte, die Behörde für Schule und Berufsbildung, die Körber-Stiftung und die Landeszentrale für politische Bildung wollen die Bürgerinnen und Bürger in die Geschichtsschreibung mit einbinden. So informiert der gesonderte Bereich „Forschen" detailliert darüber, wie man ein historisches Thema bearbeiten kann.

Das vom Landesarchiv Baden-Württemberg betriebene *Leo-BW. Landeskunde entdecken online* „ist mit 2,7 Mio. Datensätzen und über einer Million Nutzern 2018 eines der größten Regionalportale."[20] Inhaltlich sind chronologische und thematische Abrisse, Ereignisse, kurze Ortsgeschichten, ein historischer Atlas, biographische Daten, Denkmäler, Archivbestände, sogar zu Unternehmen, und vieles mehr integriert. Seit Frühjahr 2019 können die Seiten kommentiert werden. Hierfür ist wie bei LAGIS eine Anmeldung erforderlich. Über eine App können Bürgerinnen und Bürger Fotos und Inhalte zu Orten beitragen. Bereits im ersten halben Jahr haben Externe pro Monat mehrere hundert Einträge hinzugefügt.

Ein wichtiges Ziel von LEO-BW ist die Vernetzung der integrierten Daten miteinander. „Damit wurde eine der ersten konsequenten Linked-Data-Anwendungen geschaffen."[21] Anfangs wurde das Fehlen von Permalinks bei Leo-BW kriti-

---

20 Neuer Rekord für LEO-BW! Mehr als 1 Million Nutzerinnen und Nutzer im Jahr 2018, 15.1.2019, in: https://www.landesarchiv-bw.de/web/64288 (zuletzt aufgerufen am 07.06.2019).

21 Daniel FÄHLE, Wolfgang KRAUTH: LEO-BW – Landeskundliches Informationssystem Baden-Württemberg, in: Handbuch Kulturportale. Online-Angebote aus Kultur und Wissenschaft,

Abb. 15: Screenshot von Leo-BW, 28. April 2012

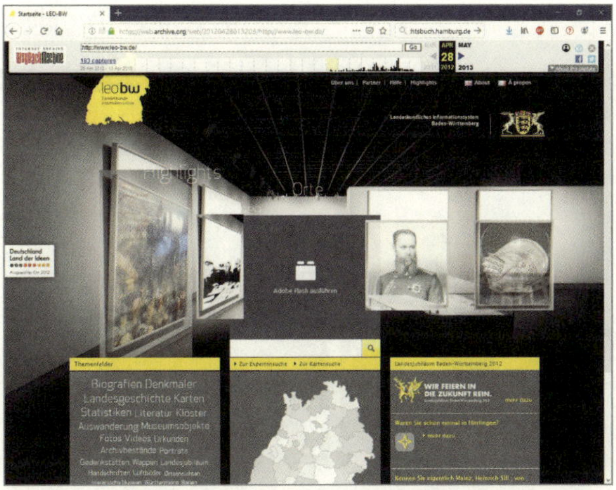

Abb. 16: Screenshot von Leo-BW, 7. Juni 2019

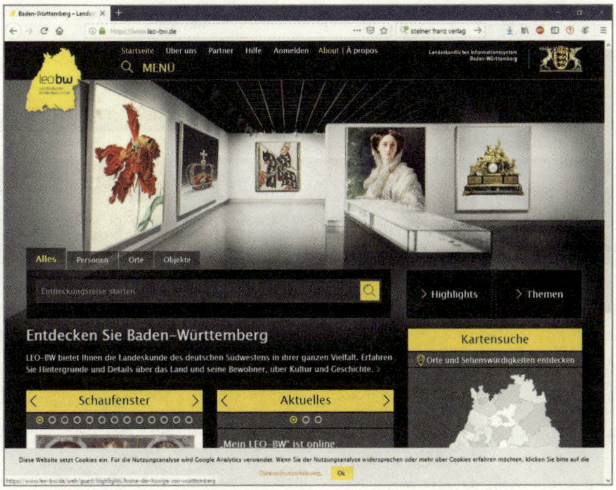

siert[22], wie sie von gängigen Content Management Systemen standardmäßig generiert werden und die für ein Semantisches Web wie Linked Data erforderlich sind. Heute ist der Einsatz von Permalinks Voraussetzung für Kooperationspartner von Leo-BW.[23]

hg. von Gerald MAIER, Monika HAGEDORN-SAUPE, Werner SCHWEIBENZ, u. a. (De Gruyter Reference) 2015, S. 284–291, hier S. 288.

22 Zum 60. Geburtstag von Baden-Württemberg ging heute das neue landeskundliche Portal online, 25.04.2012, in: http://mannigfaltigkeiten.twoday.net/stories/97003158, (zuletzt abgerufen am 06.02.2020).

23 Informationen für LEO-BW-Inhaltelieferanten, in: https://www.leo-bw.de/documents/10157/0/LEO-BW_Partner-Info_Leitlinien_und_Standards_20131212.pdf (zuletzt aufgerufen am 14.06.2019).

1.3 Neueste Portale

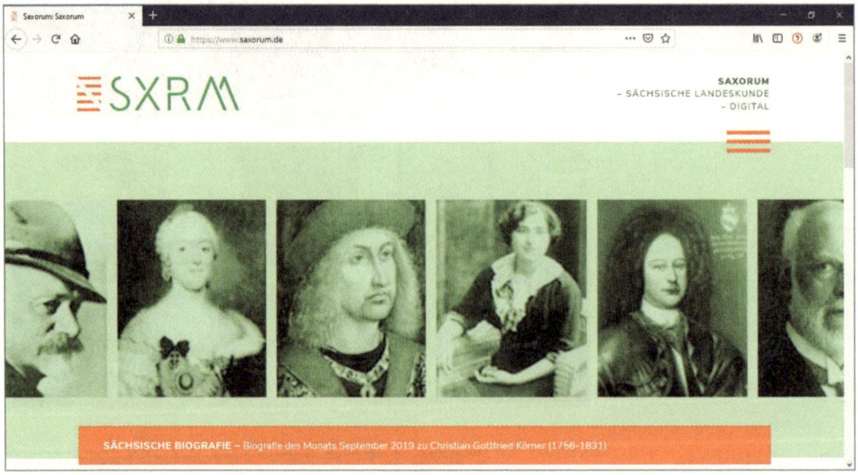

Abb. 17: Screenshot von Saxorum, 12. September 2019

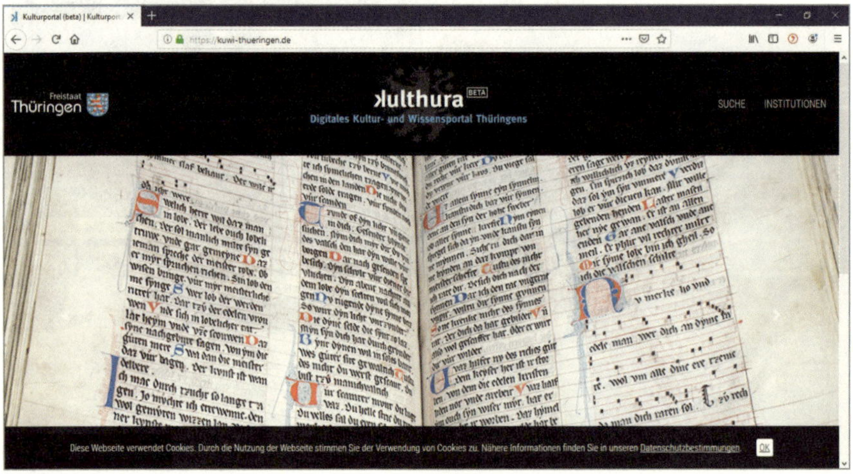

Abb. 18: Screenshot von Kulthura, 19. September 2019

Seit über zehn Jahren befasste sich die Sächsische Landesbibliothek Dresden, in Zusammenarbeit mit zahlreichen außeruniversitären Instituten, mit dem Aufbau der Plattform Sachsen-digital (www.sachsendigital.de, 2008). Zum Jahreswechsel 2018/19 wurde die Einstiegsseite *Saxorum* gelauncht. Sie hat Sachsen-digital inzwischen abgelöst[24] und kann auf zahlreiche Vorarbeiten wie die des Kartenforums zurückgreifen. Gegliedert werden die Informationen nun in Personen, Orte, Themen und Ressourcen. Saxorum versteht sich als „zentraler Einstiegspunkt für themenbezogene Recher-

24 Darüber hinaus finden sich unter https://sachsen.digital/ etwas verwirrend, „Digitalisierte Sammlungen für Kultur und Wissenschaft“ (zuletzt abgerufen am 17.01.2020).

chen zu Sachsen“.[25] Deutlich weist Saxorum auf die Möglichkeit der Beteiligung Interessierter hin und will so zu einer „vernetzten digitalen Landeskunde in und für Sachsen“[26] beitragen.

Am 4. Februar 2019 ging das thüringische Portal *Kulthura* online. Neben ersten digitalisierten Archivalien und Objekten, Links zu bestehenden digitalen Quellenbeständen und Websites finden sich hier thüringische Biographien sowie eine Liste von Kulturinstitutionen.

2. Vergleich der Regionalportale

2.1 Die betreibenden Institutionen

Die Regionalportale werden von strukturell heterogenen Institutionen mit unterschiedlichen Zielsetzungen betrieben. Ein Teil wird von Landesbibliotheken (BLC, bavarikon, Saxorum, Kulthura, HamburgWissen Digital), einige von Landesarchiven oder -ämtern (Leo-BW, LAGIS, Hamburg Geschichtsbuch) oder Kommunalverbänden (LVR, LWL) getragen, ein anderer Teil von Vereinen (Regionalgeschichte.net, Schleswig-Holsteinische Geschichte). Alle verfügen über ein mehr oder weniger großes Netzwerk an Partnerinstitutionen (z. B. rund 80 bei bavarikon).

Die offizielle Verbindung mit der universitären Landesgeschichte ist gegenüber der Beteiligung von Bibliotheken also nicht so stark, wie man annehmen könnte. So äußerte Marcus Weidner 2017: „Die klassischen Anbieter der regionalen Geschichte – Archive oder Universitätslehrstühle – spielten demgegenüber keine oder allenfalls eine geringe Rolle. Hier haben freilich einige große Landesarchive aufgeholt.“[27] Beim Historischen Lexikon Bayerns ist die Konferenz der Landeshistoriker an den bayerischen Universitäten, neben der Kommission für bayerische Landesgeschichte, als Miturheber fest verankert. Bei bavarikon ist die Kommission sowohl Kooperationspartner als auch Mitglied des bavarikon-Rates. In Hamburg ist das Historische Seminar der Universität Hamburg Kooperationspartner von HamburgWissen Digital. Bei Leo-BW sind es nur die Universitäten Stuttgart und Tübingen, obwohl Heidelberg und Freiburg mit ihren landeshistorischen Lehrstühlen ebenso naheliegend wären. Das Hessische Landesamt bildet mit der Universität Marburg eine Arbeitsgemeinschaft und ist in ihren Räumlichkeiten beheimatet. In Rheinland-Pfalz leitet der landeshistorische Lehrstuhlinhaber in der Regel auch das Institut. So gibt es häufig zumindest personelle Verbindungen zur Universität. In der Regel sind die Universitäten jedoch

---

25 Ausgefüllter Fragebogen zu Saxorum.

26 Martin MUNKE: Gemeinsam Wissen schaffen. Vernetzte Beiträge von wissenschaftlichen Bibliotheken und Wiki-Communitys für eine digitale Landeskunde, in: Achim BONTE, Juliane REHNHOLT (Hgg.): Kooperative Informationsinfrastrukturen als Chance und Herausforderung. Festschrift für Thomas Bürger zum 65. Geburtstag. Unter Mitarbeit von Thomas Bürger, Berlin/Boston 2018, S. 302–316, hier S. 316.

27 WEIDNER: Arbeitsgemeinschaft (wie Anm. 18), S. 759.

nicht institutionelle Partner, sondern im Rahmen von Kooperationsprojekten beteiligt. So kooperieren die Landschaftsverbände und die Gesellschaft für Schleswig-Holsteinische Geschichte projektbezogen mit den Universitäten, aber auch mit anderen Partnern. Bei Saxorum wird der landesgeschichtliche Lehrstuhl nicht explizit als Partner aufgeführt (so auch bei Kulthura), hingegen zahlreiche externe Institute.

2.2 Selbstverständnis und Inhalte der Portale

Welchen Anspruch stellen die Portale an sich selbst? Den Ergebnissen der Umfrage entsprechend legen alle befragten Regionalportale Wert auf eine leichte Zugänglichkeit von Daten (eine Enthaltung). Ebenso wichtig erscheint die Zuverlässigkeit der dort präsentierten Daten (zwei Enthaltungen). Als dezidiert historisch informierende Portale wollen sich nur 30 Prozent von ihnen sehen. Darüber hinaus wurden als Ziele mehrfach die zentrale Zusammenführung von Daten sowie die Sichtbarmachung kleiner Ressourcen und Partner genannt.

Alle Portale möchten möglichst viele Bürgerinnen und Bürger als Leserschaft gewinnen. Hervorgehoben werden als Zielgruppen insbesondere Lehrerinnen und Lehrer, Schülerinnen und Schüler, Heimatforscherinnen und Heimatforscher sowie Wissenschaftlerinnen und Wissenschaftler. Gleichzeitig ist es ein Ziel, Bürgerinnen und Bürger im Rahmen von Web 2.0-Angeboten einzubinden: So können diese bei 30 Prozent der Plattformen Texte liefern, bei den anderen ist eine Beteiligung über Feedback-Prozesse möglich. Drei der Portale verfügen über eine interne Kommentarfunktion, bei anderen erfolgen Rückmeldungen per E-Mail, über Twitter, Facebook oder Instagram. Die Zahl der Rückkopplungen reicht von mehrmals im Monat bis zu mehrfach am Tag. Thematisiert werden Korrektur- und Ergänzungsvorschläge, positive Rückmeldungen sowie Fragen zur Nutzung von Texten und Bildern.

Alle Webseiten bieten kostenlos Informationen und bieten Einführungen an. Das Angebot geht weit über Texte hinaus: Es finden sich Karten und Biographien (90%), Ortsgeschichten (80%), aber auch Bibliographien, Archivgut und Kulturdenkmäler, Informationen über Kulturinstitutionen (je 70%). Geliefert werden die Daten zum Teil von Forschung und Lehre, zum Teil von den Betreibern selbst und häufig von Partnern. Alle Portale sprechen potentielle Autorinnen und Autoren an; rund die Hälfte akzeptiert auch Einsendungen und zwei Fünftel steuern auch selbst Texte bei. Unter den Verfasserinnen und Verfassern dominieren Wissenschaftlerinnen und Wissenschaftler. Etwa 50 Prozent der Portale veröffentlichen Texte von sogenannten Heimatforscherinnen und Heimatforschern, 40 Prozent solche von Studierenden und 30 Prozent von Bürgerinnen und Bürgern. Neben universitärer Wissenschaft finden auch Themen aus der musealen Vermittlung (z. B. beim LVR) zunehmend Verwendung. Fast die Hälfte der Plattformen verfügt über museale Objekte. Weitere Fotos und Videos vervollständigen das Bild.

Je nach Urheber ergaben sich zunächst unterschiedliche Content-Schwerpunkte in den Portalen. So waren bei Landesbibliotheken wie in Bayern bereits zahlreiche Unterlagen vorhanden, die für BLO nur digitalisiert werden mussten, so die Landesbibliographie oder Quellensammlungen, wohingegen für vereinsbetriebene Portale der Content erst sukzessive erarbeitet wurde. Einige Portale sind nach Wilfried Enderle eher als landes- oder regionalhistorisches Informationssystem (Regionalgeschichte.net, Schleswig-Holsteinische Geschichte, Hamburg Geschichtsbuch, Rheinische Geschichte, Westfälische Geschichte), andere eher als Portal digitalisierter Kulturgüter (bavarikon, Saxorum, Kulthura) zu verstehen. Letztere führen in der Regel die Ressourcen verschiedener Partner zusammen und haben wenig eigenen Content. Technische Herausforderungen sind es insbesondere, die Metadaten der Partner anzugleichen sowie eine übergreifende Suchfunktion über alle Ressourcen zu ermöglichen.

Bei den landeshistorischen Informationsportalen, die häufig von nicht staatlichen Stellen betrieben werden, wird die Einbindung weiterer Inhalte und Ressourcen durch personelle und finanzielle Engpässe sowie die Infragestellung der Position als Landesportal behindert. Teilweise bildeten sich bei den Landesbibliotheken parallele Portale, allerdings von beschränktem Umfang: In Rheinland-Pfalz schuf das Landesbibliothekszentrum DILIBRI zur digitalen Sammlung landeskundlicher Werke zum Bundesland sowie von Beständen der Bibliotheken. Diese stellen außerdem online die Rheinland-Pfälzische Bibliographie bereit. Auch die Nordrhein-Westfälische Bibliographie besteht neben den Portalen der Landschaftsverbände. Auf der Website der Landesbibliothek Kiel ist u. a. die Schleswig-Holsteinische Bibliographie verfügbar, die aber seit 2015 nicht mehr aktualisiert wird, daneben weitere Rechercheangebote wie gedruckte Chroniken sortiert nach dem betreffenden Ort.

Insgesamt ist jedoch eine Konvergenz der beiden Portaltypen feststellbar – um die Erwartungen der Nutzer zu erfüllen, zielen sie auf Vollständigkeit ab. So soll bavarikon die bayerischen Ressourcen bündeln, und die Rheinland-Pfälzische Bibliographie ist heute in den Ortsgeschichten von Regionalgeschichte.net verlinkt.

3. Evaluation

3.1 Mehrwert der Portale

Die regionalen Plattformen bieten einen Mehrwert gegenüber Büchern und vor allem anderen Internetpräsenzen. Erstens sind sie leicht zugänglich, bieten zweitens zuverlässige Informationen und informieren drittens schwerpunktmäßig und detailliert über die Landesgeschichte.

Texte im Internet sind im Vergleich zu solchen in einer Bücherei leichter verfügbar. Sie ersparen der Nutzerin oder dem Nutzer zumindest für eine grundlegende Information den Gang in die analoge Bibliothek (und u.U. auch die Anmeldung dort). Im Gegensatz zu geschichtswissenschaftlichen Büchern verwenden die meisten Texte in den Regionalportalen eine verständlichere Sprache, sind kürzer und stärker an allgemeinem Interesse orientiert denn hochspezialisiert. Primärquellen werden zugänglich gemacht.

Im zweiten Punkt, der Reliabilität, will man einen Mehrwert gegenüber Wikipedia bieten. Stephan Kellner von der Bayerischen Landesbibliothek bezeichnet die Portale als „Inseln mit verlässlicher, geprüfter Information“[28]. Nicht zuletzt aufgrund der Vielzahl von Autorinnen und Autoren erfüllen die Texte allerdings unterschiedliche Qualitätsstandards. So ist in fast allen Portalen nur ein Teil der Texte mit Fuß- oder Endnoten versehen. Häufig findet sich aber zumindest eine Liste der verwendeten Literatur. Auch beinhalten die Beiträge nicht immer eine Autorenangabe oder ein Veröffentlichungsdatum oder sind mit einer URN versehen. Stattdessen suchen die Betreiber eher mit ihrem eigenen Standing als Wissenschaftsorganisation zu punkten. Fußnoten sind allerdings selbst bei Wikipedia immer mehr zu finden, auch wenn deren Auswahl nicht unbedingt intersubjektiv nachvollziehbar ist. Für die Zukunft erscheint die Verwendung von URNs oder zumindest Angabe von Autor und Veröffentlichungsdatum als wichtig, um den Texten u. a. durch ihre Dauerhaftigkeit Glaubwürdigkeit zu verleihen.

Drittens sind die meisten Inhalte der Regionalportale geschichtswissenschaftlich orientiert, während Wikipedia zum Beispiel zu Orten breiter gestreute, aber weniger spezifische und fundierte historische Inhalte bereitstellt. So kam zwar die Wikipedia-Seite zu Mainz in 30 Tagen (August/September 2019) auf 27.500 Aufrufe, doch die historische Seite „Geschichte zu Mainz“, die man eher als Maßstab nehmen müsste, wurde nur ca. 1.400 Mal aufgerufen.[29] Dies ist ein Indiz dafür, dass die Regionalportale in ihrem Gebiet konkurrenzfähig sein können.

3.2 Probleme im Backend und Frontend

Eine der größten Herausforderungen der Regionalportale in den nächsten Jahren ist die technische, funktionale und optische Modernisierung. Mit bis zu 19 Jahren (Geschichte Schleswig-Holsteins) und einem durchschnittlichen Alter von über zehn Jahren sind viele der Portale im Internetgeschäft als Methusalems anzusehen. In dieser Zeit gab es zahlreiche technische wie optische Innovationen im Web und dadurch veränderte Erwartungen der User. Dem versuchten die Plattformen, mithilfe von Relaunches (teilweise mehrfach) zu entsprechen. 80 Prozent von ihnen haben bereits mindestens einen Relaunch hinter sich. Wenn die Websites mehrere Jahre lang nicht modernisiert wurden, rächt sich dies durch längere Ladezeiten, Dysfunktionalitäten und in der Folge höhere Absprungraten. Ein Beispiel für ein optisch modernes Regionalportal ist das des LVR. Bei den Portalen zur Westfälischen und Schleswig-Holsteinischen Geschichte ist ersichtlich, dass hier längere Zeit weder Design noch Technik

28 Stephan KELLNER: Regionalportale und Regionalbibliographie – eine Beziehung mit Potential, in: Ulrich HAGENAH, Lars JENDRAL, Maria Elisabeth MÜLLER (Hgg.): Regionalbibliographien. Forschungsdaten und Quellen des kulturellen Gedächtnisses. Liber amicorum für Ludger Syré, Hildesheim 2019, S. 119–126, hier S. 119. So auch Ulrich HAGENAH: HamburgWissen Digital – das Portal zur Landesgeschichte und Landeskunde der Hansestadt. In: Tiedenkieker (2017), 8, S. 5–14, hier S. 5.

29 Geschichte der Stadt Mainz, in: https://de.wikipedia.org/wiki/Geschichte_der_Stadt_Mainz (zuletzt abgerufen am 06.02.2020), Stand 19.9.2019, Abrufe der letzten 30 Tage: 1.426; „Mainz“, Stand 19.9.2019, Abrufe der letzten 30 Tage: 27.449.

angepasst wurden. Die Hälfte der befragten Portale, auch jenes zur Westfälischen Geschichte, plant bis 2021 einen Relaunch. Das zeigt den Erwartungsdruck der Öffentlichkeit.

Das technische Zurückbleiben hinter den Wünschen der Zielgruppen und der Beteiligten bringt es mit sich, dass dezidierte Ziele nicht adäquat umgesetzt werden können. Eine große Herausforderung stellt für viele Regionalportale die mangelnde finanzielle Grundausstattung dar, sodass Fehler nur allmählich behoben werden können und ebenso Neuerungen nur langsam umgesetzt werden. So fehlen vielerorts Metadaten (die zeitintensiv nachgepflegt werden müssen), die vorhandenen Daten sind nicht ausreichend miteinander vernetzt und teilweise nicht gleichzeitig durchsuchbar. Diesen Problemen soll häufig bei einem Relaunch, insbesondere was eine Metasuche sowie die Einbindung von Interaktivangeboten betrifft, begegnet werden. Des Weiteren planen viele Portale den inhaltlichen Ausbau und die Einbeziehung neuer Partner, zum Teil auch Crowdsourcing.

3.3. Feedback der Presse und Öffentlichkeit

Wie werden die Regionalportale von außen wahrgenommen? Um diese Frage zu beantworten, werden Presse und Fachpresse ausgewertet. Auf Blogs finden sich weitere Einschätzungen. Im Folgenden wird, zumeist am Beispiel von Regionalgeschichte.net, die externe Beurteilung von Regionalportalen untersucht.

Für die Analyse wurde der Pressespiegel der vergangenen zehn Jahre ausgewertet. Fazit ist, dass die allgemeine Presse sich in der Regel nicht differenziert mit dem Portal beschäftigt. Berichtet die Presse, dann in der Regel über Meilensteine. Die Journalisten übernehmen häufig den Inhalt der Pressemitteilungen. Eine der seltenen individuellen Auseinandersetzungen mit dem Portal bietet ein Artikel der Allgemeinen Zeitung vom 27. Juli 2017: „Die virtuelle Reise durch die Geschichte Rheinhessens ist mehr als nur einen Zwischenstopp wert, weil sie höchst anschaulich, detailliert und abwechslungsreich die Höhepunkte (und Tiefpunkte) aus 201 Jahren Rheinhessische Geschichte zusammenfasst."[30]

Auch in der Fachpresse werden Regionalportale kaum rezensiert. Am qualifiziertesten für eine Rezension wären wohl die Mitarbeiter anderer Regionalportale bzw. Mitglieder der AG Regionalportale, die aber durch ihre eigene Beteiligung unter Umständen betriebsblind oder parteiisch sind. Offensichtlich ist es schwierig, Beiträger zu finden, die diese *en détail* beurteilen können. So erschien zwar 2018 bereits in zweiter Auflage der „Clio-Guide. Ein Handbuch zu digitalen Ressourcen für die Geschichtswissenschaften", der online abrufbar ist. Es überrascht jedoch, dass im Kapitel „Regionalhistorische Nachschlagewerke und Informationssysteme"[31] weder das LVR-Portal

---

30 Anita PLEIC: Virtuelle Zeitreise durch Rheinhessen, in: AZ, 27.07.2017.

31 Wilfried ENDERLE: Fakten und Informationen im digitalen Raum. Von Lexika, historischen Sachwörterbüchern und biographischen Nachschlagewerken zu historischen Informationssystemen, in: Laura BUSSE, Wilfried ENDERLE, Rüdiger HOHLS, u. a. (Hgg.), Clio Guide. Ein

Rheinische Geschichte noch Regionalgeschichte.net erwähnt werden, aber das Rhein-Maas-Netz, das seit Jahren nicht mehr aktualisiert wird. Dieses soll eher ein Überblick über Websites als eine Bewertung bieten.

Auch auf der wichtigsten geschichtswissenschaftlichen Plattform in Deutschland, H-Soz-Kult, die seit 2003 „Website und Datenbank-Rezensionen" anbietet – insgesamt sind dort 166 Besprechungen verfügbar –, findet sich nur ein Beitrag zu einem der zehn Regionalportale, nämlich der BLO. Die Rezensentin Esther Neblich sieht als Zielgruppe der BLO vor allem die Wissenschaft, konzediert aber, dass der „Nutzen des Internetportals [...] aufgrund der Zusammenführung von unterschiedlichen Materialien sehr vielfältig"[32] sei. Sie lobt die Seitenstruktur. Auch das deutsch-dänische Virtuelle Museum Vimu.info[33] wurde auf H-Soz-Kult rezensiert. Zum Teil finden sich hier einzelne Quellenbestände, wie das Württembergische Urkundenbuch Online, das heute Teil von Leo-BW, aber bereits seit 2008 online ist. Klaus Graf hat es detailliert und kritisch besprochen.[34]

Darüber hinaus ist es schwierig, Bewertungen aufzufinden, da einzelne Stellungnahmen auf Blogs nicht systematisch ausgewertet werden. In der Online-Zeitschrift einsichten. Kontextualisierung von Geschichte rezensiert Andreas C. Hofmann Regionalgeschichte.net: „Zusammenfassend ist festzuhalten, dass es sich um ein sorgfältig erstelltes Angebot handelt, welches einen enormen Mehrwert für Forscher und Studenten mit sich bringt und den Aufgaben nach Art einer inoffiziellen ‚ViFa [Virtuelle Fachbibliothek, UE] Regionalgeschichte' für den bezeichneten Raum bestens nachkommt."[35] Auf twoday.net rezensierte bzw. kritisierte der Beiträger „Ladislaus" Leo-BW am Tag dessen Launches.[36] Auf https://archivalia.hypotheses.org finden sich weitere, häufig polemische Kommentare von Klaus Graf zu verschiedenen Regionalportalen. Die meisten böten „langweilige statische Inhalte"[37] und informierten zu wenig über ihre Neuerungen.

Weitere Informationen zur Außenwahrnehmung der Regionalportale ließen sich über Umfragen gewinnen. Allerdings befragen auch die größeren Regionalportale wie LAGIS, Rheinische Geschichte, bavarikon, Leo-BW und Regionalgeschichte.net ihre

---

Handbuch zu digitalen Ressourcen für die Geschichtswissenschaften, Berlin[2] 2018, in: http://www.clio-online.de/guides/arbeitsformen-und-techniken/fakten-und-informationen/2018 (zuletzt abgerufen am 23.01.2020).

32 Esther NEBLICH: Rezension zu Bayerische Landesgeschichte Online: in: H-Soz-Kult, 10.02. 2006, URL: www.hsozkult.de/webreview/id/rezwww-111 (zuletzt abgerufen am 07.06.2019).

33 Waldemar GROSCH: Rezension zu Das Virtuelle Museum Vimu.info, in: H-Soz-Kult, 17.01. 2008, URL: www.hsozkult.de/webreview/id/rezwww-155 (zuletzt abgerufen am 20.01.2020).

34 Klaus GRAF: Rezension zu Württembergisches Urkundenbuch Online: in: H-Soz-Kult, 03.05. 2008, URL: www.hsozkult.de/webreview/id/rezwww-151 (zuletzt abgerufen am 20.01.2020); vgl. https://www.leo-bw.de/themen/urkunden (zuletzt abgerufen am 17.1.2020).

35 Andreas C. HOFMANN: Link-Hint Nr. 2/2011. regionalgeschichte.net – Internetportal für regionale und lokale Geschichte, aus: einsichten. Kontextualisierung von Geschichte, 04.04. 2011, in: URL: http://www.einsichten-online.de/2011/04/1197 (zuletzt abgerufen am 19.09.2019).

36 Zum 60. Geburtstag (wie Anm. 22).

37 Beispielhaft Klaus GRAF: Das Versagen der Regionalportale, 17.07.2013, in: URL: https://archivalia.hypotheses.org/6609 (zuletzt abgerufen am 20.01.2020).

Nutzerinnen und Nutzer nur vereinzelt, nicht systematisch. Darüber hinaus erreichen regelmäßig E-Mails, Beiträge über Facebook, Twitter und Instagram und, sofern vorhanden, Kommentare über eine seiteninterne Funktion die Redaktionen der Regionalportale. Hierin geben die Nutzerinnen und Nutzer nicht selten Korrekturhinweise. Was an berechtigten Wünschen bekannt wird, wird je nach technischer Umsetzbarkeit realisiert oder ggf. bis zum nächsten Relaunch verschoben.

Zum Teil werden Nutzerstatistiken erhoben; bei Regionalgeschichte.net und Rheinische Geschichte mithilfe der Open-Source-Software Matomo, bei anderen wie Leo-BW über Google Analytics. Letzteres ermöglicht genauere Aussagen über die Nutzergruppen; so zeigt sich, dass über zwei Drittel von ihnen weniger als 34 Jahre und nur 20 Prozent über 54 Jahre alt sind. Das Geschlechterverhältnis ist ausgewogen.[38]

Um die Bedeutung von Regionalportalen bewerten zu können, dürfen Zugriffszahlen nicht fehlen, wenn sie auch aufgrund ihrer geringen Vergleichbarkeit untereinander eher im internen chronologischen Vergleich Aussagekraft besitzen. Im Jahr des Launches besuchten Leo-BW eigenen Angaben zufolge über 200.000, im Jahr 2016 980.000 Menschen und riefen 12 Mio. Seiten auf.[39] Die monatlichen Zugriffszahlen reichen aktuell von 7.000 bis hin zu über 90.000 (Leo-BW). Die Zahl der Besucher ist etwas niedriger.[40] Diese Zugriffszahlen sind viel höher als die Zahl der Leser der meisten geschichtswissenschaftlichen Bücher. Somit demonstrieren sie, dass der Anspruch der Portale, eine schnelle und wissenschaftlich zuverlässige Recherche zu ermöglichen, im Allgemeinen eingelöst wird. In Wikipedia selbst wird häufig auf Artikel in den Regionalportalen verwiesen.

Fazit

Lokale wie regionale Geschichtsbilder bieten den Menschen eine leichtere Identifikation mit Geschichte an und haben deshalb eine besondere Berechtigung. In den Portalen finden sich Überblickstexte, es dominieren aber kleinteiligere Informationen. Erste Regionalportale wurden seit Beginn des 21. Jahrhunderts aufgebaut. Aber auch in den folgenden Jahren kamen immer mehr regionale Informationssysteme hinzu. Regionalportale waren nie „unmodern", aber sie erleben aktuell eine Renaissance. Die neueren Portale bauen dabei auf dem Wissen der älteren auf. Die Betreiber-, Partner- und Organisationsstruktur der Portale ist sehr unterschiedlich. Schwerpunktmäßig lassen sie sich in die Bereiche Vereine, Kommunalverbände und staatliche Institutionen, allen voran Bibliotheken sowie Archive unterscheiden. Die Zielvorstellungen der Portale unterscheiden sich weniger stark: Wichtigste Ziele sind die leichte Zugäng-

38 Auskunft von LEO-BW, 19.09.2019.

39 Landtag von Baden-Württemberg, Drucksache 16/1445: Digitalisierung von Kulturgut in Baden-Württemberg, 26.01.2017, S. 5.

40 Ergebnisse der Umfrage; LVR-Internetportal zur rheinischen Geschichte bietet noch mehr Service, 18.04.2018, in: https://www.lvr.de/de/nav_main/derlvr/presse_1/pressemeldungen/press_report_134414.jsp (zuletzt abgerufen am 7.6.2019.

lichkeit und Zuverlässigkeit von Daten, die nicht notwendigerweise historischer Natur sein müssen. Die meisten Portale versuchen, über möglichst viele verschiedene Aspekte zu informieren, sodass die Unterschiede zwischen „Portalen digitalisierter Kulturgüter" und „landeshistorischen Informationsportalen" (Enderle) abnehmen. Zielgruppe sind alle Bürgerinnen und Bürger.

Im Vergleich zu Büchern und Online-Enzyklopädien wie Wikipedia bieten die Regionalportale sowohl eine leichte Zugänglichkeit, verlässliche Daten und häufig eine historische Fokussierung. Allerdings stehen die meisten von ihnen vor großen technischen, inhaltlichen und finanziellen Herausforderungen. Sowohl das Feedback in Fachpresse und Presse, Stellungnahmen von Einzelnen als auch das statistisch erhobene Nutzerverhalten deutet darauf, dass zwar technische und inhaltliche Kritikpunkte bestehen – die von den Portalen je nach Möglichkeit aufgegriffen werden – aber die Relevanz der Regionalportale generell nicht in Frage gestellt wird.

Übersicht der Beiträgerinnen, Beiträger und Herausgeber

Prof. Dr. Oliver Auge, Professor für Regionalgeschichte mit Schwerpunkt zur Geschichte Schleswig-Holsteins an der Christian-Albrechts-Universität zu Kiel. Forschungsschwerpunkte: Politik- und Dynastiegeschichte im Spätmittelalter und in der Frühen Neuzeit, Kirchen-, Stadt- und Universitätsgeschichte.
E-Mail: oauge@email.uni-kiel.de

Dr. Ute Engelen, Wissenschaftliche Mitarbeiterin am Institut für Geschichtliche Landeskunde an der Universität Mainz e.V. Forschungsschwerpunkte: Zeitgeschichte, besonders Unternehmens-, Sozial- und Wirtschaftsgeschichte.
E-Mail: engelen@uni-mainz.de

Min.Dir. Babett Gläser, Stabsstelle Strategieentwicklung, Internationales, Sächsisches Staatsministerium für Wissenschaft und Kunst.
E-Mail: babett.glaeser@smwk.sachsen.de

Dr. Martin Göllnitz, Wissenschaftlicher Mitarbeiter am Institut für Hessische Landesgeschichte der hilipps-Universität Marburg. Forschungsschwerpunkte: Polizei-, Gewalt- und Terrorismusgeschichte; Universitäts- und Wissenschaftsgeschichte; Geschichte der europäischen Expeditions- und Forschungsreisen.
E-Mail: mgoellnitz@uni-marburg.de

Dr. Sabine Graf, Präsidentin des Niedersächsischen Landesarchivs Hannover.
E-Mail: Sabine.Graf@nla.niedersachsen.de

Prof. Dr. Bernd Grewe, Lehrstuhlinhaber und Direktor des Instituts für Geschichtsdidaktik und Public History an der Eberhard Karls Universität Tübingen. Forschungsschwerpunkte: Globale Geschichte; Wirtschafts- und Sozialgeschichte; Materielle Kulturen; Geschichtsdidaktik.
E-Mail: bernd.grewe@uni-tuebingen.de

Prof. Dr. Stefan Haas, Lehrstuhlinhaber des Instituts für Theorie und Methoden der Geschichtswissenschaft, Seminar für Mittlere und Neuere Geschichte an der Georg-August-Universität Göttingen. Forschungsschwerpunkte: Kultur- und Kommunikationsgeschichte; Wissenschaftsgeschichte, Geschichtstheorie, Medialität wissenschaftlicher Erkenntnisvermittlung.
E-Mail: Stefan.Haas@phil.uni-goettingen.de

Prof. Dr. Michael Hecht, Juniorprofessur für vergleichende Landesgeschichte im Historischen Seminar, Abteilung für Westfälische Landesgeschichte an der Westfälischen Wilhelms-Universität. Forschungsschwerpunkte: Vormoderne Adels- und Dynastiegeschichte; vergleichende Städtegeschichte.
E-Mail: michael.hecht@uni-muenster.de

Prof. Dr. Anke John, Professur für Didaktik der Geschichte an der Friedrich-Schiller-Universität Jena, Historisches Institut. Forschungsschwerpunkte: Didaktik der Geschichte; Landesgeschichte.
E-Mail: Anke.John@uni-jena.de

Prof. Dr. Michael Kißener, Univ.-Prof. für Zeitgeschichte an der Johannes Gutenberg-Universität Mainz. Forschungsschwerpunkte: Europäische Rechtsgeschichte 16.–20. Jahrhundert; Nationalsozialismus und Widerstand; Regionale Zeitgeschichte.
E-Mail: Kissener@uni-mainz.de

Prof. Dr. Eckart Köhne, Direktor des Badischen Landesmuseums, Schloss Karlsruhe. Präsident des Deutschen Museumsbunds.
E-Mail: Eckart.koehne@landesmuseum.de

Prof. Dr. Markus Köster, Leiter des LWL-Medienzentrums für Westfalen in Münster.
E-Mail: markus.koester@uni-muenster.de

Dr. Lena Krull, Oberstudienrätin im Hochschuldienst am Historischen Seminar, Abteilung für Westfälische Landesgeschichte der Westfälischen Wilhelms-Universität. Forschungsschwerpunkte: Vestimentäre Kultur und die Erfindung der Region; Public History, Employability und Berufsorientierung.
E-Mail: lena.krull@uni-muenster.de

Dr. Guido Lammers, Programmdirektor der Deutschen Forschungsgemeinschaft i.R., Gruppe Geistes- und Sozialwissenschaften 1, Bonn.
E-Mail: Guido.Lammers@dfg.de

Prof. Dr. Arnd Reitemeier, Professor für niedersächsische Landesgeschichte und Direktor des Instituts für Historische Landesforschung an der Georg-August-Universität Göttingen. Forschungsschwerpunkte: Geschichte des 15. und 16. Jahrhunderts und der Reformation(en); „Umwelt"geschichte Norddeutschlands.
E-Mail: arnd.reitemeier@phil.uni-goettingen.de

Prof. Dr. Andrea Stieldorf, Lehrstuhlinhaberin des Lehrstuhls für Mittelalterliche Geschichte und Grundwissenschaften an der Rheinischen Friedrich-Wilhelms-Universität Bonn. Forschungsschwerpunkte: Historische Grundwissenschaften, insb. Sphragistik, Numismatik, Heraldik, Diplomatik, Paläographie.
E-Mail: andrea.stieldorf@uni-bonn.de